公共关系学

（第 2 版）

主　编　杨华玲　潘丽君　高　英
副主编　马东艳　郭任喜　桂　鹏

北京理工大学出版社
BEIJING INSTITUTE OF TECHNOLOGY PRESS

内容简介

本书紧跟公共关系学科的最新动态，体现了作者多年的教学经验和教学成果。该书体例新颖、编排独特、内容精练、语言简洁、信息量大且具有较强的启发性。特别是书中每一章配备的经典案例和复习思考题，既能让学生轻松愉快地掌握公共关系理论知识，并将之活学活用在案例分析中，享受学习的乐趣；又能让学生在思考和练习中进行情境模拟，增强公共关系实战能力和技巧，对理论知识进行巩固和延伸、拓展，展示公共关系的魅力。这本书和一般教材的不同之处，也是本书的特色所在。

本书可作为高等学校经济管理类专业学生的专业基础课教材，以及其他公共基础课或选修课教材，也可供广大公共关系爱好者学习用。

版权专有　侵权必究

图书在版编目（CIP）数据

公共关系学／杨华玲，潘丽君，高英主编. -- 2版. --北京：北京理工大学出版社，2019.7（2024.1重印）
ISBN 978-7-5682-7156-1

Ⅰ.①公⋯ Ⅱ.①杨⋯ ②潘⋯ ③高⋯ Ⅲ.①公共关系学-高等学校-教材 Ⅳ.①C912.31

中国版本图书馆 CIP 数据核字（2019）第 128419 号

责任编辑：江　立		**文案编辑**：赵　轩	
责任校对：周瑞红		**责任印制**：李志强	

出版发行 ／ 北京理工大学出版社有限责任公司
社　　址 ／ 北京市丰台区四合庄路 6 号
邮　　编 ／ 100070
电　　话 ／ （010）68914026（教材售后服务热线）
　　　　　　（010）68944437（课件资源服务热线）
网　　址 ／ http://www.bitpress.com.cn
版 印 次 ／ 2024年1月第2版第5次印刷
印　　刷 ／ 涿州市新华印刷有限公司
开　　本 ／ 787 mm×1092 mm　1/16
印　　张 ／ 17
字　　数 ／ 399 千字
定　　价 ／ 52.00 元

图书出现印装质量问题，请拨打售后服务热线，负责调换

前　言

随着社会经济与传播业的发展，营利性组织、非营利性组织及政府等社会组织的工作方式都发生了巨大的变化。移动互联网技术的飞速发展、自媒体的迅速崛起伴生的舆论力量日渐强大，公共关系得到了组织管理层的普遍重视，本书亦随着时代变化对部分内容进行了改编，力求适应公共关系实践的发展。

2000年以来，公共关系一度成为中国市场热门的行业，越来越多的高知人才步入公共关系领域。在当前这个复杂的全球化社会中，商业企业、政府部门、非营利性组织和其他各种机构都意识到：管理层必须将组织需求传递给与组织相关的内外部公众，与此同时还要将公众的各种关切点或想法反馈给组织，在互联网技术和自媒体运用飞速发展的大环境下，组织要么参与其中，要么面临失败。因而，对于公共关系从业人员来说，必须掌握专业的传播技能和具有帮助组织不断调整、适应环境变化的社会敏感度；对于组织，特别是对企业来说，必须利用公共关系手段树立企业形象、促进企业发展、化危机为商机。

专业公共关系服务在我国已有三十多年的历史。三十多年来，中国公共关系市场发展已初具规模，各类组织纷纷开始设立公共关系部门或具有相关职能的部门，越来越多的广告公司、文化传播公司开始开展相关业务，提供专业策划、媒体传播、活动管理，甚至目前非常热门的会展管理等专业技术服务。"公共关系"再也不是一个受到质疑和遭人非议的字眼，"咨询传播、关系协调、形象管理"这三个关键词越来越多地被人们提及，但是我国的公共关系行业还是一个发展中的行业，是一个新兴行业，因而在我国发展迅速的公共关系行业仍面临着一些问题，公共关系人才特别是中高级人才是公共关系公司等组织追逐的对象。随着我国众多企业国际化进程加快，公共关系人才缺口现象尤为明显。

公共关系是企业战略管理中的重要组成部分，战略性地开展公共关系工作成为现代组织高层必须考虑的问题。战略性地开展公共关系工作的社会组织通常要针对给组织带来巨大威胁和机遇的事件进行策划，借助传播媒介的力量扩大组织知名度和美誉度。此外，社会组织还需要通过系列活动策划帮助组织建立起与公众之间的联系，及时地向公众传递组织的新信息，包括新产品、新市场、新政策等，从而帮助组织赢得更多公众的舆论支持，为自身创造更好的舆论环境，获得组织发展的长远效益。在社会资讯迅速发展、商品趋于同质化和消费营销多元化的今天，公共关系工作的最终落脚点在"品牌"上。品牌的核心是"信誉"，因而，公共关系的最终目的是塑造社会组织的形象，同时公共关系也是现代组织品牌发展的重要手段。

由于公共关系已成为各类组织或组织高层管理的一个重要维度，公共关系从业人员也就不再只是替组织向公众传递和处理信息的单纯技术人员，现在几乎所有的管理者都意识到他们需要亲自从事公共关系工作，而且应该让公共关系从业人员成为管理层的一部分。本书在上一版的基础上进行了如下改动。

（1）保留了原版本的基本架构。本书按照公共关系概述—公共关系三要素—公共关系礼仪—公共关系四步法—公共关系专题活动—对象型公共关系—危机公共关系—公共关系发展趋势的逻辑顺序来分章节阐述，内容层层递进、衔接紧凑、简洁明了，在整体布局上没有太大变化。

（2）内容更新颖。随着科技的发展、社会的进步和更多传媒技术的普及，公共关系实践得到了极大的发展，已经出现了新的公共关系案例、技巧、方法和手段，本书对公共关系主体、客体及传播内容都进行了更新，收集和整理了最新的公共关系理论、方法和案例，将学习者引入本学科的前沿阵地。

本书的作者有十多年的公共关系学教学经验，根据多年教学经验，针对当前众多书籍中的一些弊端撰写了本书，力求使本书能够跟上时代发展，在方便教学的同时，也能够引起学生的思考与启迪。本书每一章后面都配备有相应的案例分析和复习思考。案例分析主要针对本章内容进行分析，也有针对之前学习内容的综合分析；而复习思考则本着以启发学生为主的原则，对本章的内容进行延伸和拓展。本书提供的案例与分析在保留第1版经典案例分析的同时，也增加了一些新的案例和思考，以尽量保持本书易读、个性化的特色。

总之，编者力求编撰出一本体系完整、内容丰富、结构新颖、注重实践、风格独特、突出创新并跟上时代发展、适合大学层次教学使用的教材。

本书编写的具体分工是：全书的构思、改稿、统稿和定稿由江西农业大学南昌商学院杨华玲负责；杨华玲负责编写了本书的第二章、第三章、第四章、第六章，江西农业大学南昌商学院潘丽君负责编写了本书的第一章、第五章和第九章，江西农业大学南昌商学院高英负责编写了本书的第七章和第八章，马东艳负责编写了本书的第十章，郭任喜和桂鹏也参与了本书资料的搜集。

本书参考和引用了众多专家和学者的珍贵资料，在此谨向有关专家和学者表示诚挚的感谢。

由于水平有限，书中难免有不妥与疏漏之处，敬请广大读者和专家给予批评指正。

目 录

第一章 总论 (1)
第一节 公关关系的基本含义 (1)
一、公共关系的定义 (2)
二、公共关系的构成要素 (5)
三、公共关系的目标 (6)
第二节 公共关系的职能 (7)
一、管理职能 (7)
二、传播职能 (8)
第三节 公共关系的起源与发展 (9)
一、公共关系产生的动因 (10)
二、公共关系的发端 (11)
三、公共关系的职业化和科学化 (13)
四、网络时代给公共关系理论带来的冲击和挑战 (16)
第四节 公共关系在中国 (19)
一、引进和开创阶段 (19)
二、适应和发展阶段 (19)
三、竞争和专业分工阶段 (20)
四、中国公共关系的职业现状 (21)
【案例分析一】农夫山泉的成功入市 (31)
【案例分析二】三一集团起诉奥巴马 (32)
【复习思考】 (34)

第二章 公共关系的主体 (36)
第一节 社会组织概述 (39)
一、社会组织的概念特征 (39)
二、社会组织的构成要素及特点 (40)

三、社会组织的分类 ……………………………………………（41）
　第二节　公共关系的组织机构 …………………………………………（42）
　　一、公关部 ………………………………………………………（42）
　　二、公共关系公司 ………………………………………………（45）
　　三、公共关系专业组织 …………………………………………（48）
　第三节　公共关系人员 …………………………………………………（53）
　　一、公共关系从业人员的知识结构 ……………………………（53）
　　二、公关关系从业人员的能力结构 ……………………………（55）
　　三、公共关系从业人员的生理和心理素质 ……………………（56）
　　【案例分析一】美国总统的"公关术" …………………………（58）
　　【案例分析二】公共关系职位招聘信息 ………………………（60）
　　【案例分析三】赋予公共关系转型新动能 ……………………（61）
　　【复习思考】………………………………………………………（64）

第三章　公共关系的客体 ……………………………………………（65）

　第一节　公众的含义及其特点 …………………………………………（65）
　　一、公众的含义 …………………………………………………（65）
　　二、公众的特点 …………………………………………………（66）
　第二节　公众分类 ………………………………………………………（67）
　　一、按公众的权利要求分类 ……………………………………（67）
　　二、按具体的公众对象分类 ……………………………………（68）
　　三、按公众的重要程度分类 ……………………………………（68）
　　四、按公众的组织状态分类 ……………………………………（68）
　　五、按公众形成和发展过程分类 ………………………………（69）
　　六、按公众对于问题的介入程度分类 …………………………（69）
　　七、按公众对组织的态度分类 …………………………………（69）
　　八、按组织的价值取向分类 ……………………………………（70）
　　【案例分析一】美的裁员事件 …………………………………（70）
　　【案例分析二】中国人消费全球1/4奢侈品 …………………（70）
　　【复习思考】………………………………………………………（71）

第四章　公共关系传播 ………………………………………………（72）

　第一节　公共关系传播的过程及相关理论 ……………………………（74）
　　一、公共关系传播的一般过程 …………………………………（74）
　　二、受众选择的3S理论 …………………………………………（75）
　　三、"把关人"理论 ………………………………………………（76）
　　四、两级传播模式 ………………………………………………（77）
　　五、议题设置理论 ………………………………………………（78）
　　六、扩散理论 ……………………………………………………（79）

七、思考可能性模型 ·· （79）
　第二节　公共关系传播媒介 ·· （80）
　　一、传播媒介 ·· （80）
　　二、有效利用传播技巧 ·· （86）
　【案例分析一】沃尔沃：驾驭安全旅程 ·· （90）
　【案例分析二】星巴克成功的公共关系与营销策略 ·· （92）
　【复习思考】 ·· （95）

第五章　公共关系礼仪 ·· （96）
　第一节　公共关系礼仪概述 ·· （97）
　　一、礼仪与公共关系礼仪 ·· （97）
　　二、公共关系礼仪的原则 ·· （97）
　　三、礼仪的作用 ·· （98）
　第二节　公共关系礼仪 ·· （99）
　　一、仪容与服饰礼仪 ·· （99）
　　二、社交礼仪 ·· （99）
　　三、公共关系实务礼仪 ·· （102）
　第三节　公共关系交际礼俗 ·· （105）
　　一、西方国家公共关系交际礼俗 ·· （106）
　　二、俄罗斯、东欧一些国家及欧洲其他国家的礼俗 ······································ （107）
　　三、亚洲地区一些国家的礼俗 ·· （109）
　　四、南美洲和非洲国家的礼俗 ·· （112）
　【案例分析一】这样打招呼好吗？ ·· （112）
　【案例分析二】可怕的口臭 ·· （113）
　【复习思考】 ·· （113）

第六章　公关关系的一般程序 ·· （114）
　第一节　公共关系调查研究 ·· （116）
　　一、公共关系调查的内容 ·· （116）
　　二、公共关系调查的方法 ·· （119）
　　三、组织形象调查的步骤 ·· （122）
　　四、调查方案的写作 ·· （126）
　　五、调查问卷的设计 ·· （128）
　　六、统计分析 ·· （130）
　第二节　公共关系计划 ·· （131）
　　一、公共关系形象定位 ·· （132）
　　二、确定公共关系的目标 ·· （133）
　　三、确定目标公众 ·· （134）
　　四、根据公共关系活动目标确定公共关系活动主题 ······································ （135）

五、确定公共关系活动模式 …………………………………………… (135)
　　六、选择时机及传播媒介 ……………………………………………… (137)
　　七、编制预算 …………………………………………………………… (138)
　　八、审定方案 …………………………………………………………… (138)
　　九、撰写策划书 ………………………………………………………… (139)
　第三节　公共关系实施 …………………………………………………… (139)
　　一、实施计划的基本要求 ……………………………………………… (139)
　　二、计划实施的方法 …………………………………………………… (140)
　　三、实施障碍的排除 …………………………………………………… (141)
　第四节　公共关系评估 …………………………………………………… (142)
　　一、对公共关系活动实施效果的评估标准 …………………………… (142)
　　二、公共关系评估的内容 ……………………………………………… (142)
　　三、公共关系评估的依据 ……………………………………………… (143)
　　【案例分析一】吉利收购沃尔沃：跨文化沟通中的机遇与挑战 …… (145)
　　【案例分析二】上海申办2010年世界博览会 ……………………… (147)
　　【案例分析三】有一种"需要"叫"不需要" ………………………… (150)
　　【案例分析四】吻亮时刻——2014上海新天地圣诞庆典 ………… (152)
　　【复习思考】 …………………………………………………………… (155)

第七章　公共关系专题活动 …………………………………………… (156)
　第一节　公共关系文书写作 ……………………………………………… (157)
　　一、请柬 ………………………………………………………………… (157)
　　二、函 …………………………………………………………………… (157)
　　三、简报 ………………………………………………………………… (158)
　　四、文件 ………………………………………………………………… (159)
　　五、新闻稿 ……………………………………………………………… (159)
　　六、演讲稿 ……………………………………………………………… (161)
　　七、广告 ………………………………………………………………… (161)
　　八、微博文案 …………………………………………………………… (161)
　第二节　赞助活动 ………………………………………………………… (162)
　　一、赞助活动的目的 …………………………………………………… (162)
　　二、赞助活动的类型 …………………………………………………… (162)
　　三、赞助活动的工作程序 ……………………………………………… (163)
　　四、企业慈善活动 ……………………………………………………… (164)
　　五、公益事业营销 ……………………………………………………… (165)
　　六、赞助活动的注意事项 ……………………………………………… (166)
　第三节　庆典活动 ………………………………………………………… (166)
　　一、庆典活动的类型 …………………………………………………… (167)
　　二、庆典活动的开展 …………………………………………………… (168)

第四节　新闻发布会 (169)
一、新闻发布会的特点 (169)
二、新闻发布会的准备阶段 (169)
三、新闻发布会的会中注意事项 (171)
四、新闻发布会的评估 (171)

第五节　展览会 (172)
一、展览会的特点 (172)
二、展览会的工作程序 (172)
【案例分析一】走向伟大企业——"中国最受尊敬企业十年"颁奖典礼流程 (173)
【案例分析二】对加多宝捐款事件的社会评论 (174)
【案例分析三】免费口腔检查 (177)
【复习思考】 (177)

第八章　对象型公共关系 (178)

第一节　媒体关系 (179)
一、媒体在公共关系中的作用 (179)
二、记者与公共关系人员的关系 (179)
三、与媒体合作 (183)
四、成功媒体关系的基本要求 (186)

第二节　员工关系 (187)
一、员工关系的重要性 (187)
二、员工关系的主要工作 (187)
三、员工交流的媒体 (190)

第三节　消费者关系与市场营销 (192)
一、协调消费者关系与市场营销 (192)
二、利用公共关系技巧开展市场营销活动 (193)
三、处理消费者投诉 (195)

第四节　金融关系 (195)
一、维护投资者信心 (196)
二、金融关系专业人士 (196)
三、金融关系受众 (196)
四、金融关系传播战略 (198)

第五节　社区关系 (199)
一、社区关系的重要性 (199)
二、开展社区活动 (200)
【案例分析一】利利股份有限公司的信任危机 (202)
【案例分析二】奇瑞——做一个有责任感的"公民" (204)
【复习思考】 (205)

第九章　危机公共关系管理 ……………………………………………… (207)

第一节　危机公共关系概述 …………………………………………… (209)
一、与危机相关的几个概念 …………………………………………… (209)
二、公共关系危机的特征 ……………………………………………… (210)
三、公共关系危机的类型 ……………………………………………… (210)

第二节　公共关系危机的过程与处理 ………………………………… (212)
一、公共关系危机的过程 ……………………………………………… (213)
二、公共关系危机处理的基本程序 …………………………………… (213)
三、公共关系危机处理的原则 ………………………………………… (216)

第三节　制订危机管理计划 …………………………………………… (218)
一、建立危机管理小组 ………………………………………………… (219)
二、危机管理计划的制订原则 ………………………………………… (220)
三、危机管理计划的内容 ……………………………………………… (220)
四、公共关系危机的预警 ……………………………………………… (221)
五、危机处理过程中的新闻媒体管理 ………………………………… (223)
六、危机后期的恢复和发展 …………………………………………… (224)

【案例分析一】康泰克的 PPA 事件 …………………………………… (227)
【案例分析二】明星危机不断，"鸵鸟公关"不明智 ………………… (228)
【案例分析三】"我"应该被辞退吗？ ………………………………… (231)
【案例分析四】延安城管公共关系弄巧成拙 ………………………… (231)
【复习思考】 …………………………………………………………… (232)

第十章　公共关系理论创新 ……………………………………………… (233)

第一节　网络公共关系 ………………………………………………… (235)
一、网络公共关系的含义 ……………………………………………… (236)
二、互联网的影响力 …………………………………………………… (236)
三、网络公共关系的形式 ……………………………………………… (238)
四、搞好网络公共关系的要求 ………………………………………… (239)

第二节　营销公共关系理论 …………………………………………… (240)
一、营销公共关系的含义和原则 ……………………………………… (240)
二、营销公共关系的基本过程 ………………………………………… (241)
三、营销公共关系的基本策略 ………………………………………… (241)
四、微时代的实时营销与公共关系 …………………………………… (242)

第三节　绿色公共关系 ………………………………………………… (250)
一、绿色公共关系的内涵 ……………………………………………… (250)
二、绿色公共关系的目标 ……………………………………………… (251)

【案例分析一】《中国好声音》走红的十大理由 ……………………… (251)
【案例分析二】京东与苏宁易购的微博"约战" ……………………… (253)

【案例分析三】京城暴雨，有杜蕾斯回家不湿鞋 ………………………………… (255)
【复习思考】 ……………………………………………………………………… (255)
主要参考文献 ……………………………………………………………………… (256)

第一章

总 论

学习目标

通过本章的学习，全面了解公共关系的定义及职能；了解公共关系发展的历史；了解公共关系在中国的发展。

导入阅读

这是公共关系吗？

某医药公司欠鑫源药材公司的药材费用十万元已一年有余，该药材公司会计老张多次上门追讨该笔欠款，但医药公司的王总经理多次以账上没钱为由拒绝还款，会计老张也颇为无奈。鑫源药材公司总经理见老张多次追讨债务无果，于是从工厂挑选了几位年轻漂亮的女员工继续追讨该笔债务。这几位漂亮女员工接到任务后，立刻约该医药公司王总经理到某高级酒店赴宴。席间，双方相谈甚欢，王总经理非常开心；饭后，几位女员工又邀请王总经理去KTV唱歌，在王总经理欢唱之际，女员工乘势提出还款事宜，王总经理立刻答应并承诺第二天就还款。第二天，女员工如约到该医药公司收回了十万元的债务。

鑫源药材公司总经理非常高兴，在员工大会上公开表扬这几位女员工的工作，称她们的公共关系能力很强，还要给他们发奖金。

问题：这几位女员工的行为是公共关系吗？

第一节 公关关系的基本含义

公共关系学经过百余年的发展，已经成为一门相对独立的学科。要学习公共关系，就要从了解这些概念的定义、内涵、特征开始。

公关关系简称公关，是英语 Public Relations（简称 PR）的中文译称。Public 作为形容词，意为公众的，与 Private（私人的）相对应；而作为名词，意为公众。因此，将 Public

Relations 译为"公众关系"更切合英文原意。"公共关系"译名的广为流传，是语言的约定俗成，但是它本身并不具有公共性，不具有公共的普遍意义。由于人们总是站在特定角度来分析社会组织在其运行过程中所面临的各种关系，从而形成不同对象型公共关系，如员工关系、消费者关系、媒介关系、政府关系、社区关系、股东关系、竞争者关系等。不同的社会组织，由于类型、性质和业务特点各不相同，其公共关系又具有不同的内容和方式，这样就形成不同主体型的公共关系，如企业公共关系、商业服务业公共关系、政府公共关系、学校公共关系等。本节通过对公共关系基本问题的介绍，以期对公共关系有一个整体认知。

一、公共关系的定义

公共关系作为一门新兴的综合性学科，在理论上涉及不同的学科范畴，在实践上应用于各种不同的组织和不同的领域，因此形成了对公共关系定义的众多说法。在 20 世纪 70 年代中期，美国著名公共关系学者莱克斯·哈罗博士（Rex Harlow）搜集到 472 个公共关系的定义；还有人说公共关系定义有上千条之多。于是有人幽默地说："有多少公共关系学者，便有多少条公共关系定义。"

如何从这些纷繁多样的公共关系定义中把握公共关系的真正内涵呢？本书把众多的公共关系定义归纳为以下几种类型。

（一）管理职能说

管理职能说并没有强调公共关系的具体职能，只是突出了公共关系的管理属性。例如，美国学者莱克斯·哈罗博士认为，"公共关系是一种独特的管理职能。它帮助一个组织建立并维持与公众之间双向的交流、理解、认可和合作；它参与处理各种问题与事件；它帮助管理者及时了解公众舆论，并对之做出反应；它明确强调管理部门为公众服务的责任；它作为社会趋势的监视系统，帮助管理者及时掌握并有效利用社会变化，保持与社会同步；它运用健全的、正当的传播技能和研究方法作为主要工具"。

国际公共关系协会同样认为公共关系是一种管理职能，其定义是：公共关系是一种管理功能，它具有连续性和计划性；通过公共关系，公立的和私人的组织机构试图赢得人们的理解、同情和支持——借助对舆论的评估，尽可能地协调组织机构的政策和做法，依靠有计划的、广泛的信息传播，赢得更有效的合作，更好地实现他们的共同利益。

美国著名公共关系学者卡特利普（Scott M. Cutlip）和森特（Allen H. Centre）认为：公共关系是这样一种管理功能，它能建立和维护组织与公众之间的互利互惠关系，而一个组织的成功或失败取决于公众。

许多公共关系的权威人士强调：作为一种职业，从事公共关系的人员有责任建议公司管理层在发展中推行一些对公众和企业都特别有利的良好政策，虽然公共关系从业人员在确定目标、政策及组织的经营哲学方面鲜有最终的决策权，但在现代组织结构中，他们是重要的决策组成人员。

公共关系作为一种管理职能，如果应用得当，能够促使组织发生相应变化。原希尔·诺顿首席执行官、蒂兰施奈德集团的总裁罗伯特·蒂兰施奈德，列举了六个方面的关键原因来说明为什么商业界需要比以往更多、更好的公共关系：第一，科技迫使公司在全球范围内即时传播；第二，随着市场环境的巨大变化，政府的疏漏日益增多；第三，贸易迫使商界与外国政府和文化打交道;第四,公司兼并和人员增多;第五,第三世界国家正努力吸引投资;第六,旅游业成为世界第二大产业。公共关系经理在组织中并不做导致变化的所有决策,但因为他们经常对组织环境进行监测并与之互动,所以他们通常拥有一些表明组织需要变化或应当朝着什么方向变化的信息,因而学者们一致认同公共关系是一种特殊的管理职能。

（二）传播职能说

传播职能说侧重于公共关系的传播属性,英国学者弗兰克·杰夫金斯（Frank Jefkins）认为,"公共关系就是一个组织为了达到与它的公众之间的确定目标而有计划地采用一切由内向外传播方式的总和"。

《大英百科全书》中是这样定义公共关系的：公共关系是旨在传递有关个人、公司、政府机构或其他组织的信息,并改善公众对其态度的种种政策或行动。公共关系是通过传播大量有说服力的材料,发展邻里的相互交往和估价公众的反应,从而促进个人、公司或机构同他人、各种公众及社区之间亲善友好关系。

基于传播职能,许多专家指出,公共关系人员需要成为优秀的作家和演说家,同时需要具备制图和视听传播技能。公共关系权威艾伦·森特主张公共关系人员要成为"传播技术人员",还要掌握劝服技巧,随着时代的不断发展和进步,公共关系人员肯定要比技术员更全面：写和说的能力仍然是一个基本的先决条件,而他们还必须有展开研究、从事策划和评估结果的能力。

（三）特定关系说

特定关系说强调公共关系是一种公众性、社会性的关系或对这种关系的协调和平衡,正确认识公众关系、处理公众关系是开展公共关系的出发点和归宿。

美国普林斯顿大学的资深教授希尔兹（H. L. Chils）认为：公共关系就是我们所从事的各种活动、所发生的各种关系的通称,这些活动与关系是公众性的,并且都有社会意义。

（四）咨询说

咨询说侧重公共关系的决策和咨询功能。最有代表性的是国际公共关系协会于1978年发表的《墨西哥宣言》："公共关系是一门艺术和社会科学。它分析趋势、预测后果,向机构领导人提供意见,履行一系列有计划的行动,以服务于本机构和公众的共同利益。"

（五）形象说

形象说强调公共关系的宗旨是为组织塑造良好的形象。以下是美国公共关系协会征询了2 000多位公共关系专家的意见,从中选出的四种带有浓重形象描写色彩的定义。

（1）公共关系是企业管理机构经过自我检讨与改进后,将其态度公诸社会,借以获得顾客、员工及社会好感和了解的持续性工作。

（2）首先,公共关系是一个人或一个组织为获取大众之信任与好感,迎合大众之兴趣而调整其政策与服务方针的一种持续性工作。其次,公共关系是对此种已调整的政策与服务方针加以说明,以获得大众认知与欢迎的一种工作。

（3）公共关系是一种技术,此种技术在于激发大众对任何一个人或一个组织的了解欲望并使公众对个人或组织产生信任。

（4）公共关系是工商管理机构用以检测大众态度、检查本企业的政策与服务方针是否得到大众认知与欢迎的一种职能。

（六）特种综合说

有的学者认为，前面几类有关公共关系的定义都只反映了公共关系某一方面的内涵或特征，未免偏颇，因此他们试图通过一个定义把公共关系的所有内涵或特征都囊括进去。

1982年11月，美国公共关系学会在其组成的一流专家小组努力下，正式采用了一个关于公共关系的"官方陈述"。这一定义除了包括概念方面的内容外，还将各种活动、结果和对公共关系实践的知识要求包括在内。

阅读材料

美国公共关系协会对公共关系的正式表述

公共关系通过促进公众和机构之间互相理解，帮助复杂多样的社会做出决定并使其更有效地运行，它带来了公众和公共政策的和谐。

公共关系服务于各种各样的社会机构，如商业、贸易协会，政府机构，志愿者协会，医院、教育和宗教机构。为了达成目标，这些机构必须与许多不同的受众，如员工、顾客、当地社区、股东以及其他机构乃至整个社会建立有效的关系。

为了达到机构的目标，机构的管理层需要理解公众的态度和价值观。由于目标本身是由外部环境决定的，所以公共关系人员无论是作为顾问还是中介人，都要把个人目标变成合理且能被公开接受的政策和行动。

公共关系作为一种管理职能，横跨以下领域。

① 预测、分析和阐释可能并会对组织行为和计划产生好的或坏的影响的公众舆论、态度和事件。

② 在政策制定、行动和传播过程的所有层面向管理层提供咨询，使其充分考虑社会后果和组织的社会或公民责任。

③ 在一个持续的基础上对行动和沟通项目进行调研、实施和评估，以获得公众认知，这对组织目标的实现是必要的。这些项目可能包括市场开发、金融和筹资计划、员工关系、社区关系和政府关系以及其他项目。

④ 策划和实施旨在影响或改变公共政策的组织活动。

⑤ 确定目标、策划、预算、招聘和培训员工、研制设备，即对从事上述工作所需的资源进行管理。

举例来说，从事公共关系专业实践所需的知识包括传播艺术、心理学、社会心理学、社会学以及管理和道德准则。技术知识和方法是从事舆论研究、公众事件分析、媒介关系、组织形象广告、出版、影视制作、特别事件、报告和宣讲所必需的。

在协助解释和执行政策的过程中，公共关系从业人员要利用各种专业沟通技术，并在组织内部和外部环境之间承担一种混合的角色。

通过分析上述有代表性的公共关系定义，可以发现，尽管它们的视角各异，表述也不尽一致，但其本质却大体相同。在充分吸收上述各种定义合理成分的基础上，本书将"公共关系"定义为：公共关系是组织机构从事公众信息传播、关系协调与形象管理事务的调查、咨询、策划和实施的一种实践活动。

二、公共关系的构成要素

公共关系是一个由组织、公众和传播三个基本要素构成的系统。这三个基本要素既有独自的功能，又有相互影响、相互促进的功能，形成一种整体效应，使组织保持良好的公共关系状态，创造积极的社会形象。

（一）公共关系的主体——社会组织

公共关系的主体是社会组织。所谓组织，是一个与个体相对的概念，是指人们有计划、有目的、有体系地建立起来的一种社会机构。这个机构有领导，有目标，有一整套制度，成员之间有明确的分工和职责范围。一个正式的组织通常具有目的性、整体性、相关性和动态性的基本特征。

由于组织的属性非常复杂，因而对组织进行分类也是个非常复杂的问题。在公共关系研究中，人们划分组织类型的目的主要是为了更好地把握公关关系的行为方式和公众类型。因此，社会组织可大致分为四大类：竞争性的营利组织、竞争性的非营利组织、独占性的非营利组织和独占性的营利组织。

从现代公共关系活动的一般规律来看，公共关系与营利性的商业活动和竞争性的社会活动联系比较密切。竞争性的营利组织为了自己的经济利益，为了在市场竞争中争取顾客，一般都有比较自觉的公共关系行为，以主动争取公众的支持，树立良好的组织形象。正因为如此，其公共关系行为的营利性质也往往比较明显。竞争性的非营利组织虽然没有营利动机，但由于需要在竞争中赢得舆论的支持和公众的理解，因此也十分重视公共关系。相较之下，独占性的非营利组织则由于缺乏自身利益的驱动和竞争的压力，往往容易忽略甚至脱离自己的公众，其公共关系公众意识一般比较薄弱。至于独占性的营利组织，由于其对产品或服务具有独占性（垄断性），即便声誉欠佳亦有可盈利的机会；同时由于管理机制等方面的原因，往往不太注意公众的信息反馈，因此也容易产生违背公众利益的行为，以至于陷入舆论的压力之中。

（二）公共关系的客体——公众

公共关系的客体是指公共关系的工作对象，即社会组织内外部的有关公众。公共关系的公众是一个特定概念，指与特定的公共关系主体相互联系、相互作用的个体、群体或组织的总和，是公共关系传播沟通对象的总称。因此，从这个角度说，公共关系就是组织与公众的关系。

任何组织都有其特定公众，而公共关系便是组织主动与公众建立联系和维护良好关系的过程。但这并不意味着作为客体和对象的公众是完全被动、任意受摆布的。公众随时都可以表达自己的意志和要求，主动对公共关系主体的政策和行为做出反应，从而对公共关系主体形成舆论压力和外部动力。公众还有一个有效的权利——用脚投票。当公众因为不满意而使用这一权利时,他们可能不会当面抗议,也不会大吵大闹,但他们会不再光顾某一商店、某一银行、某一饭店、某一旅游点。因此,组织在计划和实施自己的公共关系工作时必须认清自己面对的工作对象,分析研究自己的工作对象,并根据工作对象的特点及变化趋势去指定和调整公共关系政策和行动。

(三) 公共关系的手段——传播

在公共关系中,传播是社会组织利用各种媒介手段,将自身的信息或观点有计划地与公众进行交流的沟通活动。传播是一个完整的行动过程,同时也是一种信息的分享活动。传播的目的是通过双向的交流和沟通,促进公共关系的主体和客体(组织和公众)之间的了解、共识、好感和合作。传播的手段主要有人际传播、组织传播和大众传播等形式。

有的学者强调公共关系中传播要素的重要性,认为对传播过程和模式的研究是公共关系的主要内容,甚至觉得离开了传播、沟通,就无法界定公共关系。这一说法有一定道理,但当把公共关系作为一个整体、一个系统来考察时,就会发现传播和公众、组织一样都只是公共关系这个大系统的一个要素。传播只是使组织和公众之间建立关系的一种手段,传播媒介则是实现这种手段的工具。只有这两者有机结合、共同作用,才能产生整体大于部分之和的协同效应,才能使组织的公共关系活动得以顺利开展,使组织得以在公众面前建立和维持良好的公共关系形象。

三、公共关系的目标

(一) 核心目标——形象塑造

在公众中塑造、建立和维护组织的良好形象是公共关系活动的根本目的,而这种形象通常用知名度和美誉度来表示。

知名度是指组织名气的大小,即组织被社会公众知晓的程度;知名度侧重于对组织形象的"量"的评价,即组织对社会公众影响的广度和深度。美誉度是指组织名声的好坏,即组织被公众信任和赞誉的程度;美誉度侧重于对组织形象的"质"的评价,即组织的社会影响的好坏。塑造组织良好的形象,知名度和美誉度是两个不可或缺的指标。美誉度是知名度的客观基础,美誉度的前提条件是知名度,只有将两者完美结合,辩证统一,知名度才能产生积极的社会效果,美誉度也才能充分显示其社会价值。只有这样,组织内部才具有凝聚力,组织对外部才具有吸引力。组织的凝聚力和吸引力主要表现在以下三个方面。

1. 对顾客公众

对于顾客公众而言,组织的凝聚力和吸引力主要通过组织产品和服务的品牌和质量表现,如果组织的产品和服务的品牌和质量好,他们就乐意接受组织生产的产品和提供的服务。

2. 对优秀人力资源

组织对优秀人力资源的凝聚力和吸引力,一方面能够使在职的人员对组织产生归属感,乐意为组织奉献;另一方面,能够使更多的优秀人才加盟本组织,并发挥其积极性和创造性。

3. 对合作伙伴

组织对合作伙伴的凝聚力和吸引力主要针对投资商、供应商、经销商等组织或个人。良好的金融关系能够使组织及时得到必要的信贷支持；良好的合作关系能够使组织的产品在从原材料到最终进入市场的全过程中建立起一种广泛而稳定的跨组织合作。所有这些对组织的发展都是极其重要的。

（二）关系和舆论

按照现代管理学的观点，良好而广泛的社会关系是组织发展不可或缺的重要资源，而舆论则是一种无形的关系。因此，公共关系不仅要致力于建立、保持、协调、改善和发展组织的各种关系，为组织广结良缘，同时还要引导和影响公众舆论，为组织建立良好的口碑和声誉。

无论何时，只要影响公众舆论的潜力存在，社会责任就非常重要。在过去的几十年中，社会责任已是美国社会普遍关注的问题。莱克斯·哈洛在社会责任主题上研究较多，他坚持认为公共关系从业者通过定义和强调管理工作的责任意识来为公共利益服务。他认为公共关系从业者应该提出一些建议，这些建议能够为组织所采纳，以便不仅满足社会、政治、经济责任的要求，而且适应人类标准和态度的改变。此外，公共关系从业者这种代表公众利益，同时试图影响管理工作的角色一直以来被很多人提出，甚至一些人声称公共关系能够给予公众"在决策桌上说话的声音"。显然，社会责任已经成为公共关系中的一个重要代表，逐渐成为公共关系功能和目标的一部分。

（三）效益和发展

对于一个社会组织而言，当然应该追求自身利益的最大化，但很多组织在追求自身利益最大化的过程中却迷失了方向。有的组织为求一时之利，反而损失更多；有的组织甚至一无所获。造成这种现象的根本原因在于利益从来都是相互的，从来没有单向的利益。因而组织在发展的过程中，还要关注组织各项活动给自然环境、经济环境、社会环境和社会文明带来的影响。公共关系所追求的效益是包括社会经济效益、社会生态效益在内的整体效益。

第二节 公共关系的职能

组织为改善自身的生存环境，围绕既定目标所开展的一系列具体活动和工作构成了公共关系的职能范围。公共关系的职能非常广泛，对此，国内外专家学者至今看法不一。从实践上看，国内外各类组织的公共关系职能部门以及专业公共关系机构的职责也不尽相同。一般来说，公共关系具备管理职能和传播职能。

一、管理职能

管理职能是指组织内的公共关系机构及公共关系从业人员在管理方面的职责与作用，一般包括计划职能、组织职能和控制职能。公共关系作为组织的一种管理职能，其重要性表现为在组织的管理决策过程中，公共关系以提供咨询建议的方式发挥着参谋作用。公共关系机构及公共关系从业人员可以运用专业知识、技能、经验和科学的研究方法，利用相关部门提供的数据、资料、情报等，对组织需要决策的有关问题进行系统研究，提出可供选择的预选方案。因此，公共关系专家往往被一些组织冠以"顾问""参谋"等头衔。与一般的咨询建议不同，公共关系机构在组织管理上所发挥的咨询建议作用，侧重于组织的形象管理方面，即制订组织和产品（服务）的形象管理计划，策划和实施各种专题型的公众活动，并对其进行评估。

此外，公共关系机构还有一项重要的职能，就是树立组织的正面形象、对舆论进行控制，同时对将要发生或已经发生的危机进行形象管理和舆论控制。因而，公共关系机构还需要积极收集信息，监测环境，制订各种活动计划以便对组织进行有效的形象管理。

二、传播职能

（一）宣传引导、传播推广

公共关系在组织管理中的一项主要职能，就是有效地制造舆论、强化舆论和引导舆论，及时地传播、推广与组织有关的信息，赢得社会公众对组织的信任与好感，从而不断地提高组织的知名度和美誉度，为组织创造有利于自身生存与发展的环境和时机。

为此，公共关系机构应承担的职责是：负责制定组织的公众传播计划，编辑、设计、制作和发行组织的各种宣传材料；负责组织的新闻发布和形象传播工作，将组织的信息真实、准确、及时、有效地传递给特定的公众对象；负责制订组织和产品（服务）的市场推广计划，并付诸实施。

（二）沟通交际、协调关系

作为组织对外交往的"名片"和与各界人士沟通的桥梁，公共关系机构需要运用交际、协调的手段为组织广交朋友，发展横向联系，减少社会摩擦，缓和各种社会冲突，与内外公众建立友好、合作的社会关系。"内求团结、外求发展"是公共关系职能目标的形象描述。

1. 协调内部关系

通过内部关系的协调，可以增强组织的凝聚力，创造内部融洽、和谐的人事环境。内部关系是多种多样的，从各种关系发生的形态来看，通常把内部关系概括为两种：人际关系和群际关系。组织内的人际关系包括上下级关系和同事关系，协调好上下级关系能够对下级产生良好的激励作用；同事关系既表现在领导层、管理层之间的关系，又表现在一般员工之间。和睦、融洽的人际关系可以增进彼此了解、促进交流，从而产生互补行为，进而形成组织"合力"。群际关系主要是组织内部各部门之间的关系，是组织部门化的结果。各个部门的设立是组织专业化分工的需要，但分工是相对的，部门之间的互相依存需要彼此协作。在组织运作过程中，各个部门常常由于信息沟通不畅发生各种摩擦和冲突，因此公共关系部门有责任帮助组织的领导层和决策层做好各个部门的沟通工作，加强各个部门之间的信息沟通和感情联络，增进部间的互相了解，进而互相配合，使分散的职能得以聚合，发挥组织的整体效能。

公共关系在协调内部关系过程中，需要用到的社交方式有探访、文艺或体育比赛、舞会、旅游、参观等联谊和福利活动。

2. 协调外部关系

通过外部关系的协调，可以达到广结人缘、开拓关系的目的，为组织的生存和发展化解各种矛盾、冲突，减少各种舆论障碍和关系障碍，寻找各种发展机会，为组织营造和谐的外部发展环境。协调外部关系的手段有很多，如安排公司的代表人物与各类公众进行直接交流，就热门话题安排组织成员对市民或社会集团发表讲话或组成一个宣讲团等。

一个组织面临的外部关系是多种多样的，其中要重点协调好的关系包括五种。第一，协调好与消费者的关系。组织首先要协调好与消费者的关系，消费者是与组织具有直接利益关系的外部公众。第二，协调好与各类合作组织的关系。与组织有直接业务交往的关系除了顾客关系外，还有供应商关系、渠道关系、物流商关系、投资者关系等。这些关系的协调有利于组织运营效率的提高。第三，协调好与各种社团的关系。各种社团对组织运作过程中涉及的许多社会敏感问题有独到考虑，它们对组织运营施加的压力越来越明显；此外，一些行业性的、专业性的社团对组织扩大关系网络和信息资源十分重要。第四，协调好与政府的关系。政府是指组织的上级主管部门以及政府各职能管理部门（如工商管理部门、税务部门、审计部门、环保部门等），协调好与政府的关系有利于组织争取更多的政策支持和行政支持，最大限度地得益于政府政策和行为。第五，协调好与各种非专业性组织的关系。组织应该主动去建立和发展各种非专业性的社会关系网络，如社区关系、媒介关系、名人关系等。这些关系的建立和完善有利于组织广结良缘、提高社会知名度和美誉度。

3. 社交

社交是公共关系的基础性职能。社交职能不仅仅体现在组织对外交往的过程中，也反映在组织内部的交往过程中。

公共关系机构作为组织对外的联络机构，发挥了"外交部"的作用，是公共关系活动中必不可少的重要部门。公共关系机构主要通过社交手段与公众进行协调沟通，特别是通过"情感输出"的方式，加强与公众的情感交流，如通过剪彩仪式、周年庆典、联谊活动、酒会等开展公共关系活动。游说作为一种劝服性的传播活动，主要借助于社交的方式进行。

第三节 公共关系的起源与发展

公共关系是三个方面因素综合的结果：公众舆论的力量、组织间为获得公众支持展开的持续竞争、联系着公众的媒体发展。从历史的观点看，公共关系工作主要经历了四个发展阶段：演说家和新闻代理、新闻宣传、说服性传播活动、建立关系和双向传播。演说家和新闻代理很早以前就存在，他们通过口头方式，以夸张的宣言为基础开展公共关系工作，曾风靡一时。但在19世纪末期，随着服务于美国新兴中产阶级市场的报业发展，通过宣传，公共关系工作得以实现，并最终取代了演说家和新闻代理。说服性传播活动兴起于第一次世界大战之后，主要建立在战时成功全面动员和行为科学说服努力的基础之上。最后，一种根植于人际传播理论和组织传播理论的建立关系和双向传播被今天的公共关系从业者广泛采用，这种方式更为全面地体现了传播的职能。

综合起来看，这些不同的方式被看作是公共关系工作的一个认识性框架，而不是完美的专业实践模式。它们的产生方式也许在很大程度上要归因于大众媒体和专业媒体渠道的发展，以及社会中整个经济、政治、社会和文化形势的发展与进步。

一、公共关系产生的动因

(一) 市场经济的发展

农业社会转向工业社会、市场经济的高速发展是公共关系产生的经济动力。市场经济的发展形成了以消费者为中心的"买方市场",企业组织必须发展与消费者的信息关系、情感关系才能更有效地维持和发展商品交换关系。因此,做好公共关系、增进组织与公众之间的相互理解与情感、提高企业组织的声誉就显得越来越重要。市场经济的发展也促使社会分工向着更专业化的方向演化与发展,从而要求企业组织积极加强横向的经济联系,通过市场与分工,形成一个开放性、相互合作、平等互利的关系网络。这也在客观上要求组织通过公共关系去建立和加强本组织与其他组织之间的协同作用。

从美国的情况来看,"南北战争"以后,北方的工业经济与南方的种植园经济由同一政府管理,从而使美国国内的市场体系发育得较早,也较为健全。这为公共关系最早在美国产生和发展提供了经济基础。

在中国,现代公共关系作为一种"舶来品",也是在对内发展经济、对外开放市场的背景下迅速发展起来的。可以说,市场经济的发展是公共关系产生和发展的根本条件,为公共关系的发展奠定了经济基础。

(二) 民主政治的进步

资本主义民主政治取代封建专制政治是公共关系产生和发展的政治前提。"纳税制"和"选举制"是资本主义民主政治制度的具体体现。纳税制赋予纳税人了解政府行政运作的权利,而政府也有义务将政府事务的决策与运作情况定期向纳税人公布并报告,接受纳税人的监督。选举制是将政府的合法性建立在选民认可的基础上,并赋予民众以知情权、议政权,这就要求政府提高行政行为的透明度。民主政治的精神与公共关系的原则根本上是一致的,公共关系成为民主政治的一种运作方式和程序。

在美国早期,公共关系主要被应用于政治领域。曾促使美国宪法获批准的《联邦党人文集》出版和传播被称为"历史上干得最漂亮的公关工作"。安德鲁·杰克逊(Andrew Jackson)在早期就任命其著名的"非官方顾问团"成员之一的阿莫斯·肯德尔(Amos Kendall)为他当选总统候选人时的民意调查员、咨询顾问、代笔人以及宣传员。尽管肯德尔没有得到这个头衔,但他事实上成了第一位总统新闻秘书和国会联络员。当杰克逊不能完美地表述自己的观点时,就让肯德尔专门通过当时的报纸把他的观点传达给国会和美国人民。由于城市化和公共教育及识字率的提高,报纸第一次开始被新兴的中产阶级接受。这就不难理解为什么现代意义上的公共关系首先在美国问世了。

(三) 人文主义管理思想的兴起

人文主义的管理思想为公共关系的产生和发展提供了社会文化的基础。公共关系作为一种经营管理哲学,它的形成与发展与企业经营管理价值观的演变密不可分。在20世纪以前,占主导地位的经营管理价值观是最大利润价值观,对人的研究极少,当时的经营管理价值观把人视为机器,但随着行为科学的出现,使得组织开始关注人的因素。20世纪50年代以后,随着消费者主权运动的兴起、买方市场的形成,顾客至上观念的日益普及,顾客价值开始纳入组织的决策视野。20世纪70年代以后，企业的社会责任、社会整体利益的指标成为评价组织经营好坏的一个标准；以人为本的管理理念开始深入人心，并得到普遍实施；以公众为导向的公共关系观念正是这种变化的具体体现。

纵观管理学的发展，人文主义思想是率先在美国被提出并得到实施的。20世纪20年代，哈佛大学的梅奥教授和他的同事进行了一场在管理学发展历史上具有里程碑意义的"霍桑实验"，创立了早期的行为科学——人群关系学，人文主义管理思想开始兴起。这种管理文化尊重人性、尊重个人需求、感情和尊严，为公共关系的兴起和发展提供了社会文化条件。

（四）大众传媒的发展和完善

大众传媒技术的发展和完善为现代公共关系活动的开展提供了技术保障。大众传媒的发展与完善使组织面对大规模公众进行远距离的传播成为可能。从公共关系在美国的产生和发展来看，"便士报运动"是公共关系职业化的一个直接动因。可以预见，随着信息技术、网络技术的迅猛发展，公共关系在利用现代信息技术改造和处理传统公众问题上将面临前所未有的机遇与挑战，公共关系作为一种全新的信息产业在现代社会将发挥其独特的作用。

二、公共关系的发端

公共关系的历史可以追溯到远古时代，在演说家、新闻代理以及其他推销商中，可以发现现代公共关系活动的前身。长期以来，被称为演说家而专门从事演讲的人提供这样一些传播服务：帮人写演讲稿、替客户出面演讲，就某些困难问题和说服性技巧进行培训。例如，在柏拉图时代（约公元前427年—公元前346年），演说术在希腊已成为一门独立的学科。据赫里奥·弗雷德·加西亚（Helio Fred Garcia）称，最有名的演说家——西西里的高佳斯认为，演说家的工作主要是培养高超的说服技巧，而不是判断争论与宣言的真假。加西亚还指出，即使在古时的雅典，公众舆论就已决定着各种事情，如修筑城墙等公共工程项目、将军和其他高级职务的任命以及刑事案件处理等。在古代的印度、美索不达米亚、希腊和罗马的遗迹中，人们发现了各种可视为从事公共关系事务时使用的材料和人工制品。为与现代意义上的公共关系相区别，公共关系学界通常将古代公共关系活动称为类公共关系或者准公共关系。

现代公共关系作为一种全新的思想、一种系统而科学的理论，发端于19世纪中叶美国的"报刊宣传运动"。"报刊宣传运动"是组织雇佣宣传员在报刊上进行的宣传运动，旨在制造舆论，扩大影响。

"报刊宣传运动"出现的背景是"便士报运动"。1833年9月，本杰明·戴伊创办了第一份面向大众的通俗化报纸——《纽约太阳报》，从此开启了美国报刊史上以大众读者为对象、大量发行且价格低廉的"便士报"时期。由于"报刊宣传运动"带来的报纸发行量增大，广告费用随之也迅速上涨。当时，一些大的公司和财团为了节省广告费，便雇专人炮制关于自己的煽动性新闻，以扩大影响。报刊为迎合下层读者的需求、增加发行量，也乐于接受发表这样的新闻，这样一来，便出现了美国历史上有名的"报刊宣传运动"。

19世纪30年代，美国的"报刊宣传运动"直接影响了社会公众及工商企业，人们开始重新审视报刊舆论传播的社会功能和价值。另外，美国的南北战争期间，林肯总统《解放黑奴宣言》的颁布和随后的广泛宣传，使美国公民进一步感受到"向公众正面宣传"的巨大力量。西方国家普遍认为1988年美国民主党和共和党在竞选总统时，同时提出"反托拉斯，为劳工服务"的口号，标志着现代公共关系已经出现。

"报刊宣传运动"中最突出的代表是一个马戏团经理——费尼斯·巴纳姆。巴纳姆可以说是新闻传播方面的行家，一直被认为是新闻代理的大师，他具有很强的吸引公众注意力才能，是一个把无穷想象力融入想象力为主料的闹剧倡导者。巴纳姆的工作信条是"凡宣传皆好事"，完全不把公众放在眼里，他说："在我们这样的国家，几乎人人都看报，报纸的发行量从5 000份到20万份，如果不利用这个渠道向公众做广告，那就太不明智了。报纸进万家，不仅一家之主，老婆和孩子都能读到。在你照料日常生意的时候，成千上万的人可能都在读你的广告……。人生的总哲学就是：先耕耘，再收获。这条原则适用于所有行业，尤其是广告。"他运用自己的才能和技巧，编造了许多荒诞离奇的故事来吸引公众的注意和好奇。可以说，巴纳姆在制造新闻愚弄公众方面达到了登峰造极的地步，他运用宣传来赚钱，简单而纯粹。

巴纳姆曾经在报纸上发表了一篇关于黑人女奴海斯在一百多年前曾养育过美国第一任总统乔治·华盛顿的"神话"。这一"新闻"激起了美国社会的巨大轰动，引起了公众巨大的兴趣。巴纳姆乘势又在报纸上使用不同的笔名制造"读者来信"，人为地引起一场巨大的争论。有的来信说，巴纳姆的所谓海斯故事只是一个骗局；有的来信则说巴纳姆发现了海斯是一大功劳。而作为这一骗局的制造者，巴纳姆则大获其利。他每周可以从希望一睹海斯风采的美国人那里获得1 500美元的门票收入。

巴纳姆还制造了一个"拇指将军"。1844年，他在美国康涅狄格州的布里奇码头碰上了一个身高只有64厘米、体重只有8千克的侏儒，立刻灵机一动将其雇佣，并带到了纽约。巴纳姆给他取了一个"汤姆·布斯将军"的美名，编造了一番神奇的经历，因为将军个头太小，也称他为"拇指将军"，甚至"拇指仙童"。各地的便士报都成了巴纳姆的宣传阵地，在一个星期内，就引来了3万多来自美国各地的人们排队观赏"将军"。"将军"在美国大获欢迎之后，巴纳姆竟带着"汤姆·布斯将军"到了英国，时常出入于白金汉宫，并受到过维多利亚女王和其他王室成员的款待。之后，他们又到了法国巴黎，路易·菲利普国王和王后立即召见了他们。

从上面的故事可以发现，巴纳姆对初露锋芒的大众传媒具有较强的感悟能力，他已经能够熟练地应用这些技术，无中生有、制造"神话"。巴纳姆在制造"新闻"愚弄公众之后，又善于审时度势、推波助澜，使事情朝着他希望的方向发展。但是，巴纳姆走向了极端。首先，他这种宣传完全不顾及公众的利益。其次，当时的报刊宣传员都以获得免费的报刊版面为首要目的，并为此而不断地制造"神话"，欺骗公众，这种做法与公共关系职业的基本要求和道德准则相去甚远。这些报刊宣传员典型的"个人英雄主义"、忽略公众利益的做法给现代公共关系的健康发展带来了巨大的负面影响。他们滥用公众信任的大众传播手段，一味地无中生有，制造"新闻"来欺骗公众，最终遭到了公众的唾弃，落得个"搬起石头砸自己的脚"的局面。因此，人们把整个巴纳姆时期称为"公众受愚弄时期"，甚至"反公共关系时期"，或者"公共关系的黑暗时期"。但是，巴纳姆的行为在客观上促进了传播业的发展和现代公共关系的诞生，这是不争的事实。

三、公共关系的职业化和科学化

（一）公共关系职业化

利用新闻媒介一味地制造虚假新闻、愚弄公众，当公众发现上当受骗了，被那些他们信赖的报刊宣传员愚弄时，那一股怒不可遏的抵制浪潮几乎使得新闻媒介无立足之地。而那些"声名显赫"的工商企业也受到了公众的普遍怀疑而信誉扫地。19世纪末20世纪初，美国资本主义进入垄断时期，少数财团不仅占有了社会大部分财富，掌握了国家经济命脉，还控制了政府，他们采取各种卑劣手段肆意搜刮民财、巧取豪夺，根本无视公众利益。这激起了公众的普遍不满，整个社会几乎陷入了"信誉危机"。这对当时的公共关系来说无疑是当头一棒，使其发展陷入了进退维谷的尴尬境地，又使得那些意气风发的公共关系人员驻足沉思，重新审视这一全新职业的职业要求和职业道德。

于是，一些报纸杂志率先开始揭露实业界那些"强盗大王"的丑恶行径，从此掀起了美国近代史上著名的"垃圾清理运动"（又称"扒粪运动""揭丑运动"）。新闻界发表了大量的文章和漫画进行揭露，据统计，在近十年里，各种报刊发表的此类文章达2 000多篇，从此使许多大企业和资本家声名狼藉。在"垃圾清理运动"的冲击下，那些利用舆论工具起家的大财团，受到了公众的普遍怀疑与抵制，他们费尽心机建立起来的封闭"象牙塔"开始摇摇欲坠。垄断财团最初试图采取高压手段，对新闻界进行威胁，威胁失败后，他们又试图贿赂，高薪聘请新闻代理人撰写虚假新闻以掩盖矛盾和丑闻，但同样无法改变局面。最终他们认识到：为求得生存与发展，必须取得公众的信任，欺骗、操纵以及自我营造的半假半真新闻故事并不是应对政府和媒体挑战的良策。于是，他们纷纷开始从修建封闭"象牙塔"逐渐转向建造透明"玻璃屋"的过程，提高企业的透明度；让公众广泛地了解整个企业，以期取得他们的信任。在这一过程中，以"讲真话""讲实情"来获得公众信任的主张被提了出来，并得到了越来越多工商界人士的支持与提倡。

艾维·李就是"讲真话"公共关系思想的代表人物。取得公众的信任和理解，无疑是组织生死存亡的关键，艾维·李正好顺应了这一时代需求。他以公众的需求为出发点，致力于改变无中生有、制造"新闻"的状况。重视公众利益的理念在当时成了不可逆转的潮流，从而使得公共关系进入一个"讲真话"的时代。

艾维·李，出生于美国佐治亚州的一个牧师家庭，曾就读于哈佛大学法学院，毕业于普林斯顿大学。他早期在美国报业大王斯特的《纽约世界报》中担任记者。1903年，他开办了美国第三个宣传代理机构，成为职业公共关系人员。1906年发表的《原则宣言》标志着现代公共关系职业的问世。从此，公共关系事业进入了一个前所未有的蓬勃兴旺时期。

1906年，煤炭经营商乔治·拜尔雇用艾维·李处理无烟煤工人罢工事件。作为劳工代表的约翰·米切尔对新闻界采取开放的对话姿态，得到了新闻界对他及他事业的同情；而沉默寡言的拜尔则甚至连与美国总统进行对话都不肯。艾维·李一边劝说拜尔更加开放一些，一边向新闻界发表了著名且具有里程碑意义的《原则宣言》。在该宣言中，艾维·李全面阐述了其事务所的宗旨："我们的机会，是代表企业和公共机构坦率并且公开地向美利坚合众国的新闻界和公众提供迅速和准确的信息，这些信息涉及让公众感到值得和有兴趣知晓的有关主题。"这就是企业公关工作中的"门户开放"政策。从处理煤矿罢工事件中采取的行动和取得的效率来看，艾维·李显然不仅是一个渴望宣传的新闻代理，实际上，他老练地抓住了冲突的基本特性、问题和机会。他意识到，企业宣传只有在优秀作品的支持下才有希望对公众产生影响，为了在言辞和行动之间形成必然性和正面的一致性，他敦促他的工商业界客户将其感情和政策同公众的利益联系起来。在艾维·李的推动下，工商业界纷纷改变他们对待公众的态度，不再像过去那样通过欺骗公众去包装自己，而是主动地将组织的必要真实情况最大限度地向公众披露，即使有时披露的情况可能会对公司产生不利影响，他们也可以通过采取"危机公关"的措施，去获得公众的原谅，然后再通过一系列的公共关系活动，去重新建立组织的信誉。例如，1904年，艾维·李被美国著名实业家约翰·洛克菲勒聘为私人顾问，此时洛克菲勒因科罗拉多州燃料公司和钢铁公司工人罢工搞得焦头烂额，而洛克菲勒在处理这一事件时态度强硬，不妥协并进行镇压，在当时公众中声誉极坏，被称为"强盗大王"。艾维·李接受协调此事的使命后，采取了以下措施：请有声望的劳资专家来主持，调查事发原因并公布于众；邀请工人代表参与商讨解决劳资纠纷的办法；建议增加工人福利和向慈善事业捐款，以改变公司形象。洛克菲勒接受了艾维·李的建议，公众逐渐改变了对洛克菲勒的看法，最终平息了事端，挽回了声誉。

由于艾维·李的贡献以及公共关系的技巧和实践的成功，推动了公共关系事业的发展。此后，公共关系服务范围从企业扩展到学校、医院、军队等领域，使公共关系职业化。因此人们把艾维·李尊称为"现代公共关系之父"。然而，艾维·李的公共关系工作更多是靠经验、凭直觉进行的，缺乏科学理论的总结，因此，人们把他的公共关系称为"只有艺术，没有科学"的公共关系。

阅读材料

艾维·李的《原则宣言》

这不是一个秘密的新闻处，我们的全部工作都是公开的，我们的目标是提供新闻。这不是一个广告公司，如果你认为我们送到你们企业办公室的文件资料有任何不准确的话，请不要使用它。我们的文件资料务求准确。我们将尽快地提供有关任何受到处理问题的进一步细节，而且，任何主编在直接核对任何事实的陈述方面都将愉快地得到我们的帮助……

简而言之，我们的计划是代表企业和公共机构坦率并且公开地向美利坚合众国的新闻界和公众提供迅速和准确的信息，这些信息涉及让公众感到值得和有兴趣知晓的有关主题。

（二）公共关系科学化

公共关系的职业化发展促进了公共关系由探讨一些简单问题上升到探求规律，从而推动了公共关系理论和学科的发展。

1. 爱德华·伯内斯

爱德华·伯内斯出生于维也纳的奥地利，后移民美国，是著名的精神分析学家弗洛伊德的外甥。1913年，伯内斯受聘于美国著名的福特汽车公司，担任公关部经理。第一次世界大战结束后，伯内斯和夫人在纽约开办了一家公共关系公司。1923年，他的第一本专著

《舆论之凝结》（又称《舆论明鉴》，Crystallizing Public Opinions）问世。在此专著中，他首次提出了公共关系咨询的概念。他认为公共关系咨询主要有两个作用：其一是向工商企业组织推荐它们应采纳的政策，而这种政策的实施必须符合公众的利益；其二是把工商企业组织采纳执行的合理政策，采取的有益于社会公众的行为广为宣传，帮助它们赢得公众的信任和好感。同年，伯内斯在纽约大学首次讲授公共关系学课程。1925 年，伯内斯的一本教科书《公共关系学》出版；1928 年《舆论》出版。通过伯内斯不断地研究和反复的实践，公共关系的基本理论、原则和方法初步形成了一个较为完整的体系。在这些原则和理论中，伯内斯所认为的公共关系的核心思想是"投公众所好"。伯内斯认为，以公众为中心，了解公众的喜好，掌握公众对组织的期待与要求的态度，确定公众的价值观念应该是公共关系的基础工作；然后按照公众的意愿进行宣传，才能做好公共关系工作。伯内斯以其不懈的努力，为现代公共关系的发展做出了一系列重要的贡献：使公共关系职业化；使公共关系工作摆脱了附属于新闻界的地位，开始独立自主地发展；提出了包括公共关系运作程序，方法、技巧等在内的公共关系整个运作过程的九个基本程序；初步建立了现代公共关系理论体系，使公共关系理论化；强调了舆论及通过投其所好的公共关系宣传来引导公众舆论的重要作用；主张获得公众的谅解与合作应当成为公共关系的基本信条。

伯内斯把他的一生都献给了公共关系事业。正是由于他孜孜不倦的努力，最终建立了一套体系完整的公共关系理论，从而使得公共关系成为一门独立的学科。

继伯内斯 1923 年在纽约大学首次公开讲授公共关系学课程之后，1937 年，美国公共关系学创始人哈罗博士也在斯坦福大学开设公共关系学课程，从此公共关系专业在大学中普遍设立。1947 年，波士顿大学成立了第一家公共关系学院，开始授予公共关系硕士和博士学位。到 1949 年，美国全国有 100 余家高等院校开设了公共关系学课程，至此，"公共关系学"正式诞生。

在这一时期，享有盛誉的公共关系学者和实践者还有希尔·诺顿公司的创始人之一——约翰·W. 希尔，以及曾担任美国电报电话公司第一个企业公共关系副总裁的阿瑟·佩奇等。

2. 斯科特·卡特利普

第二次世界大战后，公共关系实践和理论的发展进入了一个全新阶段。1947 年，美国公共关系学会成立，哈罗博士成为第一任主席。1955 年，国际公共关系协会在英国伦敦正式成立。这一时期，以卡特利普、森特和杰夫金斯为代表的一大批公共关系专家和大师，在理论和实践上把公共关系推向一个新的历史发展阶段。其中以卡特利普和森特提出的"双向对称"公共关系模式最具代表性，他们于 1952 年合作出版了被后人誉为"公共关系圣经"的专著《有效的公共关系》。

卡特利普认为，公共关系应该把公众利益与组织利益置于同等重要的地位，推行"双向对称"的传播沟通战略，也就是说，公共关系一方面要把组织的信息向公众进行传播和解释；另一方面又要把公众的意见和信息向组织进行传播和解释，目的是使组织与公众之间形成一种和谐的关系。在这里，"对称"意味着在公共关系目标上要将公众的利益与组织的利益放在同等重要的位置；"双向"意味着在公共关系方法上要坚持与公众之间的双向传播与沟通。双向对称的公共关系模式说明了组织与公众之间的关系状态与关系处理的原则。

前文已经提及了艾维·李的"讲真话"原则和伯内斯的"投公众所好"原则。但实际上,在公共关系实际操作中,光靠这些理论是远远不够的,因为公众具有个体差异,而且公众的需求、喜好也会随时间的推移而发生改变。那么,建立一种机制适应这种变化,就成为公共关系发展的一大课题。

第二次世界大战以后,国际间的经济、技术和劳务合作日趋频繁和紧密。但由于不同民族和国家的文化背景各有差异,客观上需要一批公关人员从中斡旋,进行有效的沟通和协调。事实上,这种跨文化交际的障碍已成为那些跨国巨头进一步发展的最大障碍。跨国巨头在拓展世界市场中发现,能够与不同文化背景的人沟通交流、协调关系是事业能否成功的关键。传统的公共关系理论认为,在公共关系实践中,公共关系都是作为一项具体工作表现出来的。这类工作只注重将有关组织的信息扩散到组织环境之中,而忽略将有关环境的信息传递给组织。这种理论实质上是把公共关系系统看成一个"封闭系统",这种单向传递模式在特定的历史条件下可能会收到一定的效果,但随着时间推移,缺少公众参与的"一头热"模式的弊端会逐渐显露出来。

现代公共关系理论要求以"开放系统"的思想去分析公共关系问题,以"双向对称"的理论模式去规划公共关系工作,即组织与其公众关系的维持与改变是建立在"输出—反馈—调整"的互动模式基础之上的。在这种模式中,公共关系具有潜在的、能够发挥参谋或顾问作用的能力,可以对决策过程施加影响。这种潜能能够在危机期间产生控制局势的作用;作为外界环境的感应系统,公共关系还可以阻止潜在危机的发生。根据"双向对称"模式,组织必须区分那些对组织影响较大的公众,通过调查研究并展开适当的公共关系活动来协调与这部分公众的关系。卡特利普和森特合著的《有效的公共关系》是这一时期出现的一部集公共关系理论研究成果之大成的代表作。

当今世界,科技革命迅猛发展,使得社会政治、经济模式、思想观念发生了日新月异的变化。这就要求任何一个组织都必须通过"双向对称"模式去回应这种变化,不断调整自身的公关策略,才可能真正立于不败之地。

四、网络时代给公共关系理论带来的冲击和挑战

(一)工作方式的改变

在互联网出现以前,媒体关系的主要工作就是通过新闻稿、新闻提示、新闻资料包等把组织的信息"送"到媒体记者、制片人和编辑的桌上。但有了互联网后一切都改变了,因为网络记者能够不经公共关系或媒体关系办公室直接从公司网址及其各个链接中获得所需要的公司信息。网络记者认为,他们每秒钟都有截稿时间。正如媒体关系专家卡洛·霍华德所说,"媒体工作日已变成了媒体工作小时,而现在已是媒体工作分钟或秒钟了"。

总之,互联网改变了记者工作的方式,其幅度之大就像它对公共关系工作的改变。绝大部分记者在写稿的时候都要上网查资料,特别是撰写那些内容很丰富的稿件。这就要求组织能有规律地更新其网站和微博等媒体,并使所有媒体页面和链接易于接通,从而使报道组织的记者们认为它的网站是及时、有用和可信的信息源。

(二)公共关系理论的创新

1. 网络传播媒体成为公共关系理论关注的焦点

正如电视的出现使公共关系理论和实践经历了一个巨大转向一样,网络这一全新媒体也

很快使公共关系理论研究的焦点聚于其上。网络媒体的特点、网络传播方式与传统传播方式的异同、公共关系理论研究的网络传播效果、网络媒体与传统媒体的融合等成为公共关系理论研究的新课题。

2. 社会责任成为公共关系理论研究的重点

目前，世界上流行着一种新的观念，即企业不再被看作是只为股东创造利润和财富的工具，它还必须对整个社会的政治、经济、文化发展负责。社会责任、社会形象等越来越成为诸如《财富》500强、《商业周刊》企业排行榜上评价企业业绩的重要指标。与此相适应，各类社会组织在公共关系活动中，也应更加关注组织的社会责任，在公众面前树立一个勇于承担社会责任的组织形象。

像安然公司垮台、"9·11"恐怖袭击以及世界各地的地区冲突都显示了至关重要的一点，即无论何时何地，企业、政府和非营利机构都应当被认为是可信和负责的。但是20世纪90年代的技术繁荣，以及现在层出不穷的食品、医疗、公共设施等安全问题都开始显示出许多组织的社会声誉已遭到严重破坏。有见识的公共关系人员也意识到关心社会并对社会负责的行为能帮助预防劳工纠纷、客户抵制、环境官司和不满的个人或积极分子团体不时的攻击。

3. 国际公共关系成为公共关系理论研究的亮点

全球范围新市场的开放、网络信息传递的全球化，使公司发展了许多在全球进行战略设计且能够在本地实施的体系，尤其使公司显著增强了对文化事件或者文化差异的重视，认真考虑公司在世界不同地方和不同文化中如何推销自己及其产品。随着中国企业全球化步伐的加快，也使国人认识到了国际公共关系的必要性。因此，原有的只为跨国大公司服务的国际公共关系理论将越来越不适应全球化的金融环境，对各种形式的国际公共关系活动的研究将日益受到重视。如何实现不同国家、不同文化之间的跨文化公共关系传播，如何与拥有不同政治体制和经济管理体制的各国政府建立良好关系，如何提高网上国际公共关系活动的真实性和效果，如何在国际公共关系活动成本开支和企业效益之间寻找平衡等成为公共关系领域研究的主要课题。

未来总是很难预测的，但通过对历史趋势的辨别和判断，仍可以做出准确猜测。总结公共关系发展历史，结合网络时代大环境，可以总结出公共关系正在发生着以下变化：由"从……"变为"到……"，由"操纵"变为"顺应"，由"外界顾问"变为"内部团队成员"，由"营销"变为"管理"，由"计划"变为"过程"，由"工匠"变为"经理"，由"事项"变为"议题"，由"输出"变为"输入"，由"消防队"变为"防火员"。

阅读材料

"95后"正在改变公共关系行业吗？

"95后"正在改变公共关系行业吗？看起来是这样的。

不言而喻，"95后"是年轻人的主力，是任何一个商家都渴望征服的对象。对公共关系行业来说，"95后"不仅是一个标签，几乎是所有服务品牌的目标消费者。品牌年轻化的趋势和雄心，其实早就开始，这几年更是成为热潮。因此，"95后"带来的第一个改变，就在于需要打起万分精神来研究他们。

据2017年相关数据统计,"95后"出生人口已经接近全球人口的1/4,其中中国"95后"人数高达2.5亿。这意味着,以"95后"为代表的消费一代,正在以惊人的成长速度和庞大的人群规模,接棒成为贡献消费的主力人群。对于公共关系人员而言,不仅要持续关注和全面拥抱,更要从专业的维度做纵深洞察:"95后"的人群画像是怎样的?他们的消费主张和理念是什么?他们对品牌的偏好是怎样构建的?

第二个改变则是"95后"会改变公共关系思维和作业模式。前不久,唯品会联合艾瑞咨询发布《种草一代·95后时尚消费趋势报告》。这份报告对于公共关系行业具有启示意义,它展现了"95后"的心理诉求与品牌主张。"95后"在消费中看重社交价值实现,他们获取时尚资讯的渠道越来越多样化,其中大众口碑跃升至第一位。在受媒体影响上,微信和微博作用明显,影响力权重非常大,传统媒体几乎没什么存在感。其次,短视频平台和直播平台也迅速崛起。报告指出,"95后"有极强的分享意愿和在社交渠道的多触角,令"消费"与"社交"捆绑。"95后"获封"种草一代",41.8%的"95后"表示会向亲朋好友推荐好用的品牌。除此之外,超过30%的"95后"透露会转发有用的资讯和教长辈怎么使用App。

在品牌主张上,"新、奇、惠"品牌更得人心。个性化、爆款、新品、折扣,成为"95后"消费者最青睐的品牌标签。未来,品牌需要有自我主张,创造独特的品牌特性和定位,以此来吸引"95后",并将其沉淀。此外,由于"95后"尝新的意愿强烈,是新品牌崛起的主要机会人群。针对他们的"种草"特质,去中心化、点对点的传播将更利于品牌获取"95后"新用户。

让人意外的是,在"95后"的消费版图和消费实力对比上,所谓的"北上广深"并没有彰显出明显优势,一些其他区域的"95后"站上潮头浪尖。据这份较为权威的"95后"报告,西南地区的"95后"成为"消费担当",成都和重庆表现尤为突出。在唯品会美妆消费上,成都和重庆的"95后"订单量位列第一和第二;在"唯品·奢"的消费中,重庆的"95后"订单量仅次于第一名的北京,成都的"95后"用户数仅次于第一名的北京。不只在消费能力上呈现霸榜之姿,来自"唯品金融"的数据也显示,成都和重庆的"95后"使用分期消费的数量也领先其他城市,展现出更为前卫的消费理念。

对于公共关系行业更为纵深的改变,则在于"95后"也正在成为公共关系行业的新人。不仅在于他们的年轻气盛和脑洞大开,给公共关系行业带来新的气象。同时,由于"95后"大多成长于已初具经济自信和品质刚需的家庭,他们会带来整个人才管理和作业模式的颠覆。最为明显的一点,"95后"中的绝大部分都难以接受特别高压的企业文化,也会断然拒绝周末"all in"(精疲力竭)的工作状态,他们更追求工作与生活的平衡。对整个社会而言,不能强制要求"95后"和"70后""80后"一样,接受奋斗者为本、工作大于生活、无条件满足客户需求这些原则,得承认这一代人的诉求本就具备合理性,适时进行作业模式的优化是必要的。伴随"95后"在公共关系行业越来越有分量,整体上也会倒逼行业,倒逼企业运营,进而形成整个组织生态链的改变。

无论从哪个角度看,年轻人对于公共关系行业的改变,都是一件好事。

第四节 公共关系在中国

现代科学意义上的公共关系事业是我国推行改革开放政策的直接产物。回顾中国公共关系事业的发展历程，大致可以分为三个阶段。下面将简要介绍各个阶段的情况，同时，还将探讨中国公共关系的职业现状。

一、引进和开创阶段

20世纪80年代初，深圳、珠海、汕头、厦门等经济特区相继宣告成立，一批中外合资的酒店、宾馆先后在沿海和内地的一些重要城市落成。这些合资企业采用了国际规范的管理模式，引入了公共关系管理职能，并设置了相应的机构。同时，一批来自海外的公共关系人员亦开始其在中国的职业生涯。

在海外公共关系人员主持国内合资企业公共关系职能部门的同时，一批国内管理人员也陆续奔赴海外，接受了期限不等的专业公共关系业务的培训与进修。1984年左右，这批学业有成的专业人员陆续回国，并逐步接替了海外专业人员的位置，形成了真正意义上的国内职业公共关系队伍。与此同时，公共关系作为一种职业，在国内的其他行业和领域也开始陆续出现。1984年11月，广州白云山制药厂率先在国营企业中成立了公关部，并每年拨出其产值的1%作为"信誉投入"，开创了内地企业公共关系的先河。

随着中国改革开放的不断深入，许多跨国企业开始进入中国市场，从而带动一些为其常年提供公共关系服务的专业公共关系机构业务向中国延伸，致使这些专业公共关系机构亦纷纷抢占中国市场。这些专业公共关系机构的介入，不但为中国引入了专业公共关系的全新概念和操作方式，而且也催生了中国公共关系专业公司的出现。1985年，美国最大的国际性公共关系公司之一——伟达公关公司（Hill & Know Iton）在北京设立办事处。不久，历史悠久并素有世界最大公共关系机构之称的美国博雅公共关系公司（Burson-Marsteller）又与新华社合作，由此诞生了中国第一家专业公共关系公司——中国环球公共关系公司。随后，营利性的公共关系职业机构和职业人员在各地纷纷涌现。同时，在学术研究、教育出版等领域，以文章、书籍、培训、讲座等形式涉足公共关系专业的现象也成为热潮。

二、适应和发展阶段

1986—1993年间，中国的公共关系事业迎来了前所未有的快速发展。这一时期的发展状况不是很均衡，但一些阶段性的热点促成了公共关系事业整体持续发展的良好势头和特殊氛围。

（一）热点之一，以中国公共关系协会成立为标志的行业性组织开始出现

1987年5月，中国公共关系协会在北京宣告正式成立。在此之前，上海、广东等地也相继成立了一些公共关系组织和协会，中国公共关系协会的成立，进一步促成并引发了全国各省市公共关系协会的成立热潮。公共关系组织的成立，使原先分散在全国各地而且分门别类的公共关系职业群体有了一个集中交流和开始协作的中介机构。这些公共关系职业群体主要可分为以下四类。

第一类：以办报刊为主的职业公共关系新闻人员。这一期间，国内各省市先后创办了一批公共关系专业报刊，如在全国公开发行的《公共关系报》《公共关系导报》《公共关系》杂志和《公关世界》杂志，以及在机构内部发行的《上海公关》杂志等，其他各种内部印刷物更是不计其数。这些报刊的编辑、记者为数不少，形成了公共关系界一支重要的力量。

第二类：以办学授课为主业的职业公共关系教学人员。

第三类：以公共关系业务为主业的专业公共关系人员，包括专业公共关系机构从业人员和企事业单位公关部人员。

第四类：由于各级公共关系组织的出现，也涌现了一批以联络、协调为工作重心的协会工作（管理）人员。

(二) 热点之二，以电视剧《公关小姐》的播放为契机而引发的公共关系职业潮

1990年，电视连续剧《公关小姐》在中央电视台播出。这部电视连续剧在表现公共关系人员的工作和生活上有值得学习的地方。因其直观性强、覆盖面广的特点，在普及公共关系概念、强化公共关系意识和推出公共关系职业等方面起到了相当独特作用的，也引发了社会上的公共关系职业潮。不少企事业单位和社会团体，乃至某些政府机构，纷纷设立了公关部或相应的职能部门。一时间，公共关系职业成为改革开放以来社会接受性大、接受面广的新兴职业之一。

(三) 热点之三，以中国国际公共关系协会为纽带的国际性职业市场的开辟

中国国际公共关系协会成立于1991年。在此之前，国际公共关系机构及专业公司与国内专业机构和专业人士的交流及业务往来已经出现，如中国环球公共关系公司与博雅公共关系公司的合作，北京中法公共关系公司的业务拓展等，但这些合作仅局限于单一的机构性或业务性往来。

中国国际公共关系协会的成立，促使中国公共关系界与国际公共关系界之间的交往和联系迅速发展起来。在接受世界各国商业性公共关系业务委托方面，中国的渠道被拓宽，从而为国内公共关系界人士更好地认识和了解国际公共关系市场，也为国际社会了解中国公共关系职业的发展和公共关系市场的潜力提供了机会。同时，在为国内企业接受和提供国际性专业公共关系服务方面，以及培养和输送国际公共关系职业人才等方面，亦营造了特定的氛围和环境。这一时期，国际公共关系界权威人士频频来访并开展业务交流。

从这一意义上说，所谓的适应和发展阶段，实际上也是中国公共关系发展史上的第一个高潮期。中国公共关系界社会影响的形成，始于这一时期。中国公共关系事业的发展，是中国改革开放的必然趋势。

三、竞争和专业分工阶段

党的十四大以后，中国社会主义市场经济全面启动。从1993年至20世纪90年代后期这段时间里，中国公共关系事业的发展状况出现了明显的变化。这种变化的实质，就是市场经济的竞争性和优胜劣汰竞争法则促使中国公共关系行业产生了分化。1986年以来持续升温的社会性公共关系热潮，到1993年前后开始降温。在这一阶段，公共关系的发展具有以下特点。

第一，一些企事业单位和社会机构曾设立的公关部、公关处等纷纷改名换牌，有的干脆予以撤销。究其原因，主要还在于这些部门职责不分明、任务不明确、人员不专业，因而工作开展情况不尽如人意。

第二，1986年以来陆续开办的规模不等、性质不一的公共关系公司、公共关系中心、公共关系事务所等有近一半以上改行或改名，有的甚至宣告倒闭。造成这一现象的根本原因是长期没有合适的公共关系委托业务。有一些公共关系公司、公共关系事务所虽然仍在坚持营业，但实际经营的范围大多已与公共关系无关。

第三，一度被视为新潮和时尚的公共关系职业不再受青睐，一些"公关先生""公关小姐"纷纷改行、跳槽，因为"公关"并没有如他们预想那样使他们一展抱负。

公共关系热潮的降温，实质上是"标签公关"的淘汰。一个机构、一个部门、一个人，如果仅仅因为追求新潮而投身于公共关系行业，而对公共关系工作的真谛缺乏了解，其在行业的市场竞争中惨遭淘汰就是必然的结局。从某种意义上说，这种状况的出现，对中国公共关系事业的发展并不是坏事。

值得注意的是，同一时期内，那些立足于专业基础和专业分工的职业公共关系机构却日趋活跃，呈现出良好的发展态势。在这一时期，以公共关系原理为运作基础的策划、咨询、CI设计等活动开始活跃。这一新的态势，充分反映了公共关系原理在经济建设服务中的广阔背景和巨大潜力，并在一定程度上显示了公共关系职业在专业分工上的进一步细化。

四、中国公共关系的职业现状

（一）中国公共关系的职业范畴

中国公共关系的职业范畴表面上包罗万象，但以专业分类而言，可分为三个方面：一是关系资源的挖掘和利用，主要包括传统的联系、协调和目标型沟通；二是智力、学识和经验的综合运用，包括创意、策划咨询以及相关事务的处理；三是技能和专业劳务的提供，包括采编、设计、传播、主持、布展、礼仪以及面向公众的各种具体服务。

需要说明的是，由于公共关系本身就是一种协调性工作，所以公共关系目标的实现往往离不开上述三个方面的互相配合、相互作用。

（二）中国公共关系的职业市场及职业地位

由于公共关系活动在全球范围内变化非常快，很难确切地知道全世界有多少公共关系从业者，但目前越来越多人开始进入公共关系行业。在全球范围内，美国是公共关系行业市场中最大的国家，随后是亚洲市场，特别是日本、中国、韩国和马来西亚的市场。公共关系行业正在拉美地区迅猛发展，在市场经济增长较快的非洲国家也有所发展。

在中国，公共关系行业入行的要求并不算太高，但据美国和加拿大的一项调查显示，公共关系从业人员中三分之二是高学历者，即具有本科文凭的大学毕业生，其中近一半是传播、公共关系、新闻或相关的媒体专业人员；另有40%的从业人员是工商管理专业毕业。这一现象随着中国高等教育的普及化，中国公共关系行业中入行人员的高学历者也开始增多。同时，随着经验的增加，公共关系从业人员的薪酬水平普遍偏高，据2014年的调查显示，该行业平均月薪为1.5万元，但中资企业薪酬水平相比外资企业逊色很多，普遍低于该平均工资。公共关系行业在国内还是一个发展中的行业,公共关系人才缺口较大,有经验且掌握某一门专业知识和熟悉国际法的人才,以及中高级公共关系人才是公共关系企业追逐的对象。

随着公共关系在我国教育中的逐渐普及,政府部门和企事业单位公共关系意识的不断增强,公共关系咨询专家和专业公共关系人员已越来越受到人们的尊重,公共关系人才被视为现代社会和市场经济所需要的高素质紧缺人才。但是,由于公共关系这一职业没有规范化,尚没有真正为社会公众所了解,加上社会上一些并不从事公共关系职业的人员也打着"公关"的旗号行事,在一定程度上破坏了"公关"的名声,致使某些人把"公关"和"走门路""拉关系"等不良社会风气联系在一起。所以,一些公共关系人员在一定的社交圈子中颇有地位,但在某些场合又遭人轻视。

(三)中国公共关系职业的发展趋势

21世纪会是公共关系事业理论与实践双丰收的黄金时期,中国公共关系职业发展呈现出以下发展趋势。

(1)公共关系活动主体多元化。企业求生存、求发展需要开展公共关系活动,经济组织、政治组织以及其他各种民间组织都需要开展公共关系活动塑造自身的良好形象。

(2)公共关系人员专业化和职业化。公共关系人员除了需具备扎实的理论基础外,还需要具备相关专业技能,才能在行业中立稳脚跟。

(3)业务范围国际化与本土化。中国正在快速崛起,大量的外资企业进入中国市场的同时,我国企业也在走出国门,参与海外市场的竞争,这就要求大量的具备国际化素质公共关系人才参与其中,制定更为本土化的策略赢得本地市场公众的认可。

阅读材料

中国公共关系业2017年度调查报告

为反映2017年度公共关系服务市场的运行态势,正确评价中国公共关系业的发展状况,为专业机构提供积极的行业指引,2018年3月13日至4月10日,中国国际公共关系协会(CIPRA)对中国境内主要公共关系公司进行调查活动。该项活动由协会研究发展部具体实施。

项目组采用问卷调查的方法对2017年度全国主要公关公司进行抽样调查,内容涉及运营管理、业务发展和可持续发展等方面。

项目组对问卷所取得的数据进行了科学统计,并依据行业经验和历史数据进行了相关核实和判断,在科学分析的基础上形成了本调查报告。本报告由年度排行榜、行业调查分析、TOP公司研究、最具成长性公司研究及行业发展分析五个部分组成。

有关报告的相关说明如下。

①本报告所涉及的调查内容仅涉及中国境内的公共关系服务,不包括被访者的广告及其他制作业务。

②本报告所依据的调查数据为被访者所提供的数据,尽管访问者对这些数据做了相关核

实,但本报告并不为这些数据的真实性提供保证。

③本报告所访问的对象为公司主要负责人,他们在接受调查时均声明代表公司的意志,所提供的信息均是真实、准确和有效的。

④本报告所发表的数据和结论以被访者提交的数据为基础,经过统计分析和行业判断,并加以测试和修正,这些数据不一定完全符合真实情况但能反映行业发展基本面的情况。

⑤本报告相信,有关数据和分析确实具有非常好的参考价值,能为中国公共关系市场的健康发展提供积极的引导和推动力。

1. 年度排行榜

2017年度公司排行榜包括TOP公司和最具成长性公司两个榜单,其中TOP公司30家,最具成长性公司10家。该榜单以自愿参与调查活动、提交完整数据、能够接受考察核实的公关公司为评选对象,以"TOP公司评选标准"为评选依据,通过加权指数计算产生最终结果。

榜单统计分析由CIPRA研究发展部执行,CIPRA公关公司工作委员会常委会审议。2017年度TOP 30公司榜单与2017年度最具成长性公司榜单分别如图1-1、图1-2所示。

关于"营业利润"注释:本调查中所使用的"营业利润"一词,专指公共关系服务收入(不含广告、制作等业务),Fee或称毛利润。该收入为含营业税的服务收入,须扣除第三方费用(包括外购劳务、媒体购买等)。

2017年度TOP 30公司榜单
(排名不分先后,按公司品牌英文名排序)

AcrossChina	信诺传播	Linksus Digiwork	灵思云途
ACTIVATION	艾德韦宣	MSL China	明思力中国
Attention Digital	注意力数字	MRG	嘉利智联
BlueFocus	蓝色光标	Ogilvy	奥美
Cenbo	森博集团	Orange	甜橙创新
Chuan Digital	传智数字	QiTai	启泰文化
CIG	新意互动	Revo	睿符
CYTS-Linkage	中青旅联科	Ruder Finn	罗德公关
D&S	迪思传媒	Shunya International	宣亚国际
Daniel J. Edelman China Group	爱德曼中国	TED	太德励拓
EVISION Digital	时空视点	Topline	尚诚同力
GXEVER	际恒锐智	Trustwin	君信品牌
HighTeam	海天网联	Weber shandwick	万博宣伟
Hill +Knowlton	伟达(中国)	WISEWAY	智者品牌
Itrax	爱创	ZenithPR	哲基公关

图1-1 2017年度TOP 30公司榜单

图1-2 2017年度最具成长性公司榜单

2017年,随着中国公共关系市场不断规范化、专业化的发展,整个行业呈良性竞争的发展趋势,增长率基本趋于稳定。据调查估算,整个市场的年营业规模达到560亿元人民币,年增长率约为12.3%。相比2016年16.3%的增长率,增幅稍有回落。

2. 行业调查分析

2017年中国公共关系行业呈现以下特点和趋势。

(1) 公共关系发展迎来新机遇。随着"一带一路"倡议的持续和深入推进,全球化背景下的国家公共关系意识和策略不断地增强,中国公共关系行业迎来了更大机遇,服务领域更广,从业人员的视野更开阔,中国的公共关系行业将在不远的将来,成为一个千亿级市场。

(2) 公共关系行业的兼并、重组已经成为常态。资本加速进入公共关系行业,而公共关系行业也正在借助资本的力量做大做强。2017年春节刚过,国内著名公共关系公司宣亚国际正式在中国A股上市,这意味着,在蓝标上市7年之后,又一家老牌公共关系公司正式入驻创业板。

(3) 跨界融合进入新阶段。行业的跨界融合与合作已成为新常态。2017年,公共关系与广告、营销行业的跨界融合开始提速,目前已形成行业之间优势互补、相互渗透的竞争格局。

(4) 内容营销已经成为企业传播的核心要素之一。直播、人工智能、区块链等移动互联技术在内容营销方面的应用已成为热门话题。IP正越来越多地成为现象级的内容营销概念。

(5) 公共关系行业正面临着从传统公共关系到新媒体时代公共关系的转型。互联网营销、大数据、数字化、信息化的不断涌现,倒逼从业人员结合自身业务,学习新技术,研究新问题。转型发展带来的资金、技术,尤其是互联网思维,就成为公共关系行业最为关注的问题。2017年和2016年行业市场份额对比如表1-1所示。

表1-1 2017年和2016年行业市场份额对比

排行榜	行业市场份额	2017年	2016年
1	汽车	33.4%	30.6%
2	IT（通讯）	13.3%	12.3%
3	快速消费品	11.9%	11.8%
4	互联网	7.7%	9.4%
5	娱乐/文化	4.6%	4.9%
6	制造业	3.9%	3.9%
7	奢侈品	3.3%	4.4%
8	房地产	2.8%	2.4%
9	医疗保健	2.3%	3.2%
10	金融	2.2%	2.9%

（6）政府机构购买公共关系服务的趋势开始显现，为行业增长开辟了新的领域。近年来，政府部门对公共关系越来越重视，相关机构购买公关服务的趋势开始显现。公共关系领域年度营业额变化趋势与年增长率变化趋势分别如图1-3、图1-4所示。

图1-3 公共关系领域年度营业额变化趋势（亿元）

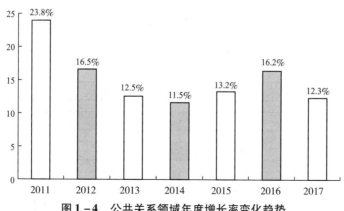

图1-4 公共关系领域年度增长率变化趋势

调查显示，2017年度中国公共关系服务领域的前5位分别是汽车、IT（通信）、快速消费品、互联网、娱乐/文化。汽车依然是行业内主要服务客户，且市场份额有所增加。前5个领域与2016年度排名相同。制造业的排名从去年的第7位上升到第6位。奢侈品市场份额稍有回落，从去年的第6位下降到第7位。房地产本年度市场份额略有增加，从去年的第10位上升到第8位。此外，医疗保健、金融等份额较去年也明显回落，分别位居第9、10位。

3. TOP公司和最具成长性公司研究

鉴于TOP30和10家最具成长性公司数据的相对准确性，我们依据这40家公司数据从业务领域、业务类型、业务潜力和新媒体服务内容等方面加以统计分析。

40家公司中，32家开展汽车业务，25家开展快速消费品业务，24家开展IT（通信）业务，23家开展互联网业务，12家开展制造业业务，11家开展金融业务，10家开展娱乐/文化业务，3家开展奢侈品业务，7家开展房地产业务，10家开展医疗保健业务。

40家公司中，18家以新媒体业务为主，9家以活动代理及执行为主，6家以传播代理为主，5家以顾问咨询为主，2家以媒体执行为主。新媒体业务、活动代理及执行、传播代理，依然是本年度公关市场的主要三大业务类型，2017年行业市场份额与2017年行业市场份额业务潜力市场构成（公司数）分别如图1-5、图1-6所示。

据统计，40家公司中，新媒体业务营收在3 000万元以上的公司为17家，比去年减少3家。

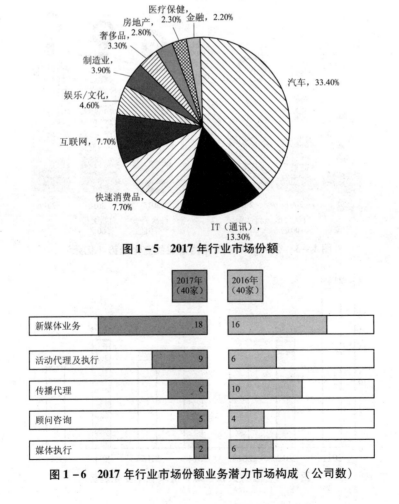

图1-5　2017年行业市场份额

图1-6　2017年行业市场份额业务潜力市场构成（公司数）

40 家开展新媒体业务的公司中，37 家开展产品推广服务，35 家开展整合传播服务，30 家开展口碑营销服务，29 家开展事件营销服务，25 家开展企业传播服务，13 家开展意见领袖（KOL）管理，11 家开展舆情监测服务，7 家开展社区运营，5 家开展危机管理服务。调查显示，新媒体传播的客户主要需求集中在产品推广、整合传播、口碑营销、事件营销、企业传播这五个领域。其中，意见领袖（KOL）管理的服务明显增加。新媒体业务服务内容构成（公司数）与新媒体传播中客户的主要需求（公司数）分别如图 1-7、图 1-8 所示。

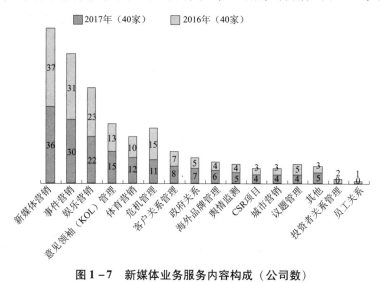

图 1-7　新媒体业务服务内容构成（公司数）

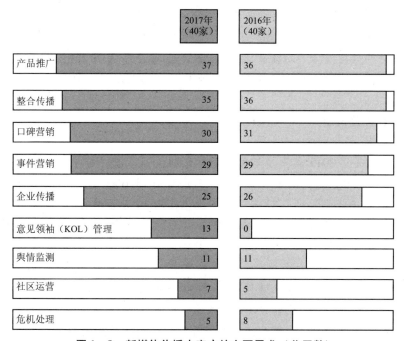

图 1-8　新媒体传播中客户的主要需求（公司数）

（1）营业情况。

①TOP 公司 2017 年平均年营业额为 5.55 亿元，比上年增长约 13.0%；平均年营业利润

为1.23亿元,比上年下降约29.3%;TOP公司人均年营业利润为42万元,比上年同期增加5万。

②独立上市的公司蓝色光标、宣亚国际,其公关传播年营业额分别为36.9亿元、5.05亿元。

③随着TOP公司业务规模扩大,单位人工成本上升较快,加上管理费用加大,以及兼并收购出现的商誉和无形资产减值等因素,运营压力依然存在。

④年平均签约客户79个,日常代理客户平均比重为64%,外资客户平均比重为43%,平均连续签约客户38个。

⑤新服务手段方面,TOP公司在新媒体营销(网络公关、社交媒体等)、事件营销、娱乐营销、体育营销、意见领袖(KOL)管理方面实现较快发展。

⑥随着新媒体业务需求的增加,半数以上的TOP公司新媒体业务营业利润多于3 000万元,平均占总体营业利润的34%,主要提供产品推广、企业传播、事件营销、口碑营销、整合传播的业务。

(2) 运营管理。

①TOP公司平均员工人数为449人,比上年同期增加11人;管理团队平均人数为52人,比上年同期增加10人;专业人员平均人数为261人,比上年同期增加16人。

②女性雇员平均占比为61%,比上年同期减少1%;员工平均年龄在32岁左右;平均留任时间为3年;人员平均流动率为34%,比上年同期增加5%,周平均工作时数为45小时。

③年人均培训时数为58小时,比上年同期减少1小时,主要培训集中于专业技能、业务认知、岗位技能等方面,一般通过内部业务交流、部门岗位培训、行业培训来解决。

④年平均工资水平为13 733元/月,比上年同期增长11.2%;客户经理平均月薪为14 253元,比上年同期增长7.1%;大学生转正平均月薪为5 256元,比上年同期增长9.0%,人员成本逐年增加,这是公共关系行业的一个明显趋势。TOP公司营业情况与运营管理统计如表1-2所示。

4. 最具成长性公司研究

(1) 营业情况。

①最具成长性公司2017年平均年营业额为1.24亿元,比上年1.14亿增长8.8%;平均年营业利润为3 885.1万元,比上年3 419.5万元增长13.6%;年增长率为8%,比上年同期减少39%;人均年营业利润为33.8万元,比上年26.6万元增长27.1%。

②平均签约客户数为33个,日常代理客户平均比重占62%,外资客户平均比重占52%,平均连续签约客户为16个。

③新服务手段方面,绝大多数公司在新媒体营销(网络公关、社交媒体等)、事件营销、意见领袖(KOL)管理、娱乐营销、危机管理方面实现较快发展。

④新媒体业务年平均营业利润在1 001万元~1 500万元之间,占总体营业利润的45%,主要提供产品推广、口碑营销、整合传播、事件营销、企业传播的业务。

(2) 运营管理。

①年平均员工数为112人,比上年减少24人;专业人员平均人数为96人,比上年减少23人;管理团队平均人数为14人,比上年减少4人。

② 女性雇员平均占比 59%，职业平均年龄维持在 29 岁左右；平均留任时间为 2 年，人员平均流动率为 28%，周平均工作时数为 44 小时。

③ 年人均培训时数为 83 小时，培训主要集中于专业技能、业务认知、岗位技能和业务管理四个方面，一般通过内部业务交流、部门岗位培训和行业培训来进行。

④ 年平均工资水平为 11 229 元/月，比上年 10 350 元/月增长 8.5%；客户经理平均月薪为 12 646 元，比上年 12 000 元增长 5.4%；大学生转正平均月薪为 4 541 元，比上年 4 778 元减少 5%。最具成长性公司研究中的营业情况与运营管理统计如表 1-2 所示。

表 1-2　TOP 公司营业情况与运营管理统计

	2017 年（均值）	2016 年（均值）	变量
平均营业额（亿元）	5.55	4.91	13.0%
平均营业利润（亿元）	1.23	1.74	-29.3%
人均营业利润（万元）	42	37	5
均签约客户数	79	72	7
日常代理客户平均比重	64%	64%	/
外资客户平均比重	43%	48%	-5%
平均员工人数	449	438	11
管理团队平均人数	52	42	10
女性雇员平均占比	61%	62%	-1%
员工平均年龄	32	29	3
人员平均流动率	34%	29%	5%
均留任时间（Y）	3	3	/
平均劳动强度（H）	45	45	/
平均培训时间（H）	58	59	-1
均工资（元/月）	13 733	12 352	11.2%
客户经理平均工资（元/月）	14 253	13 307	7.1
大学生转正平均工资（元/月）	5 256	4 820	9.0%

5. 行业发展分析

2017 年，中国公共关系呈良性竞争的发展趋势，增长率基本趋于稳定。据调查估算，整个市场的年营业规模达到 560 亿元人民币，年增长率约为 12.3%。相比 2016 年 16.3% 的增长率，尽管增幅稍有回落，但依然处于快速稳定增长期。

（1）汽车、IT（通信）、快速消费品继续占据市场前 3 位。

调查显示，2017 年度中国公共关系服务领域的前 3 位分别是汽车、IT（通信）和快速消费品。由此可见，这 3 个领域已经长期成为公共关系服务的主要领域。与 2016 年相比，前 3 个领域的市场份额均有不同程度的增加，而互联网、奢侈品所占份额稍有回落。

(2) 娱乐、文化领域继续位居市场份额前列。

2016 年度的行业调查，首次将娱乐、文化列为调查项目，出人意料的是，该领域份额位居第 5。2017 年度的调查显示，该领域市场份额略有回落，但仍位居第 5。由此可见，娱乐、文化等精神方面的需求具有持续性，在相当长的时间里，都将为公共关系行业发展提供更大的服务空间。

(3) 人力成本增加，运营压力加大。

调查显示，2017 年，TOP 公司月平均工资水平为 13 733 元，比上年同期增长 11.2%；客户经理平均月薪为 14 253 元，比上年同期增长 7.1%；大学生转正平均月薪为 5 256 元，比上年同期增长 9.0%，人员成本逐年增加，这是公共关系行业的一个明显趋势。调查还显示，随着 TOP 公司业务规模扩大，单位人工成本上升较快，加上管理费用加大，以及兼并收购出现的商誉和无形资产减值等因素，运营压力依然存在。

(4) 国际公司在中国的业务保持稳定增长，本土公司已经占据主导地位。

国际公司的主营业务侧重顾问咨询服务。由于成本控制较好，人均利润较高，加上年签约客户数及连续签约客户数相对稳定，因此国际公司在中国的业务保持稳定增长。但近年来，本土公司在不断提升专业化水平的同时，借助互联网、大数据、资本和市场等优势，已经在行业中处于主导地位。

(5) 中国公共关系行业发展趋势。

随着跨界融合的不断深入，行业之间竞争态势更加明显。一方面，公共关系行业服务领域将越来越广泛和深入，行业发展机遇更加宽广；另一方面，竞争也给公共关系行业带来挑战。

①公共关系全球化趋势对行业提出更高要求。随着中国企业全球化布局，市场对公关公司的专业化、规范化和国际化提出了更高的要求。

②资本深度介入公共关系行业，做大做强渐成行业趋势。近年来，资本深度介入公共关系行业。2017 年，国内著名公关公司宣亚国际正式在中国 A 股上市，这意味着，在蓝标上市 7 年之后，又一家老牌公关公司正式登陆创业板。未来的中国公共关系行业将形成双头格局：一是通过兼并重组形成少数实力强大的综合性国际传播集团，它们规模较大、业务范围广、客户相对稳定、国际化水平高；二是专注某些特定领域的中型公关公司，它们数量较多，通常针对一个或几个细分市场，专业化程度高。

③跨界融合步入新阶段。行业的跨界融合与合作已成为新常态。2017 年，公共关系与广告、营销行业的跨界融合开始提速，目前已形成行业之间优势互补、相互渗透的竞争格局。

④政府机构购买公共关系服务的趋势开始显现，为行业增长开辟了新的领域。近年来，政府部门对公共关系越来越重视，相关机构购买公共关系服务的趋势开始显现。在杭州举行的 G20 峰会、在乌镇举办的世界互联网大会，以及近年来旅游景点的推广，政府机构都是通过购买服务的形式参与其中，这为公共关系行业未来的发展开辟了新的领域。

⑤人才流动和培养依然是影响行业发展的重要因素。由于行业整体稳定增长带来的人才需求，与 2016 年相比，中国公共关系市场人才专业化，以及人才培养等问题，并没有得到有效缓解。另外，2017 年公共关系行业人力资源成本上升较快，也给公关公司带来了一定

的成本压力。

作为行业组织，中国国际公共关系协会始终致力于中国公共关系行业的国际化、专业化、规范化，并取得了有目共睹的成绩。2018年，协会将继续加大力度，提升行业的社会影响；继续与政府相关部门沟通，让政府了解和重视公共关系的作用，并使行业获得应有的地位；继续推进公共关系的业务整合和资本运作，推动更多的优秀公关公司做大、做强、做精；鼓励它们在通过创新模式、兼并收购等手段发展壮大的同时，承担更多的行业责任和社会责任。

案例分析一

农夫山泉的成功入市

2000年左右，中国饮用水市场竞争格局基本上已经成为定势。以娃哈哈、乐百氏为主导的全国性品牌基本上已经实现了对中国饮用水市场的瓜分。同时，很多区域性品牌也在对饮用水市场不断进行冲击，但是往往很难有重大突破。当时，比较有代表性的饮用水产品有深圳景田太空水、广州怡宝，大峡谷等，还有一些处于高端的饮用水品牌，如屈臣氏、康师傅等。但是，中国饮用水市场竞争主导与主流位置并没有改变。

正是在此时，海南养生堂开始进入饮用水市场，农夫山泉的出现改变了中国饮用水市场的竞争格局，形成了中国饮用水市场强劲的后起之秀品牌，并且，随着市场竞争加剧，农夫山泉在一定意义上逐渐取代了乐百氏成为中国饮用水市场第二大品牌，从而创造了弱势资源品牌打败强势资源品牌的著名战例。

每当提起农夫山泉，消费者脑海中首先闪现的是那句出色的广告语"农夫山泉有点甜"。这句广告语首先在农夫山泉一则有趣的电视广告中提到：一个乡村学校里，当老师往黑板上写字时，调皮的学生忍不住喝农夫山泉，推拉瓶盖发出的砰砰声让老师很生气，说到："上课请不要发出这样的声音。"下课后老师却一边喝着农夫山泉，一边称赞道："农夫山泉有点甜。"于是"农夫山泉有点甜"的广告语广为流传，农夫山泉也借"有点甜"的优势，由名不见经传发展到声势直逼传统霸主乐百氏、娃哈哈。

首先，农夫山泉买断了千岛湖五十年水质独家开采权，在这期间，任何一家饮用水企业不可以使用千岛湖水质进行水产品开发。除此之外，农夫山泉不仅在瓶盖上创新，利用独特的开瓶声来塑造差异；而且打出"甜"的概念，"农夫山泉有点甜"成了差异化的卖点。为什么农夫山泉广告定位于"有点甜"，而不是像乐百氏广告那样，诉求重点为"27层净化"呢？这就是农夫山泉广告的精髓所在了。首先，农夫山泉对纯净水进行了深入分析，发现纯净水有很大的问题，问题就出在"纯净"上：它连人体需要的微量元素也没有，这违反了人类与自然和谐的天性，与消费者的需求不符。这个弱点被农夫山泉抓个正着。作为天然水，农夫山泉自然高举反对纯净水的大旗，它通过"有点甜"向消费者透露这样的信息：农夫山泉才是天然的、健康的。一个既无污染又含微量元素的天然水品牌，如果与纯净水相比，价格相差并不大，可想而知，对于消费者来说，会做出理性的选择。但事实是，农夫山泉在甜味上并没有什么优势可言，因为所有的纯净水、矿泉水，仔细品尝，都是有点甜味的。

农夫山泉发展到如今的地步已经相当不错了，但农夫山泉并没有固步自封，它继续高扛天然水的大旗，把与纯净水的战争进行到底。1999年6月，农夫山泉在中央电视台播出衬衣篇广告"受过污染的水，虽然可以提纯净化，但水质已发生根本变化，就如白衬衣弄脏后，再怎么洗也很难恢复原状。"广告一经推出，立即引起轩然大波，同时挑起了天然水与纯净水的争论。2000年4月，农夫山泉突然宣布"长期饮用纯净水有害健康"的实验报告。为了进一步获得发展和清理行业门户，农夫山泉宣称将不再生产纯净水，而仅仅生产更加健康、更加营养的农夫山泉天然水，俨然成为消费者利益的代言人。农夫山泉对纯净水的挑战，遭到了纯净水厂商的激烈反击，甚至诉诸法律。这一系列事件的发生，引来了媒体和公众的兴趣，形成了轰动效应。而作为众矢之的的农夫山泉却暗自庆幸，因为有更多人知道了它含有微量元素，所以不同于纯净水。

其次，农夫山泉号召广大消费者做实验。通过"水仙花对比"实验，即分别将三株植物放在纯净水、天然水与污染水之中，让消费者发现，放在纯净水与污染水中的植物，其生长速度明显不如放在天然水中的植物生长速度快，由此，农夫山泉得出一个结论：天然水才是营养水。农夫山泉"天然水比纯净水健康"的观点通过学者、公众之口不断传播，因而赢得了影响力，农夫山泉一气呵成，牢牢占据瓶装水市场前三名的位置。

最后，农夫山泉乘胜追击。2000年7月中国奥委会特别授予养生堂2001—2002年中国奥委会合作伙伴，养生堂拥有了中国体育代表团专用标志特许使用权，从此农夫山泉广告与奥运会挂上了钩，并邀请了孔令辉、刘璇做代言人，农夫山泉品牌形象再一次得以发扬光大。

问题：农夫山泉一环扣一环的策略，让人领略了东方智慧的魅力。但同时也有人说农夫山泉使用了非常规的手段引起媒体关注，从而达到了品牌推广目的，是一种"公关碰瓷"。你怎么看农夫山泉的这种行为？请自行查阅相关资料，用所学公共关系知识回答。

案例分析二

三一集团起诉奥巴马

三一集团是中国最大、全球第六的工程机械制造商。2012年9月28日，时任美国总统奥巴马签发行政命令，以国家安全为由禁止三一集团关联公司在美建风力发电厂。10月18日，三一集团召开新闻发布会高调起诉奥巴马，指责奥巴马政府违宪，强调其对中国选择性执法。

1. 事件介绍

2012年9月28日，时任美国总统奥巴马签发行政命令，以所谓"威胁美国国家安全"为由，阻止中资公司三一集团关联公司Ralls在美国兴建4个风力发电厂。奥巴马表示，有可靠的证据让他相信，中国的三一集团可能会采取"威胁或损害美国国家安全的行动"。

在此之前，美国外国投资审查委员会CFIUS曾于当年7月25日及8月2日对Ralls位于俄勒冈州的风电场Butter Creek分别发布了临时禁令及临时性禁令的修改令，令其停工并禁止使用三一设备，并且禁止该项目转让直至所有设备移除完毕。

在发布会上，三一集团副总经理、美国Ralls公司CEO吴佳梁表示，项目所在地没有任何标志说明是禁飞区。其中，已建成的 Echo 风场，由美国公民持有。10 台为德国 Repower 风机，27 台为丹麦 Vestas 风机。其中有 7 台在禁飞区。而且三一集团的风电项目是 Ralls 从希腊国家电网公司 Terna US 处收购，设计施工均由美国人进行。

三一集团在新闻发布会上强调，美国在没有提供任何事实证据、给出任何理由的前提下做出该项目威胁美国国家安全的结论，采取极为严厉的强制性停工、三一设备禁用等措施，违反了美国相关行政法规。同时，三一集团在新闻发布会上称，禁令造成 2 000 多万美元的直接巨额损失，起诉奥巴马是无奈之举。三一集团是依照美国法律在美国进行了一项非常正常的投资，更没有从事危害美国国家安全的活动，而这个命令是奥巴马下达的，起诉解决不了问题。此前三一集团曾同意搬迁、同意将设备转让给美国人，但是从美国方面得到的最终结果是不同意。

三一集团总裁向文波在发布会上表示，该案涉案金额并不大，因此费用并不会很高。就算最后结果不如人意，三一集团也会坚持打下去，并不在乎钱财。这个事件的关键在于为中国企业在受到不公平待遇时开一个与之抗衡的先河。"中国企业没有打官司的习惯，往往审查受阻时希望通过私下解决，而不是诉诸公开的法律手段。但在三一集团走向世界的过程中，也遇到过这样的官司，国际的跨国公司也好、包括监管机构，并没有绝对权威。"向文波称。

向文波还在发布会上表示，三一集团也想通过这个事情告诉中国企业，在国际化的过程中，会遇到很多跟过去所受教育不一样的东西。三一集团坚决反对各种形式的贸易保护主义。

2. 商务专家：禁令违反了双边投资保护协定

商务部国际贸易经济合作研究院研究员梅新育在发布会上表示，美国的行为不仅违反了美国宪法，而且违反了国际法规——中美双边投资保护协定。

"我个人认为，我国政府方面有必要就此与美国方面展开外交交涉。该案件也不可避免地给中美新投资保护协定制造了障碍。"梅新育说。他还指出，这起案子当中没有看到任何美国法律的依据及任何事实的依据，也看不到任何商业逻辑的依据，美国对外执法管理当中的随意性在这起案件当中暴露无遗，当其他潜在的中国投资者，或已经在美国投资的中国投资者，以及其他新兴经济体的投资者看到三一集团遭到这种因完全随意执法带来的损失，会如何想将不言而喻。

中国现代国际关系研究院美国研究所副所长牛新春表示，近年来美国对中国投资的禁令主要来自三个原因。第一是经济竞争的原因。可以看到，最近几年中国在美国禁止的都是有科技含量的、有竞争优势的、可能会对美国产生竞争不利的行业。第二是政治原因。因为中美政治制度和经济体制都有很大的区别，所以美国一直对中国的政治制度不信任，对中国的经济体制不信任，无论是对三一集团还是对华为、中兴，美国提出的理由都是认为这些企业可能危害美国的国家安全。第三则是当前美国大选的因素。现在奥巴马政府做出这个裁决，从大选政治的角度来看，他觉得并不是完全对奥巴马有利。

3. 公共关系专家：三一集团打了一场漂亮的危机公关仗

三一集团"胆大包天"起诉美国总统奥巴马，看起来自不量力，实则是以危化危，借势造势，打了一场漂亮的危机公共关系仗。

三一集团在美国收购风电场的项目，由于美国外国投资审查委员会以及时任总统奥巴马的干预，吃了闭门羹，项目直接损失高达两千万美元。按照企业的常规思维，既然连总统都拍板否决了，收购肯定是没戏，打道回府算了。三一集团偏偏不吃这一套，他们将计就计，对奥巴马提起诉讼。

　　危机公关讲的是借力打力，借势造势。三一集团在恰当的时机，巧妙地借势造势。当时，还有比奥巴马风头更强的"势"吗？美国总统这一特殊身份，已经是顶级大腕了。又加之恰逢美国大选之际，人们对奥巴马的关注度陡升。身份敏感的人物，恰逢大选这一敏感的时期，又是"外来企业诉讼美国总统"这么火爆的话题，三一集团想保持低调都难。

　　三一集团起诉奥巴马，至少为三一集团带来了两大好处。

　　其一，三一集团知名度快速提高，增强了品牌晕轮效应。的确，三一集团在中国名气不小，梁稳根家族也多次在中国各大财富排行榜上出现。不过三一集团在品牌影响力上还欠些火候。三一集团属于机械行业，远离百姓的衣食住行，尤其对财经关注度较少的公众，并不怎么了解三一集团。人们可能不了解三一集团，但绝对知道政治明星奥巴马。借助奥巴马的晕轮效应，三一集团成功实现了品牌传播，品牌知名度大大增加，其品牌影响力也从之前的财经圈延伸到社会以及时政圈。

　　其二，三一集团成为民族企业的榜样，增加了品牌美誉度。中国有大量的民族企业在美国投资，它们也曾遇到与三一集团同样的问题，被美国打着"国家安全"的幌子拒之门外，其中还不乏华为、中兴这样实力雄厚的中国大企业，但它们大多数忍气吞声，并未采取太多积极的维权行为。三一集团在美国利益受损后，出人意料地提起诉讼，且诉讼对象是时任美国总统，这给了中国企业积极的信号——海外投资受挫，并不止打道回府这一条路，中国企业完全可以拿起法律武器维护自己的合法权益。三一集团的勇敢诉讼行为，鼓舞了国内企业的士气，成为中国企业的榜样。

　　三一集团也巧妙地利用了当下的民族情绪。不少人用"被载入中美经贸关系的史册""外国公司起诉'美国外资投资委员会（CFIUS）'的先河""史无前例地起诉美国总统"等字眼形容"三一案"，其中透出民族的自豪情绪与对三一集团诉讼行为的认同感。向文波在2012年10月19日晚上发布的微博中写道："有人问我起诉奥巴马会赢吗，我说过程比结果重要；有人问我要花多少钱，我说尊严比金钱重要；有人问我不担心三一在美的发展吗，我说三一做事向来取义不取利！"看重过程、民族尊严、取义不取利，这样的舆论造势足以把三一集团置于民族企业的高度，公众对其印象分高了很多。

　　三一集团的未来走向不宜评说，但三一集团在此次危机公关中有勇有谋，可圈可点的地方不少，的确值得已走出或将走出国门的其他国内企业学习和借鉴。

（本案例部分来自市场部网）

问题：1. 公共关系人员是不是应该充当一个"老好人"角色？为什么？

2. 三一集团该不该打这场官司，用法律手段解决问题可行吗？你是如何看待的？

复习思考

1. 我国公共关系的发展趋势及走向如何？

2. 有人说公共关系从业人员不外乎是"凭脸蛋做事，耍耍嘴皮子，使使手腕子"，完全没有把公共关系当做一门科学来看待，且认为只要"年轻力壮，喝酒有量，40岁以下"，且能够随时待命的人就能够成为优秀的公关人才。一句话概括，公共关系就是"吃吃喝喝，吹吹拍拍"。你是怎么看的？

3. 如果你手上有一筐苹果（或苹果资源），那么你将如何使你手中的苹果增值？

4. 在一些企业，事故被压制或尽最大力量阻止相关报道，你认为企业为什么这样做？

第二章

公共关系的主体

学习目标

通过本章的学习，全面了解和掌握社会组织的类型，公共关系部门在组织中的地位；描述公共关系公司的特点；了解公共关系人员应具有的职业素养。

导入阅读

苹果公司的公共关系部门

与微软、三星、Adobe、移动运营商和沃尔玛不同，苹果公司（以下简称"苹果"）的公共关系和企业通信策略完全由该公司内部控制。尽管苹果仍会和广告公司 TBWA 旗下的 Media Arts Lab 合作进行印刷、数字和电视广告营销，但通过加强内部的营销实力，苹果正积极摆脱对专业公共关系公司和广告公司的依赖。

1. 公共关系部门

根据消息人士的说法，苹果曾积极招揽 Media Arts Lab 的员工，但并未对该公司发起整体收购。尽管苹果规模很大，仍在发展之中，但苹果的公共关系团队和企业通信团队的规模相对较小。在加州库比蒂诺总部，苹果的公共关系人员只有 30 多人，而还有一些公共关系人员则散布在全球多个地区，以协助活动的筹划，新闻稿的翻译，以及回应记者的各种问题。在库比蒂诺总部，苹果公共关系团队的办公室位于产品营销大楼，即 Infinite Loop 3 号楼的 3 楼。在这处办公室内，苹果的公共关系团队又分为几个小组，包括动力和口碑营销团队、Mac 团队、企业通信团队、iPhone、iPad、iOS 和 iCloud 团队、iTunes 团队和活动团队。

（1）动力和口碑营销团队。

这一人数不多的团队不太为人所熟知，他们主要负责将苹果的产品纳入流行文化之中。例如，该团队的成员会与主要体育联盟合作，推动将 iPad 用于训练的项目发展，在一些音乐节上推广 iPad 的使用，以及促使一些组织部署支持 iBeacon 功能的应用。此外，当尚未开售的苹果产品出现在电视广告中时，这些正是该部门的杰作。这一团队还负责寻找合适的杂志推广相关的 App Store 应用，如果苹果希望高尔夫杂志介绍一款帮助高尔夫球手训练的

iPad 应用，那么该团队将会介入。

另外，该团队还负责 iPhone 和 Mac 电脑在明星和公众人物中的普及。常驻纽约的布朗·巴索勒姆（Brown Bartholomew）和常驻库比蒂诺的珍妮佛·波考克（Jennifer Bowcock）是该团队的负责人。有消息称，苹果还在寻找口碑营销领域的更多专家，以加强这方面工作。

（2）Mac 团队。

Mac 团队的负责人是苹果资深公共关系专家比尔·埃文斯（Bill Evans），Mac 团队也是苹果公共关系团队中规模最大的一个小组。Mac 公共关系团队负责所有 Mac 硬件和软件的公关工作，包括 OS X、消费类 Mac 应用，以及专业应用。团队的每名成员要么专注于硬件，要么专注于软件。

（3）企业通信团队。

由史蒂夫·道林（Steve Dowling）领导的苹果企业通信团队负责与一般企业活动、高管、投资人和财报电话会议相关的事务。由艾米·贝塞蒂（Amy Bessette）领导的零售公关团队是企业通信团队的一部分。

（4）iPhone、iPad、iOS 和 iCloud 团队。

该团队的负责人是娜塔莉·克里斯（Natalie Kerris）和特雷萨·布鲁尔（Teresa Brewer），该团队在所有小组中拥有最多的资源。由于 iOS 系统也被用于 iPad 和 iPod Touch，因此布鲁尔也同时负责 iPad 的公共关系。特鲁迪·穆勒（Trudy Muller）协助负责 iPad 公共关系团队，但这一团队比 iPhone 公共关系团队的规模要小很多。与 iCloud 相关的公共关系工作通常由 iPhone 公共关系团队负责。

（5）iTunes 团队。

iTunes 公共关系团队负责 iTunes、iBooks Store、App Store、Apple TV、iPod 以及 CarPlay 等基于合作模式的服务。该团队的主要负责人是珍妮佛·拉姆西（Jennifer Ramsey）和汤姆·纽梅尔（Tom Neumayr）。Apple TV 团队由克里斯汀·莫纳甘（Christine Monaghan）负责。在 Hulu 前高管皮迪·迪斯塔德（Pete Distad）加入之后，该团队获得了新的营销资源，因此吸引了更多关注。此外，iTunes 公共关系团队还负责苹果收购 Beats 业务的宣传。

（6）活动团队。

与动力和口碑营销团队类似，活动团队也只有少数几名员工。这一团队负责安排媒体活动和会议，如每年一度的苹果全球开发者大会（Apple Worldwide Developers Conference，AWDC）。此外，该团队也负责安排内部活动，如政府官员拜访苹果总部等。某些公共关系人员也为特定高管服务，帮助他们安排媒体活动，接受记者采访。

在史蒂夫·乔布斯（Steve Jobs）某次主题演讲期间，会场中的一名与会者突然晕倒。苹果公共关系人员的动作很快。他们对这名病人实施了紧急护理，将其抬出会场，同时没有对主题演讲产生任何干扰。根据苹果公共关系团队一名人士回忆，苹果通常会针对可能干扰会议的突发事件设计科学的预案。此次事件一方面证明了苹果在活动规划过程中的细节处理能力，另一方面也反映了苹果的公共关系沟通策略：苹果有能力在无形中掌控局面，且不会引起很多人的注意。

除此之外，苹果的公共关系人员还需要应对会场中更普遍的干扰因素，如如何让嘈杂的人群安静下来，如何阻止不请自来的不速之客进入会场。苹果的公共关系人员也是某些高管，包括库克和全球营销高级副总裁菲尔·席勒（Phil Schiller）的"私人保镖"。他们需要阻止媒体人士提出与演讲无关的问题，并避免一些问题过于深入。在苹果筹备主题演讲的过程中，参与者并不仅仅是演讲者本人以及"保镖"。苹果公共关系团队一名前员工这样说："主题演讲就像是一款产品，你需要有着特别的关注。"演讲的所有细节都需要事先敲定，包括灯光的细节、屏幕的位置，以及不同观众在会场中的位置。一些低级别苹果员工会被安排在观众之中，不同的记者会被安排在不同位置，一切都在苹果的掌控之中。

苹果公共关系部门通常在主题演讲的几周前就已开始进行筹备，苹果的公共关系、企业通信和营销团队会关注媒体报道，以了解外界对新产品有什么样的期待。随后，他们会故意放出一些信息，以平息不符合所发布产品的传闻。在演讲的两周前，苹果高管会在 Infinite Loop 总部的体育馆中进行练习。在演讲的一周前，高级公共关系人员会准备特别的白皮书，在"筹备会"上分发给企业通信集团的其他人员。白皮书详细解释了活动上将讨论什么话题，发布什么产品，什么人将负责哪一部分，哪些苹果员工负责哪一部分的展示，产品展示区域如何组织，以及什么人将参加会议时。在筹备会结束之后，白皮书将被交还给公共关系团队，有时还会当场用碎纸机销毁。苹果对每次主题演讲都采取了严格的保密措施。尽管对关注苹果的市场观察家来说，每次主题演讲的基本话题都很明确，但从没有人提前获得过苹果主题演讲的具体日程安排。

在筹备会的同时，苹果会向特殊来宾、小部分苹果员工、彭博社、路透社、《纽约时报》和《华尔街日报》等大型媒体，以及 Daring Fireball 的约翰·格拉伯（John Gruber）和 The Loop 的吉姆·达尔利普（Jim Dalrymple）等知名人士发出邀请。对苹果宣传帮助最大的业内人士将提前了解一些内情。

2. 苹果公共关系部门之掌握媒体

苹果公共关系部门给外界的感觉就是很酷，他们只会发布自己想发布的消息，并懂得掌控媒体策略。

（1）避免公开发布信息并留下记录。

一名接触过苹果公共关系人员的记者表示："他们的策略是什么都不说。这导致所有人都在猜测苹果正在做什么，促进了自由公开讨论，同时避免他们遭遇类似其他公司的麻烦。一旦你开始回答问题，你的行动就会被宣传指挥。"而苹果公共关系团队的一名前成员表示："与苹果公共关系相关的所有一切都是有策略的。"在记者就某一消息联系苹果公共关系人员求证时，苹果通常会采取同样的策略。苹果公共关系人员最典型的回应是："如果你的消息完全不靠谱，那么我会告诉你。"

根据一些记者的说法，苹果可能会提供消息来源，从而间接确认或否认某一消息。在没有纸面记录的情况下，苹果会告诉记者们，不要跟随某一记者的报道，或是说，如果记者选择不报道某些话题，那么可以避免与苹果发生冲突。对记者来说，这样的讨论可能有益也可能有害，但对苹果来说总是有利的，因为苹果可以主导媒体对该公司进行什么样的报道。过去几年，乔布斯和凯蒂·科顿会邀请一些杂志发行商和知名媒体记者讨论苹果的计划。根据一名知情人士的说法，由于这样的讨论完全没有纸面记录，因此"其中的信息可能是无用的"。不过，由于这些人士可以了解苹果的内部信息，因此很可能倾向于报道苹果的亮点。在媒体进入互联网时代之后，乔布斯和科顿仍然很好地维持了这一策略。

（2）挑起媒体之间的相互竞争。

The Wirecutter 创始人、Gizmodo 前负责人布莱恩·林（Brian Lam）表示，苹果开展公

共关系工作的另一项基本策略是挑起媒体之间的相互竞争。在纸媒处于垄断的时代，乔布斯可能会邀请《新闻周刊》或《时代》杂志对苹果进行封面报道，促使两家媒体为独家新闻而相互竞争。用布莱恩·林的话来说："你不能要求他们对你进行封面报道，但你可以说服他们从对手手中抢走封面报道。"随着科技博客越来越重要，乔布斯又挑起了Gizmodo和Engadget之间的竞争，如当着时任Engadget编辑里安·布洛克（Ryan Block）的面称赞Gizmodo的报道风格。争取更有利的媒体报道与苹果和媒体的广告交易，以及与供应链厂商之间的议价有着异曲同工之处。

一名关注苹果的记者表示："当他们想要你时，他们会来找你。但当他们不想回答问题，或者这不是他们的需要时，你很难接到他们打来的电话。"苹果公共关系团队一名前成员也承认，苹果公共关系人员和记者之间的关系存在不平衡。实际上，这通常对记者不利。苹果另一名前员工则表示："这和你无关，而是和公司及产品有关。"

（3）不惮于散布关于竞争对手的不利消息。

苹果公共关系团队也不惮于散布关于竞争对手的不利消息。当某家媒体发表关于Android系统的负面消息时，苹果公共关系人员将会四处转发这一消息。例如，之前苹果公共关系人员就发邮件给记者，试图强调Android的失败之处。

3. 苹果公共关系部门评价

苹果公共关系部门或许是全球最出色的公共关系机构。相对于其他科技公司，苹果能更好地控制外界对其新产品的讨论。在用户看到或摸到苹果的最新产品之前，苹果小心翼翼地控制着这些产品的公开形象。苹果努力避免任何不确定因素。即使在很偶然的情况下无法掌控最初要传达的信息，苹果也可以通过代理人不着任何痕迹地回应。除了极少数情况之外，苹果的公共关系策略在多年时间里一直运转良好。不过，这也导致了苹果和媒体记者之间的关系紧张，以及苹果内部的一些不安定因素。苹果长期以来的公共关系负责人凯蒂·科顿（Katie Cotton）宣布离职，而CEO蒂姆·库克（Tim Cook）正试图改变苹果与媒体和消费者打交道的方式。

问题：评价苹果公司的公关团队及其在公司中的地位。

第一节　社会组织概述

公共关系的主体是与客体相对应并主动影响客体的社会组织，是指独立地存在于社会组织之中的各种社会组织。社会组织是公关活动的发动者，也是构成公共关系的首要因素，它决定了公共关系状态、主宰着公共关系活动，是公共关系活动实施的主导力量。作为公共关系的构建者和承担者，社会组织始终处于公共关系的核心地位，其经营理念和形象对公共关系的形成和发展起着至关重要的作用。社会组织性质和规模的不同，影响了其公共关系的对象。处于不同发展时期或公共关系环境下的社会组织，其公共关系的目标、策略和方法也有所不同。

一、社会组织的概念特征

在人类社会早期，整个社会发展水平极为低下，人们共同活动的群体性最初是认血缘关系为纽带的原始群、血缘家庭和家族，以及稍后出现的以地缘关系为纽带的村社等，这些都是人类发展的初级社会群体形式。随着社会的发展，社会分工越来越细，社会生活和社会关系越来越复杂，初级社会群体在很多方面已无法适应社会发展和社会活动的需要，因此，实现特定目标和承担特定功能的社会组织的发展就成为近代社会发展的必然趋势。

那么什么是社会组织呢？人类为什么要形成社会组织呢？社会学家斯丁奇·康姆在《社会结构和组织》一文中提出了人类形成社会组织的四点原因：一是为了解决某些问题和争论，人们发现结合在一起是一种可供选择的好方法；二是人们感到从长远的角度来看，这是有效的，又是有益的；三是人们感到新建立的组织将会有利于他们自己或他们所属的群体；四是人们感到有必要成立组织来击败对手，或避免被对手击败。

关于社会组织的定义，迄今为止，社会学界并没有形成统一的认识和界定。但是，借鉴众多学者之学说，本书认为，所谓社会组织，就是按照一定的社会目的，执行一定的社会职能，并遵从一定形式构成的社会群体或社会集团。当今社会是由无数社会组织构成的，如与人们有密切联系的工商企业、政府机关、医院、学校等都是社会组织。

二、社会组织的构成要素及特点

社会组织的构成要素从宏观上讲有两个方面：一是物质要素，如一定数量的人员、物质、财力等，它们是组织的有形要素；二是精神要素，如组织的章程、宗旨等，它们是组织的无形要素。

（一）明确的任务和目标

任何一个社会组织都是为了完成某个任务、达到某种目标而建立的。当今社会，任何组织都要求其成员服从其组织目标，围绕目标开展工作。如学校的任务就是教书育人、医院的任务就是治病救人、企业的任务就是生产合格的商品等。需要特别指出的是，目标是对任务更为具体的描述。没有任务和目标的社会组织就没有存在的意义，因此，目标是社会组织形成的重要条件之一。

（二）规范的章程和严密的领导体系

社会组织要实现其目标，必须确保其成员有章可循、有法可依，因此，必须制定出一套全体成员共同遵循的规范。这些规范可以是成文的，也可以是不成文的，但每个成员都必须遵守，照章办事。此外，为了使组织更好地达成目标，组织结构分为决策层、行政管理层和执行层等，每个层次上的权责划分明确，部门间分工负责，互相配合，这种明确的管理体系，提高了组织运行的效率，是社会组织构成的重要因素。

（三）一定的物质基础

人、财、物是社会组织存在不可或缺的条件，这是保障社会组织生存和发展的物质基础，也是保障实现目标必不可少的条件。

（四）组织形象

组织形象又称为公众形象或公关形象，指一定的组织或个人在社会公众心中相对稳定的地位和整体印象。组织形象具体表现为社会公众对组织机构或个人的全部看法、评价和整体要求及标准。

综上所述，社会组织的主要特点有：一是目的性；二是群体性，任何一个人都无法独立构成一个组织；三是整体性，社会组织都有严密的内在结构，各部门分工是在部门间合作的基础上开展工作的，工作具有协调性和整体性；四是动态开放性，任何组织的生存与发展都离不开与环境的互动，只有适应环境并不断调整自我的社会组织才能生存下来。

三、社会组织的分类

对社会组织进行分类，其意义在于当面对一个社会组织时，能较准确地判断其组织性质和任务，进而把握其公共关系行为和公众类型，为以后的公共关系工作寻找到策划运作的依据。

（一）按组织目标与受益者的关系来划分

1. 互益性组织

互益性组织是指为了维护组织内部成员利益而形成的社会团体，如各种党派团体、职业团体、群众社团组织、宗教组织等。这类组织为了实现组织内部成员的共同利益和共同目标，充分利用组织内部信息系统的渠道积极沟通，以解决内部成员的归属感和凝聚力问题。

2. 营利性组织

营利性组织是指以经济利益为目的而建立的金融经济和商业性的社会服务组织，如工商企业、金融机构、旅游服务企业等。这类组织以其所有者和经营者的利益为目标，力求与其所有者（如投资者）以及其经营成败有决定性意义的顾客等建立良好的关系。

3. 服务性组织

服务性组织是指国家为了满足特定公众的某种客观需要建立的非营业性质服务组织，如公立学校、医院、社会福利工作机构等非营利性社会组织。这类组织的存在以其特定服务对象的需要为目标，又必须与其资助者、协助者保持稳定的关系。

4. 公益性组织

公益性组织是国家为了满足全体公众的各方面需要而建立的有关公共性社会组织，如政府部门、公共安全机关、消防队等。这类组织以国家和社会利益为目的，为国家和社会公众谋求利益。

（二）按营利、竞争两维度划分

1. 竞争性的营利组织

这类社会组织有明显的经济利益驱动，又是在激烈竞争中争取公众支持，因此，这类社会组织的公共关系意识较强，公共关系行为也较自觉和主动。如工商企业，非常注重对消费者的公共关系，因为消费者是这类社会组织实现自身利润目标、求得发展的根本。这类社会组织一般较容易偏重于那些与市场营销活动直接相关的公众进行公共关系活动。

2. 竞争性的非营利组织

这类社会组织不以经济利益为根本追求，但由于它们需要在竞争中赢得舆论的理解和公众的支持，因此，也十分重视自己的公共关系工作，尽可能广泛地建立和发展自己的公共关系。这类社会组织包括学校、医院等。

3. 独占性的非营利组织

这类社会组织不仅没有经济利益驱动，还缺乏竞争压力，因此，它们往往会忽略自己的公众，其公共关系工作一般是比较薄弱的。如公安机关、法院等社会组织，其内部成员有时不很重视公共关系行为，容易与公众脱离，产生误解和不理解，影响自身的形象和信誉。

4. 独占性的营利组织

这类社会组织对其产品或服务具有垄断性，即使自己与公众关系不好或形象不良时也能盈利。另外，由于这类社会组织的特殊性，在管理机制上不容易输入公众的信息，但又有盈利的动机，因此，这类组织比较容易产生违反公众利益的行为。这类社会组织包括垄断的电力部门、自来水公司、煤气公司等。

总之，讨论公共关系中涉及的各类社会组织并不是真空存在的，其在处理各项公共关系事物时必然有一定的公众对象和对应的工作内容。公共关系工作内容与公共关系主客体间的联系如图2-1所示。

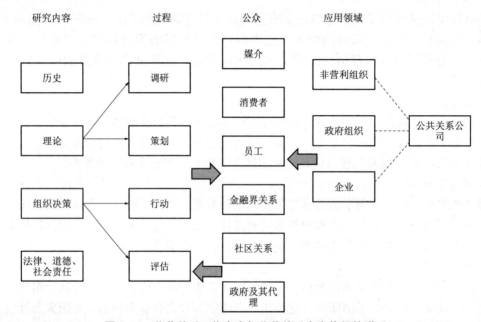

图2-1 公共关系工作内容与公共关系主客体间的联系

第二节 公共关系的组织机构

公共关系组织机构，是指由专门公共关系人员组成的、专业从事公共关系工作的专业部门或机构。公共关系组织机构主要分为三种：一是组织内部的公共关系部门（一般称公关部）；二是不从属于任何组织的专业性组织机构，即公共关系公司；三是公共关系专业组织。

一、公关部

公关部是组织内部设立的、专门从事公共关系活动的职能部门。公关部的出现是现代管理不断发展的必然结果，其职责、地位、规模是由组织自身状况和公众特点及组织与公众之间的联系状况决定的。公关部是组织的"参谋部""联络部""情报部""外交部"和"宣传部"，对组织发展起着非常重要的作用。

（一）公共关系职能部门的不同称谓

不是所有组织都有必要设置公关部。一个组织是否需要设置专门的公关部以及如何设置公关部，要考虑需要性和分散性。

需要性是指一个组织是否有必要设置公关部，要根据自身的运行和发展的需要来定。对于一些组织来说，由于受到规模、经济、业务性质、发展阶段等的限制，不一定需要设置专门的公关部。但是，即使是不需要设置公关部的组织，同样需要公共关系，因为公共关系观念是任何组织都必须遵循的；作为一种交往的艺术和技能，公共关系艺术又是任何组织的管理人员所必备的。

分散性是指在许多组织中，公共关系的处理虽然没有作为一个独立的职能部门存在，但该部门的职能活动可能被分散在其他职能部门之中，各个职能部门在不同的方面承担了相关的公共关系职能，这种分散性的职能安排，有时可能更好地促进了相关职能的发挥。

因此，当一些组织将相关的公共关系职能集中在一个部门时，其称谓也未必是相同的。有的可能使用"公共关系部"，也有的使用"公关事业部""公共信息部""传播企划部""公关与广告部""公众服务部""市场部"等。称谓的不同可以反映出组织对公共关系工作中某一职能的重视程度。

（二）公共关系职能部门的模式

设置公关部并没有固定的模式，它可以隶属于某一个职能部门，也可以与其他职能部门相并列，具体如何设置必须根据组织自身的性质、特点、需要、规模等情况来综合考虑。一般的，可以按照不同的标准对公共关系职能部门进行分类。

1. 按公关部在组织内部的位置分类

按公关部在组织内部的位置，其可分为四种类型：最高领导直接负责型、部门并列型（最高领导间接负责型）、部门附属型、公共关系委员会型。

（1）最高领导直接负责型是一种比较理想的模式，公关部经理直接向总经理报告工作，对总经理负责，也有的由最高领导（总经理）直接兼任公关部经理。这种方式对公共关系工作的开展最有利。最高领导直接负责型的组织结构如图2-2所示。

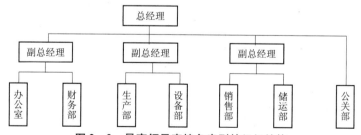

图2-2 最高领导直接负责型的组织结构

（2）部门并列型模式中，公关部是组织的二级职能部门，与生产部、财务部等职能部门处于并列地位，公关部经理向其主管领导报告工作。部门并列型的组织结构如图2-3所示。

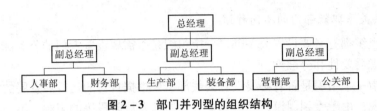

图2-3 部门并列型的组织结构

(3) 部门附属型模式中,公关部是组织二级部门下的一个附属机构,也即组织的三级机构。这时,公关部可能隶属于销售部、广告宣传部、外事部或行政办公室。部门附属型的组织结构如图2-4所示。

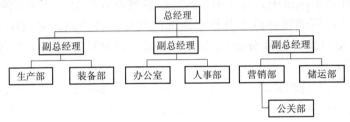

图2-4 部门附属型的组织结构

(4) 有的组织不设公关部,也没有专职的公关人员,因而成立公共关系委员会,通过公共关系委员会处理企业中重大公共关系事务,而有关公共关系处理的日常工作则分散到各职能部门。公共关系委员会的成员一般包括最高负责人及各个副职、各职能部门第一负责人及相关人员。公共关系委员会型的组织结构如图2-5所示。

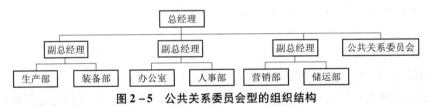

图2-5 公共关系委员会型的组织结构

2. 按公关部的内在结构分类

按公关部的内在结构,其主要分为过程型、对象型、手段型三种,这三种类型公关部的内部分工分别如图2-6、图2-7、图2-8所示。过程型公关部主要根据公共关系活动开展的程序对公关部内部进行分工;对象型公关部主要根据公共关系活动对象类型的不同对公关部内部进行分工;手段型公关部主要根据公共关系传播方式、手段的不同对公关部内部进行分工。

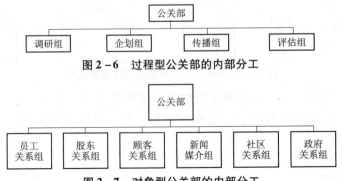

图2-6 过程型公关部的内部分工

图2-7 对象型公关部的内部分工

图 2-8　手段型公关部的内部分工

二、公共关系公司

公共关系公司又称公共关系咨询公司、公共关系顾问公司，它是由各具专长的公共关系专家组成，运用专门知识、技能和经验，受客户委托，专门从事公共关系咨询和服务的营利性机构。

最早的公共关系公司是"现代公关之父"艾维·李创立的公共关系事务所，而世界上最早以公共关系公司名义出现的公司则是在 1920 年由美国人 N. 艾尔创立的公司。目前，美国有 2 300 多个公共关系咨询公司。总部设在纽约的博雅公共关系公司是全球最大的公共关系公司之一，它在全世界 35 个国家或地区的 76 家办事处雇用了 2 100 多人。其他比较有影响的跨国公共关系公司还有伟达公司（希尔-诺顿公司）、埃德尔曼全球公共关系公司，奥格威环球公共关系公司、万博宣伟公关顾问公司等。随着国内中国环球公共关系公司的成立，国内的公共关系公司成为迅速发展、成长潜力良好的一类服务性公司。

许多组织发现与专业公共关系公司签订服务合同很有用处。切斯特·伯格列举了六个外聘顾问的理由：第一，管理层以前没有操作过一个正式的公共关系方案，缺乏组织活动的经验；第二，总部远离国家信息与财政中心；第三，一份庞大的最新联络名单被一家代理机构操持着；第四，外聘代理机构能够提供资深经理人服务；第五，一个拥有公共关系部门的组织可能急需高质量而自身又没有财力永久承担的专业服务；第六，外部政策出现严重事件，急需局外人的独立裁判。总体来说，一个组织决定雇用外部专业公共关系公司的服务是因为它有一些内部无法满足的特殊需求。此外，组织还经常雇用外部公共关系公司来提供第三方意见，一个内部公共关系班子的主要优点是熟悉企业、忠诚、有团队精神，但这也许是有效决策的主要障碍。一个公共关系经理可能会因为太熟悉一个环境，反而不能发表客观意见；反之，外部公共关系顾问经常会对组织存在的问题和项目提出一些新的办法，并帮助提高公关效率等。

（一）公共关系公司的业务范围

公共关系公司有大有小，其经营的业务也有所不同。有的公司专门提供服务，如采集信息、分析公共关系状态、预测公关环境发展趋势，或提供客户要求的其他服务。有的公司则宣称提供"全方位服务"，从教育培训、咨询服务到专题策划、形象设计、公关广告设计等。如中国环球公共关系公司的客户业务部的主要业务包括企业发展顾问服务、长期沟通计划、企业定位、强化企业形象计划、市场沟通计划、雇员关系服务、财经传播与投资者关系、媒介关系、公共事务、政府关系、议题管理、危机管理等。当然这并不意味着公共关系公司就是一个包罗万象的"口袋"，经营业务无所不包，那种"客户需要什么服务，我们就提供什么服务"式的公共关系公司只是一个笑柄。一般来说，专业的、规范的公共关系公司提供的服务主要有以下几种。

（1）公共关系调研、搜集信息、分析整理并处理信息。

（2）公共关系业务培训。受客户委托，对客户的公共关系人员或全体员工进行公共关系理论和实务的培训。

（3）提供咨询建议。就客户的公共关系状态、组织形象、客户自己实施的公共关系活动成败得失或未来公共关系决策等提供分析、诊断和咨询建议。

（4）为客户编写各种公共关系资料，如公共关系宣传海报、新闻稿、公共关系手册、讲演稿、产品说明等。

（5）为客户提供形象策划、专题活动策划方案，并在客户要求时指导实践。

（6）客户要求的其他公共关系业务工作。

（二）公共关系公司的收费方式

公共关系公司的收费方式也是客户的付费方式。公共关系公司的收费没有固定的、统一的标准，要根据公司的声誉、从业人员的资信、具体业务的难易程度等，同时参照行业的收费标准和供求关系的变化，进行具体的规定。一般来讲，公共关系公司的收费方式主要有以下四类。

（1）项目收费。项目收费的内容主要包括项目劳务费（如项目实施期间工作人员的工资，与项目相关的管理人员、顾问、专家的报酬等）、行政管理费（按项目总费用的一定比例提取，用于公司行政管理和办公开支）、咨询服务费（因项目需要，由公共关系专家提供咨询并给予指导所需费用）、项目活动费（按活动计划和需要开展的系列公共关系活动所需的费用）。

（2）计时收费。计时收费即按照参加项目工作人员的水平、服务项目的难易程度等确定单位时间的开支标准，以项目完成所需的时间计算费用。

（3）按项目需要分次收费。对于公共关系公司来说，这也是一种项目收费方式；但对于客户来说，按项目实际需要分次逐项付款可以有效地监控公共关系公司在各个阶段和环节的业务质量。

（4）按项目成果分成。按项目成果分成即公共关系公司在最终项目取得效益时，按一定比例分成，分成标准一般可以按照客户年度财务指标来确定。

爱德曼北京办事处总经理倪昂利在2003年5月曾经说过，中国公共关系市场可以分为三个层次。居于第一层次的只有少数几家国际公共关系公司。这些公司收费相对昂贵，但客户会理解这一点，因为这些公司能够提供高附加值的战略性咨询。第二层次也有很多国际公共关系公司，这些公司能够想出很有创意的点子并能付诸实施，在项目执行方面非常出色，在这一层次也有一些很好的本土公司。第三层次则基本上是本土公共关系公司，这些公司的业务主要集中在媒体关系上，竞争的主要优势在于执行，价格战也是发生在这个层次。

（三）客户选择公共关系公司的标准

客户在选择公共关系公司时，可以参照以下标准进行。

（1）公司的信誉和实力。公司的信誉和实力包括公司的历史、规模、在行业内的地位、可以提供的服务项目、公司业务个案等。

（2）公司工作人员的素质。公司工作人员的素质包括公司从业人员的专业技术水平、服务态度、职业道德等。

（3）公司客户的情况。公司客户的情况包括公司现在和过去的客户情况、这些客户在各自行业中的地位以及这些客户对该公司履约情况和业务质量的评估等。

（4）公司的收费标准。客户在选择和评价公司的上述标准时，往往还会结合该公司的收费标准进行综合考虑。客户在进行这方面的比较时，还应衡量自身的实力，同时参照公共关系行业内的收费标准。

在一项调查中，商界经理们被问及他们希望从公共关系公司获得的最优价值技能是什么时，经理们按先后顺序给出的答案依次是：对商业目标提供支持的传播策略、投资的最大回报/结果、反应能力、对企业所面临的问题的理解。

未来公共关系机构的业务，必须对客户的生意以及生意或产业中出现的特殊问题有很专业的知识背景。换言之，就其服务的产业和所提供的服务技能而言，公共关系公司将会更加专业化，这些机构必须与客户最高管理层关注的问题取得一致。有时候小公司也可能会更加专业化。例如，一家公司仅向高科技公司提供服务；而一些稍大一些的公司也会围绕其专长或实践领域对公司进行重组。大型公共关系公司的首脑们也认为，未来会出现不同的机构或组织。

总之，组织在聘请公共关系顾问或委托公共关系公司为自己提供服务前，应对公司有关的情况进行必要的调查了解和比较分析，尽可能挑选那些信誉好、实力强、人员专业素质高、客户相对稳定、收费相对合理的公司，而不一定必须要局限在公司规模的大小选择上。

（四）公共关系公司的工作原则

公共关系公司作为一类特殊的服务性公司，除了遵循一般公司都应遵循的基础原则，如自觉遵守国家法律法令和有关政策、对社会公众负责以外，还应遵守以下原则。

1. 维护客户利益原则

公共关系公司和客户之间的关系并不是简单的"一方付费，一方服务"关系。公共关系公司在开展工作时，除了要注意维护自身形象，更重要的是站在客户的立场，尽全力为客户办好事、办实事。因此，公共关系公司在制定公共关系活动经费预算时应该精打细算，不要好大喜功，一味追求轰动效应而铺张浪费。在收取服务费时也应公平公道，不要漫天要价。对于公共关系活动实施过程中出现的问题，也应本着认真负责的态度及时整改，以达到最佳效果。

2. 严守客户秘密，不干涉客户内部事务

由于工作性质，公共关系公司可能会接触和了解客户的生产、经营、管理情况，甚至还会触及客户的某些商业秘密，而这些信息一旦泄露出去，特别是被竞争者知悉，可能会给客户带来灾难性的后果。因此，公共关系公司在工作过程中及工作完成以后，都应严守秘密。

3. 禁止同时为互为竞争关系的客户提供服务

公共关系公司的服务对象遍及各行业、各公司，但公共关系公司不得同时为多家互为竞争关系的公司提供服务。公共关系公司更不能以掌握的该客户信息为敲门砖，去为该客户的竞争对手服务，因为这样做对各家公司都不公平。

（五）组织利用公共关系公司的方式

公共关系公司以其训练有素的专业技能和富有成效的工作方式，赢得了越来越多组织的青睐。即使是那些内部已经成立公关部的组织也倾向于把组织内部公关部和公共关系公司结合起来，以便更好地完成公共关系职能。美国公共关系学会的一项调查表明：3/4 的美国公司都在使用外部顾问，因为外部顾问能提供内部不易得到的有价值服务。组织可通过以下几种方式利用外部公共关系公司。

（1）聘请专职或兼职的公共关系顾问，对组织内部公共关系工作进行指导。
（2）委托公共关系公司策划或实施公共关系专题活动。
（3）委托公共关系公司进行组织形象策划。
（4）在开展跨国、跨地区服务时，委托当地公共关系公司开展公共关系业务。

三、公共关系专业组织

公共关系专业组织是指那些自发组织起来的从事公共关系理论研究与实务活动的非营利性群众团体或组织，主要包括公共关系学会、公共关系协会及其他专业协会。这些专业组织通过其出版物、会议、实践活动等起着推广和普及公共关系意识、公共关系观念及提高公众公共关系技能的重要作用。

大多数公共关系专业组织都是半封闭的组织：它们一方面为会员提供组织章程规定的服务；另一方面又向社会开放，推出一些普及型服务和职业资格准入服务。这些公共关系专业组织的工作大体上包括以下内容。

（一）会员服务

向会员提供组织信息及其他相关信息，组织会员间的学术和经验交流及维护协会和会员的正当权益。

（二）制定职业道德及行业标准

这是公共关系专业组织的一项相当重要的工作。各种组织日益注重形象，作为树立和维护形象的专业组织，更应该以良好的形象出现在人们面前。这就需要制定出公共关系专业组织成员共同遵守的职业道德标准和行为准则。因此，几乎每个公共关系组织都制定了明确的公共关系人员职业道德准则。

阅读材料

知名公共关系公司简介如表 2-1 所示。

表 2-1　各公共关系公司简介

公共关系公司	介　绍
奥美	1980 年成立于美国纽约的奥美公司是世界十大专业公共关系公司之一，它和奥美广告等姊妹公司分享同一企业品牌。1995 年开始在中国设立分公司，目前已成为国内最大的国际公共关系企业 正是因为奥美公关的国际经验优势，在国外品牌抢占中国市场时，很多都选择了奥美公关作为自己的公关代理，比如 BMW、IBM、诺基亚、辉瑞、亚信等世界著名企业都是奥美公关在中国的长期服务客户。2002 年，奥美公关收购西岸公关，这是跨国公共关系公司向本土公共关系公司抛出的第一个绣球。奥美公关在本土化策略上迈出了重要的一步

续表

公共关系公司	介 绍
博雅	1953年成立的美国博雅公共关系有限公司是全球最大的公共关系和传播咨询公司之一，也是最早进入中国的国际公共关系公司之一。1986年博雅公关和新华社合作成立了中国第一家专业公共关系公司——中国环球公共关系公司。目前，博雅中国通过其在大中华区内的北京、上海、广州和香港办事处，为客户提供公共关系与传播方面的全方位咨询和服务 然而，作为最早进入中国运营的国际公共关系公司之一的博雅公关还没有自己的中文网页。类似的情况同样发生在一些在中国已经很有名气的国际公共关系公司身上，如罗德、爱德曼、福莱灵克等。据罗德公关介绍，他们服务的客户绝大部分都是国际企业，所以一个全球网站已经足够了
蓝色光标	蓝色光标公关顾问机构，业内俗称"蓝标"，1996年由几位志同道合的年轻人共同创立。目前蓝色光标已经发展成为中国本土规模最大的专业公共关系代理公司之一，在上海、广州、成都、西安等地设有分支机构，员工总数超过150人。上海蓝色光标是上海地区口碑最好的公共关系公司之一；广州蓝色光标，以对媒体运作的深刻了解而著称。"蓝标"从运作IT客户起家，现在，它的客户已经覆盖IT、电信、金融、汽车、家电、快速消费品等商业企业及政府机构和院校、媒体、协会、基金会等非政府组织
爱德曼	总部设于美国的爱德曼公司成立于1952年，是世界上最大的独立公共关系公司，在全世界拥有40多家分公司和2 000多名专业咨询顾问。1985年，爱德曼进入中国市场，在北京、上海和广州设有办事处，并在全国十八个二级城市设有合作机构 爱德曼最著名的公共关系案例是在短短的两年半时间内帮助纽约人寿（New York Life）提升了在中国的知名度，获得了中国政府发放的非常有限的经营许可证，在激烈的竞争中脱颖而出
伟达	伟达是第一家在中国开设分公司的国际公共关系公司。伟达有很多开创先例的公共关系活动，如1984年国际商业机器公司在天安门广场举办的第一家办事处开幕典礼，1990年中国第一家麦当劳餐厅在深圳开张剪彩等，都由伟达来执行。伟达提供从宣传活动设计到政府关系和危机管理的全方位服务，其客户包括中国石油、高盛银行、宝洁公司、摩托罗拉和惠普公司
凯旋	总部设在纽约的美国凯旋公共关系公司是全球十大公共关系公司之一。凯旋先驱在中国开展公共关系业务已经有20多年的历史。对客户需求的倾力投入，以及在客户预算范围内提供最佳服务，是凯旋先驱的经营理念。"本热情，求精准"是凯旋先驱的价值观。凯旋先驱服务的客户包括宝洁、波音、古驰等 凯旋先驱代表性案例包括：轻松上网"任你行"——无线宽频上网联合记者发布会；大熊猫"乐乐"和"丫丫"的美国之旅——"联邦熊猫快递号"公共关系；帕杰罗剧场——三菱帕杰罗速跑再上市等。凯旋先驱与中国及国际媒体保持密切关系，还能协助客户同商业和政府机构建立稳固联系，协助客户透过精心策划的公共关系战略，促进其业务增长
罗德	总部设于纽约的罗德公共关系有限公司拥有50多年历史，是世界第二大独立经营的公共关系公司。罗德在中国发展业务已有十多年，在北京、上海和香港设有办事处，为许多行业的著名跨国公司开展公共关系活动，具有在全国各地管理公共关系项目的丰富经验。作为一家国际性公共关系公司，该公司主要业务骨干中有很多中国雇员

续表

公关公司	介绍
万博宣伟	万博宣伟公关顾问公司是全球最大的广告及市场营销集团 Interpublic Group of Companies（NYSE：IPG）中的一员，分别在北京、上海、广州设有办事处。确保公共关系传播计划达到预期的效果是万博宣伟最为注重的公共关系传播理念 万博宣伟曾经为北京申办 2008 年奥运会和上海申办 2010 年世博会提供了专业的公共关系支持。目前万博宣伟服务的长期客户有万事达卡国际组织、宝洁、辉瑞制药、安捷伦科技、霍尼维尔、日立环球存储等知名企业。万博宣伟目前的客户 90% 都是外资跨国集团
中国环球	中国环球公共关系公司是中国第一家本土专业公共关系公司，是新华社和博雅公关合作的产物，1986 年由经贸部批准成立。中国环球有着新华社的官方背景，使其拥有国内同行所无法比拟的信息、人才及技术优势与业务网络，这使中国环球与政府、传媒、社团、同行保持着良好的关系。1987 年，在中国环球与《经济参考报》共同举办的"振兴优质国货"活动中，中国环球在中国第一个提出了"新闻软文"这个创意 在开始的 8 年，中国环球一直都只是代理博雅公共关系服务客户在华的业务。1994 年，双方合同到期，博雅公关也就退出了中国环球。也正因为早期和博雅公关的合作关系，中国环球的职员都曾经在世界一流公共关系公司接受过系统公关业务培训。中国环球曾经服务过的重要国际客户包括可口可乐中国有限公司、德国汉诺威展览公司、瑞士欧米茄公司等
安可	安可顾问有限公司成立于 1984 年，是美国精信全球集团（Grey Worldwide）下属企业，也是一家全球著名的咨询机构。1997 年，安可顾问（中国）有限公司进入中国，在北京、上海和深圳设有代表处，地区总部位于香港，其核心业务涵盖企业传播、投资者关系和员工传播、危机管理、专项议题管理等 针对中国企业近一两年来屡屡遭遇国外贸易壁垒的现状，已经进入中国市场十余年的安可顾问有限公司开始将一个在国际上非常流行的企业理念传输给中国企业——专业顾问公司可以帮助企业开拓、适应新兴市场，并为解决贸易纠纷营造软环境。这类专业顾问公司不同于一般的公共关系咨询公司，业务只局限于推介产品或新闻发布，它们的"核心技术"是有着强大的与媒体和相关利益集团沟通的能力，直接或间接对出口市场或"当事"国家政府的贸易决策产生影响

阅读材料

《中国国际公共关系协会会员行为准则》

前 言

20 年前，现代公共关系理论和实务随改革开放引进中国，一批有识之士投身于公共关系知识传播、理论研究和实践探索，开创了中国公共关系事业的先河。伴随着我国经济体制改革的不断深入，中国公共关系事业经历了 70 年代末至 80 年代初酝酿期（即导入期)、80年代中至90年代初知识传播期(即普及期)、90年代专业发展期(即实践期)的曲折发展和积累。2000年,公共关系职业在我国终于得到政府的正式认可,业务市场规模、专业服务细分、本土化发展以及从业队伍形成等都预示着中国公共关系业进入其发展的第四阶段——快速增长期(即成熟期),一个新兴的行业——公共关系业在我国正式形成。1991年4月,中国国际公共关系协会(CIPRA)在北京宣告成立。通过十年来的不断总结和探索,CIPRA已发展成为全国权威性的公共关系专业组织,一批中外著名企业、专业公共关系公司和组织成为单位会员,一大批资深公关从业人员、专家、学者作为个人会员加盟了协会。中国最佳公共关系案例大赛、中国国际公共关系大会、定期专业讲座和培训以及其他业内交流活动成为CIPRA服务中国公共关系业的基本工作内容。近年来,为推动中国公共关系业的职业化、专业化、规范化发展,CIPRA加强了全国公关员职业资格考核认证、中国公共关系行业年度调查、中国公共关系业年度工作研讨会等行业性工作,这些工作得到业内的普遍认可和支持。对于中国公共关系业这一茁壮成长的新兴行业,我们认为,有必要不断提高专业技术水平,加强人才培养和交流,制定行业标准,规范市场行为。我们应该同心同德,共同努力,为繁荣我们的行业而做出应有的努力和贡献。

2001年中国国际公共关系协会用近一年的时间,在反复研究欧美等发达国家公共关系专业人员行为准则的基础上,广泛征求了国内外公共关系界专家、学者的意见和建议,制定出这部《中国国际公共关系协会会员行为准则》。这一《行为准则》借鉴了国际公共关系协会(IPRA)、美国公共关系协会(PRSA)、英国公共关系协会(IPR)等成功经验,结合中国实际情况,着眼于未来行业发展,原则性地规定了公共关系从业人员的行为规范。

《中国国际公共关系协会会员行为准则》于2002年12月6日经中国国际公共关系协会第三次会员代表大会审议通过,决定于2003年1月1日实施执行。

《中国国际公共关系协会会员行为准则》

公共关系是组织机构进行信息传播、关系协调和形象管理的一门艺术和科学,它通过一系列有计划、有目的、有步骤的调查、策划、实施、评估以及咨询等手段来实现。公共关系职业在我国是国家正式认可的一个职业,中国公共关系业服务于社会主义市场经济建设和改革开放,促进物质文明和精神文明的建设,推动社会的进步和发展。鉴于公共关系业是一个严肃的职业,每个公共关系专业公司和从业人员应该追求崇高的职业道德并遵循职业的行为准则。为此,CIPRA所有会员(单位会员和个人会员)均同意遵守本准则。

第一章 总则

第一条 教育、引导原则。为组织机构提供有效的、负责任的公共关系服务,教育社会公众并正确引导公众舆论,以服务公众利益。

第二条 公平、公开原则。以公平、公开的态度对待组织机构、社会公众乃至竞争对手,争取良好的商业环境,促进社会进步。

第三条 诚实、信誉原则。以诚实的态度服务组织机构和公众,准确、真实地传播信息；讲求商业信誉，将公众利益放在首位。

第四条 专业、独立原则。运用专业技术和经验服务组织机构和公众，为组织机构提供客观、独立的建议和服务；通过持续的专业开发、研究与教育来推动本职业的发展。

第二章 行为准则

第一条 信息传播是公共关系服务的基础，唯有准确、真实的信息传播才能更好地沟通组织机构与新闻媒体、政府、公众之间的关系，真正服务组织机构和公众利益。CIPRA会员：

1. 确保信息传播手段和信息内容符合国家法律的有关规定；
2. 应该确保信息传播的完整性、真实性、准确性；
3. 应该兼顾公众利益和组织机构利益；
4. 不应该隐瞒事实真相或欺骗公众，有责任迅速纠正错误的传播信息；
5. 不应该向媒体赠送"红包"或其他形式的报酬，媒体必须的版面费、车马费除外。

第二条 以组织机构利益为导向是本行业赖以生存的基础，应该通过不断完善的专业技术和经验来满足组织机构的需求，帮助组织机构实现既定的目标。CIPRA会员：

1. 应该诚实地告知组织机构自己的专业能力，说明代理业务的规范流程，提交标准文案，明示收费标准；
2. 代表组织机构与公众沟通时，应该明示组织机构的名称；
3. 服务组织机构时，不应该在媒体上宣传自己和自己的组织；
4. 不应该承诺自己不能直接控制的结果；
5. 不应同时服务两个利益冲突的组织机构，除非在详细陈述事实之后得到组织机构同意。

第三条 专业服务涉及组织机构众多秘密，因此严格保守组织机构秘密和个人信息是获取组织机构信任、保持商誉的根本。CIPRA会员：

1. 应该保守组织机构过去、现在以及将来的秘密；
2. 应该保护组织机构及其雇员的隐私；
3. 如发现组织机构秘密外泄，有义务向组织机构提示；
4. 严禁利用他人秘密获取商业利益。

第四条 避免现在、潜在的利益冲突可以建立组织机构和公众的广泛信任，是本行业健康发展的基础。CIPRA会员：

1. 应该做到个人利益服从组织机构利益，组织机构利益服从公众利益；
2. 应该避免因外界因素而引起个人利益与行业利益的冲突；
3. 有责任向组织机构提示可能影响组织机构的利益冲突；
4. 有义务帮助本行业解决可能存在的利益冲突。

第五条 优胜劣汰，唯有保持公平、公开的竞争，才能不断完善健康、繁荣的行业大环境。CIPRA会员：

1. 应该尊重平等的竞争，避免因竞争而损害竞争对手的行为发生；
2. 应该通过提高专业技术水平和服务品质来增强竞争能力；
3. 严禁采取欺骗组织机构、诋毁竞争对手等手段来取得竞争优势；
4. 有责任保护知识产权，不应将他人的劳动成果据为己有。

第六条 人才资源是行业发展和繁荣的基本条件,只有不断培养和吸收优秀人才进入本行业,才能不断壮大行业队伍,提升本行业在社会的地位。CIPRA 会员:

1. 有义务对其员工进行专业培训,同时将自己的经验和成果与行业分享;
2. 应该允许人才流动,但不得通过猎取人才来争取相关客户;
3. 流动人员应保守原公司的秘密和知识产权(如客户资料等);
4. 流动人员不得主动争取原公司的客户资源。

第七条 没有行业的繁荣,也就没有个体的利益。每个成员应以不懈努力,创造一个不断发展、繁荣的行业为己任。CIPRA 会员:

1. 应该积极宣传和传播公共关系知识;
2. 应该不断追求专业技术水平的提高;
3. 应该正确诠释成功的公共关系案例或经验;
4. 应该维护和巩固本行业的职业地位;
5. 应该要求下属及相关人士同样遵守本《准则》的有关规定。

第三章 附则

第一条 如果 CIPRA 有足够证据证明某会员在履行其职业义务过程中有违反本准则的行为,该会员将受到 CIPRA 的劝诫、警告、通报以及开除等处罚。

第二条 本《准则》中所指的"组织机构",即通常所指的"客户",包括政府机构、企事业单位以及非营利机构。

第三条 本《准则》最终解释权归中国国际公共关系协会。

二〇〇二年十二月六日,北京

(三)对外服务

公共关系专业组织的对外服务项目包括对外的专业培训和资格认证、公共关系理论和实务知识技巧的普及及宣传,以及积极健康的公共关系意识和公共关系观念的宣传推广。这样的服务有的是收费服务,如专业培训,而更多是免费服务项目。

(四)编辑出版公共关系方面的报刊、书籍或其他印刷品、电子出版物

公共关系专业组织通过编著业界专业书籍、教材,或者提供公共关系方面的报刊,培养公共关系专业人才,及时传递业内外的各种信息,促进行业整体素质提高。

第三节 公共关系人员

在一些行业外的人看来,公共关系工作对人的要求就是"俊男靓女"加"口若悬河",这其实是对公共关系工作的极大误解。公共关系工作是一项专业性很强的工作,对其从业人员也有特殊的要求。作为一名专业的公共关系从业人员,首先应具备合理的知识结构和专业技能;其次应有较强的综合能力;此外,还必须有良好的心理素质和道德素质。

一、公共关系从业人员的知识结构

在对公共关系活动进行的研究中,公共关系工作总是分为两大类型的职责:技术人员和管

理人员。技术人员的职责代表了公共关系的技术方面：写作、编辑、拍照、处理传播产品，举办特别活动以及处理和媒体关系等。这些活动都是以实施管理层的整体传播战略为重点。管理人员的职责则把重点放在发现和解决公共关系问题上。公关经理给高级经理提供传播需求方面的建议并对组织的整体公共关系效果负责，公关经理通常是提供建议的专家、传播促进者（作为组织与环境边界上的人，负责保持双向传播的通畅）、帮助解决问题者（和高级经理合作以发现与解决问题）。

具体地说，公共关系从业人员的知识结构应包括以下两个方面。

（一）专业知识

专业知识包括公共关系的基本理论和实务方面的知识。

（二）相关知识

这类知识涉及两个方面，即与组织行业相关的知识领域和与公共关系知识相关的知识领域。这里特别要强调的是公共关系人员要具有相关的法律知识。如了解《中华人民共和国合同法》《中华人民共和国反不正当竞争法》《中华人民共和国广告法》以及涉外经济法、知识产权法、著作权法等相关知识。此外，作为一个专业人员，还需要了解国家有关新闻出版、信息传播等方面的法规。

阅读材料

公共关系从业人员一定要知道的法律相关内容

身为公共关系从业人员，工作中涉及的领域非常多，财务、人事、设计、市场、法务等很多相关技能都成了公共关系从业人员的必备才能。下面就其中的重要内容作简要介绍。

1. 广告法

《中华人民共和国广告法》规定，广告中不能使用极限词语，如"国家级""最高级""最佳"等，不贬低其他生产经营者的商品或者服务。

广告应当真实、合法，以健康的表现形式表达广告内容；符合社会主义精神文明建设和弘扬中华民族优秀传统文化的要求。同时，不同的平台如电视、框架、户外等不同渠道对广告要求的严格程度是不一样的，其中受众越广泛的渠道越严格。

公共关系人员对广告法的了解还要包括对每一个品类的了解，如《中华人民共和国广告法》中对酒类产品、保健品、内衣、化妆品、药品、金融等广告都有明确的具体规定。

如果投放的广告违反了《中华人民共和国广告法》的规定，一般处罚是责令其停止发布广告，在相应范围内消除影响，处广告费用三倍以上五倍以下的罚款，广告费用无法计算或者明显偏低的，处二十万元以上一百万元以下的罚款；从重处罚是处广告费用五倍以上十倍以下的罚款，广告费用无法计算或者明显偏低的，处一百万元以上二百万元以下的罚款，可以吊销营业执照并由广告审查机关撤销广告。审查批准文件、一年内不受理其广告审查申请。

2. 版权法

似乎是新媒体的发展激活了人们的版权意识，中国之所以一直是"版权重灾区"，一是因为版权意识薄弱,二是因为没有渠道申述,侵权实在是太多,维权成本太高,很多案子都不了了之。

但现在不同了,每个人都有可能成为自媒体,谁偷用了谁的图片,谁偷用了哪家的字体,很快便可知晓。维权的便利让侵权的成本快速上升,对于涉嫌抄袭的内容都得再三审思。

3. 授权

授权是对版权的扩充,是一种法律行为,并且需要在法律机关进行登记,所以并不是所有授权都是有效的。从公众号的"白条"到企业软件的"隐形"授权,有些是真正在维护创作者的权益,而有些则是在钻空子,变相"套路"用户。所以,作为公共关系人员既要为企业考虑收益,又要为企业控制风险,在授权面前务必谨慎。

4. 资质证件、备案

什么项目该办什么证件、备什么案,这些问题公共关系人员必须紧盯,具体来讲,可根据自己公司活动的相关需要到公安部门、交通部门、消防部门、安全部门、工信部门、工商部门等部门备案审批。

5. 政府监管部门

以支付宝为例,因为其功能繁多,所以涉及的监管部门众多——收付款涉及中国人民银行;借款涉及银监会;货币基金涉及证监会;保险涉及保监会;聊天涉及工信部和国家互联网信息办;手续费这一类涉及工商总局;等等。所以,公共关系从业人员需要熟悉企业的相关业务,对有关部门的监管规定要牢记,并不断更新信息。

二、公共关系从业人员的能力结构

一般来说,合格的公共关系从业人员应努力使自己具备以下几方面的能力。

(一)表达能力

表述能力包括口头表达能力和书面表达能力。口头表达是工作中实现信息双向交流沟通最主要、最直接、最迅速的传递手段。有在特定场合对公众发表专题讲话,以争取公众、创造和导向舆论的演讲形式,也有在人际交往中与个别公众面对面沟通,进行解释、说服等的交谈形式,还有为争取组织利益而与其他组织进行谈判的形式。书面表达是写作能力、文字能力。公共关系从业人员在工作中涉及写作的范围非常广,从日常的信件函、公文告示到公共关系计划、调查报告、总结报告,从新闻稿、演讲词、广告语到公共关系手册、公共关系策划书,都需要公共关系从业人员有熟练的文字功夫和写作技巧。

(二)社交能力

公共关系从业人员工作中的大量内容是直接面对各方面、各类型的社会公众,迅速建立双向的有效沟通,赢得好感、认同与合作。这就要求公共关系从业人员必须具备较强的与人打交道本领,即社交能力。

(三)组织管理能力

公共关系从业人员要善于调动、组织和协调组织内外公众的力量和关系;善于制订公共关系工作的日常计划并适当有效地组织实施与评价;善于组织和参加各种常见相关会议与活动,以及恰当地选择和运用多种传播手段,推动组织预期目标的实现与完成。

(四) 自控应变能力

公共关系从业人员开展公共关系活动时常常会遇到各种意想不到的突发事件和问题,要能做到镇定自若、头脑清醒、正确判断、机智应变,圆满解决问题。

(五) 创新能力

公共关系工作在某种程度上就是以变促变,不同时间、不同地点、不同对象,同一内容的工作方式也不尽相同。因此,公共关系从业人员的工作是一种富有创造性、创新性、开拓性的工作,它要求公共关系从业人员思维活跃,激情勃发,摒弃成规与流俗,不断开创公共关系工作的新境界。

三、公共关系从业人员的生理和心理素质

要成为一名合格的公共关系从业人员,除了拥有良好的身体素质,还应具备一定的心理素质。

(一) 兴趣广泛

公共关系从业人员的职业特点决定了其必须与各种专业、各个方面、不同层次的人物打交道,具有广泛的兴趣是建立交往的基础,是寻找共同点和接近点、实现与公众沟通交流的主要手段。

(二) 意志坚强

公共关系从业人员应该在错综复杂的公共关系活动中,在面临诸多棘手的困难面前,保持较强的心理承受能力、忍耐力和自制力,保持很强的自信心、上进心,敢于担负责任、承认错误,善于动用自身力量从容处置、迎难而进,达到既定目标。

(三) 性格开朗

人的性格在公共关系交际中具有重要意义,性格开朗的人常常充满热情、有朝气,可以使人感到亲切,易于创造交流思想、交流感情的环境,能够使人在困难面前保持乐观向上的情绪,使人形成宽容豁达的精神。因此,开朗的性格是促进公共关系工作开展的重要心理条件。

(四) 保持良好的仪表和风度

仪表和风度是指对公共关系从业人员的体型、长相、外表、风度等方面的要求,公共关系工作要求经常与公众打交道一般来讲,较好的体型、强健的体貌、端正整洁的仪表、潇洒飘逸的风度,会对公众产生天然的吸引力和首因效应,为进一步发展交往、增进友谊、开展工作打下相应的基础和条件。但这并不是一名优秀公共关系从业人员的决定性条件,毕竟公共关系工作需要的是具有多方面综合素质的人才。

阅读材料

公共关系人员工作职责

公共关系人员的职责在美国公共关系协会出版的一份《公共关系职场》手册中详细地

罗列了出来，主要包括以下内容。

（1）制订计划。

制订计划包括分析问题和机遇、确定目标和公众（可能是一个群体，公司需要他们的支持和理解）、计划活动、推荐或策划活动。制订计划还包括确定预算、安排包括非公共关系人员在内的合适责任人选。例如，组织的总裁或执行主管在公共关系活动中常常是一个关键人物。

（2）处理关系。

成功的公共关系人员擅长从管理层、同事和外部信源中收集信息。他们要持续地分析所得到的信息，然后把推荐意见提交给管理层并得到他们的认可。很多公共关系活动要与其他组织部门合作或者通过其完成，如人事部、法律部和市场部。公共关系人员在与人相处中学会劝服本领会得到最好的效益，但是，在所有的关系中，包括与工业集团、管理机构、政府和教育机构的关系，公共关系人员是代表他们的组织在工作。

（3）写作和编辑。

既然公共关系人员经常要尝试接触大量的人，那么一个重要的工具就是印刷品（现在不限于此），可以使用的工具有工作报告、新闻发布稿、小册子、讲演稿、电影脚本、杂志文章、产品信息、技术资料、员工出版物、新闻信、股东报告以及针对内部员工和外部团体的管理信息等。一种清新优美、能有效传播的写作风格是公共关系工作必需的。

（4）传递信息。

常规的公共关系活动是建立起某些系统，将材料扩散到合适的报纸、广播、一般性的和商业性的杂志编辑手里去，并与他们进行沟通，使其对组织的新闻和特写产生出版的兴趣。这要求对报纸和其他媒体有所了解，知道出版物领域的专业划分，以及编辑的个人兴趣（编辑和编导手中的版面与播出时段有限，因此吸引他们注意力的竞争非常激烈）。正如一位公共关系专家所言，"你必须在正确的时间用正确的故事接近一个正确出版物的正确编辑"。尽管人们认同以新闻价值和其他阅读价值为基础的观点，但是，开发相互关系和与新闻媒体合作的能力对公共关系人员是有益的。

（5）制作。

各种出版物、特别报告、电影和多媒体节目都是信息出版的重要途径。公共关系人员虽然无须成为艺术、设计、印刷和摄影方面的专家，但仍然需要对高级策划和应用督导的准备技术有一个基本的了解。

（6）特殊事件。

新闻发布会、会展和特殊展览、新设备和周年庆典、比赛和颁奖活动、观光以及特别会议，这些都是用来争取注意力和公众群体认同的特殊事件。

（7）准备演讲稿。

公共关系工作经常需要面对面的沟通技巧——寻找合适的讲台、为别人准备演讲稿，并分发出去。一个面对个人和群体谈吐自如的人比一个只会写的人占有先机。

（8）研究与评估。

公共关系人员所从事的一项重要工作是收集事实。这个工作采用访谈、查阅图书资料和非正式谈话等形式，具有很明显的个人化，可能还要利用调查技术和一些擅长设计与实施舆论调查的专业公司。

阅读材料

公共关系工作中雇主强调的知识/技能领域及排序如表 2-2 所示。

表 2-2 公共关系工作中雇主强调的知识/技能领域及排序

非常重要	
1. 消费者/客户关系	2. 决策/解决问题
一般重要到非常重要	
3. 撰稿/校读	9. 印刷广告图片设计
4. 写印刷广告稿	10. 写图片说明
5. 写新闻发布稿	11. 预算
6. 项目管理	12. 写直邮品
7. 赊销/服务	13. 媒介关系
8. 协调创作	14. 写企业宣传品
一般重要	
15. 直邮品文字设计	23. 幻灯片/电影条幅文字设计
16. 摄影设计指导	24. 调研
17. 演讲稿写作	25. 向管理层提供组织决策咨询
18. 写广播广告稿	26. 社区关系
19. 企业宣传品文字设计	27. 写促销和培训影片/录像带
20. 特殊事件策划与协调	28. 交易
21. 写幻灯片/电影脚本	29. 促销影片/录像带文字设计
22. 雇员/劳工关系	30. 放映技术
一般不重要到一般重要	
31. 广播广告文设计	35. 股东关系
32. 贸易展览	36. 学校关系
33. 会议策划	37. 新闻发布稿文字
34. 政府关系	38. 筹资与开发

案例分析一

美国总统的"公关术"

美国 2012 年 8 月份的经济数据表明,美国经济回暖后劲不足,一个重要的指数就是首次申领失业救济金的人数意外走高,显示了就业率并未如之前预料一样得到改善。考虑到个人支持率明显下降（跌至40%左右），奥巴马比任何时候都需要一场提高个人形象的公共关系活动。

从公共关系学上看，一定的组织借用特定的媒介，把某类信息传达出去，这就是公共关系。公共关系效果如何，就要看组织体与特定时代背景的结合巧妙度，取决于最后酝酿出来的信息流冲击波和感染力。奥巴马把美国人为之牵肠挂肚了近五个月的墨西哥湾油污事件作为背景，借用其生日庆祝，推出了墨西哥湾海鲜宴，就是国家领导人公共关系的一记妙招。它之所以妙，是因为时任总统把信息效果定位在因墨西哥湾油污事件而受挫的水产业拯救上，表明了总统作为领导人的个人公共关系责任担当。由于公众担心墨西哥湾水产品遭受污染，墨西哥湾水产业因而受到极大打击，大批从业者甚至有可能因此失去工作。

为了让这场公共关系不受负面信息冲击，总统严守了"程序"：先是由美国食品药品安全机构出具详细的检测报告，证明漏油并未影响到水产业区的海水和水产品，墨西哥湾出产的虾、蟹、牡蛎、金枪鱼等海产品是安全的，且这份检测报告发布在总统生日宴之前；之后，由白宫的能源顾问对外宣布总统生日宴将食用被外界广泛质疑的墨西哥湾海鲜的决定，白宫能源顾问的"权威发布"表明总统一则对治理油污成效的满意，一则也表明能源界对环境安全的关注和再保证。

本来8月4日是奥巴马49岁的生日，但他有意把生日宴拖到家人均回到白宫的8月8日。白宫南草坪上，当总统率亲友众人一起吃墨西哥湾海鲜时，相信公众对墨西哥湾水产品的恐惧和拒买心理会大大降低，从而重振墨西哥湾水产业的信心。过了数天，奥巴马又率家人到墨西哥湾度假，和小女儿一起畅游墨西哥湾，用行动表明墨西哥湾油污事件对旅游业的冲击已经过去。

对事关公民就业困难产业的扶持，是国家的责任，更是领导人的责任。领导人用个人公共关系既帮助了困难产业，也提振了个人声誉，显示了作为国家领导人的领袖能力。

事实上，美国总统都有个人公关的"偏好"。作为公共关系学诞生地以及政治游说业发达地的美国，每一任总统都会在关键时刻推出领导人个人公关项目，以期达到某类效果。

看看奥巴马的前任总统小布什。小布什在第一任期中，美国境内查出了第一例疯牛病例，一时间牛肉出口艰难，尤其是美国牛肉主要出口地的日韩两国，更迅速限制或禁止进口美国牛肉，令美国牛肉产业面临重重危机。

为了向亚洲领导人表明美国牛肉是安全的，并保证美国输入亚洲的牛肉将产自年龄不超过30个月的牛（普遍认为，月龄越大，患疯牛病风险越高）。2007年，乘日本首相访美之机，小布什把客人接到美国总统度假地戴维营。从公共关系的礼仪上看，到总统私密性越高的地方会晤，越显示两国关系亲密。当然，小布什和来客一起吃了美国牛肉，以此向日本国民表明美国牛肉的安全，其可谓用心良苦。2008年4月，时任韩国总统李明博访美，小布什也把李明博接到戴维营，又是一顿美国牛肉午餐。李明博酒足饭饱后允诺放开牛肉进口限制。之后几个月，韩国陷入了牛肉示威潮。到了8月，小布什亲赴韩国访问，再次在韩国吃了一顿美国牛肉，这才使美国牛肉的风波在韩国慢慢平息。

再看看克林顿。克林顿在担任美国总统期间，由于国内没有闹出食品安全危机，所以克林顿的"公关术"与"吃"无关，但与"情"有关，他为一位美国公民向新加坡总统求情，以使这个美国青年免遭新加坡的鞭刑。

这位美国青年去新加坡之前，父辈们提醒他那里有"酷刑"，须分外留意自己的行为，没想到这位名叫费伊的18岁小青年根本没放在心上，搞了一出用油漆涂鸦别人汽车的"恶作剧"，结果被判受鞭刑六鞭。消息传来，牵动美国人神经。克林顿趁机打出"情"字公关牌，诚恳地要求新加坡总统赦免这位18岁美国青年。新加坡最后把六鞭改判为四鞭，算是给了克林顿的面子，而克林顿为一个普通美国公民求情，也巩固了总统亲民、爱民的形象。

问题：所有领导者的个人活动都能纳入组织活动策划中来吗？不同主体的公共关系活动对领导者有什么不同的要求？谈谈这则案例给你的启示。

案例分析二

公共关系职位招聘信息

一、招聘企业及岗位：传世知行公关——公关/媒介

要求：

1. 具备2年以上公共关系公司媒介工作经验，独立负责并运作过具体项目；具有一定市场、公关、广告基础知识；有强烈的进取心。

2. 媒介经验丰富、与媒体关系良好。

3. 具有市场行销策略、全面操控客户广告运作技巧、制订战略性媒介计划。

4. 发展并维持巩固的客户关系及团队关系。

5. 沟通能力强、为人诚恳、乐于与团队合作，管理团队并帮助团队成员共同成长。

6. 有较强的策划能力、分析能力、创意能力、事物的组织能力和既定时间内完成任务的执行能力和实际操作能力。

7. 性格开朗，工作踏实，有进取心，能适应较强的工作压力。

8. 大学本科及以上学历，优秀的中英文能力。

工作职责：

1. 搜集相关媒介资料并进行分析，开发和管理媒体资源，及时把握媒体动向，充分掌握媒介知识、报道需求，给客户提供公关传播的创新形式以及策略建议。

2. 新闻稿件的撰写、发布及传播监控，紧密跟踪计划执行情况，撰写媒体传播监测报告。

3. 媒体定价，协助制作部门制作报价单、宣传品等。

4. 协调维护媒体关系，与媒体建立长期稳定的合作关系。

5. 积极了解客户的需求，策划公关活动、新闻发布会、制订公关媒介计划并监督与执行。

二、招聘企业及岗位：拉卡拉支付有限公司——公共关系经理（品牌推广部）

要求：

1. 正规良好教育背景。

2. 具有大型主题活动、巡展、会议、展览等运作和执行的丰富经验。

3. 良好的沟通和协调推动能力，较强的文字表达能力，有创意且具有较强的方案及项目执行能力。

4. 工作积极热情高效，责任心强，执行力强，能承受较大的工作压力。

工作职责：

1. 根据公司品牌与市场战略，制订合理的活动计划并带领团队执行。
2. 负责活动实施的质量，及时根据要求和变化提出解决方案。
3. 企业品牌相关活动的组织、执行、跟踪、总结。
4. 负责与外部合作方的沟通，协调。

三、招聘企业及岗位：华为技术有限公司——国内媒体关系经理

要求：

1. 行业知名公共关系公司，媒体或者知名公司6年以上相关工作经验。
2. 有良好的媒体关系背景和成功媒体关系维护经验。
3. 担任过项目经理，掌握项目管理技能。
4. 主导策划并成功实施过2~3个重大媒体传播活动。
5. 有IT、通信行业背景者优先。
6. 中英文口头和书面沟通能力强。

工作职责：

1. 独立完成新闻稿、媒体采访和日常媒体接待工作。
2. 独立策划企业传播选题，与媒体沟通传播话题和相关内容，跟踪媒体传播效果。
3. 建立和维护所负责区域的媒体关系，营造一个良好的外部沟通渠道。
4. 在重大危机事件中，能够提出相关的沟通策略和建议，积极与媒体沟通，维护公司的品牌形象。

问题： 从以上招聘信息中，请总结：公关部的工作职责是什么？作为公共关系人员需要具备哪些能力？请谈谈你对公共关系工作的理解。

案例分析三

赋予公共关系转型新动能

1. 未来已来，唯一不变的就是变化本身

新媒体、新技术、新载体来势汹汹，在"互联网＋"的滚滚浪潮下，一切都将被重塑，甚至被颠覆。传统公共关系模式逐步式微，新的公共关系模式正经历着企业和公共关系公司的集体试错、集体狂欢、集体迷茫。迎头赶上，就是最好的时代，止步不前，则是最坏的时代。

纵观中国公共关系走过的三十多年，有一种模式一直延续至今，也就是信息供给模式。品牌直抒胸臆，从公信力教育的传统电视、报纸、杂志、电台，到互联网时代口碑效应的信息反哺，再到自媒体时代的山头式关键意见领袖摇旗呐喊。

企业需要的是大声展示品牌的好声音！公共关系公司提供的是"传声筒""万事达""去污剂"的大中介管理服务！

然而，以信息供给、信息交互为主的品牌沟通和公共关系模式，随着新兴消费人群、新媒体环境、新商业环境和智能科技的融入，衍生了更多的融合需求和跨界需求！

近几年，企业在不断地调整品牌战略、传播战略。年初制订的年度营销传播计划，在年中就可能会被推翻，因为媒体环境变化太快了！同时，公共关系公司的业务模式也在新竞争环境和竞争需求下努力转型与被转型。当诺基亚被微软收购，在记者招待会上，CEO 约玛·奥利拉最后说了一句话："我们并没有做错什么，但不知为什么，我们输了。"不要嘲笑昨天的诺基亚，这一幕即将或正在公共关系行业上演！

从信息供给模式到信息共享模式，你准备好了吗？

2. 热兵器时代——这是每一个公共关系从业者必须面对的新时代

现在的公共关系经理，每人会有一本热点事件日历。一年四季中每一个重要的节日、节气、大事件、纪念日、商业节日都会纳入公共关系计划的大日程中。

然而，企业是否真的从中获取了传播效应，或者说追热点的传播对品牌起到了什么作用。说到底，也就是短暂的曝光，甚至有的热点追踪成了企业内部自娱自乐，内容实在乏味，吸引不了大众的关注点。

对于公共关系从业者来说，甲方和乙方都承受着巨大的压力，不仅仅要按照热点事件日历提前准备，对于突发的各类事件，更是要考验创意、制作、决策的速度，谁跟得快，谁跟得准，谁跟得被同行或者社会津津乐道，谁就算赢了这场游戏。

一叶而知深秋，窥一斑而见全豹。碎片化信息时代，内容在被媒体介质和新兴人类的信息触角牵着走。品牌传播减弱了主导性，且是在一味"跟"热点，"跟"介质，"跟""大V"；付出了很多传播成本，但往往是一"撩"而过，以引流量为目的，但是没有深耕，没有留下深刻的品牌印记和沟通效果。

所以，基于互联网时代的品牌公共关系模式转型很重要，企业如何自造热点、自建信息塔，如何从原来的品牌信息供给模式转型为信息共享模式或为亟待解决的问题。这里的共享是品牌核心与社会化核心点的融合。信息供给在社会化媒体时代，自然已经不能够被人接受；而信息共享是从社会现象出发，影射到品牌，从而接受品牌感知。这里的社会化信息也不是单点，而是从始到终，贯穿到整个品牌传播中的。

3. 技术+创意+想象力：公共关系行业的新竞争力

新时代需要有新气象、新作为。

这绝不仅仅是一句官方话语，以新迎新、以新对新是公共关系行业唯一的出路。

中国公共关系历经30年，从高大上的公共关系咨询服务到"差价"模式，再到公共关系公司无用论。传统公共关系公司模式的前景越来越不被看好。公共关系公司传统业务模式的意义正在模糊化、无边界化。

从今天开始，公共关系公司只分两种，一种是无变化、等变化的公共关系公司，另一种是在变化、求变化的公共关系公司，后者将是公共关系行业的新王者。

一些公共关系公司开始布局自己的技术团队，如环时互动、汉诺睿雅等公共关系公司，其招聘信息中H5程序员、设计师的比例占很大一部分。汉诺睿雅建立了自己的VR、AR、MR团队、视频拍摄剪辑中心、H5编程设计中心、漫画设计中心等。

除了技术布局，公共关系公司的业务模式也正在与广告公司创意领域重合。从人流受众的角度看，新媒体流量关注度逐渐接近或超过电视广告、杂志广告、楼宇广告等介质。从而，也更加提升了新媒体公关内容输出的品质要求。

因此，基于新媒体多屏时代的视觉创意与呈现，被公共关系化，既有高精细的创意美感设计,同时还要考虑新媒体时代的信息触点创意和基于品牌核心信息点的创意,以及基于新媒体介质的互动创意。

未来公共关系的技术想象力前景还不止于此,随着智能科技的发展,人们对品牌的感知将从信息供给和交互模式,逐步进入信息体感模式,通过AI、VR、AR、MR,切身感受全维的品牌信息。

技术+创意+想象力,将为新公共关系业务模式转型赋能,同时,对于甲方来说,也逐渐体现出新的公关服务价值。

举两个例子。一个是伊利畅轻520"我们相爱吧"活动——无线VR体验牧场+360°旋转拍照助力。5月20日作为近年新型的公共关系日,因其谐音被诸多商家赋能,伊利畅轻借助"我们相爱吧"主题,烘托节日气氛,并借助新技术,以新形式结合创意活动,为其品牌及产品释放更多活力及声音。集合最新无线VR技术及实景内容的VR体验牧场,摆脱传统有线束缚,让移动无线VR走进现场,方便操作,体验感更强。同时VR内置牧场实景及互动小游戏,吸引众多年轻人尝试。除此之外,同场的360°旋转拍照则让此活动锦上添花,亲子的画面,情侣的甜蜜,趣味拍照方式+同步拍摄画面展示,拍摄完成后且支持二维码快速下载,保存精彩的时刻。

另一个是沃尔沃全新XC60亮相展会——艺镜拍照+多媒体三联屏+VR体验。在沃尔沃全新XC60亮相展会上,推出智能艺镜拍照+多媒体三联屏+VR体验的互动组合,全方位展示品牌及产品特性。通过镜面多媒体显示屏加上数码抠像技术,展现欧洲美景下的XC60,让用户能在艺术画中和XC60合影,并支持实时拍照分享。结合多媒体展示+全景VR汽车上路体验,以这种影像全景、触屏互动的多形式,智能化场景触及客户并活跃现场,更有效引导客户快速了解品牌及新产品特性。

4. 忘掉曾经的骄傲,"软件"+"硬件"一个都不能少

传统公共关系模式中,大多数公共关系公司并没有把核心智力产品化。并且,整个公共关系行业人才高频次流动,造成大致趋同的作业模式。同时,也有公共关系从业人员进入甲方公共关系岗位,出现了甲方公共关系负责人比乙方新人还要懂作业模式的情况。这样,外脑智力作为公共关系公司的核心竞争力逐渐减弱,客户资源、媒体资源、分发渠道、比价竞争成为竞争的部分内容。另一方面,渠道和新媒体资源优势,也逐渐被去中介化,甚至有些公共关系公司会因为一个客户资源的流失而元气大伤。

转型,首先要忘掉曾经的核心竞争力,重新打造竞争核心价值。未来公共关系业务模式转型,需要在智力咨询和技术创意层面有新的突破。

打造"互联网+"时代的新品牌公共关系咨询模型。基于营销大数据应用、新零售商业模式、内容电商、新媒体介质、新兴人群等一系列新生环境和新生趋势,建立在细分领域的品牌公共关系智力模型,帮助企业解决未来趋势所面临的品牌感知课题。

除了构建细分智力产品,公共关系公司基于技术、创意、想象力的价值凸显,也逐渐形成依托科技、技术和人才的硬件产品,为品牌感知提供科技化的解决方案。

没有比脚更远的路,没有比人更高的山。公共关系人员一无所有,但创造力无穷。面对全新的未来,公共关系人员必须掌握简易、变易、不易这三个关键词:简易——再繁复的市场环境,终究能找到解决之道;变易——时代无时不变,跟不上变化必将出局;不易——形成自己的核心竞争力,就是以不变应万变的利器。把双手摊开,一只手写上"归零",另一只手写上"创新",会发现,把神鞭变成神枪手,其实难也不难。

问题:你认为在"互联网+"、自传播时代,对公共关系人员提出了什么新要求?

复习思考

1. 公共关系部门和公共关系公司比较有哪些优势和劣势?

2. 一次招聘公关部部门经理的面试中,当每位应试者进入考场时,主考官说:"请您把大衣放好,在我面前坐下。"然而,在进行面试的房间中,除了主考官使用的一张桌子和一把椅子,什么东西也没有。三名应试者中,第一名听到主考官发问后,先是一愣,随即脱下大衣,往右手一搭,躬身致礼,轻轻地说:"这里没有椅子,我可以站着回答您的问话吗?"公司对这个人的评语是:有一定的应变能力,但创新开拓不足;彬彬有礼,能适应严格的管理制度,可用于财务和秘书部门。第二名应试者听到问题后,马上回答:"既然没有椅子,就不用坐了,谢谢您的关心,我愿听候下一个问题。"公司对此人的评语是:手中略有攻,可先培养用于对内,然后再对外。最后一名应试者在听到主考官发问后,随即出门,把候考时坐过的椅子搬进来,放在离主考官侧前约一米处,然后脱下自己的大衣放在椅背上,接着就端坐在主考官面前。当"时间到"的铃声一响,他马上站起来,欠身说了声"谢谢",便退出考试房间,把门轻轻关上。公司对此人的评语是:不着一词而巧妙地回答了问题;性格富有开拓精神,加上笔试成绩佳,可以录用为公关部部门经理。假如你是应试者,你准备怎样应对?请你设计一套选拔公共关系人员的考试办法。

3. 请组建一个班级公关部(以本班为例)并写出组建方案,该方案须包括公关部组建宗旨、成员、分工和职责。

第三章

公共关系的客体

学习目标

通过本章的学习，全面了解公众的含义及其分类；正确认识处理组织和几种重要目标公众的关系。

导入阅读

"星巴克咖啡致癌"谣言

2018年3月30日，星巴克迎来了一场"躺枪"的危机公关。原因是一篇名为《震惊！星巴克最大丑闻曝光！我们喝进嘴里的咖啡，竟然都是这种东西…》的文章。为增加"星巴克咖啡致癌"的可信度，文章还引用了美国一家法院的判决，要求星巴克必须要在所售咖啡的外包装上标注"有毒"提醒。很快，整个舆论沸腾了，网上陆续出现"据说星巴克咖啡致癌"的消息。值得一提的是，短短两天的时间内，星巴克公共关系人员就巧妙地将此危机化解，成功打了一场漂亮的自卫反击战。

首先，星巴克举报造谣的微信账号，邀请权威账号"丁香医生"进行了辟谣；其次，积极回应媒体，针对文章提到的"法院判决"，附上了全美咖啡行业协会的相关公告图，显然也顺水推舟地给公众做了一次咖啡到底健康不健康的常识普及。

除了顺势而为，显然这次星巴克的危机公关离不开往日品牌美誉度的经营，于是，大家很快就原谅了星巴克。

问题：星巴克此次的危机涉及哪些公众？

第一节 公众的含义及其特点

一、公众的含义

公众作为公共关系的基本构成要素，是公共关系学中一个相当重要的概念。公众最初是由英文单词 Public 翻译而来，泛指公众、民众的含义，也特指某一方面公众、群众。在公共关系学中，一般把公众理解为：因面临共同问题与特定的公共关系主体相互联系及相互作用的个人、群体或组织的总和。

二、公众的特点

（一）公众具有共同性

众多的个人、群体和组织之所以能成为一个特定组织的公众，主要原因就在于他们都面临着某个共同的问题，如共同的兴趣、共同的需求、共同的目的、共同的背景、共同的意向、共同的问题使其极易形成相似的态度、看法，并采取较一致的行为，这就构成了组织面临的同一类公众。

（二）公众具有多维性

（1）公众的多维性体现在其具有多层次的立体结构。公众由个人、群体和社会组织三个部分构成，因此具体的公众形式可以是个人、群体或某些社会团体，也可以是某些社会单位、部门。例如，一个小饭馆，它的公众就包括来这里就餐的个人，也包括来此就餐的一群人，还包括工商、税务、消费者协会等一些部门和团体。这种公众的多层次和多元化，就决定了公共关系是一种多维的社会关系。

（2）多维性表现在不同的公众具有不同的需求和目的。虽然作为特定组织的公众，都面临着一个共同的问题，但在解决这一问题的过程中，其表现出来的利益追求和价值取向存在一定的差异。例如，一家冶矿场因排放不合标准的废气造成了环境污染，致使当地农民的小麦产量减少了三成。由此形成的公众在解决这一问题上所表现出的利益追求是不同的：环保部门要求冶矿场采取措施，达到国家制定的废气排放标准，保护生态平衡；冶矿场的股东要求在解决问题时尽量节省投资；而附近收成减少的农民要求冶矿场赔偿损失，并且赔款越多越好。

（3）公众的多维性表现在公众与公共关系主体之间的利益关系上。有的利益一致或基本相同，就易形成和谐关系，如上面提到的冶矿场和其股东，两者的目的是追求利润最大化，因而根本利益一致；有的利益彼此背离，形式的关系非常紧张且有时是相互排斥的，如冶矿场和农民之间的关系。

（4）公众的多维性还表现在其具有多种类型。有的公众与组织发生直接关系，如员工；有的公众与组织发生间接关系，如员工家属。即使同一类公众也可以有不同的存在形式，如消费者公众，可以是松散的个体，也可以是特殊的利益团体（如消费者协会），还可以是一个严密的组织（如某家公司乃至政府）等。

（三）公众具有可变性

公众不是一个封闭僵化、一成不变的对象，而是一个开放的系统，处于不断发展变化的过程之中。首先，公众的形成取决于共同问题的出现，一旦问题解决了，那么作为公共关系意义上特定问题的公众就不存在了。其次，随着主体条件、客体环境的变化，组织面临的公众在性质、形式、数量、范围等方面都会发生相应的变化。例如，某生产企业原材料的供应者今天是钢铁公司，明天就可能变为木材加工厂。

（四）公众具有互动性

公众的互动性主要表现为公众和公共关系主体之间的互动关系。公众的意见和行动对一定社会组织的生存发展具有影响力和制约力；反过来，社会组织所制定的决策、所采取的活动，对公众也具有影响力和制约力。也就是说，公众与一定社会组织发生的利益关系是双向的。组织可以从公众那里获益，公众也可以从组织那里获益。正是以此为基础，才形成组织与公众之间的公共关系活动。

第二节　公众分类

一、按公众的权利要求分类

对各类公众与本组织相关的权利要求做出正确的分析和判断，并将其与组织的目标和利益加以权衡和比较，这是组织公共关系政策的出发点。按公众的权利要求，公众可分为员工公众、股东公众、顾客公众、社区公众、媒介公众、政府公众，协作者公众和竞争者公众。以企业组织为例，各类公众的基本权利要求如下。

（一）员工公众

员工公众对组织的期望和要求是就业安全和良好的工作条件、合理的工资和福利、培训和晋升的机会、知晓权、参与权、公平和尊严等。

（二）股东公众

股东公众对组织的期望和要求是参加利润分配、参与表决和董事会的选举、优先了解经营动态、新产品的试用、有权检查账目和增股报价以及资产清理、有权享受合同所确定的各种附加权利等。

（三）顾客公众

顾客公众对组织的期望和要求是产品质量保证以及适当的保用期、公平合理的价格，良好的售前、售中和售后服务，准确解释疑难并妥善解决投诉等。

（四）社区公众

社区公众对组织的期望和要求是向当地社区提供就业机会、保护社区环境和秩序、关心和支持当地政府、支持文化和慈善事业、赞助地方公益活动等。

（五）媒介公众

媒介公众对组织的期望和要求是平等对待、信息来源真实、尊重媒介的活动规律和职业尊严、有机会参加组织重要的社交活动、提供方便的采访条件等。

（六）政府公众

政府公众对组织的期望和要求是保证税收、遵守各项法律政策、承担法律义务、公平竞争、保证安全等。

（七）协作者公众

协作者公众对组织的期望和要求是遵守合同、平等互利、提供必要的技术信息和援助、提供各种优惠和便利、共同承担风险等。

（八）竞争者公众

竞争者公众对组织的期望和要求是遵守由社会或者行业共同制定的竞争规则、竞争机会和条件平等、共生观念稳固与竞争合作机会均等。

二、按具体的公众对象分类

从组织的角度来确定在开展公共关系活动时所面临的公众，即按具体的公众对象对公众进行分类，主要包括泛公众、问题公众、目标公众和优先公众。

（一）泛公众

泛公众是指组织所面临的公众环境。组织公共关系的工作对象数目是庞大的，既包括内部工作，也包括外部公众，但对于公共关系的实施来说，这种分析只是理论上的一种分类，并无很大的实践意义。公共关系工作的对象总是具体的，因此，"公共公众"是虚幻的。把理论上理解的公众称为泛公众，即一个组织在运行过程中必然面临的公众环境。

（二）问题公众

问题公众是指组织公共关系工作中那些因面临组织行为而引起的某一个共同问题而形成的工作对象。确定问题公众对于组织来说既具有操作意义，又十分经济。泛公众构成了组织公共关系整体的公众环境，这种整体的环境对于公共关系工作来说因为过于宽泛而显得不够具体、难以把握，因而会使公共关系工作对象不清、方向不明。

（三）目标公众

目标公众是指组织公共关系工作中所有必然涉及以及可能涉及的工作对象，是直接或间接与组织发生互动影响的公众。组织可以围绕公共关系问题和目标来具体确定公共关系工作的中心对象，这些被确定的、并且是在组织某一阶段或某一公共关系项目中要与组织发生直接互动影响的公众，可以称之为目标公众。目标公众不仅包括问题公众，还包括公共关系活动将要涉及的主要沟通对象。

（四）优先公众

优先公众是指组织公共关系工作对象中必须优先予以考虑的公众对象。

三、按公众的重要程度分类

根据公众的重要程度，可以将公众分为首要公众和次要公众。这种重要性程度是根据公众对组织的影响力以及组织对公众的期望值来确定的。

首要公众是指对组织的生存和发展起着决定性影响的公众对象。次要公众是指对组织的生存和发展有一定影响，但没有关键影响的公众对象。

一般来说，首要公众在数量上也许只占整体公众的20%或者更少，但其给组织带来的传播效益却可能占80%或者更多。这种分类方法有助于组织公共关系资源的有效配置。对于组织来说，公共关系的资源总是有限的，同时具体的公共关系公众又受多方面因素的影响，因此，保证首要公众可以使公共关系工作事半功倍。当然，在保证首要公众的同时，也应该兼顾次要公众。另外要指出的是，首要公众和次要公众的区分并不是绝对的，次要公众也可能向首要公众转化。

四、按公众的组织状态分类

根据公众的组织状态，可以将公众分为零散型公众和组织型公众。

零散型公众是指无固定组织形式的公众，其在表达态度和采取行动时通常是以个人形态出现的。组织型公众是指以一定的组织形式或社团形式出现的公众,其通常以组织团体作为态度的表达者,在采取行动时也更多体现了组织和团体的意志。

组织公众又可以分为权力型公众和非权力型公众。

权力型公众是指政府及各类行政管理机构,也可以包括上级主管部门。非权力型公众是指一般的组织和团体,如企业组织、社会组织、新闻机构等。

需要指出的是,在具体的公共关系活动中,组织型公众也通常会以其人员形态与作为公共关系主体的某一组织发生相互联系,但其表达的是组织团体意志。特别是媒介公众(如新闻机构的记者、编辑),其行为的价值取向往往是公共的,他们更多代表了民意。

五、按公众形成和发展过程分类

公众的发展一般有这样一个过程:组织做出某些行为(或不作为),其行为引起公众态度变化,激发公众行为。公众与组织的关系可能由疏变密,公众对组织的影响力也由弱变强。美国公共关系研究人员格罗尼格和亨特按照公众的一般发展过程,把公众划分为非公众、潜在公众、知晓公众和行动公众四类。

非公众是公共关系学的特殊概念,是指处在某组织的影响范围之中却与该组织无关,其观点、态度和行为不受该组织的影响,也不影响该组织的公众。潜在公众是指由于潜在的公共关系问题而形成的潜在公众或未来公众。由于该潜在问题还未充分显露,这些公众本身还未意识到问题(或需求)的存在,所以其与组织的关系处于潜伏状态。知晓公众是潜在公众逻辑发展的结果,即公众已明确意识到自己面临的问题(或需求)与某个组织有关,并迫切要求与其该组织发生某种联系。行动公众是知晓公众逻辑发展的结果,在这个阶段,由于问题(或需求)的全面显示,公众和组织的关系明朗化,公众采取行动,从而对组织构成现实的影响。

六、按公众对于问题的介入程度分类

根据公众对于问题的介入程度,可以将公众分为积极公众和消极公众。

积极公众是指介入问题的程度较深并积极谋求问题解决的公众,这类公众与组织的互动关系已经形成;消极公众是指尚未知晓问题的存在,或者虽然意识到问题的存在,但其持消极观望或被动等待态度的公众。

积极公众是组织公共关系的重要目标,因为这类公众不仅知晓问题发生的原因和影响,而且还关心问题的处理,并积极介入问题的解决过程。认真对待积极公众,并且集中资源处理好积极公众,不仅有利于控制事态的发展,也有利益于控制舆论的态势。当然,在密切关注积极公众的同时,也要关注消极公众的发展变化,因为这类公众往往是"沉默的大多数"。虽然这类公众通常持消极观望、谨慎从事的态度,但如果问题的进程与其对问题解决的期望之间差距过大,消极公众随时可能会转化为积极公众。

如果从公众的发展过程分析,知晓公众和行动公众都可以归类于积极公众,而非公众和潜在公众则可以归类于消极公众。但即使是知晓公众和行动公众,其表现出来的态度和行动对问题的介入程度也会有差异。

七、按公众对组织的态度分类

按公众对组织的态度,可以把公众分为顺意公众、逆意公众和独立公众。

顺意公众是指对组织的政策和行为持赞同和支持态度的公众。这是组织可以依赖的公众，组织要注意维持和不断发展与这类公众的友好关系。

逆意公众是指对组织的政策和行为持否定和反对态度的公众，是组织急需转化的公众对象。组织应尽量使这支公众队伍缩小，先争取使这类公众成为独立公众，然后再慢慢引导其向顺意公众转化。

独立公众也称边缘公众，这类公众是指对组织的政策和行为持中立态度或态度不明朗、不明确表态的公众，这类公众往往在公共关系的对象中占大多数，所以公共关系工作大部分精力都放在与独立公众做信息沟通的工作上，同时设法争取这类公众对组织的了解和好感，争取使其转化为组织的顺意公众。

总之，公共关系的基本政策应该是稳定顺意公众、争取边缘公众、瓦解逆意公众。

八、按组织的价值取向分类

从组织的角度分析，组织对于各类公众的价值取向是不同的。根据组织的价值取向，可以将公众分为受欢迎的公众、不受欢迎的公众和被追求的公众。

受欢迎的公众是指符合组织需要并主动对组织表示兴趣和沟通意向的公众。不受欢迎的公众是指对组织构成潜在威胁或额外压力和负担的公众。被追求的公众是指符合组织的利益和需要，但对组织缺乏兴趣和主动沟通意向的公众。

受欢迎的公众与组织有较大的共同利益，不存在现实的利益冲突和沟通障碍。对于不受欢迎的公众，组织不愿意主动与其交往但又不得不谨慎对待，由于这类公众对组织的威胁和压力，组织在制定公共关系对策时必须对这类公众予以格外重视，这在危机事故、突发事件发生时特别明显。被追求的公众，如名人等，对于组织来说具有重要的公共关系意义，借助名人的地位、身份，能提升组织形象的传播力。

案例分析一

美的裁员事件

2011年10月，微博上一条"美的大裁员，新员工几乎全做炮灰"的新闻受到了广泛的关注。11月开始，美的集团大裁员，幅度令人瞠目：制冷集团60多家各地销售公司裁员幅度在40%以上，有些超过60%，总部约50%；日用家电集团2011年大规模校园招聘的新员工几乎全裁。在日电集团之后，上市公司美的电器的主体——美的制冷集团也开始了调整。美的裁员可能是家电巨头面临行业萧条所采取的主动应对措施。此外，格力、海尔等厂商也在主动采取措施准备"过冬"。

问题：请分析美的裁员过程中将会涉及哪些公众，为什么？

案例分析二

中国人消费全球1/4奢侈品

2012年11月，法国著名时尚奢侈品品牌爱马仕销售业绩首次突破30亿欧元大关，爱马仕掌门人强调不担心中国市场,自年初以来爱马仕在华销售量增长了4成。未来5年打算投资千万欧元专门打造中国高端品牌,并将增加在华门店数量。在全球经济低迷的背景下,中国奢侈品消费仍在持续"升温"。

顶级奢侈品品牌在中国市场的表现大放异彩。一份发布的研究报告称,中国消费者购买了全球四分之一的奢侈品。同时,该报告还指出,中国游客拉动的消费额也成为奢侈品市场增长的重要支撑,占全球奢侈品消费增长部分的40%。

据悉,爱马仕首席执行官托马斯表示,该集团第三季度在世界各地均实现销售净增长,在欧美市场的表现良好,尤其是游客仍然热衷于在法国购买奢侈品。在亚洲地区,爱马仕的销量也保持较高水平,中国市场在集团整体销售中所占的比重持续加大。

不论是爱马仕的预估数据还是LV发布的净利润数据,均预示着时尚和高端产业正在成为欧洲经济的关键推动力。

广州某奢侈品商场专业人员表示,在销售排行榜上占据前10名的"顶级会员",消费额翻番,豪客购买奢侈品年增200万元~300万元。在广州天河太古汇商场内驻足观看,可以看到大量来自外地的车辆,商场人士表示,"来自珠三角地区的外地游客占了周末消费的三分之一以上"。且某品牌销售人员表示,购买奢侈品的客人7成是熟客,大部分客人为"会员",享有VIP式的私人服务。这些奢侈品卖场内还有各项"私享服务"的"秘籍"。"会员名单"是他们手中的"利器"之一。

在这些相当具有"保密"程度的会员名单上,年均消费500万元以上的"龙头豪客",名单几年都不会变化。商场内部人士介绍说:"他们的消费额正在翻倍上涨,平均每年多花200万元~300万元购买奢侈品。"但有意思的是,会员名单中年均消费50万元左右的"龙尾客"名单如走马灯似变换。一些中小型企业主、收入颇丰的白领和外地来的"富二代"成为这些"龙尾客"的主力军。

业内人士分析,爱消费奢侈品者多数讲面子,名牌"装身"后则感觉身价倍增。有受访者表示,用名牌包装一下,谈生意成功率增高,聚会可以迅速吸引眼球。有人表示,只要是名牌,买二手货也值!

在外企工作的陈先生是不折不扣的"80后",他月入不过6 000多元,但陈先生依旧不惜花8 000多元买Coach手袋穿梭在各栋大楼的电梯间里。在他的Coach袋内还有一个Prada的钱包,也刚刚花去5 000多元,大小两个包已经花掉了陈先生2个月的工资。可是陈先生依旧觉得在同事、朋友身边"这样才有面子",即使只吃10元1盒的盒饭。

问题:奢侈品的目标公众有哪些?他们都具有什么特点?

复习思考

1. 公共关系发展的历史沿革中公众的地位经历了怎样的变化?
2. 以自己的身份、经历为例,列出你曾经是哪些组织、哪几种类别的公众(可以交叉)?

第四章

公共关系传播

学习目标

通过本章的学习,全面了解公共关系传播的过程及相关的理论并加以运用;了解并运用公共关系活动过程中采用的各种媒介。

导入阅读

可口可乐"昵称瓶":把关注点聚焦在美好的事物上

1. 成长的烦恼

近十年来,随着人们因肥胖导致的疾病以及癌症的增多,很多人将矛头指向了不健康的饮食习惯,其中可乐类碳酸饮料就成为人们公认的不健康食品之一,"致肥"和"致癌"也逐渐成为可乐类产品成长的"烦恼"。例如,2012 年 3 月,美国一公益组织称可口可乐和百事可乐色素中含致癌物质 4-甲基咪唑,在全世界引起不小的轰动,尽管可口可乐公司否认其产品对健康构成威胁,但消费者依然半信半疑。2013 年 5 月,可口可乐公司宣布将采用更清晰的卡路里计数标签,并承诺不向 12 岁以下的儿童销售减肥饮料。这是可口可乐公司首次在可乐可能导致肥胖的问题上向消费者做出妥协。

事实上,这都只是人们怀疑可乐导致健康问题的冰山一角。让可口可乐公司倍感担忧的是,越来越多的家长限制孩子喝可乐已经是不争的事实,以前可口可乐是最受学生、白领等年轻一族欢迎的饮料,但现在年轻一族与可口可乐之间的关系正越来越疏远,他们转而选择更健康的果汁汽水、茶饮料以及运动功能性饮料,如加多宝凉茶。国家统计局在 2012 年 12 月 8 日发布的一份饮料行业报告中指出,2012 年前 3 季度国内饮料行业出现严重分化趋势,其中健康型饮料比重上升、而碳酸类饮料份额呈下降趋势。报告指出,碳酸类饮料的市场份额已经下降到 21.9%,落后于饮用水(25.7%)以及果汁品类(22.2%)。在这份权威报告中,昔日风光无限的饮料界大佬可口可乐公司在罐装饮料市场上更是让出头把交椅,以 10.3% 的份额排于加多宝凉茶之后。

消费者把关注点过多地放在可乐类产品不健康问题上,可谓让可口可乐公司这样的巨头十分头疼,为此,可口可乐公司不遗余力地开展公共关系活动意图说服消费者可乐不会导致肥胖和致癌,然而这些仍难改变其市场份额萎缩的颓势。根据公共关系网的统计数据,可以看出近几年来可口可乐公司不稳定的业绩表现,如图4-1所示。

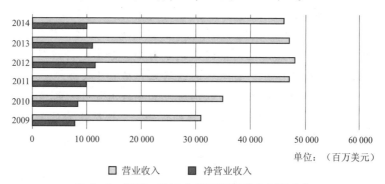

图4-1　2009—2014年可口可乐业公司绩变化

2. 创意"昵称瓶"挽回年轻人

直到2013年第3季度,可口可乐在国内销售下滑的情况才开始出现转机,可口可乐的风头再次盖过了加多宝等市场认为更健康的饮料,开始在年轻一族中风靡。这一切都归因于可口可乐一场拉近年轻消费者的互动活动——可口可乐创意"昵称瓶"。

2013年5月29日,可口可乐2013年夏季的品牌战役全线启动,"高富帅""喵星人""文艺青年""小清新"等年轻人熟悉的网络流行语被印在可口可乐的瓶身上,如果想拿到印有自己名字的可口可乐,还可以通过快乐贩卖机,为自己制造独一无二的快乐"昵称瓶"。

全新的包装未卖先热,可口可乐"昵称瓶"最先在社交媒体上引起广泛关注,可口可乐通过赠送给各路微博"大V"印有他们名字及相应网络词汇的"定制版"可口可乐引爆了网络,"昵称瓶"激发了年轻人的分享热情,他们纷纷在微博上自发传播与分享。而且,可口可乐公司独具匠心地选取了70多个诙谐幽默、极富个性色彩的网络流行称呼,如"有为青年""女神""纯爷们儿""小清新""才女"等,将其印在产品标签上,以"分享这瓶可口可乐给××"为号召,瞬间赋予了可口可乐以社交的功能,为分享增添了无穷乐趣。可口可乐"昵称瓶"如图4-2所示。

图4-2　可口可乐"昵称瓶"

可口可乐"昵称瓶"一经推出便一路大卖,在年轻消费者中反响热烈,迅速成为年轻人彰显个性、与身边好友互赠昵称、分享快乐的新潮事物。他们觉得喝"昵称瓶"可乐很好玩、很酷。

3. 可口可乐的"卖萌"文化

"昵称瓶"很快成为当下年轻人中间流行的一种"卖萌"文化,让年轻消费者放松了此前对可乐敏感的紧绷神经,并且让他们重新回到了有趣、分享和好玩的轨道上来。有鉴于此,可口可乐在利用"昵称瓶"在"卖萌"的道路上一发不可收拾。

2014年夏天,可口可乐继续推出了"歌词瓶"和年轻消费者一起"卖萌","你是我最重要的决定""阳光总在风雨后""我和我最后的倔强""我愿意为你"等几十款流行歌曲歌词被印在可口可乐的瓶身和易拉罐上。可口可乐提供的数据显示,仅当年6月,"歌词瓶"带来可口可乐整个汽水饮料销量的增长高达10%。

2015年夏天,可口可乐推出了"台词瓶",瓶身上的台词都出自中外经典及热门电影、电视剧,包括《甄嬛传》中的"臣妾做不到啊",《阿甘正传》中的"生活就像一盒巧克力",《乱世佳人》中的"不管怎样,明天是新的一天",《集结号》中的"下辈子还做兄弟",《万万没想到》中的"万万没想到"等49句台词。

2016年5月,可口可乐延续"换装热潮"。结合奥运年,可口可乐率先揭开2016年里约奥运会营销序幕,"此刻是金"是可口可乐推出的奥运营销主题,以"可口可乐金牌点赞双瓶"的个性化包装为起点,并通过广告、社交媒体传播、地面活动与全中国的消费者沟通,让奥运精神不仅在赛场上闪耀,更是在感动每一个中国人。"此刻是金"以日常生活中的成功时刻为切入点,让奥运精神回归日常点滴,聚焦时代背景下每一个为实现梦想而努力拼搏的平凡人和他们背后的支持者。可口可乐利用瓶身再次将人们的情感连接,通过重新诠释奥运金牌的含义,发掘奥运蕴藏的人文情怀,将"金"与人类最珍贵的情感连接,颂扬人与人之间的支持和由此带来的感动时刻。

事实证明,这个策划活动的确为各个地区带来了销量增长。根据无酒精饮料行业杂志Beverage Digest的消息,因为推出了"昵称瓶"可乐,2014年的夏季,可口可乐在北美市场实现了继2000年后的第一次销量增长。《中欧商业评论》也曾报道,从2014年6月初到7月底的时间里,可口可乐"昵称瓶"的销量较去年同期增长了20%。

问题:可口可乐在"昵称瓶"活动推广过程中使用了哪些传播方法?

第一节 公共关系传播的过程及相关理论

公共关系传播是通过一定的媒介或载体将传播的信息准确地传递给受传者,同时获得信息反馈的过程。传播的内容、传播内容的载体是研究公共关系传播的主要内容。此外,公共关系传播也非常重视信息反馈,只有对行动效果及时了解,才能采取措施加以有效控制,保障公关活动顺利进行。同时,作为公共关系人员、在传播过程中应懂得运用相应的理论及媒介,使公共关系传播效果最大化。

一、公共关系传播的一般过程

公共关系的传播过程就是信息的传播、交流和沟通过程。美国著名的传播学者拉斯威尔所提出的 5W 模式基本能说明公共关系传播的一般过程。5W 是指英文中的 5 个 W，即 Who（谁）、Say What（说什么）、Through Which Channel（通过什么渠道）、To Whom（对谁）、With What Effect（产生什么效果）。在公共关系应用中，"谁"指传播者——公共关系人员；"说什么"指传播内容，即有关公共关系的传播信息；"通过什么渠道"指公共关系传播采用何种传播媒介；"对谁"指受传者，即社会公众；"产生什么效果"指公众能否收到信息，公众的态度是否受到影响，公众的行为有没有因传播而产生变化。

公共关系传播的 5W 模式如图 4-3 所示。

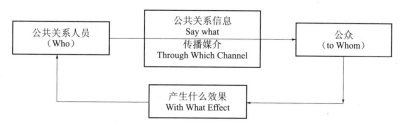

图 4-3　公共关系传播的 5W 模式

由公共关系传播的五个要素，可以得出公共关系传播研究的五大领域，如表 4-1 所示。

表 4-1　公共关系传播的五要素和公共关系传播研究的五大领域

传播的要素	研究的领域
谁（Who）	控制分析（Control Analysis）
说了什么（Say What）	内容分析（Content Analysis）
通过何种渠道（Through Which Channel）	媒介分析（Media Analysis）
对谁（To Whom）	受众分析（Audience Analysis）
产生什么效果（With What Effect）	效果分析（Effect Analysis）

表 4-1 中，控制分析是指研究传播主体，即信息来源和制作者；内容分析是指研究传播内容，即信息内容的编码方式；媒介分析是指研究传播的媒介，即媒介的类型、功能、特点等；受众分析是指研究传播的对象，即公众的分类分析等；效果分析是指研究传播效果，是反馈的一部分，包括传播主体对公众的意见、态度、行为的改变程度等，以及由此带来的对传播主体的影响。

因此，根据公共关系传播的 5W 模式，公共关系人员在策划公共关系传播活动时，应该全面分析传播活动的要素，针对传受双方的需要，选择合适的传播渠道和信息，谋取良好的传播效果。

二、受众选择的 3S 理论

在研究受众接受传播信息方面，最为著名的是受众选择理论，一般又称为受众选择的 3S 理论（简称 3S 理论）。受众接收信息具有选择性，对于传播者来说，重视这种选择行为的特征，了解其内在联系，才能真正实现预期的传播效果。

(一) 3S 理论的基本思想

选择性是指在传播活动中,受众对信息的选择性处理,包括受众心理上的自我选择过程,即选择性注意(Selective Attention)、选择性理解(Selective Perception)、选择性记忆(Selective Retention)。3S 理论的基本思想是受众并不是不加区别地对待任何媒介内容,而是更倾向于那些与自己固有的立场和态度一致或接近的信息;选择性接受的结果,往往进一步强化了受众固有的立场和态度,而不是导致它的改变。

选择性注意是指在信息接收过程中,受众只是有选择加以注意的心理状态。因为人的感觉器官虽然受到诸多信息的刺激,但是他们不可能对所有的信息刺激一一作出反应,从选择性注意的角度看,要引起受众的注意,在信息内容的设计上,应该充分考虑信息的结构性因素,如信息的对比度、强度、重复度、新鲜度等。

选择性理解是指不同的人对于同一信息进行不同意义的解释和理解。这意味着受众所接受的信息和传播者所传递的信息常常是不一致的,受众所理解的信息,其还原的意义与传递者意欲传递的本来意义之间往往存在一定的差距。这反映了编码过程与译码过程的差距。影响受众选择性理解的心理因素包括需要、态度和情绪等。

选择性记忆是指人们在记忆上的取舍,也就是人们往往只记忆对自己有利的信息,或者只记忆自己愿意记的信息。

(二) 3S 理论的公共关系意义

3S 理论揭示了受众选择性接受是一种非常普遍的行为。这种选择性行为体现了受众心理上的自我选择过程。受众心理选择的三个环节,构成了受众心理的三个"防卫圈",信息如果不合乎受众的个人需要,则会被挡在"防卫圈"之外。因此,3S 理论超越了传统的"刺激反应"的传播模式,这意味着受众并不是对外部信息刺激作出被动的反应,凸显了受众作为信息加工主体的作用。这对公共关系传播来说,无疑具有极大的启发意义。

三、"把关人"理论

"把关人"又称"守门人"。"把关人"(Gatekeeper)概念最早是美国社会心理学家、传播学的奠基人之一库尔特·卢因在研究群体中信息流通渠道时提出的,1947 年,卢因在《群体生活的渠道》一书中系统论述了这个问题,他认为在群体传播过程中存在着一些"把关人",只有符合群体规范或"把关人"价值标准的信息内容才能进入传播的管道。

20 世纪 50 年代,传播学者怀特将这一概念应用于新闻研究,提出了新闻传播的"把关"过程模式。怀特认为,新闻媒介的报道活动不是"有闻必录",而是对众多的新闻素材进行取舍选择和加工的过程。在这个过程中,传播媒介形成一道关口,通过这个关口传达给受众的新闻或信息只是少数。后来,许多学者沿着这个方向不断研究,使"把关"理论进一步深化、完善,"把关人"成为控制分析领域的基础成果之一。

(一)"把关人"和"把关"行为

"把关人"是指在信息传播过程中,对信息的提供、制作、编辑和报道能够采取"疏导"与"抑制"行为的关键人物。

在一个传播系统中,信息总是通过某些决策点和关口来完成传递过程的。在信源与受众之间，存有决定中止或中转信息的"把关人"，"把关人"有时是个别人、有时是一个组织。编辑取舍新闻和传播媒介对作品的审核则是典型的"把关"行为。

一般来说，"把关人"的传播行为包括"疏导"与"抑制"两个方面。"把关人"对某些信息准予通行便是"疏导"行为，即报道出去；对某些信息不予以流通或暂时搁置，便是抑制行为，即不予报道。"把关人"之所以对信息采取不同的态度和行为，主要是出于自己的"预存立场"考虑。所谓"预存立场"，就是自己原有的意见、经验、兴趣和精神状态的总和。"预存立场"同时也受到周围信息的影响。

（二）"把关人"理论的公共关系意义

大众媒介的新闻报道与信息传播并不具有纯粹的"客观中立性"，而是根据传媒的立场、方针和价值标准而进行的取舍选择和加工活动。新闻和信息的选择尽管受到媒体的经营目标、受众需求以及社会文化等多种因素的制约，但是与媒介方针和利益一致或相符的内容更容易优先入选、优先得到传播。媒介的"把关"是一个多环节、有组织的过程，其中虽有记者、编辑等人的活动，但是"把关"的结果在总体上是传媒组织的立场和方针的体现。

因此，在公共关系传播活动的策划中，应该重视新闻价值问题的研究，积极开展具有新闻价值的公共关系活动，争取各种"把关人"的支持，借助于大众媒体的报道扩大组织中公共关系活动的影响范围。

四、两级传播模式

两级传播模式是研究传播效果方面的著名理论，是由美国社会学家拉扎斯菲尔德在20世纪40年代提出的。下面先介绍传播效果的理论发展过程。

（一）枪弹论

枪弹论也称皮下注射论或刺激－反应论、靶子论。枪弹论认为，软弱的受众像射击场的靶子，无法抗拒子弹的射击。受众消极被动的等待和接受媒介所灌输的各种思想、感情、知识或动机。大众传媒有着不可抗拒的巨大力量，受众对大众传媒的信息产生大致相同的反应。

随着社会学、心理学和社会实践的发展，人们发现，枪弹论将传播效果绝对化，将传媒作用不分时间、地点、对象、环境进行无限夸大化。受众由不同特性的群体构成，而作为群体成员的个人之间存在极大差异，因此媒介刺激不能直接带来受众的意志反应，枪弹论逐渐被抛弃，有限效果论开始出现。

（二）有限效果论

有限效果论是指大众传播没有力量直接改变受传者对事物的态度，在人们作出某种决定之际，许多其他因素起着重要的作用，其中包括个人的政治、经济、文化、心理的既有倾向，受传者对信息的需求和选择性接触机制，群体归属关系和群体规范，大众传播过程中的人际影响等。

大众传播最明显的倾向不是引起受众态度的改变，而是对他们既有态度的强化。即使是在这种强化过程中，大众传播也并不作为唯一因素单独起作用。该观点极端强调了大众传播影响的无力性和效果的有限性，但随着研究的深入，人们发现这种过于强调媒介的无力性和有限性的理论脱离了现代信息社会的实情。

从20世纪60年代末起,有限效果论开始受到人们的批评。一些学者指出,过分强调大众传播效果的有限性会给传播实践带来某些消极影响,如降低传播人员的社会责任感、为低俗有害的传播内容的泛滥提供口实等。但是作为公共关系人员,在承认大众传媒传播效果具有一定有限性的基础上,一直都在努力研究如何使大众传播媒介的有限效果最大化,从而克服该理论的消极一面,积极利用传播媒介为组织服务。

（三）两级传播模式

1940年拉扎斯菲尔德等人在美国俄亥俄州开展了一项有关总统选举的调查研究。调查结果表明,真正影响人们投票行为的是个人之间的接触和方方面面的劝说,只有大约5%的人确认他们是受到大众传播媒介的影响而决定投票倾向的。由此,拉扎斯菲尔德提出了"两级传播"的假设,该假设认为：来自媒介的信息总是先到达一部分意见领袖,再由这些意见领袖传递给周围的受众。也就是说,信息传递是按照"媒介—意见领袖"和"意见领袖—受众"这种两级传播模式进行的,媒介的信息大多通过意见领袖的过滤才能影响受众,因而,人际关系的影响要比大众传媒更显著。意见领袖的影响力来源于以下两个方面。

第一,亲和力。意见领袖与受其影响的人群具有基本一致的生活环境和行为特征,这种特点使得意见领袖具有很强的亲和力。

第二,权威性。意见领袖对于某一方面的事物具有更专门的兴趣和实践,在某一领域有丰富的知识与经验,这种专门性的特点使得意见领袖具有一定的权威性。

（四）两级传播模式的公共关系意义

拉扎斯菲尔德的两级传播模式揭示了意见领袖在传播中对公众的影响力。在公共关系传播中,意见领袖属于消息灵通人士或者权威专家,影响着其他人的态度,具有极其重要的作用。根据这种观点,在公共关系传播策划中,应该善于开展名人公共关系,高度重视专家名人效应,借助于他们的传播力量来强化组织的对外影响力。

五、议题设置理论

议题设置理论由美国传播学者麦克姆斯、唐纳德·肖最早提出。这种理论认为,大众传播只要对某些问题予以重视,为公众安排议事日程,那么就能影响公众舆论。议程设置理论认为,传媒的新闻报道和信息传达活动以赋予各种议题不同程度的显著性方式,影响着人们对周围世界的大事及其重要性的判断。

（一）议题设置理论的思想

议题设置理论基于以下两个观点。

（1）各种大众传播媒介对信息传播具有"过滤"作用。传播媒介对于复杂而众多的信息总是经过选择以后才传达给公众的。只有大众传播媒介热衷介绍的某个新闻事件,才有可能成为公众关注的议题。对极为大量的信息不进行严格的选择是不可能作为新闻报道的。

（2）公众通常是无所适从的。面对极为浩繁的信息,公众通常是无所适从的,需要有人为他们指明方向,"把关人"的作用在于对复杂的信息加以整理,划出重点和优先顺序,为公众选出那些值得关注和需要注意的事件。

因此，议题设置理论的基本思想是媒介的议程不仅与受众的议程互相吻合，而且，受众的议程就来自于媒介的议程。也就是说，媒介报道什么，受众便注意什么；媒介越重视什么，受众就越关心什么。议题设置理论的思想核心在于：大众传播媒介不能决定公众怎么想，但能决定公众想什么。媒介选择集中的报道对象，以此来制造社会中心议题，并左右社会舆论的形成。

（二）议题设置理论的公共关系意义

议题设置理论具有很强的现实意义，其根本价值在于凸现了大众媒介的一项重要功能：对公众关注的热点可以实施有效的转移。议题设置理论对于公共关系的启示是：在公共关系传播中，应该高度关注公众的议题和媒介的热点，并据此进行新闻策划，使组织的行为和产品（服务）等成为报道的热点，成为公众关注的热点，成为舆论关注的对象，以取得良好的传播效果。

六、扩散理论

扩散理论是基于传播效果研究人们如何处理和接收信息的方法。扩散理论认为人们只有在经历以下分离的五步（或阶段）后才会接受一个观念。

（1）意识。观念必须被摆到个人面前。

（2）兴趣。观念能激起个人的兴趣。

（3）评估。个人必须认为这个观念可能是有用的，建立该观念与自身的联系。

（4）尝试。个人在与他人相处中试验这个观念。

（5）接受。这代表在成功地通过了前面四个阶段后最终接受这个观点。

扩散理论能帮助解释人们是如何作出重大决定而不是出于冲动行事。通过检测这个理论，研究人员发现，大众媒介在前两个阶段很重要，而个人联系在后两个阶段很重要。

例如，某公司要举办一年一度的家庭野餐会，你是该活动的策划人，准备通过凭票入场的形式来举办该活动，这样可以通过卖票情况知道需要准备多少食物。你在早上的例会上告诉老板票的销售进展很慢。如果你的老板是典型的经理人，他（她）会说："把传单发到每个员工的手上。"一般的来说，发出更多的传单将保证让更多的人知道此事，但你还需要经历三个阶段才能让人们决定参与（接受）。通过了解人们是如何接受和处理信息的，你可以进行系统的策划来推动员工走完剩下的三个阶段。第一，通过发出个性化的邀请信告诉员工他们的家人将如何喜欢这次活动，以此来激起人们参加野餐会的兴趣，如介绍一个为小孩专门准备的餐点桌，为大人和小孩准备的游戏和家庭奖项等都可以引起员工的关注。第二，通过向每个员工征求意见的形式来告诉大家该活动努力将节目和员工的兴趣相融。同时告诉员工是否有免费的停车服务，是否有照顾小孩的服务。通过让首席执行官和员工们谈论野餐会来使这个活动持续吸引人们的注意力。第三个，你需要让很多级别较低的员工和他的同事们聊起野餐会。在此基础上，你就可以开始售票活动了。

七、思考可能性模型

思考可能性模型是由心理学家理查德·E. 派蒂和约翰·T. 卡西伯提出的，是消费者信息处理中最有影响的理论模型。

在描述人们受影响的两种不同方式理论中，个人由于动机以及能力的不同，对于信息会有不同的处理方式。思考可能性模式认为，信息处理方式的两个极端为：中央路径和边缘路径。

中央路径通常需要假设目标群体对给出的信息感兴趣，有时间参与讨论，并且能用一种有效的心态评判给出的证明，如果信息是中肯、具有说服性的，则会产生较佳的产品信念、正面的品牌态度。边缘路径则假设目标群体对给出的信息不感兴趣，或者太忙，或者不能理解所发生的事件。因为消费者对产品的信念不足，所以运用直接说服不太可能形成品牌态度和购买意图，因此态度主要由情境中的情感性线索决定，而非关于信息论点的思考。

思考可能性模型的基本原则是：不同的说服方法依赖于对传播信息进行精细加工的可能性高低。当精细加工的可能性高时，说服的中央路径特别有效；而精细加工的可能性低时，则边缘路径更有效。

当消费者涉入程度（信息的了解度或主动参与度）高时，处理信息时倾向于采用中央路径的模式，亦即根据信息的内容，经过审慎思考之后做出决策。因此涉入程度高者因为认知的改变，而产生了信念与态度改变，最后导致行为改变。当消费者涉入程度低时，则会倾向于根据产品或服务的周边属性，如色彩、交易环境、品牌印象、名人背书等外在线索进行信息处理。因此涉入程度低者信念改变前，先改变了行为，最后才导致态度的转变。

第二节 公共关系传播媒介

一、传播媒介

研究人员对新发明或新想法的采用过程进行了追踪研究，最后得出结论，认为它们是通过五种主要渠道产生影响的：大众传媒、有偏见的中间人（那些能通过影响其他人而得到好处的个人或群体，如销售人员）、没有偏见的第三方（消费者团体、政府机构和其他有可信度的个人或团体）、重要的其他人（朋友、亲人和其他被潜在采用者崇拜的人）、个人体验。一般而言，可以将这些渠道划分为两种主要媒介：大众传播媒介和人际媒介。

（一）大众传播媒介

大众传播媒介主要有报纸、书刊、广播、电视、网络等，一般将它们分为印刷媒介和电子媒介。除此之外，自媒体平台也是大众传播媒介中十分重要的一种类型。

1. 印刷媒介

印刷媒介是指将文字、图片等书面语言、符号印刷在纸张上以传播信息的大众传播媒介。印刷媒介的容量较大，可对信息作较详细、深入的报道。印刷媒介易于保留、查找，便于读者选择阅读。印刷媒介的价格比较便宜，读者可以通过一次性购买或一段时间的预购来获得。但由于印刷媒介的最终完成形式是印刷品，需要经过排版、印刷、递送（发售）等一系列过程，因而信息到达读者手中所需的时间较长，且每期之间都有一定的间隔期，因而时效性较差。另外，印刷媒介要求受众具有一定的文化水平，加之人迹罕至之处难以定期送达，因此一部分社会人口不能成为印刷媒介的受众。

报纸和刊物都分为综合性与专业性两类。报纸主要以刊载新闻为主，刊物则只有一部分是新闻性的。报纸、杂志的种类很多,公共关系人员有着广泛的选择余地。

2. 电子媒介

电子媒介是使用电子技术通过无线电波或导线发出的声音、图像节目,有计算机电影等多种形式。电子媒介使用多种符号来传播信息,有文字、声音、图像,使其更具纪实性、生动性与感染力。电子媒介对受众的文化水平没有限制,且由于其传播技术发展迅速,信息传播速度也很快。

(1) 广播。广播以声音作为传播的符号。声音又有语言、音乐、音响三种形式。声音形式的不同组合可以构成多种多样、多姿多彩的节目,并具有较强的写实性与表现力。广播节目的制作播出较为简便、快捷,因而在新闻报道中,它是最迅速的传播媒介之一。广播很容易与电话等其他媒介连接,与听众双向交流。广播的频道多、容量大,送达范围可超越国界,早已成为世界性媒介。广播的接收机已实现小型化,人们可随身携带,随时收听。广播电台有播出新闻、教育、服务、娱乐等各类节目的综合台,也有只播出一类节目的专业台。

(2) 电视。电视是使用各类视听符号进行传播的媒介,它视听兼备,声画并茂,具有很强的写实性与表现力,是为各类公众喜爱的媒介,因而它对社会生活的影响也非常大。电视新闻具有很强的形象表现力,真实、生动,可以速报,也可以深入分析新闻事件,且其娱乐功能也非常强。但是电视制作播出的设备、技术都较为复杂,这在一定程度上影响了新闻报道的速度;电视节目制作费用较高,节目的多少与一国、一地的经济状况有密切关系。电视接收虽然没有文化限制,但由于接收机价格较贵,而且需要电力保证,因而对贫困地区、家庭经济拮据的公众,也有接受障碍。

(3) 互联网。互联网即广域网、局域网及单机按照一定的通信协议组成的国际计算机网络。互联网可以被看作是第一个真正意义上的公共关系大众媒体,因为它不具有其他媒体都内含的把关、筛选功能,这就使得管理下的信息传播能够直接在组织和大众之间进行。

3. 自媒体平台

随着移动互联网的普及,自媒体平台经历了博客、微博、微信公众号到真人直播的发展过程。自2016年起,自媒体平台受到资本追捧,正在经历高速发展阶段,因此非常有必要专门介绍自媒体平台的发展。

(1) 微博。微博是微时代的典型产品,即微型博客、微博客(Micro-blogging, Microlog),它是一个基于用户关系的信息分享、传播以及获取平台,用户可以通过全球广域网、无线应用协议以及各种客户端组建个人社区;它允许任何人阅读或者只能由用户选择的群组阅读,以140字左右的简短文字信息实现即时分享。

2009年8月,中国门户网站新浪推出"新浪微博"内测版,成为门户网站中第一家提供微博服务的网站。2013年上半年,新浪微博注册用户达到5.36亿,微博成为中国网民上网的主要活动之一。微博的模式是模仿国外Twitter的商业模式,按照符合中国人的体验设计开发的。国内起步最早,也是目前最大的微博是新浪微博,新浪微博是一款为大众提供娱乐休闲、生活服务的信息分享和交流平台。

2013年4月29日,新浪公司(以下简称"新浪")其子公司微博公司(以下简称"微博")与阿里巴巴集团(简称"阿里巴巴")的子公司"阿里巴巴(中国)",签署战略合作协议。2013年8月1日,新浪微博与淘宝在北京召开产品合作发布会,推出新浪微博淘宝版,实现账号互通,淘宝卖家可在新浪微博淘宝版直接发布商品,并通过后台进行商品管理及商情监控。

微博作为具有媒体属性的社交网络,最重要的营销价值就在于其开放的话题讨论。现在,越来越多的企业和个人通过微博的话题运营,引发网友用户原创内容(User Generated Content)话题讨论,最终达到品牌曝光和营销的作用。自2013年6月起,新浪微博开始开放微博话题运营,话题逐渐成了微博营销的一个新阵地。申请成为话题主持人,设置话题页面引发讨论、冲上热门话题榜,成为个人和企业提高曝光率、增加粉丝量的一个重要途径。电影《中国合伙人》《小时代》等都是通过微话题在微博上火了一阵子。微博发布和浏览的比例符合"20/80"原则,即大部分人在浏览,只有少部分人在发布。虽然创造内容的是少数,但在庞大的用户基数上,微博依然是国内用户规模最大、活跃度最高的社交网络平台。企业可以利用微博平台认证的"大V",有针对性地向目标用户发布推广信息,用参与抽奖或者软文嵌入的方式传播产品或服务。

新浪微博的"V"用户就是新浪个人身份认证,"V"用户在很大程度上增加了公信力,需要对自己的言行负责,一般来说具有一定知名度或影响力的人或者企业比较容易申请"V"用户。"大V"拥有众多的粉丝,在网络上具有很强的影响力,因此借助"大V"的影响力来传播相关信息成为企业公共关系的新渠道。很多微博"大V"都在为自己的企业或产品代言、宣传,积极与粉丝互动。很多企业或产品通过"大V"的转发,得到了很好的宣传。

此外,新浪微博还开通了"粉丝服务平台",针对"大V"推出"私信订阅"功能。"粉丝服务平台"主要包括"私信订阅""私信自定义回复"和"群发私信"等。通过"粉丝服务平台",普通用户可以"订阅""大V"的私信,这些"大V"也可以向订阅的粉丝发送私信。新浪微博同时还支持关键字回复,"大V"可以设置一些关键字,粉丝向订阅账号发送的私信内容如果含有关键词,将触发对应的回复内容。"粉丝服务平台"所有的服务都建立在用户主动订阅的基础之上。

总之,目前来看,用微博进行企业形象推广,或者开展市场活动,与客户沟通,已经成为企业宣传推广的一种"标配"。

微博具有以下特征。

第一,简短快捷、实时交流。后信息时代的根本特征是"真正的个人化",大众传媒将被重新定义为发送和接收个人信息系统。微博正为个人提供这样一个平台:用户只要注册成功便可发布信息,或评论、转发、收藏别人的信息。

简短写作和即时发布促成了这种半广播、半实时交流的微博机制,打破了时空界限,因报道速度快、信息量大、传播力度强而备受青睐,资讯随时更新,从而使传统新闻升级为"每秒新闻"。

第二,文本碎片化、无限裂变、互动性强。相比传统的博文写作,微博更加简便,用户无须长篇大论的叙述,只要通过只言片语的形式表达即可。这些内容虽大多不成系统,文本呈碎片化状态,但这一方式加快了交流速度,降低了交流成本,节省了交流时间,强化了人与人之间的情感,互动性也大大加强。

1967年,美国社会心理学家米尔格伦提出了一个"六度分离理论",即在人际交往的脉络中，任意两个陌生人都可以通过"亲友的亲友"建立联系，这中间最多只要通过五个朋友就能达到目的。微博的信息互动连接了任意两个陌生人，这样传播速度必然呈现出一种裂变效应，随着范围的扩大，用户间会形成一种互相影响的非组织群体关系。

第三，内容个性化、自媒体特性突出、社会化程度高。相对其他媒体而言，微博更显平民化与草根性。它面对全体公民开放，进一步下放话语权，充分表达自我，为民众接近新闻、接近现场提供了一个广阔的平台。

作为一种自媒体，微博的专业性虽无法与专业媒体媲美，但其传播速度与传播力量却不容忽视。微博使信息发散式地延伸至社会的各个角落，覆盖面更广，影响力更大。在2011年的微博"打拐"活动中，"打拐"不再仅仅是政府部门的事，凡是有心人皆可参与，每位网友提供的信息都可能为解救被拐儿童出一份力，每个人都可以参与讨论并发表意见。该活动已经从虚拟的互联网发展成为一项现实的社会行动，全民参与使它产生了深刻的社会影响。

（2）微信。微信是腾讯公司推出的，用户可以通过手机、平板电脑和网页快速发送语音、视频、图片和文字。微信提供公众号、朋友圈和消息推送等功能，用户可以通过摇一摇、搜索号码、附近的人、扫二维码方式添加好友和关注微信公众号。微信帮助用户将内容分享给好友以及将用户看到的精彩内容分享到微信朋友圈。截至2017年年底，微信拥有超过10亿用户，日均活跃用户超过9亿，曾在27个国家和地区的App Store排行榜上排名第一。

此外，即时通信和社交网络工具还包括中国移动推出的飞信，基于通讯录的免费社交电话软件"有信"，阿里巴巴推出的即时通信软件"来往"，网易和中国电信联合开发的"易信"，通过定位而认识周围陌生人的移动社交工具"陌陌"，兴趣分享社区"豆瓣"，知识分享社区"知乎"等。在这些网络中，新浪微博与腾讯微信的用户规模最大。

相比微博的引进模式，微信则完全是中国式创新。与微博相比，微信的好友很多来自QQ与手机通讯录，具有强关系的特征。当然，微信的迅速发展也与我国国情以及腾讯在社交领域的长期积累和用户习惯培育等因素相关。微信是腾讯公司的产品，腾讯有着非常深厚的社交产品开发基因。在国内，QQ通过PC端长期的用户培育，让国内互联网用户已经产生通过QQ这种即时通信产品来沟通的习惯，将QQ用户导入到移动端更好地体验同类产品——微信，也是QQ使用习惯与沟通机制的一种沿袭；而微信在移动端的体验与移动端使用场景相对QQ更佳，这是微信迅速壮大并统一市场的客观因素。

微信从一款移动聊天软件发展到社交平台，连接的是游戏、购物支付、衣食住行、媒体与社交分享。微信的平台吸附力极大，连接着各方的需求与利益，构建的是生态系统。虽然微信的产品功能复杂，但事实上却加强了用户黏性，步步为营地稳固了在移动社交领域的地位。社交生态链越深，外部同类产品颠覆的难度也越大。在微信中添加好友可以通过手机通讯录和QQ好友列表，而这两个目录几乎涵盖了一个人大部分的社会关系网络。从手机通讯录来讲，以前人们与手机通讯录里的好友通信是需要按照运营商的资费标准缴纳通信费用的，微信的推出，使得用户不仅可以实现之前的发短信、彩信、打电话（对讲）的功能，而这些功能的实现是几乎免费的，只需支付运营商的流量费。随着智慧城市的发展，以及楼、堂、馆所普遍的Wi-Fi覆盖，无线网络的免费使用，使得基于微信的通信近乎免费。

微信在获得用户关注和市场知名度之后，迅速在模式上创新，通过摇一摇、对讲、公众号、微信支付、游戏等方式挖掘用户体验，提高用户体验满意度。

企业宣传推广主要通过微信公众号。微信公众号是开发者或商家在微信公众号上申请的应用账号。通过公众号，商家可在微信平台上实现和特定群体以文字、图片、语音、视频的方式全方位沟通、互动，进而形成了一种主流的线上线下微信互动。

公众号有三种账号类型，分别是服务号、订阅号、企业号。服务号可以给企业和组织提供更强大的业务服务与用户管理能力，帮助企业快速实现全新的公众号服务平台。订阅号为媒体和个人提供一种新的信息传播方式，构建与读者之间更好的沟通与管理模式。企业号为企业或组织提供移动应用入口，帮助企业建立与员工、上下游供应链及企业应用间的连接。

服务号是微信公众号中机构通常使用的类型，如招商银行服务号"小招"提供在线客服功能，为招商银行信用卡中心一年节省的费用达数千万。很多政府便民服务微信账号提供自助咨询服务，有效提升了办事效率和政府形象。一些旅游景点通过公众号向游客提供景点、美食、住宿推荐、线路咨询等服务，并通过公众号与游客互动。

（3）豆瓣。2005 年，留美物理学博士、陕西青年杨勃在北京朝阳豆瓣胡同附近的咖啡馆开始了豆瓣网（简称豆瓣）的创业。豆瓣成立之初，就以海量而优质的书评称道，如今，豆瓣除了书评、影评、乐评仍遥遥领先其他网站外，更成为全国最大、最活跃的活动网站。十年间，豆瓣作为中国唯一一个原创性的网站，一直平稳增长，影响了无数人的精神生活，培养和挖掘了一批又一批文艺青年。豆瓣拥有最忠诚的用户，这些用户愿意为豆瓣创造内容，维持豆瓣的氛围，保护豆瓣的生态环境。那么，豆瓣这款产品好在哪里呢？

第一，去中心化的匿名社区。杨勃认为，豆瓣是定位于"一个'发现'的网站"，豆瓣要做的是帮助大家发现生活中的东西，并非通过豆瓣去认识更多的朋友。豆瓣从最初的读书、音乐、电影、小组、同城，到豆列、广播、九点、阿尔法城、阅读、FM 等，再到移动互联网的十多个 App 群，无一例外地带着豆瓣的气质，拥有一致的豆瓣式体验。产品群形成一个围绕豆瓣的生态圈，豆瓣生态系统是用户自发建成的，尽管不会得到物质上的回报，站内明星在豆瓣平台之外无人知晓，但他们仍然乐意将自己的时间、激情、才智献给豆瓣，然后将更多的人吸纳进这个圈子。与其他用户原创内容社区不同的是，豆瓣平台中人人平等。用户可以为东西评分，例如音乐、电影和书籍。但是，用户本身没有评分，没有分级，也没有加"V"。豆瓣审视了自己"最核心的内容围绕个人产生"的原则，采取"去中心化"策略。豆瓣去掉了首页推荐，去掉这些内容后，浏览者想要了解好看的书、电影，好听的音乐，就必须注册为豆瓣用户；而后豆瓣对用户提供的信息进行挖掘，向他们推荐书、电影、音乐。这么一来，使游离于豆瓣外的网民注册成为豆瓣的正式用户，然后提供自己的兴趣点，在得到豆瓣推荐的文艺产品的同时，也为豆瓣完成广告精准投放提供了必要条件。

第二，豆瓣同城。兴趣活动的 O2O 豆瓣同城是以城市为单元的网络社区，由音乐、戏剧、聚会、电影等部分构成。用户可以通过输入活动名称、地址、介绍等关键词查找同城活动。与传统的网络社区不同，虽然都是虚拟社区，但豆瓣是一群有个别兴趣、喜好、经验的人，或是学有专精的专业人士，通过各种形式的电子网络以及电子邮件、新闻群组、聊天室或论坛等方式组成的一个社群，让参与该社群的会员彼此之间能借此进行沟通、交流、分享信息。在这个社区，一些有能力的网友和机构建立小站发起活动，豆瓣用户来到活动页面获取活动时间、地点、联系方式、费用等信息，并通过跟帖获得更多的活动详情，整个运行流程可以用"线上—线下—线上"来概括。参加完线下活动的豆瓣用户再回到线上,对活动进行评价,向主办方反馈对活动的满意度,提出意见和建议;用户与其他网友进行交流,分享心得,上传活动照片等行为,推动了活动的二次传播,为举办同类活动积累了用户群和活动经验。一切有趣的展览、戏剧、演出、音乐会、沙龙、晚会都能在上面组织。用户可以自己发起一个活动,等待兴趣相投的"豆友"一起参加,也可以邀请从来没有见过面的朋友参加发起的活动。发起豆瓣同城活动,需要发起人提供充足的信息,以确保活动的真实性。同城活动有三个基本要求:有能最终确定的活动起止日期;具备现实中能集体参与的活动地点;是多人在现实中能碰面的活动。

第三,豆瓣东西。豆瓣东西是通过用户间分享某款商品及其评论或使用体验,帮助用户发现适合自己的好东西。豆瓣东西的出现,源于豆瓣社区内大量关于吃、穿、住、用、行的讨论,在豆瓣38万个小组里,与购物直接相关的小组超过20 000个,是小组中最大的一个类别。豆瓣东西希望帮助用户发现生活中的好东西,并通过有用、值得信任的推荐和评价帮助用户进行购买决策,这是豆瓣的初衷。豆瓣东西支持来自淘宝、天猫、京东、亚马逊(中国)等国内外超过40家电商网站的商品分享。随着社区生态的逐渐成熟,被分享的商品更加多样化,通过用户"逛"豆瓣东西行为积累的个性化推荐也可以更加精准。

第四,豆瓣阅读。豆瓣阅读是面向所有人的数字出版和阅读平台。接受作者投稿,编辑审读通过后即可以电子作品的形式发表,供读者免费或付费阅读。豆瓣阅读可以帮助各种类型的创作者。个人作者可以在豆瓣上直接发布作品,内容领域不限,唯一要求的是质量优秀。豆瓣阅读将获得授权的作品推荐给合作出版社,并代理进行合约签署、印刷出版、版权维护、版税支付等环节的监督工作,为作者提供更顺畅的纸书出版服务、更好的收益以及更可靠的出版保障。豆瓣阅读不会为此向作者收取任何费用。豆瓣拥有庞大的读者群和内容,了解每位用户的阅读兴趣,通过数据挖掘和算法,能将作品推荐给最有可能喜欢它的人。收到推荐的读者又将影响他们的友邻圈子,好作品会一传十、十传百。豆瓣阅读会利用各种线上和线下传播渠道,用读者互动、作品选读、作者访谈等方式,把好作品介绍给更多人。读者的评论、批注汇聚成独特的"读者沙龙",为作者提供与读者讨论、公布写作计划、预告新作的场所。

随着自媒体社交平台的不断成熟,用户关注的内容不断在发生变化,如抖音小视频在年轻群体的流行等,都为公共关系宣传工作指引了一个新方向。因此,如何借助自媒体平台吸引用户的注意力并推广企业产品和形象成了现代公共关系的又一项重要工作。

(二)人际媒介

人际传播虽然是人与人之间直接的信息交流,不需要各种中间环节,但方式方法也是多种多样的。有人认为人际传播是一种"无媒介传播",这是不确切的。一次工作午餐、一场交际舞会,都是一种人际传播方式。在人际传播中,公共关系人员应该根据工作的内容、对象和本组织的具体条件,选择适当的传播媒介。人际传播媒介又称人际媒介,在公共关系人际传播中,除了直接交谈、电话交谈这些简单的形式外,常用的人际媒介主要有以下几种。

(1)会议。会议在组织传播中是一种重要的宣传媒介。会议都有中心内容和主题,所以信息集中,与会者可以得到综合的信息,并且交流和反馈都是双向的、直接的。会议本身并不一定都是公共关系活动,但公共关系人员可以利用会议这种人际传播媒介开展大量的工作，如收集与会者即组织代表的各种情况，与重点对象建立良好关系等。由于需要相应的场地和经费，因此在是否选用会议作为媒介上，需要视条件而定。

（2）展览。展览是一种自我宣传媒介，它的特点是针对性强，内容集中。由于实物、模型、图表、照片、幻灯、录音、录像等手段可以在展览中综合使用，因而展览事实性强，能吸引公众。由展览的反馈及时，可以直接从中判断公众的态度和意见并及时进行自我调整，因而举办展览常能收到良好的效果。展览的形式多种多样，但一般需要一定的制作周期和较多的经费，故不能大量使用。

（3）专题活动。专题活动也称特别节目。专题活动涉及范围极广，是重要的人际传播媒介。

（4）馈赠纪念品。纪念品一般是通过各种专题活动散发的实物，如书籍、画册、纪念章、工艺品等。纪念品作为一种人际传播中的宣传性媒介，能起到宣传、介绍专题活动主办者的作用，它有利于密切人际关系和组织间的关系，增强彼此的联系和感情。

（5）赞助。赞助也是一种人际传播媒介。赞助一般是赞助单位对一些公益性或大众性的活动提供某种财政或实物上的资助，以此来提高自己的知名度和社会影响，如赞助体育比赛、文艺演出、书刊出版、办学、各种奖学金、科研项目等。赞助应选择最有利于扩大自己影响、社会效益显著的内容，同时也要考虑到赞助者本身的财力、物力情况，赞助是自愿的。

此外，传播媒介还有户外媒介，如户外广告牌、灯箱、墙体广告、气球、车体广告等，这类媒介的特点是信息量非常少，信息内容非常精简，成本很低，信息的承载能力有限，受众可能一时难以理解其传递内容。

二、有效利用传播技巧

（一）媒体选择

进行媒体选择时，主要需要考虑受众、时机及预算等因素。

1. 受众分析

受众必须是采取任何公共关系行动之前考虑的首要因素。公共关系人员必须先确认目标受众并了解他们。但是公共关系人员必须明白目标受众除了受众之外，还有媒体。因此，公共关系人还需要了解哪些媒体会对将要传递的信息感兴趣，通过对一些媒体的分析和调研后，公共关系人员可以了解不同的受众对哪些类型的信息传递方式更有偏好，因此公共关系人员必须了解受众的媒体接触习惯，对媒体要有认真的研究。这样，公共关系人员就可以将信息发布的效果达到最大化。表4-2为南京某产品核心消费顾客情况表。

表4-2 南京某产品核心消费顾客情况表

消费者数量	100万，其中40万为高频率消费者
平均学历	高中二年级，高频率消费者学历更高
平均家庭结构	30%已婚，但婚龄不足一年；50%未婚
平均年龄结构	35岁，高频率消费者平均年龄为29岁

续表

平均年收入	35 000元
信息渠道排序	朋友介绍、报纸宣传、网站交流
获取信息媒体顺序	电视、报纸、网站
关注新闻栏目排序	社会新闻、体育新闻、科技新闻
平均媒体购买排序	现代快报、扬子晚报、上海一周
网络媒体排序	新浪、搜狐、网易
电视频道收看排序	南京电视台影视频道、中央电视台3套、江苏电视台

2. 时机

在选择媒体的过程中,时机是需要考虑的第二个重要因素。一旦选择了媒体之后,什么时候进行信息传递以及信息需要多长时间才能传递给受众就变得至关重要了。如果拿每日出版的都市报来说,一般而言,周日、周一的时效性新闻内容比较少,周二的深入报道、社会新闻、民生新闻最多,周三的新闻内容比较详实,周四、周五的商业性新闻、商业广告比较多。因此,作为媒体公共关系人员应该根据媒体的特点有选择性地选择与媒体记者打交道的时间,控制信息曝光的时机。

3. 预算

预算经常会成为选择媒体的制约因素。通常首先要解决的问题是这个信息是否要通过一个以上的媒体来传递出去,如果某个媒体组合是比较理想的,那么有必要从成本的角度来考虑到底选择哪些媒体。需要注意的是,尽管受控媒体(如广告)的成本是更为显而易见的,但非受控媒体(如微博、微信朋友圈等)的费用也必须考虑在内。

表4-3比较了几种主要传统媒体的优缺点。在充分考虑受众、时机和预算的前提下通过比较各种不同媒体的优缺点,可以帮助公共关系人员根据所要传递的信息选择最为合适的媒体。

表4-3 主要传统媒体优缺点

媒 体	优 点	缺 点
电视	1. 结合图像、声音和动画的优点 2. 形象直观地展现产品 3. 信息立刻传递,可信度较高,信息传递效果好 4. 观众多 5. 清晰展现出产品的形象 6. 深受喜爱的媒体	1. 由于时间限制,传递信息受限 2. 消费者无法随时再查阅该信息 3. 难以符合每个受众的观看时间表 4. 按时间计算成本高 5. 存在大量无效受众群 6. 制作费用高
杂志	1. 对受众更有选择性 2. 信息传递到更为富有的受众 3. 阅读期长 4. 信息传递更持久,可以互相传看 5. 色彩制作效果更好	1. 通常重复发行 2. 通常不能主导本地市场 3. 只能给一个广告客户提供最显著的位置 4. 某些时候制作成本太高

续表

媒 体	优 点	缺 点
广播	1. 对地域有选择性 2. 能更好地打入本地市场 3. 容易改变广告版本 4. 相对而言成本低	1. 由于时间限制，传递信息受限 2. 消费者无法随时再查阅该信息 3. 没有视觉吸引力 4. 存在大量无效受众群
报纸	1. 对市场地域有选择性 2. 容易改变广告版本 3. 容易传递给各种收入的群体 4. 广告时间更好安排 5. 相对而言成本低 6. 适合制造商和销售商广告的媒体	1. 如果要覆盖全国，成本高 2. 信息传递周期短 3. 存在无效发行 4. 广告大小和形式区别很大 5. 本地广告和全国市场广告费用差别大 6. 印刷色彩效果差
直邮	1. 非常有选择性 2. 传递的信息可以量身定做 3. 和其他广告没有什么竞争 4. 容易计算广告效果 5. 给消费者采取行动提供便利	1. 通常形象比较差 2. 可能会较为昂贵 3. 有很多限制性邮寄条款 4. 保留并维护邮寄名单有很多问题
户外招贴画	1. 对市场地域有选择性 2. 反复性使用价值高 3. 体积大 4. 相对而言成本低 5. 制作色彩效果好	1. 通常形象较差 2. 传递信息必须简短 3. 存在无效发行 4. 如覆盖全国，成本高 5. 专业创意人员少
销售点展示	1. 在销售点展示传递信息 2. 创造性发挥余地大 3. 能够展示产品的使用 4. 制作色彩效果好 5. 反复性使用价值高	1. 交易商对安装没有兴趣 2. 制作周期长 3. 单位成本高 4. 运输问题 5. 空间占用问题
移动招贴画 （移动 交通工具上）	1. 对市场地域有选择性 2. 吸引受众注意力 3. 成本低，制作色彩效果好 4. 反复性使用价值高	1. 只能吸引到一部分受众 2. 存在无效发行 3. 外界环境不是很雅观 4. 专业创意人员少
电视预告片	1. 对市场地域有选择性 2. 能吸引受众 3. 形象体积大 4. 适合制造商和销售商广告的媒体	1. 不能在所有的影院使用 2. 存在无效发行 3. 制作成本高
广告纪念品	1. 表现形式独特 2. 重复使用价值高 3. 有"礼品"的性质 4. 相对而言寿命长	1. 受限于流行的变化 2. 传递的信息必须简短 3. 单位成本可能会比较高 4. 有效性很难评估

续表

媒　体	优　点	缺　点
宣传小册子	1. 在销售点提供详细信息 2. 与人员销售展示互为补充 3. 给潜在顾客提供好的可查询信息 4. 制作色彩效果好	1. 交易商通常没有使用 2. 单位成本可能会比较高 3. 专业创意人员比较少 4. 有效性很难评估

（二）善于利用传媒

对组织而言，与新闻媒介的关系是组织的一种极其重要而又特殊的公共关系。一方面，新闻媒介是组织实现公共关系的手段；另一方面，新闻媒介本身就是组织的重要公众。因此善于利用传媒是公共关系人员要把握的一个原则。善于利用传媒包括以下内容。

1. 处理好企业与新闻媒介的关系

搞好与新闻媒介的关系，一方面可以迅速提高企业的知名度、扩大企业的社会影响；另一方面，当企业面临危机时，能获得新闻媒介的同情和支持，积极引导舆论，以矫正视听、重塑形象。

2. 新闻报道必须选择好事实

选择好事实，要求先对组织内容的各种事实进行筛选，抓住了好的报道题目，往往就成功了一半。选择的标准是事物的新闻价值。公共关系人员要学会根据事实价值的大小选择不同级别的新闻媒介。

3. 善于进行新闻策划

新闻策划本来是一个新闻学的概念，其原意包括两种类型：一种是新闻事实发生后，新闻从业人员商量如何采访，如何提炼主题，如何划分段落，如何制作标题，如何美化版面，等等；另一种是新闻从业人员依据新闻报道的需要，遵循事物发展的一般规律，参与新闻报道赖以生存的新闻事件或活动之中，为新闻报道奠定基础，提供对象和素材。由此写出来的报道都是策划新闻或策划性新闻。这里所指的新闻策划特指公共关系人员对新闻实践活动的策划，即由公共关系人员参与设计、促成新闻事件的发生并吸引新闻媒介加以报道的行为，称之为新闻事件策划或新闻源策划。经过新闻策划产生的策划新闻与"制造假新闻"完全不是一回事。

（三）运用公共关系广告

广告是利用大众传播媒介或其他户外形式向公众介绍产品、服务或观念的一种宣传方法。公共关系广告是为社会组织扩大知名度、提高信誉度、树立良好形象，以求得社会公众对组织的理解与支持而进行的广告宣传活动。公共关系广告的目的不在于推销产品或服务本身，而是希望社会公众了解组织、认识组织、接受组织，这是一种不同于商业广告的特殊广告。商业广告是以盈利为直接目的的，是向消费者推销某种商品或服务，消费者的收获是有形的；而公共关系广告是以向公众传播某种理念、树立组织形象为目的的，公众的收获是情感上的。基本的公共关系广告形式有以下四种。

（1）实力广告。实力广告是展示组织综合实力的广告，内容通常包括组织的业绩、社会贡献、历史传统、人才队伍、技术质量、管理水平等。

（2）观念广告。观念广告是以宣传某种理念为主旨的广告，内容有两大类：一类是传播组织的精神理念,以提高对内部公众的凝聚力和对外部公众的吸引力,如以广告的形式传播企业的使命和任务、经营哲学和宗旨方针、企业精神和行为规范等;另一类是为了倡导某种观念和意见以引导或转变公众的态度和行为,如倡导一种新的消费意识、新的消费观念、传播社会的某个倾向或热点等。

(3) 公益广告。公益广告是组织为社会公益活动提供服务的广告传播,通过公益广告向社会表明组织热心公益活动、积极承担社会责任的良好形象。公益广告的内容是多方面的,概括起来有三类:第一,以公共事务主题(如环境保护、节约能源、治安、卫生)而制作的广告;第二,配合组织参与的某项公益事业(如组织的赞助活动)而制作的广告;第三,对政府的政策、措施以组织的名义表示支持而制作的广告。

(4) 礼仪广告。礼仪广告是组织向社会各界表示祝贺、感谢和敬意的广告,通过礼仪广告来表达组织与社会各界具有的关联性和共同性,从而增强组织与公众之间的情感交流,维系和发展良好的合作关系。礼仪广告主要有以下四种。

第一,致贺广告。这类广告是为了表示组织对其他组织的祝贺、支持和赞许而制作的。这类广告的通常做法是向某新开业的组织或逢节庆日的组织以同行或者合作者的身份刊登广告以示祝贺,一方面可以增强组织间的良好关系,另一方面可以借助相关组织的节庆活动扩大自身的社会影响。

第二,致敬广告。这类广告是为了表达组织对公众的关怀和敬意。这类广告通常是利用传统节日、纪念日或响应公众生活中的某一重大主题,显示组织关心、参与公众生活的善意,增加节日的氛围并借助社会主题的影响来扩大本组织的影响。

第三,致谢广告。这类广告是在本组织的重大庆典活动或者取得各种新的成就之际,以向公众表示感谢的形式在大众传媒上刊登广告,以吸引公众对本组织的关注和认同。

第四,事务性广告。这类广告是指组织在进行专题活动、处理相关事务时以广告形式告知公众的形式,典型的有庆典活动(如组织的周年纪念活动)、重大事件、招聘、道歉等。

综合来看,上述广告类型的区分并不是绝对的,从某种意义上来说,所有公共关系广告中都有组织的署名和标志,都属于组织名称广告或标志广告。

(四)进行良好的人际传播

人际传播是人与人之间的直接传播,包括个人与个人的信息交流,也包括个人和群体之间的信息交流,是最原始、最悠久的传播类型。人际关系是在人际传播的过程中形成和发展起来的,离开了人际传播行为,人际关系就不能建立和发展。事实上,任何性质、任何类型的人际关系形成,都是人与人之间互相传播沟通的结果;人际关系的发展与恶化,也同样是相互交往的结果。传播沟通是一切人际传播赖以建立和发展的前提,是影响人们事业成功的主要因素,是形成、发展人际关系的根本途径。

案例分析一

沃尔沃:驾驭安全旅程

"要保住生命是如此简单,只需拉住安全带扣,越过胸前,系上带扣就可以了!"50多年前，沃尔沃（Volvo）汽车工程师尼尔斯·博林发明了汽车三点式安全带，并向整个汽车产业无偿提供这项技术。从那时起，沃尔沃便成为汽车安全技术的开拓者。在中国，沃尔沃同样有着一股神奇的力量让人们不禁将它与"安全"联系在一起，而"安全"自始至终都是其恪守的核心品质。沃尔沃的安全品牌形象不仅体现于创意独特的广告传播，更贯彻于产品、技术的开发研究以及消费者体验等方面，公共关系更是发挥着不可或缺的作用。

国内很多车迷都还依稀记得在2006年3月底，长城哈弗在天津中国汽车技术研究中心先后举行的两次碰撞实验，结果表明哈弗达到世界顶级安全标准 Euro NCAP 四星级，这次实验被誉为"自主品牌最高标准第一撞"。自此，碰撞营销被越来越多的本土汽车品牌作为产品性能推广的先锋手段。

其实，沃尔沃的汽车碰撞实验由来已久，并牢牢抓住了公众"注意力"这个稀缺资源。早在售出第一辆沃尔沃轿车之前，公司就进行了首次撞击实验。1998年9月，沃尔沃汽车特技及安全碰撞表演首次移师中国内地，数千名车迷亲眼看见沃尔沃S70和S90两辆轿车激烈侧撞的精彩场面。沃尔沃正是通过碰撞实验形象地向中国公众传递了"安全"这一核心品牌理念，所体现出的性能让其在中国逐步积淀了自己的口碑。

2002年，沃尔沃组织了560名中国车主及家属远赴瑞典总部参加"沃尔沃安全之旅"活动，其中一项重要的议程便是前往"沃尔沃汽车安全中心"观看轿车碰撞实验，那次难忘的旅程，精彩的见闻让他们深深感受到了沃尔沃对汽车安全品质的竭力追求，这种口碑传播的力量无疑能够快速提升沃尔沃安全品质在中国消费者心中的地位。

在国内不时会有本土汽车品牌碰撞实验的消息传出，但是犹如流星一瞬划破漆黑的夜空，转眼又消失得无影无踪，究其原因是本土汽车厂商并未从战略层面上规划碰撞营销活动，只是从曝光率来评判一项市场活动是否可行。然而，沃尔沃却持之以恒地围绕"安全"这个定位进行碰撞实验传播，并于2000年在哥德堡总部建立由顶尖设备武装而成的"沃尔沃汽车安全中心"，这个堪称世界上最大的汽车碰撞中心在过去十年中进行的完整规模车辆撞击测试总数高达3 000次。惊心动魄、扣人心弦的画面经常见诸国内各大主流媒体，在公众心中产生了强烈的刺激效果。这个中心犹如沃尔沃"新闻制造工厂"，领先的汽车安全技术、科学的行车安全知识……都是从这个中心向世界各个角落输出，出自其中的信息总是能够让人心服口服。

"安全"自始至终都是沃尔沃传播的主流基调，在这一基调之下，用户的体验则是其关注的焦点。一直以来，沃尔沃都在坚持安全的传播路径，这种独辟蹊径的品牌诠释方式给处于成长阶段的中国市场带来了一种全新的汽车消费理念，这也使沃尔沃在众多豪华汽车品牌中成为一道魅力十足的风景线。作为消费者关爱行动的重要内容，沃尔沃在坚持不懈地普及中国消费者汽车安全知识的同时，也将其品牌精髓"为现代家庭创造最安全、最令人兴奋的驾驶感受"潜移默化地深入中国市场。

在沃尔沃实施中国战略的过程中，体育传播一直扮演着重要的角色。如今，"沃尔沃环球帆船赛""沃尔沃中国公开赛""沃尔沃大师杯业余高尔夫球赛"已经成为这些传统体育文化在中国的一种延续，而这些体育运动具有的回归自然、充满挑战、宽松随意、富于内涵的特征十分契合沃尔沃提倡的尊重生命、安全环保的品牌内容，同时又为沃尔沃注入"创领人世"的品牌发展新境界。

问题:沃尔沃在表达其品牌理念时用了哪些传播媒介?你有什么好的公共关系方法进一步提升其品牌价值?

案例分析二

星巴克成功的公共关系与营销策略

星巴克在过去的十年里,几乎很少做广告,但是星巴克的名字却经常出现在各种各样的新闻报道里。事实上,星巴克的成功,是一套文化营销策略与战略性公共关系传播工具精心结合与实施的结果。

一、文化营销策略与星巴克的硬件与软件设计

在20世纪80年代之前,还没有统一的世界性咖啡品牌,而只有速溶咖啡品牌。从那个时代开始,星巴克是唯一的世界性咖啡品牌。星巴克从1971年创建到现在,仅仅用了几十年时间,就从一家小咖啡馆发展到拥有4 500家门店的全球性连锁企业。

星巴克自1999年进入北京、2000年登陆上海以来,短短6年时间便风行中国的各大城市,目前在中国已经拥有近400家咖啡店,中国将有望成为星巴克最大的海外市场。

在这个过程中,星巴克的文化策略进行得特别成功,而核心就是积极运用战略性公共关系工具进行品牌传播。星巴克的核心营销策略,就是以在欧美根深蒂固的咖啡文化为基础,针对当前社会主流的快餐文化,结合主流文化或者消费者根深蒂固的咖啡文化,推出一种高水平、高水准的咖啡价值观。正是这样一种基本的价值理念,或者说立足于改变消费者的价值观念和价值方法,实现了星巴克营销的根本性突破。在文化营销领域当中,星巴克重要的是构建一种文化体验和文化氛围,并且把公司所有的其他策略同这一策略相结合。

既然咖啡的消费是一种高端的文化消费,那么,星巴克必须在基本品质和质量方面打造文化型消费的基本品牌价值基础,而这一点同一般的品牌战略是完全一致的。任何一种有非常鲜明消费者价值特征的品牌,包括由文化价值构建的品牌,都需要用鲜明的消费者价值体系和物质来保证。围绕星巴克的文化定位,将产品策略、价格策略、分销(渠道)策略同其他营销策略组合在一起,形成了相辅相成、有机一体的文化价值塑造模式,为星巴克品牌最终被消费者接受奠定了独树一帜的营销基础。

1. 以倡导全球高端咖啡文化为基准,制作高标准咖啡,建立保证质量与口味的标准化作业流程

为倡导咖啡文化,并且形成口碑传播效应,星巴克高调购买全球高品质的高原咖啡豆,命名特殊的烘焙方法,围绕咖啡风味,创造口碑传播信息,从而形成从采购、烘焙、酿制的星巴克行业最高标准,建立超标准报废处理制度。从制度与流程上,保证每一杯咖啡达到完美标准,力争给顾客留下深刻印象。

2. 以消费者的消费习惯出发,精心设计店面选址

作为文化消费场所,星巴克从特定消费者人群入手,根据消费者的消费习惯选择相应的地址,构建一个能够满足文化体验和文化感觉的消费场所和消费环境。星巴克一个非常重要的口号,即"要把星巴克咖啡店,变成消费者的第二客厅,尤其是白领的第二客

厅"。这些消费者既喜欢星巴克咖啡，还喜欢星巴克提供的方便、愉快和就近的沟通和交流场所。从这个战略角度出发，星巴克充分体现和考虑到了消费者的这种消费习惯和交流习惯，构建了一套全新的支撑这种习惯的地理位置和地理体系。星巴克选择的店址是离顾客群集中区域较近的地方，而且通常是先找到黄金区域段，并由这样一个位置出发进行地点的选择。

3. 构建家一样的舒适服务体验

星巴克从其追求的价值目标出发，追求每一家店的品牌形象一致；同时，每一家店面都呈现出独特的风格。店面的设计大都是由美国总部来规划的。设计部门在设计每个门市的时候，都会依据当地人文风情的差异与商圈的特色把星巴克融入其中，使店面的造型别有特色而又与当地风情相匹配。

星巴克注重整洁的员工仪表，是经营决胜的关键之一。星巴克的员工十分年轻、富有活力，员工的服装干净、整洁，带上印有星巴克图腾的棒球帽，身着休闲的T恤长裤及围裙，看起来很有个性，加上员工脸上亲切的微笑，让顾客感觉好像置身家中。

4. 坚持顾客至上的理念，推出创造顾客体验的表演式服务

星巴克重视顾客在咖啡店的体验，以文化为导向，构建服务体验和服务创新的基础。现代企业塑造品牌的一个非常重要手段，是借助品牌同人员的接触，塑造完整的消费者体验。星巴克作为一个服务性的品牌，更加高度强调和重视人员接触和人员沟通，包括人员的选择、服务的流程设计、动作设计以及态度设计，这些都要达到能够创造文化价值的体验和水平。

在服务过程中，店员不仅要表现出知识的专业，而且要流露出自然的亲切与热情，拉近与顾客间的距离。顾客到星巴克喝咖啡的同时，还享用舒适幽雅的空间和服务人员亲切周到的服务。星巴克的许多门店都设立有"咖啡教室"，定期邀请热爱咖啡的人士与会论谈，使顾客享受到关于咖啡知识的充实感，不定期给顾客递上"试喝杯"以品尝新的咖啡口味，将喝咖啡培养出一种文化时尚的风气，重视顾客在咖啡店的体验，最大限度地培养和增进顾客的忠诚度。

最近，中国的丽江也达到了这样一种状态。丽江在整个街区的两旁，安排服务人员，而且都具有对歌的能力，并且在晚上酒吧的环境之下，塑造积极对歌的气氛和环境，从而使整个丽江环境有一个突破性的变化。消费者在这样一种特定环境下完全融入其中，并且忘记了自己暂时的困境和烦恼，从而取得了良好的结果和状态。这就是一种参与式的体验设计，而参与式服务体验和服务文化的塑造，是一个品牌非常重要的基础。

事实上，把星巴克打造成"消费者的第二客厅"，本身可能有两个问题：一方面，需要参与的消费者希望扮演主人的角色；另一方面，需要被尊重的消费者也希望扮演一个受到尊重的这种主人或者拥有某种仆从的主人角色。这些都需要在战略上和体系上重新加以设计和安排。

5. 清晰准确的品牌定位引导

星巴克在品牌经营方面，把品牌和消费者的生活联系在一起，提出让星巴克咖啡成为人们日常生活中的"第二客厅"，从而使得星巴克咖啡成为人们文化生活的一个重要组成部分。

二、立足消费者口碑传播的战略性公共关系策略

星巴克不是通过品牌的硬性广告进行传播，而是开发新的模式，这种新的模式就是战略性公共关系，即把企业的营销行为同社会主流趋势和社会重大事件有机结合在一起，多层次、多角度地展示企业的形象，使企业的形象得到社会的高度重视和注意，并借此提升品牌，扩大品牌的传播和影响力。在这方面，星巴克开发出一套高水平的战略性公共关系工具。首先，星巴克把店员看作星巴克传播的重要工具，即强化行动传播，并且让行动给消费者产生特殊的体检和感受，使那些受到影响的消费者对外进行品牌形象的传播和推动，从而实现品牌价值的广泛传播和影响力。

1. 将独特体验作为广告

星巴克的创始人霍华德·舒尔茨意识到消费者与店员在品牌传播中的重要性，另辟蹊径地设计了自己的品牌传播方法，用戏剧化理论作为基础，将本来用于广告的支出用于店员的福利和培训，进而开发出让顾客有独特体验、口口相传的星巴克品牌。

星巴克经营者认为，在服务业最重要的行销管道是分店本身，而不是广告。星巴克的口号是：我们的店就是最好的广告。星巴克不愿花费庞大的资金做广告与促销，但坚持每一位店员都拥有最专业的知识与服务热忱。星巴克认为：店员犹如"咖啡通"一般，可以对顾客详细解说每一种咖啡产品的特性。通过一对一服务的方式，赢得信任与口碑。品牌口碑在消费者群体中传播又能起到一传十、十传百的效应。品牌传播策略是既经济又实惠的做法，这正是星巴克的独到之处。

2. 积极抓住公关传播机会，塑造品牌影响力

营销公共关系是指企业为改善与社会公众的关系，增进公众对企业的认识、理解与支持，树立良好的企业形象而进行的一系列活动。营销公共关系的活动方式包括通过新闻媒介传播企业信息、加强与外部公众的联系、借助公共关系广告树立企业形象、举办专题活动来扩大企业影响、参与公益活动等。

星巴克在促销策略上独具匠心，特别擅长于营销公共关系。星巴克通过在重要社交活动和公益活动的新闻宣传，使星巴克品牌在大众文化里生根，可以让亿万公众和消费者了解到星巴克品牌，对扩大其品牌认知度和巩固顾客的忠诚度起到良好的促进作用。这种营销公共关系的促销策略是极其成功的。

3. 大力赞助社区公益活动，扩大品牌知名度

最近几年，星巴克在赞助社区公益活动方面不遗余力。例如，在美国成立"星巴克基金会"，以开展赞助文盲、学前儿童教育、防治艾滋病研究、环境保护等活动；在菲律宾建立学校协助贫寒失学儿童；在韩国成立孤儿院收容被遗弃婴儿；在新西兰推行"伸出您的手"为主题的活动，允许店员在上班时拨出时间从事社会公益活动等。这一系列活动使星巴克品牌在大众文化里生根，紧紧地抓住人心，扩大品牌知名度。

三、支撑星巴克的管理基础与股权基础

1. 经营理念先进

星巴克的经营理念体现在六条行动指导原则上。第一条"提供完善的工作环境，创造相互尊重、相互信任的工作氛围"；第二条"拥抱多元化是我们事业发展的要素"，尊重伙

伴和店员,提供给店员最好的工作环境;第三条"以最高的标准采购及烘焙,并提供最新鲜的咖啡";第四条"发挥高度热诚满足顾客需求",提供给顾客最好的咖啡和服务;第五条"积极贡献社区及环境",是针对社区服务和社会责任;第六条"承认创建利润是我们未来成功的基础",这才是实现利润的目标。这些先进经营理念有力地推动星巴克的迅速发展。

2. 以直销经营为主、质量可控的渠道策略

在星巴克几十年的发展历程中,一直坚持走公司直营店路线,在全世界都不要加盟店。星巴克认为,品牌背后是人在经营。星巴克严格要求自己的经营者认同公司的理念,认同品牌,强调动作、纪律、品质的一致性;而加盟者的投资目的就是为了赚钱,而非经营品牌。所以,为了不让品牌受到不必要的干扰,星巴克决定不开放加盟权,仅接受公司的合资或授权,拒绝个人的加盟,目的就是确保各分店的作业流程采用标准化程序。

3. 建立规范的作业模式

作业标准化,是在连锁企业作业流程中,各工作项目均标准规范且定义明确,所有员工均依照操作手册的规定完成各自的工作。

4. 积极培训人员,形成"体验"竞争能力

星巴克的一个主要竞争战略,就是店员在咖啡店同客户进行交流,为此,星巴克特别重视店员与客户沟通能力的培训。一方面,店员通过对基本礼仪、销售技巧、咖啡知识等一系列的服务技能培训,使得店员能够预感客户的需求,有能力与顾客进行文化沟通,实现服务技能标准化基础上的人性化体验服务;另一方面,细化咖啡文化,将其分解成可以体验的相关要素,反复训练店员,使其具有让顾客置身于特定气氛中的能力,与店内设计、暖色灯光、柔和音乐等方面的"体验"相协调,从而实现星巴克顾客至上理念的最高准则。

一个成功品牌的打造,少不了一个长期的过程,更离不开发展之后的维护。利用自己的营销策略,星巴克拥有了自己的品牌,与之相比,其他经营者不但要看出差距,更要虚心学习,通过不断的学习积累适合自己的经验,这样才是达到成功的最佳方法。

问题:请用扩散理论分析星巴克在不同阶段运用的传播方法与策略。

复习思考

1. 请举例说明议题设置理论在公共关系中的应用及其注意事项。
2. 公共关系新闻与公共关系广告的区别和联系是什么?
3. 假如你在学校旁边开了一家小店,半年后因经营状况不佳向同学征求解困意见,有同学给你支招说:"打广告吧!"你会采纳该同学的建议吗?为什么?如果你采纳了该同学的建议,你会如何实施?

第五章

公共关系礼仪

学习目标

通过本章学习，全面了解公共关系礼仪在现代生活及公共关系活动中的重要意义；掌握公共关系的基本社交礼仪；了解各国公共关系礼俗。

导入阅读

奥巴马向日本天皇深鞠躬近90度遭批评

2009年，时任美国总统奥巴马访日期间会见日本天皇时，向其鞠躬近90度，招致美国媒体和保守党派猛烈批评。他们指责奥巴马身为国家元首行为不妥，看起来"低声下气"，有向日本天皇"卑躬屈膝"之嫌。面对一片质疑声，美国国务院回应说，奥巴马这一行动仅仅是为了表示尊重。

华盛顿礼仪学校校长帕梅拉·艾尔灵说，虽然奥巴马鞠躬明显是为表示尊敬，但天皇夫妇并未期望一名西方国家领导人做出这种举动。她看过视频后，觉得天皇夫妇看到奥巴马行大礼时有些"不舒服"。

奥巴马并非首次遭遇"鞠躬门"。同年4月，他曾向沙特国王阿卜杜拉"鞠躬"遭非议。奥巴马当时弯着腰、上半身向前倾斜，向阿卜杜拉致意。保守党媒体《华盛顿时报》随后指责奥巴马"贬低美国力量与尊严"，违反美国礼仪传统。

2013年6月，时任法国总统奥朗德对日本进行国事访问，法国媒体纷纷为总统"支招"，建议总统在访日期间要格外注意当地的风俗和礼仪，并进行相关培训，避免闹出不必要的麻烦。

问题：大到国家领导人，小到每个普通民众，有必要学习礼仪吗？为什么？

第一节　公共关系礼仪概述

一、礼仪与公共关系礼仪

"礼仪"一词最早源于法语"etiquette",即"法庭上的通行证",表示持证者入法庭所须遵从的相应规矩或准则;该词被英语吸收后,其含义有所变化,有了"礼仪"之意,即人际交往的通行证。随着社会的发展,该词逐渐专指礼仪、礼节规范。

中国素有"礼仪之邦"的美誉,对"礼"的讲究源远流长,很早就把"礼仪"一词提升为一种社会典章制度和道德教化要求。仁、义、理、智、信,是为"五常"。最早记载中国礼制的著名典籍有三部:《周礼》《礼仪》《礼记》。其中,《周礼》主要记载典章制度,《仪礼》侧重于规定人们的行为规范,《礼记》则是对古代礼仪的阐释性说明。其后,中国古代礼制不断发展和完善,成为中国古代文化的核心内容之一。

礼仪在现代生活中扮演了非常重要的角色,见面有见面礼节,吃饭有吃饭的规矩,特别是在正式的社交场合,社交礼仪更是对人的基本要求。可以说,在现代生活中,"礼仪"几乎成为"文明"的代名词。

所谓礼仪,包括礼节和程序两个方面。也就是说,既有礼节方面的规范化要求,也有程序方面的规范化要求。公共关系礼仪就是在开展公共关系活动中必须遵守的礼节和程序。

二、公共关系礼仪的原则

礼仪的实施贯穿交际活动的全过程,并且自始至终发挥作用。探讨这些原则有助于提高公共关系人员的素质和社会交往的效果。

(一) 平等原则

在人际交往中,平等是建立良好人际关系的前提。首先,要尊重他人的人格,这种尊重是建立在自尊基础上的;其次,要做到平等待人,就是要把对方放在与自己平等的位置上,以礼相待,以诚相见。

(二) 宽容原则

宽即宽厚、宽宏、宽容,容即对人的包容和容忍。社会交往中,宽容就是胸怀博大、宽宏大度,讲求同存异、不强求一律、求全责备、斤斤计较。当他人与自己观点、行为相左时,多体谅、多理解、多换位思考、多设身处地为他人着想。

(三) 诚信原则

诚信就是讲求信用、信誉、待人真诚、诚实、诚恳。诚信也就是在交往中开诚布公、言行一致、言而有信,不矫揉造作、阿谀奉承、虚情假意;不圆滑世故、信口开河。

(四) 女士优先原则

尊重女士、照顾女士是世界通行的交际准则。女士优先原则在具体运用时要注意下列情况。

(1) 发表演说时,应先说"女士们",再说"先生们",书面的称谓也是如此。

(2) 出入电梯、进出房间，一般让女士先行。如果男士站在最接近电梯或房间门口的位置也可先进出；当女士最先走到走廊的尽头，应该先开门，并且把门扶着直到后面的人接住，一个一个传下去。

(3) 上车时，男士应为女士打开车门，让女士先进；下车时，男士应先下车为女士打开车门。

(4) 下楼梯时，男士先下，为防止意外发生，应随时保护女性。在没人领路的场合下，或在陌生以及可能发生意外的路途中，男士也应先行。

(5) 男士与女士同行，应主动帮助女士拿手包以外的物品。在男士吃力地拿着一大堆物品时，女士也应该主动上前帮忙。

(6) "把墙让给女士"，即与女士同行时，男士应走在靠外的一侧，女士靠建筑物的一侧；两女一男同行，应让年纪稍长或比较弱小的一位走在中间；若两男一女同行，应让女士走在中间受到保护。

（五）适度原则

礼仪并非越多越好，"礼多人不怪"的观点不总是对的。在实际工作中，一定要注意适度原则，视情况而定，适可而止。否则，会使人反感甚至厌恶。

三、礼仪的作用

从远古时代起，人们就知道通过发展礼仪来消除敌意，建立信任，其后礼仪使人类不断走向文明。今天，礼仪在人们的日常交往后发挥着越来越重要的作用，具体来说表现在以下四个方面。

（一）促进沟通、协调人际关系

在人际交往中，自觉地执行礼仪规范，可以使交往双方的感情得到沟通，在向对方表示尊重、敬意的过程中，获得对方的理解和尊重。人们在交往时以礼相待，有助于加强人们之间的互相尊重，建立友好合作的关系，缓和或者避免不必要的矛盾和冲突。

（二）规范、约束人们的行为

在社会生活中，礼仪约束着人们的态度和动机，规范着人们的行为方式，协调着人与人之间的关系，维护着社会的正常秩序，礼仪在社会交往中发挥着巨大的作用。

（三）倡导、教育人们遵守道德习俗

礼仪以一种道德习俗的方式对全社会每一个人自觉维护社会正常秩序起着教育作用。人们通过对礼仪的学习和应用，建立新型的人际关系，从而在交往中严于律己，宽以待人，互尊互敬，互谦互让，讲文明，懂礼貌，和睦相处，形成良好的社会风尚。

（四）有助于完善自我修养

人的素质包括品德、知识、才能、性格、气质、体魄等诸多方面，而仪表举止则是这些素质的外在表现。在一定程度上讲，礼仪即教养，教养即文明。因此生活中以礼从仪，有利于提升个人的修养水平和精神品位，有助于塑造个人的良好社会形象，提高个人的综合素质。

第二节 公共关系礼仪

一、仪容与服饰礼仪

（一）仪容

一般来说，仪容包括面部、头发和肢体等部分，下面简单介绍出席一些公共关系社交场合时，应注意的基本问题。

（1）面部。面部是人体最为动人之处，是人的真正"门面"。面部是人暴露在外时间最长的部位之一，因此，面部的修饰是仪容修饰的重要环节之一。美化面部的基本要求是：端庄、自然、清洁和适当修饰。男士应注意每天修面剃须，即使蓄须，也需考虑工作允许，并注意经常修剪，讲究整洁。男士除非登台的演艺活动，一般不宜化妆，否则会有失庄重。女士应注意恰当地化妆与修饰，但不可过于标新立异、离奇出众。

（2）头发。在社交场合，头发的基本要求是整洁，发型大方。

（3）肢体。人的四肢是劳动的工具，也是在社交场合展示自我风采和魅力的载体。任何优美的体态语言都离不开四肢的和谐运用。因此，在公共关系礼仪中，也非常重视对四肢的合理运用，要求人们合理地修饰自己的手臂和腿脚，以保持一个良好的整体形象。

（二）服饰

服饰是指人的衣着及其所用饰品的统称，是人体的外延，公共关系人员在社交场合中的衣着服饰，反映其精神面貌、文化涵养和审美情趣，在一定程度上影响其公共关系活动目标的实现。

（1）着装。着装一般要讲究色彩、款式和质地，在交际活动中的着装要注意 TPO 原则，即注意时间、地点和情境。T（Time）指的是交际活动的日期、季节和时代性因素；P（Place）指的是交际活动的地点、场所等因素；O（Object）指的是交际活动的目的、交际者等因素。一个人在交际活动中的着装，除了要考虑个人的个性之外，还应该根据上述因素构成的具体情境来确定。

（2）饰品。饰品是指人身上佩戴的各种装饰品。饰品有时可作为一种信号或标志，如戒指。一般来说，戒指戴在食指上表示"求婚"；戴在中指上表示"在恋爱中"；戴在无名指上表示"已婚"；戴在小指上表示"独身"。因此，一定要理解饰品的含义，避免被误解。

总的来说，得体的服饰有以下要求：着装整齐清洁，尺寸和体型适应，颜色搭配协调，首饰要与着装搭配得当，体现个人品位，不可盲目追随或赶潮流。

二、社交礼仪

社交是人与人之间的社会交往与联系。在社交中遵循相应的礼仪规范，是公共关系人员开展公共活动的基本要求，是促进公共关系活动有效开展的重要条件和基础。

（一）称呼礼节

称呼礼节是在社会活动中表示对他人礼貌和尊重的习惯形式，不同国家和不同民族的称呼习惯有所不同。

1. 国际交往活动中的称呼

在国际交往中，男子一般称呼"先生"，女子一般称呼"夫人"（已婚或戴结婚戒指的年纪稍长者）、"小姐"（未婚）和"女士"。冠以姓名称呼，如"史密斯先生"；冠以职务称呼，如"市长先生"。对地位、身份高的官方人士可称呼阁下，如"部长阁下""主席先生阁下""总理阁下"。对君主制国家习惯于称呼国王、皇后为"陛下"，称王子、公主、亲王为"殿下"。对有公、侯、伯、子、男等爵位的人士可称其爵位，也可称其为"阁下"，还可称其为"先生"。对军人一般称其军衔，或军衔加"先生"的称呼，如"上校先生""麦克上校"。对元帅、将军等高级军官称其为"阁下"。

2. 国内交往活动中的称呼

在国内日常交往中，对一般工作人员均可直称其名，也可采用相对年龄的称呼，如对年长的简称为"老+姓"、对年轻的简称为"小+姓"。对于有职务的，最好冠以职衔称呼，如"姓+职务"或直接称呼职务。对于有职称而无职务者，可直接用职称称呼，如"姓+工程师""姓+教授"。对于只知职业不知姓名者，可直接用职业称呼，如"医生""护士"。对于有学术地位且年长者，可称呼为"姓+老"。对于朋友的亲属，除父母、夫妻之外，基本上都可以用随称，如称朋友的叔叔为叔叔，姐姐为姐姐等。

总之，使用称呼应注意以下三种情况。

第一，根据对方身份、年龄、职业等确定相应的称呼。

第二，内外有别。尊重不同国家和地区的称呼习惯。

第三，上下有异。对上级或长辈要用尊敬、得体的称呼，对于下级或晚辈要使用习惯称呼。

（二）握手与介绍礼节

1. 握手

相互见面和离别时，最常见的礼节是握手。握手时应注意以下要求。

（1）一般以右手握，手臂微弯，掌心向左上方。用力要适度，体现热情或景仰，时间不宜过长，以1～3秒为宜。

（2）在握手双方有长幼之别、尊卑之分时，应该由长者、尊者先伸手；男女双方应由女士先伸手；主宾之间应由主人先伸手；同辈同性之间双方应主动伸手；年轻者对年长者、身份低者对身份高者、男士对女士在握手时应稍稍欠身。

（3）男士与女士握手时，往往只握一下手指部分，时间不可过长。

（4）关系密切的人见面可边握手边问候，甚至长时间握手。

（5）多人同时握手时，不要交叉，待别人握完后再伸手。

（6）握手十忌。一忌不讲先后顺序，抢先出手；二忌目光游移，漫不经心；三忌不脱手套，自视高傲；四忌掌心向下，目中无人；五忌用力不当，敷衍鲁莽；六忌左手相握，有悖习俗；七忌乞讨式握手，过分谦恭；八忌握时过长，让人无所适从；九忌滥用双握式，令人尴尬；十忌死鱼式握手，轻慢冷漠。

（7）如果一方无意握手，为避免尴尬场面，点头、微笑即可。

2. 介绍

在交际场合结识朋友，可由第三者介绍，也可以自我介绍相识。介绍应注意以下方面的要求。

（1）第三者引荐。一般来说，经第三者介绍而认识更为自然一些。因此，在社交场合对于随行的同伴，应有意识地向自己的熟人引荐、介绍。当然，也应该注意，为他人介绍前最好先了解一下双方是否有结识的意愿，不要贸然行事，以免造成难堪的局面。

（2）自然、不唐突。介绍时，要有礼貌地以手示意，用右手五指并拢手掌向右或向上指认，切不可用一个指头指向对方。介绍时，除了女士和长者之外，一般应起立致意。在宴会桌、会谈桌上则不必起立，微笑点头示意即可。

（3）介绍的程序。双方若有男女之别、主客之分、长幼之别或尊卑之分，应注意受到特别尊重的一方具有了解对方的优先权，即先把身份低的、年纪轻的介绍给身份高的、年纪大的；先把男士介绍给女士。先提到谁的名字表示对谁的尊重。为了让对方听得更明白，可略加解释，如解释姓名的字形、笔画等。

（三）递接名片礼节

递交和接受名片是社交场合中互相交流以示礼貌、尊重的形式。名片分社交名片和公务或职业名片两种。公务或职业名片与社交名片不同的是：除了姓名、地址、电话号码外，还把自己的单位名称、自己的职务及职称印在名片上。名片的递接应注意以下几方面要求。

（1）向对方递交名片应用双手，并应将文字顺着对方递上。

（2）接受名片的一方也应用双手接，并立即将名片看一遍，然后恭敬地放入名片夹中收好，不能不看就随便将对方名片卷起来，不礼貌地塞进口袋中，或扔在桌子上，甚至不在意地压到别的物品下面。

（3）收到名片的一方也要把自己的名片递送给对方，如果没有名片，要向对方道歉说明。

（4）初次相识，经双方介绍后，如果有名片则可取出送给对方。但如果两人在路上遇到第三者，相识的一人可以出于礼貌而简短介绍，此时以不送名片为宜。

（四）语言交际礼仪

任何社会交际活动都离不开语言的媒介，语言是社交活动中最常见、最普遍的工具，是促进人际关系融洽、相互了解、沟通、合作的桥梁。语言一般分为有声语言和无声语言。举止、微笑、眼神是无声语言，交谈是有声语言。

（1）举止。公关关系人员无论在生活中还是工作中，举止都应大方得体，态度要不卑不亢。无论坐姿、站姿、走姿都应优雅、从容。在运用体态语言应注意的问题有：与人交谈应端正坐好，一般不要背靠椅背、不要随便叉腿伸腿，坐时两腿并拢或稍稍分开；男士可跷"二郎腿"，但不可以跷得太高；女士也可以采取小腿交叉的坐姿，但不要向前直伸。手可以置放在大腿中前部或扶住膝部，切忌叉开双腿或抖动腿脚，也不要弯腰驼背、手托下巴；站立时避免头向下垂或向上仰，切忌收胸含腰、曲背膝松、脚打拍子；行走时切忌一肩高一肩低、东倒西歪、摇摇晃晃；说话时避免唾沫四溅，在办公室看书看报时也应避免唾沫翻书页；不能冲着别人打哈欠、伸懒腰、剪指甲、挖耳朵或鼻孔、揉眼、搔头发或瘙痒、吐烟圈或从鼻孔内向外喷烟；避免随意脱下上衣、摘下领带或领带歪戴、挽起袖子等动作；禁忌随便模仿残疾人的缺陷或一般人的缺陷。体态语中的禁忌不一而足，必须努力克服不良的习惯，切勿出现人人讨厌的行为动作。

（2）微笑。微笑是一个人最漂亮的表情，它是世界通用的，表示理解，体现宽容，传递友谊。公关关系人员在日常交往中和职业活动中，应避免不苟言笑、笑口难开的表情。

（3）眼神。目光是最富表现力的一种体态语言。在公共关系人员的日常工作中，目光语言整体的要求是友善、理解和尊重。人与人之间在交往时，目光应正视，让人感到交流者的自信和坦率，视线停留在对方的双眼与嘴部之间的区域，以示态度的真诚。另外，在一些公众场合，可以用目光向一些距离远或没来得及亲自打招呼的对象示意等。

（4）交谈。交谈是社会活动必不可少的内容，是交流思想、增进了解、沟通信息的重要方式。交谈中应注意的问题有：交谈中应谦虚友好，切忌自我吹嘘，目空一切；应尊重对方，切忌夸夸其谈，面对见解分歧，切忌针锋相对、武断固执、恶语伤人；谈话内容健康，切忌对他人评头论足、揭人之短，不可谈论格调低下的话题或使用粗俗的"垃圾"语言；话题适宜，切忌提及对方不愿提起或易引起伤心的话题；尊重隐私和信仰，切忌随意询问对方婚姻、年龄、收入等，也不可评论他人的宗教信仰。

三、公共关系实务礼仪

公共关系实务工作是组织公共关系理念和公共关系方案在实践中具体操作的过程，在这一过程中必须讲求和遵循相应的礼仪或礼节规范。

（一）迎送礼仪

迎送就是迎接客人到来和欢送客人离去，其礼仪要求如下。

（1）事先了解来宾的背景资料，如年龄、性别、身份、来访目的、来访时间长短及其工作内容等。

（2）确定迎送规格。根据背景资料，按照与客人对口、对等原则，确定级别相当的人员或组织出面相迎。

（3）食宿及活动安排恰当。如果食宿由对方自负或回去报销的，要按对方规定安排，不使对方难堪。如果食宿由接待方负责的，安排的活动和食宿要与其身份相宜，标准不能太高，也不可过低。备齐接待用品、就餐宴请和布置好会见场所。

（4）掌握迎送时间。迎送人员应提前到达飞机场、火车站或轮船码头等候；送客时无论是门口或机场、码头、车站都要待客人走远或在交通工具启动后挥手道别。

（5）注意迎送陪同礼节。客人抵达见面时，应主动上前热情握手，问候并做相应介绍或自我介绍；主动帮助客人提行李（但不要拿客人公文包或手提包）；安排客人乘车、在会客室会见或会谈，要注意位次礼仪。

（6）做好迎送礼仪。如果迎送客人需要相应仪式，应先准备好迎送文稿，安排好场地及其他人员位次，体现热情隆重、真诚迎送的气氛。

（二）会务礼仪

会议本身是各种人员交流、沟通的场所，会议的交流主要是会议内容本身，而要有效开好会议则要讲求会务礼仪。

1. 会议准备

（1）会议通知。根据会议的主题和会议步骤（议程、程序、日程等具体内容），拟定与会人员名单或范围，拟定并及时寄发会议通知。

（2）会场选择。应注意选择大小适中、地点合理（方便与会人员聚散）且附属设施齐全的场所，同时会场应该有相应停车场，方便与会人员交通工具的停放。

（3）会场布置。应根据会议性质布置会场气氛，同时对会场形式、座次进行合理安排。

（4）事务安排。事务安排包括会议文件资料、后勤服务等事宜的安排。

2. 会议进程

（1）迎接与会人员。根据会议性质、规模及参会人员的情况，有关人员要携车分赴车站、机场、码头迎接。

（2）生活安排。会务人员要热情引领参会者签到，然后将参会者分送到相应住处并告知会场、会议事项。

（3）会场服务。会场服务如茶水供应、会议记录、转接电话等要有专门人员处理，并遵守会议纪律，不谈论非会议内容，不干扰会议秩序。

（4）会议结束工作。按照会务预先安排，调派车辆欢送与会人员离去。然后清理会场、整理会议记录、上报会议决算等。

（三）宴请礼仪

宴请形式有宴会、招待会、茶会、工作餐等。宴会按规格可分为国宴、正式宴会、便宴和家宴；按时间可分为早宴（茶）、午宴、晚宴、夜宴（消夜）；按目的可分为欢迎宴、庆贺宴、答（酬）谢宴、送（告）别宴、朋友聚餐宴等。下面简单介绍宴会中桌次及席位的安排。

传统上、上座的位置讲究背北面南或坐北朝南。由于现代建筑风格的变化或多样化，人们习惯于把面对门的位置定为上桌，故宴请中主座的位置即面向餐厅正门的位置。正式宴会一般要排定席位，也可只排部分客人的席位，其他人只排桌次或自由入席。无论采用哪一种做法，都要在入席前通知每一位出席者，现场还要有人引导。国际上的习惯，桌次高低以离主桌位置远近而定，右高左低。桌次较多时要摆桌次牌。同一桌上，以离主人座位的远近来定席位的高低。从一定意义上说，席位安排是一门精细微妙的学问。在一些正式的或非正式的宴会上，一些传统的规矩和礼仪仍为人们所遵循：有贵宾临门，则以其为尊；客人身份地位并无特别显赫之处，则宴会座次以年长者为尊。当然，在日益开放的现代社会中，人们不再拘泥于那种论尊卑、序长幼的传统规矩。既然宴会是一种社交活动，其首要目标就应该是社交的成功。因此，席位安排应把增进友谊、有利于进行交流以及有利于形成欢乐愉快的气氛放在第一位。正式宴会一般要摆放座位卡，便宴、家宴可以不放置座位卡，但对客人的座位也要有大致安排。

在座位安排上，我国习惯按个人本身职务排列，以便交谈和餐饮。如夫人出席，通常把女方安排在一起，即主宾位于男主人右上方，其夫人坐在女主人右上方。按国外习惯，主桌上男女穿插安排，以女主人为准，主宾在女主人右上方，主宾夫人在男主人右上方。其他人员或宾客按其身份、职务穿插安排或按性别分主宾穿插排列。

(四) 商务礼仪

1. 开业典礼

举行开业典礼时,要注重"热烈、隆重、节俭"原则,并做好以下几项工作。

(1) 场地布置。举行仪式的现场一般设在开业项目的门口。现场布置应表现喜庆感和热烈感。会场应悬挂"×××庆典"的会标,会场两边可摆放来宾赠送的花篮,四周悬挂彩灯、灯笼等。大型开业典礼,应配有乐队或号鼓队、欢乐队和花鼓队。

(2) 仪式发言。仪式开始时,由主持人先简短致辞,介绍所庆典的项目并对来宾表示感谢。然后上级领导和来宾可在会上致辞祝贺。发言前后可播放或演奏乐曲,领导来宾发言后可由鲜花队向发言者献花。

(3) 参观座谈。仪式完毕,可安排客人参观庆典项目的主要设施或特色之处,以融洽与同行的关系,也可以与同行进行短时间的座谈,或请来宾在留言簿上签名。

(4) 欢送客人。开业仪式结束后,项目领导和员工可站在门口欢送客人离开。还可准备一些印有开业典礼字样的纪念品,赠送给客人留作纪念。

2. 剪彩礼仪

剪彩仪式要进行得隆重而又热烈。剪彩礼仪的需求可注意以下几项。

(1) 参加者入座。由工作人员组织其他一般参加者坐好或列队,然后引导贵宾上主席台就座。

(2) 仪式开始。主持人在宣布剪彩仪式开始后,应鼓掌向与会者表示谢意。如有必要,应向到会者介绍参加剪彩的领导、负责人与知名人士,并向他们表示谢意。

(3) 简短发言。先由剪彩项目的负责人发言,介绍此次剪彩项目的宗旨等。然后可安排其他部门人员作祝贺性的发言。

(4) 剪彩。剪彩者一般由上级领导、社会知名人士或建设者当中的劳模担任。剪彩时,主席台上的其他人员一般要站在剪彩者之后 1~2 米处。剪彩完毕后,剪彩者要转身向四周群众鼓掌致意。

(5) 参观或聚会。这一过程可视不同的剪彩仪式采取不同的方法。

3. 签约礼仪

签约礼仪在商务活动中是一个重要仪式,在礼仪上应注意以下要点。

(1) 注意服饰整洁。在签订协议时,无论穿何种服装,都应注意整洁。

(2) 掌握抵离时间。必须准确掌握所乘坐的交通工具到达举行地点的时间,以免迟到。仪式尚未完毕,不应擅自离去,如有紧急事务,应向对方说明并表示歉意。

(3) 做好座位安排。签订协议通常使用长方形、椭圆形或圆形的桌子,宾主相对而坐。以正门为准,主人坐在背门一侧,客人面向正门。主谈人居中,其他人员按礼宾顺序左右排列;如果长桌的一端面向正门,则以入门方向为准,右为客方,左为主方。

(4) 懂得谈话礼节。讲话要注意留给对方发表意见的机会。在别人说话时,也应适时发表个人的看法。要善于聆听对方的谈话,不轻易打断别人的发言。在相互交谈时,应目视对方,以示专心。签约完毕后,双方主要负责人应起身握手致意,互祝对方,其他人员则应鼓掌响应。

(五) 次序礼仪

次序礼仪是根据身份上下、职位高低、长幼差异而按某种管理规则给予相应排列的礼仪规范。

1. 对等关系的次序礼仪

(1) 依字母顺序排列。按参加的单位或个人名称的英文或其他字母顺序排列。首先按每个名称的第一个字母排列,如果出现第一个字母相同的情况,就按名称第二个字母排列;如果名称第二个字母亦相同,则按名称的第三个字母排列,以此类推。在排序中,只能以一个语种字母排列顺序为依据,中间不能掺杂其他语种字母排列顺序。

(2) 按汉字的笔画顺序排列。这适用于名称是汉字的单位与个人。首先按照名称的第一字的笔画多少排列,笔画少放在前,笔画多放在后,如果两个名称的第一个字笔画数相同,则依照笔画先后顺序(横、竖、撇、点、弯钩)排列;如果汉字第一笔相同则按第二笔,以此类推。其次,如果名称第一个字相同,则按名称的第二字排列,以此类推。再次,如果出现人的姓有双字或多字的,则单字的在前,双字或多字的在后。

(3) 依抵达与回复的时间先后顺序。常见于运动队、代表团等。回复的先后主要指邮戳或申请日期,抵达时间的先后指到达活动的时间先后。二者的使用依照具体情况确定。

(4) 有些场合的次序由抽签来确定。

2. 不对等关系的次序礼仪

(1) 主席台位次排定。前后排座位上,坐前排者是尊、大、高、强,次之是第二排,更次为第三排,以此类推;同一排座位上,居中者为尊、大、高、强,次之为两侧,以此类推;同位者,右是尊,左次之。

(2) 行走与就座。两人并行,右为大,左为次;两人前后行,前为大,后次之;三人前后行,前者为尊,后者次之。陪同客人参观访问时,陪同人员走在客人的右前方,趋前二三步为宜。遇到转弯、上下阶梯或楼梯、出入门时应以手示意,参观访问完毕后,应送客人到驻地或客人自定目的地,然后才可道别。室内围坐,面对门的中间位置为尊者。

(3) 乘小轿车。假如主人同行开车,主人旁边位置是尊位;假若由驾驶员开车,以车前行方向为准,后排座位右边为尊,前排司机旁的座位最次。假如车内有三排座位,后排座位为尊,中排次之,前排最次。假如接待两位客人,接待人员或主人应当先开后排右边车门,让尊者先上,然后快速绕道去左侧车门,让另一位客人从左边上车。

第三节　公共关系交际礼俗

在国际友好及商务交往中,由于具体对象各不相同,其公共关系交际礼俗受国别、地域、宗教信仰、文化背景、民族特征、社会风俗和政治制度的影响而各具形态。《礼记·曲礼上》指出:"入境而问禁,入国而问俗,入门而问讳。"皆为尊敬主人之意。这也是当今交往的一条原则。因此,在国际交往中,不但要遵从公共关系交际的普遍礼仪,而且要了解与尊重有关国家的文化习俗,做到因国、因人施礼。了解与研究不同国家的文化习俗,有助于认识世界,扩大视野,也有助于公共关系人员提高自己的业务水平。

一、西方国家公共关系交际礼俗

(一) 英美及其影响区域礼俗

1. 英国礼俗

英国人崇尚"绅士风度"和"淑女风范",讲究"女士优先"。在日常生活中,英国人注重仪表,讲究穿着。男士每天都要刮脸,凡外出进行社交活动,都要穿西服,但忌戴条纹领带;女士则应着西式套裙或连衣裙。英国人的见面礼是握手礼,戴着帽子的男士最好先摘下帽子再向对方示敬。但切忌与英国人交叉握手,因为那样会构成晦气的十字形,也要避免交叉干杯。在公共关系谈判中,英国人说话办事都喜欢讲传统、重程序,对于谈判对手的身份、风度和修养,他们看得很重。在公共关系交际活动中,对以下特殊礼俗和禁忌应加以注意。

第一,不要随便闯入别人的家。但若受到对方的邀请,则应欣然前往。在访问时,不要忘记给女士一束鲜花或巧克力。

第二,给英国女士送鲜花时,宜送单数,不要送双数和13支,不要送英国人认为象征死亡的菊花和百合花。

第三,不要以英国皇室的隐私作为谈资。英国女王被视为其国家的象征。

第四,英国人喜欢蔷薇花,忌白象、猫头鹰、孔雀商标图案,忌用人像作为商品的装潢。

第五,忌随便将任何英国人都称为英国人,一般称其为"不列颠人"或具体称为"英格兰人""苏格兰人"等。

第六,英国人最忌讳打喷嚏,他们一向将流感视为一种大病。

2. 美国、加拿大礼俗

(1) 美国礼俗

美国的特色发展历史,使美国商人一般具有性格外露、自信、热情、坦率和办事利索的性格特征。美国人崇尚进取和个人奋斗,不太注意穿着,通常相见时,一般只是点头微笑,打声招呼,而不一定握手。在美国乃至世界上许多国家,都有付小费的习惯,有的叫服务费。美国人在商务谈判前准备充分,且其参与者各司其职,分工明确;在进行商务谈判时,喜欢开门见山,答复明确,不爱转弯抹角;在谈判中谈锋甚健,不断地发表自己的见解和看法。一旦认为条件合适即迅速作出是否合作的决定,通常在很短的时间内就可以做成一大笔生意。在和美国人开展公共关系谈判时,要注意以下几个方面。

第一,和美国人做生意可放手讨价还价,但在磋商中要注意策略。

第二,美国商人法律意识很强,在商务谈判中他们十分注意合同的推敲,"法庭上见"是美国人的家常便饭。

第三,忌各种珍贵动物头型商标图案。

(2) 加拿大礼俗

加拿大是美国的邻国,但在礼俗上与美国存在区别,与加拿大人进行公共关系交往时要注意以下几个方面。

第一,赴约要准时,切忌失约。

第二,日常生活中忌百合花,白色的百合花只有在追悼会时才会使用。加拿大人喜欢枫叶,国旗上就印有五个花瓣的枫叶,有"枫叶之国"之称。

第三,切忌将其与美国相比较。

第四,听到加拿大人自己把加拿大分为讲英语和讲法语的两部分时,切勿发表意见,因为这是加拿大国内民族关系的一个敏感问题。

3. 澳大利亚、新西兰礼俗

澳大利亚因地广人稀,在商务活动中极讲究效率,从而形成了澳大利亚商务谈判中的两个明显特点:一是澳方派出的商谈代表,一般都对事务具有决策权,因而他们要求对方派出的商谈代表也具有决策权,他们厌恶那种不解决实际问题的漫长"磋商";二是对采购物品、输入劳务等,一般采用"招标"方式,以便能够用最低价和最短时间找到合作伙伴,若向他们漫天要价,以期在商谈中慢慢减价,很可能导致合作机会的丧失。澳大利亚人忌讳兔子,喜爱袋鼠,偏爱琴鸟。

新西兰人见面一般行握手礼,新西兰的毛利人会见客人的最高礼节是碰鼻礼。新西兰人守时惜时,待人诚恳热情。新西兰人喜欢狗,珍爱几维鸟,钟爱银蕨。

(二)法国与德国礼俗

1. 法国礼俗

法国人天性浪漫,喜欢交际。在商务交往中,常用的见面礼是握手;而在社交场合,亲吻礼和吻手礼则比较流行。在商务活动中,法国商人特别注重"面子",在与之交往时,如有政府官员出面,会使他们认为有"面子"而更加通情达理,有利于促进商务活动的进行。在商务谈判中,法国商人对双方提交的各方面材料十分重视。他们通常对对方的要求较高,而对自己却极少"求全责备"。合同在法国商人眼里极富有"弹性",所以他们经常会在合同签订后,还一再要求修改它。

在公共关系交往中,法国商人有一个十分独特的地方,就是坚持要求使用法语。在商务活动时,法国商人若发现跟自己交谈的人会说法语却使用了英语,肯定会极其恼怒。但他们也忌讳别人讲蹩脚的法语,认为这是对其祖国语言的亵渎,若对法语不纯熟,最好讲英语或借助翻译。

法国人爱花,生活中离不开花。百合花是法国人的国花,他们忌讳送给别人菊花、杜鹃花、牡丹花、康乃馨和纸做的花。公鸡是法国的国鸟,它以其勇敢、顽强的性格而得到法国人的青睐;野鸭商标图案也很受法国人喜欢,但他们讨厌孔雀、仙鹤,认为孔雀是淫鸟、祸鸟,并把仙鹤当作蠢汉和淫夫的代称。法国人不喜欢无鳞鱼,所以也不太喜欢吃它。

2. 德国礼俗

德国人勤勉矜持,讲究效率,崇尚理性思维,时间观念强。他们不喜欢暮气沉沉、拖拖拉拉、不守纪律和不讲卫生的坏习惯。在商务活动中,德国商人讲究打扮,男士一般穿深色的三件套西装;女士穿过膝套裙或连衣裙,化淡妆,不允许女士在商务场合穿低胸、紧身、透明的性感上装和超短裙,也不允许她们佩戴过多的首饰(最多不超过三件)。

二、俄罗斯、东欧一些国家及欧洲其他国家的礼俗

(一)俄罗斯礼俗

俄罗斯人做生意比较谨慎,在谈判桌上,他们不吝惜时间,擅长讨价还价,在生意场上

显得有些拖沓。和俄罗斯人交往,应特别注意以下特殊礼俗。

(1) 交往中的"见面礼"是亲吻和拥抱,即使在商务活动中也是如此。

(2) 日常交往中主动问好是起码的社交礼仪。

(3) 送礼和收礼都极有讲究。俄罗斯人忌讳别人送钱,认为送钱是一种对人格的侮辱。但他们很爱外国货,外国的糖果、烟、酒、服饰都是很好的礼物。如果送花,要送单不送双,俄罗斯人认为双数是不吉利的。

(4) 俄罗斯人对颜色的好恶和东方人相似,喜红忌黑;对数字的喜好,和西方人一样,忌讳"13",但对"7"这个数字却情有独钟;忌食狗肉。

(5) 俄罗斯人喜欢向日葵商标。

(二) 东欧一些国家礼俗

波兰盛行吻手礼,他们认为吻手象征着高贵,连街头执勤的女警,也要求人们行吻手礼。波兰人喜欢谈论和赞美他们的国家和文化,也乐于谈及个人家庭生活,但忌讳谈及二战中的苏联和法国。一切有战略意义的地点和建筑都严禁拍照。洗手间的表示方法极为独特,"△"符号表示男用,"○"表示女用,去波兰进行商务活动或旅游时切勿弄错。

在匈牙利、罗马尼亚、保加利亚等国,每年6月至8月是商人度假月,在此期间商事活动不宜前往,在圣诞节及复活节前后两周期间也不宜前往。多数东欧人家中都铺有地毯,客人进门时最好脱鞋,以示对主人生活习惯的尊重。

匈牙利人习惯以白色代表喜事,黑色表示庄重或丧事。罗马尼亚人忌穿堂风,认为穿堂风有损健康,他们不允许两个对着的窗子同时打开。保加利亚人和阿尔巴尼亚人习惯"点头不算摇头算",保加利亚人喜欢玫瑰花,不喜欢鲜艳明丽的色彩。

阿尔巴尼亚大多数人信仰伊斯兰教,在阿尔巴尼亚的某些乡村,男女有别较为严格,有些地方还设有不许女人进入的"男人堂"。

(三) 欧洲其他国家礼俗

奥地利人热情好客、和蔼可亲、民族自尊心强,与之进行商务交往时,切忌将其误认为德国人,也不要搞错企业的头衔,否则会导致不良后果。奥地利是一个传统的旅游国家,若前去奥地利从事商务活动,最好安排在2月到4月或9月到11月之间。

荷兰人日常生活中必不可少的饮料是牛奶,但为客人倒牛奶时,讲究倒到杯子的2/3处,否则会被认为是一种失礼或缺乏教养的行为。荷兰人是理财好手,收入虽不少,但乱花钱被看作是一种浪费而为人们所轻视。荷兰人注重工作效率,喜欢安静和平的生活。在荷兰,人们大多习惯吃生、冷食品,送礼忌送食品,且礼物要用纸制品包好。到荷兰人家里做客,切忌对女主人过于殷勤。在男女同上楼梯时,其礼节恰好与大多数国家的习俗相反:男士在前,女士在后。

北欧人自主性强,坦率大度,待人沉着而又亲切。但北欧各国的商务活动和礼俗也各有千秋。性格特征方面,倾向保守是其共性。在商务交往中,北欧人办事计划性强,强调守时,无论公私拜访均需预约,言行举止都较为保守和正统;进行商务交往时,特别乐于与"老字号"或"老牌子"商家交往。

挪威人友善好客,若受邀到当地人家做客,切勿忘了给女主人带上一束鲜花或是巧克力作为礼物。在挪威严禁酒后开车，否则将受到极重的处罚。

瑞典人享受着"从摇篮到坟墓"的各种社会保障，文化素养也高。同别人见面，以握手为礼。瑞典是个半禁酒的国家，即使在家中饮酒，也要持"购酒许可证"到指定地点购买，还得交一笔可观的税。瑞典人也爱吃生、冷食品，喜欢清淡，不爱油腻，对中国的粤菜很感兴趣。在瑞典忌送酒。

在丹麦，敬酒有严格的礼节和顺序，如主人"请"字未说出口，任何人不能动杯，其他人要待主人、年长者、位尊者饮酒之后，才能饮酒。

瑞士人有很强的环保意识，尤其爱鸟，在瑞士不仅没有噪声，连人们说话也是轻声细语。瑞士人作风保守、严谨，办事讲究实际，时间观念极强。在瑞士从事商务活动时，宜穿三件套西装。拜访公私机构均需预约，公事信函应寄单位签收，而不要寄送某主管或职员，以免误事。

比利时商人现实、稳健、工作努力。他们不像有的国家在休息时间不谈公事；相反地，一些上层办事人员，在需要时，即使正逢周末或休假，也会赶回来办公事。比利时人讲究职业道德，很少做使人上当受骗的事。比利时商人特别注意外表和地位，与之交往时，交往者容易因所住饭店级别不高、穿着不雅或是身份地位不高而受到歧视。与比利时人交易时，要直接与同级负责人会谈，事先请他们指明会见日期，并且要保证会见双方的身份地位相当，否则很难获得见面的机会。

西班牙人性格直率，易发火，但争吵后不计前嫌，往往一通争吵后又满面笑容。西班牙人喜欢狮子、石榴，忌山水、亭台楼阁商标图案。在西班牙，忌送认为与死亡有关的大丽花和菊花。

葡萄牙人非常重视和喜欢葡萄酒，且在饮酒时对酒的温度、酒瓶形状、开瓶及斟酒等方面均有不少讲究。

三、亚洲地区一些国家的礼俗

在亚洲广大的区域，社会风俗、文化礼俗既受到伊斯兰教和佛教的影响，还受到中国传统的道家与儒家思想、印度教与犹太教等的影响，差异性大。

（一）伊斯兰教与阿拉伯国家礼俗

尽管并非所有阿拉伯国家都在亚洲，但为了方便归类，同时其很多礼仪和礼俗具有相似性，因此，将其一并放在亚洲地区进行阐释。

1. 伊斯兰教及其主要礼俗

伊斯兰教是当今世界的三大宗教之一，是在公元7世纪由阿拉伯贵族穆罕默德创立的，主要流行于西亚、北非和东南亚及非洲南部的部分国家，约有教徒10亿人，影响到90多个国家。公元7世纪中叶传到我国，在我国又简称回教或清真教。伊斯兰教信仰真主（安拉）是世间唯一的神，尊崇现沙特阿拉伯的麦加为圣地，其教徒通称"穆斯林"。伊斯兰教奉《古兰经》为经典，有些国家甚至以其作为法律。伊斯兰教的教规很多，教徒必须履行的宗教职责主要是五善功，即念功、拜功、课功、斋功、朝功。其中对商务活动影响最大的是拜功。

（1）饮食习俗

《古兰经》中明确规定，凡猪、死物、动物的血与内脏为禁忌食物；虎、豹、蛇、鹰、马、骡、驴、狗等禽兽肉也为禁忌食物。伊斯兰教国家一般都有禁酒规定，唯伊拉克有所例外，但在斋月期间必须用白布把酒瓶盖起来；抓饭为其传统进食方式，但要注意不能用左手进食，因为他们认为左手是不洁的。

（2）语言行为习俗

在阿拉伯国家，一般见不到女主人，谈及或问候女主人都是失礼的。在一些国家，甚至连主人家中的孩子也不能提及，若见到了阿拉伯人的妻子，虽然可打招呼，但切勿与之握手。和阿拉伯人坐在一起，忌用脚对着主人，更不要把腿架起来，若露出鞋底，是对主人大大的不敬。同阿拉伯人谈话，应避免谈论政治和宗教，也不要谈及猪、狗及其他为他们所禁忌的东西。还应注意不要把阿拉伯湾称为波斯湾。在阿拉伯国家，男人之间牵着手走路，是互相友好和尊重的表示。

（3）节日及工作时间的习俗

在伊斯兰国家，通用的是伊斯兰教历而非公历。伊斯兰教历9月为斋月。在斋月，穆斯林白天禁食，午后不办公。开斋节和宰牲节，为伊斯兰教的两大节日。

每周星期六到下周星期四，为办公日，星期五则为休息日和祈祷日。伊斯兰教教义规定，穆斯林每天应做五次祈祷，当祷告时，正在进行的一切工作暂停，甚至正在驾车行驶者也要停车做祷告。穆斯林在祷告时，客人需耐心等待，切不可打断其祷告，或表示出不耐烦。

（4）穿戴及送礼习俗与禁忌

在伊斯兰国家，穿着不得体，会受到当地人的指责。他们忌穿短裤、无袖衬衫及露膝短裙，即使在游泳池，也绝不准穿"三点式"泳衣。给阿拉伯人送礼极有讲究。若为初次相见，切勿送礼，否则难脱行贿之嫌；送给阿拉伯人的物品，价值不能低，不能送带有动物形象的物品，更不能送女人的画片、图像等；不能给阿拉伯人的妻子送礼，但给孩子送礼特别受到欢迎；除非在私人朋友间，送礼最好在有第三者在场时进行，不要私下送礼。

2. 阿拉伯国家礼俗

在阿拉伯人的社会里，宗教和等级制度根深蒂固。宗教控制和影响着国家的经济、政治和日常生活，忽视了宗教就不能从事商务活动，不尊重对方的教义和习俗，不可能与之做成生意。同宗同族的人在做生意时占有天然的优势。

阿拉伯人重感情、讲信誉，争取他们的好感和信任、与之建立其朋友关系，是与他们进行商务往来的基础。在阿拉伯国家，不可能一次见面或是一次电话就做成一笔生意。如想向他们推销商品，前两次见面时最好不要提及，第三次才可稍微提一下，再访问一两次后，方可进行商谈。讨价还价是阿拉伯人做生意的一个重要习惯。他们认为买东西时与对方讨价还价是对对方的尊重。有意思的是，不讨价还价即将东西买走的人，还不如讨价还价后却什么东西也不买的人受到店主的尊重。

与阿拉伯人进行商务合作，一般都必须通过代理商，如果没有合适的阿拉伯中间商，商务合作很难顺利进展。

（二）佛教礼俗与东南亚国家礼俗

1. 佛教及其主要礼俗

佛教作为世界三大宗教之一，也是世界上最古老的宗教，它创立于公元前6世纪，主要流行于中国、日本、印度、泰国、柬埔寨、新加坡等亚洲国家。近年来，东欧和美洲的一些国家也开始有人信仰佛教。总部设在泰国曼谷的世界佛教徒联谊会，是世界性的佛教组织。佛教分为大乘、小乘、密宗等教派，还有三者合一的喇嘛教。出家的男女信徒分别生活于寺、庵中，称之为"僧"或"尼"；不出家的佛教徒称为居士。

佛教的戒律甚多，最基本的有不杀生、不盗窃、不邪淫、不饮酒、不妄语，称之为"五戒"。有的佛教徒终年食素，不食荤腥，有些吃"花斋"，在斋戒的时间里，不吃鱼肉和葱、蒜、辣椒等辛辣食品。佛教最重要的节日是佛诞节，也称为浴佛节，流行于东亚和东南亚的一些国家。在一些佛教影响区域，如泰国、缅甸、越南等国，人们非常重视人的头部而轻视脚部，忌用手触及人的头部，即使对小孩子的头也不例外；忌将脚朝上，更不能将脚板对着人。

2. 东南亚国家礼俗

（1）新加坡礼俗

新加坡商人谦恭、诚实、文明和礼貌，他们在谈判桌上一般会表现三个特点：一是谨慎，不做没有把握的生意；二是守信用，只要签订合同，便会认真履约；三是看重"面子"，特别是对老一代人，"面子"往往具有决定性作用。在新加坡，留长发的男子不受欢迎。新加坡注重环保、文明、卫生，在新加坡随地吐一口痰，随地扔一个烟头都要罚款。

（2）泰国礼俗

泰国商人常常诚实而富有人情味。在泰国，佛祖和国王是至高无上的；人的头是神圣的；脚除了走路之外，最好不要随意乱动，否则很可能冒犯了泰国朋友而自己却不知道。泰国人见面时，通行的是合掌礼，抬起在额与胸之间，双掌举得越高，表示尊敬程度越高，但地位高者、老者还礼时手腕不得高过前胸。泰国人喜欢大象与孔雀，白象被视为国宝，荷花是他们最喜欢的花卉。他们喜欢红色、黄色，尤其喜欢蓝色，视为"安宁"的象征。他们忌用红色签名，忌讳狗的图案。

（3）印度尼西亚礼俗

印度尼西亚有90%的人是穆斯林，前往印度尼西亚洽谈商务的最佳时间是每年9月到次年6月，因为多数印度尼西亚商人会在七八月外出避暑度假。印度尼西亚商人很强调行业互助精神，待人很有礼貌，不讲别人的坏话，但却难以与人成为知心朋友。印度尼西亚商人一旦建立了推心置腹的交情，与之合作就比较容易，而且可靠。喜欢有人到家里访问，是印度尼西亚商人的一个重要特点，去印度尼西亚商人的家中拜访是使和印度尼西亚商人洽谈的商务得以顺利进行的一种有效手段。印度尼西亚是一个多民族的国家，很多民族有本民族的特殊礼仪和禁忌。若到印度尼西亚访问旅游，最好先了解一下这些礼仪。

（4）越南礼俗

越南人社交习俗总的特点可以用这样几句话来概括：越南种族多，饮食有特色；酸辣味受宠，食品要斟酌；传统重礼仪，热诚待宾客；不准触头部，肩膀忌拍摸；用脚若指人，属于坏动作。越南人待客时总要拿出最好的酒和美味佳肴来招待，客人吃得越多，主人会越高兴。客人临别时，主人往往还要把自己的家乡特产送些给客人。他们对红色给予厚爱，视红色为吉祥、喜庆之色。越南人在社交场合与客人相见时，习惯扬抱拳作揖。越南信奉佛教的人与客人见面时，行传统的合十礼（双手合十齐唇或齐额，过头则为拜鬼）。

(5) 马来西亚礼俗

伊斯兰教是马来西亚国教。与马来西亚商人进行商务活动的最佳时间是每年的 3 月至 10 月，因为多数商人会于 11 月到次年 2 月休假，同时也要注意避开斋月和重大传统节日。

(6) 菲律宾礼俗

菲律宾多数人信奉天主教，由于曾被西班牙占领和统治过，菲律宾文化还带有明显的西班牙色彩。菲律宾南部的居民多信仰伊斯兰教，遵循伊斯兰教法。

（三）日本、韩国的礼俗

1. 日本礼俗

日本人经商带有典型的东方风俗，一般比较慎重、耐心而有韧性，自信心、事业心和进取心都比较突出。与日本商界打交道，要注意服饰、言谈举止的风度。与日本人初次见面，互相鞠躬，互递名片，一般不握手，如果是老朋友或者是比较熟悉的朋友就可以主动握手或拥抱。日本人鞠躬很有讲究，往往第一次见面时行"问候礼"，鞠躬 30 度；分手离开时行"告别礼"，鞠躬 45 度。日本不流行家宴，商业宴会也难得让妇女参加，商界人士没有携带夫人出席宴会的习惯，商界的宴会普遍是在大宾馆举行的鸡尾酒会。日本人没有互相敬烟的习惯，忌打听他人的工资收入。送花时，不要送白花，也不能把玫瑰和盆栽植物送给病人，菊花是日本皇室专用的花卉，民间一般不能赠送，日本民间喜欢樱花。

2. 韩国礼俗

韩国是一个礼仪之邦，尤其在尊老爱幼、礼貌待人方面，更为注重。韩国商务人士与不了解的人来往一般要有一位双方都尊敬的第三者介绍和委托，否则不容易得到对方的信任。与韩国人进行商务交谈时，至关重要的是建立信任和融洽的关系，否则谈判要持续很长时间，尤其是在韩国进行长期的业务活动，需要多次访谈才能奏效。

四、南美洲和非洲国家的礼俗

这两个地区的多数国家，商品经济不发达，有些国家甚至还保留有浓厚的原始部落习俗。在这些国家或地区中，各部落的首领（酋长），不仅在政治上，而且在经济上，权力都很大，若要进入这些国家与其展开商务交往，通常都要先给当地的酋长送礼，待获得允许后才能进入。因缺乏交往，各个国家和地区在礼俗和禁忌方面的差异极大。因而，在这些地区开展公共关系、商务活动应慎重。

案例分析一

这样打招呼好吗？

冯峰在大学期间学习非常刻苦，成绩也非常优秀，几乎年年都拿特等奖学金，为此，同学们给他起了一个绰号"超人"。大学毕业后，冯峰顺利地获取了在美国攻读硕士学位的机会，毕业后又顺利地进入了美国公司工作。一晃 8 年过去了，冯锋已成为公司的部门经理。

今年国庆节，冯峰带着妻子女儿回国探亲。一天，在大剧院观看音乐剧，刚刚落座，就发现有 3 个人向他们走来。其中一个边走边伸出手大声叫道："喂！这不是'超人'吗？你怎么回来了?"这时,冯峰才认出说话的人正是他的高中同学彭平。彭平大学没考上,自己跑到南方做生意,赚了些钱,如今回到上海注册了家公司当起了老板。今天正好陪两位从香港来的生意伙伴一起看音乐剧。这对生意伙伴是他交往多年的比他年长的香港夫妇。

此时,冯峰和彭平彼此都既高兴又激动。彭平大声寒暄之后,才想起了冯峰身边还站着一位女士,就问冯峰身边的女士是谁。冯峰这才想起向彭平介绍自己的妻子。待冯峰介绍完毕,彭平高兴地走上前去,给了冯峰妻子一个拥抱礼。这时彭平想起了该向老同学介绍他的生意伙伴。大家在相互介绍、握手、交换名片和简单交谈后,就回到各自座位上观看音乐剧了。

问题:该案例中的行为符合礼仪规范吗?为什么?

案例分析二

可怕的口臭

曾经在回家的火车上遇上一名销售钱包的人,走到我们这节车厢就开始滔滔不绝地介绍他的钱包。我很注意地听他的精彩讲解,正听得津津有味时,不知他是因为我专注的神情而紧张,还是他感觉天气太热,开始拿着纸块儿扇起风起来,一阵阵凉风拂过,同时一股难闻的口臭味儿也飘来,因为我离他很近,就殃及我这边的空气。我顿时一改对他良好谈吐的欣赏,当然连同他介绍的优质产品也一并否决在那飘在空气中的口臭味儿里。

问题:口臭或者身体的气味是我们需要关注的礼仪项目吗?个人的礼仪包括哪些内容?

复习思考

1. 本章没有介绍我国的礼俗,请问你能说出我国有哪些礼俗吗?
2. 打电话有哪些礼仪规范?

第六章

公关关系的一般程序

学习目标

通过本章学习，了解公共关系活动的一般步骤；了解几种重要的公共关系活动模式；掌握如何实施组织的公共关系计划及对效果进行评价的方法。

导入阅读

百事可乐春节品牌公关活动："把乐带回家2016"

1. 活动背景

从2012年开始，百事可乐"把乐带回家"每年春节都会和消费者见面，到2016年已经是第5年了。2012年到2015年，每年主要以贺岁微电影的形式呈现，讲述春节期间回家的故事，每年的故事演绎都有不同程度的变化，"家"有时指的是小的家庭，有时指的是社会集体的大家。

2016年是农历丙申年"猴年"，也是1986年版《西游记》播出30周年的日子。《西游记》作为中国四大名著之一，其中的主人公孙悟空形象深入人心，加上每年的春节联欢晚会央视都会根据针对当年的生肖准备一些有特色的节目，所以大家都很期待唐僧师徒四人可以在"猴年"春晚聚首。在央视春晚行动之前，百事洞悉到消费者这一情感需求，选择了"猴王"这个元素作为"把乐带回家2016"的落脚点，把乐带回家的"家"就变成了一个既可以涵盖童年时代的每一个"小家"，又能代表中国传统文化的"大家"。百事此次活动的策划方案如下。

2. 活动目标

创造优质的内容，使其成为一种传播媒介，为品牌说话；传承具有意义的传统文化，树立品牌立场引导消费者。

3. 主要传播渠道

除了传统电视和户外媒体之外，社交媒体平台的投放和互动力度加大。

4. 活动阶段

（1）第一弹：微信朋友圈 feed 流（信息流），微博"大 V"齐转发。

2016年12月26日，基于市场的深刻解读和人群的洞察，群邑旗下传立媒体携手百事可乐，选择微信朋友圈，首发由六小龄童老师亲自参与创作并演绎的微电影《把乐带回家之猴王世家》，与时下年轻人一起乐闹猴年。随后，百事可乐又推出两支视频，分别由口碑爆棚的动画电影《大圣归来》的手稿原作者齐帅和"90后"手艺人梁长乐演绎，对《猴王世家》篇里六小龄童"下一代就看你们的了"进行了传承。

同时，为了唤醒并释放大家内心爱玩、爱闹、爱笑的"猴性"，启发年轻人创造新年的"72变"，百事可乐特推出"乐猴王纪念罐"，并展开了一场关于"乐猴王纪念罐"的品牌传播活动。百事可乐的明星们以及当下最火的微博意见领袖相继晒出收到"乐猴王纪念罐"的照片，并表示"猴年"定要"把乐带回家"。在明星和意见领袖的号召下，话题热度不断提升，网民们纷纷评论、转发，并询问如何买到"乐猴王纪念罐"。百事可乐却宣布"乐猴王纪念罐"作为全球限量版，于2016年12月29日仅在京东商城作为赠品送出，购买指定产品即可获赠。

（2）第二弹：百事新年签，紧抓节日气氛。

2016年1月15日到2月8日，百事可乐推出百事新年签H5，消费者每天通过这个信息和平台去获取自己的新年签，记录下每一天都在干什么，把许愿和新年愿望贯穿在一起。

（3）第三弹：百事家族明星拜年，直接引导产品销量。

从2016年1月21日起，百事可乐发布了六小龄童和蔡依林、罗志祥、李易峰、吴莫愁等百事代言明星欢聚一堂拍摄的《把乐带回家》主题广告，大谈猴王精神，乐闹新春。同时，每隔三天百事可乐就组织代言明星发起拜年号召，通过这样的形式给消费者带去一个新年庆贺的情绪氛围；同时，百事可乐联合京东商城发起号称"大年初一也不打烊"的促销活动，把品牌传播的效果转移到电子商务平台的实际产品销售上去，生动诠释了如何让消费者"把快乐带回家"的宣传主题。

（4）第四弹：公益活动传播。

2016年1月20日，百事可乐联合中国妇女发展基金会共同发起了"把乐带回家——母亲邮包·送给贫困母亲的新年礼物"主题公益活动，该公益活动也已持续4年之久，致力于为贫困妈妈们送上贴心的温暖，让她们感受到新春佳节的第一份祝福，也让更多人能够一同把乐带回家。在这次活动中，母亲邮包活动分为运动捐步和公益捐款两种形式，同时邀请猴年春节期间的"大红人"六小龄童全程积极参与，起到了良好的示范和号召作用。该活动收获了公众的支持和关注，刺激了更多的人参与到公益行动中来，让人们共同为筹集2 016个母亲邮包而献出各自的一份力。

5. 活动效果

截至2016年2月2日，在"把乐带回家"的推广期间，百事可乐运用了微博以及微信公众号等平台推广有关内容，以下数据是在这场战役中的互动效果：活动期间热点话题"把乐带回家"超过3.4亿次页面浏览量，互动数64.7万；《把乐带回家之猴王世家》微电影在腾讯视频总播放量高达12 847.5万次；在腾讯公益上发起的百事可乐"把乐带回家——母亲邮包·送给贫困母亲的新年礼物"公益活动众筹现金超40万。

问题：在公共关系活动策划过程中，如何把握传播媒体及传播过程，在活动策划之需要了解哪些信息？

公共关系工作的目标是什么？就是组织通过坚持不懈的努力，在公众心中树立起良好的组织形象。树立良好的组织形象是一项十分复杂的工作，必须遵循一定的程序，采取科学的方法，进行周密的计划和严密的组织。美国公共关系界权威人士卡特利普和森特等人认为，不管是哪种形式的公共关系工作，自始至终都要遵循四个基本步骤，即公共关系调查，这是公共关系的基础性工作；公共关系计划，这是公共关系的核心性工作；公共关系实施，这是公共关系的关键性工作；公共关系评估，这是公共关系的总结性工作。这四个步骤相互衔接、不断循环，体现了公共关系运作的计划性、系统性和动态性的特点。

第一节　公共关系调查研究

一个独立的公共关系人员正在寻找顾客，潜在的客户问道："你能为我做些什么？"公共关系人员解释道："我能让你曝光，我能给你准备发言资料，让你上报纸。"这时，潜在客户很快就变成了不太可能得到的客户，他说："这个我自己也可以做到，我需要的是能帮我赚钱的人。"公共关系人员说："那是营销，我做的是公共关系。"那人回答道："我的底线是赚钱，如果你对此没有贡献，那你等于什么都没做。我所有的支出都要给我赚钱，否则我就不支出。这一点没有商量余地。"

传统上的公共关系专业人士都是实践者，而不是研究者，他们经常假定其他人都能够明白公共关系的价值。这种假定把公共关系置于削减预算、任人处置的位置，即使在经济条件不紧张时，公共关系也会被视为"装饰门面"。媒体、常规机构、消费者群体、经理人都怀疑公共关系是否在商业中有实用效果。通常公共关系专业人士会做出回击，声称他们促进了组织与公众之间的相互了解，但是却又无法提供确切证据。因而，作为专业的公共关系人员，应该首先能够证明公共关系的价值，即用可测量的效果证明公共关系工作的实际效用。

调查研究是公共关系程序的第一个步骤。要设计、塑造、树立组织的良好形象，必须对组织在公众中的现有形象进行准确了解，必须及时、有效、准确地获取组织外部信息，把握公众舆论。因此，必须了解和掌握公共关系调查研究和形象评估的理论和方法。

一、公共关系调查的内容

（一）组织基本情况调查

关于组织基本情况的资料是一切公共关系活动的基本材料，是公共关系人员必须掌握的。无论是撰写新闻报道、举行记者招待会、制作公共关系广告、接待公众来访，还是开展其他公共关系活动，都离不开组织基本情况调查。

组织的基本情况包括组织的历史与现状、目标和宗旨、经营特色、生产状况、产品类型、经营管理状况、市场营销状况、财务状况、技术开发状况、人事管理状况以及组织的名称、识别标志等。

(二) 公众信息调查

公众是公共关系活动的对象。公众对组织的态度和意见，是一切公共关系活动的出发点，掌握公众信息是开展公共关系活动的基础。公众信息调查要获取的信息包括以下内容。

(1) 背景资料，即了解公众的籍贯、住址、文化程度、年龄、性别、家庭状况、经济收入等情况，以便使公共关系工作具有强烈的针对性。这里的公众包括内部公众（如员工）和外部公众（如消费者）。

(2) 知晓度资料，即了解公众对组织基本职能、产品服务、方针政策的知晓情况。

(3) 态度资料，即弄清公众对组织的产品、服务、政策、行为持何种态度，对产品的质量、性能、技术、价格、包装如何评价，对组织的服务是否满意，对组织的政策和行为是否支持。

(4) 行为资料。一定的需求产生一定的动机，一定的动机引起一定的行为。获取公众行为资料首先要了解公众的需求类型和变化趋势，了解影响需求的因素（如经济因素、社会因素、心理因素、文化因素），要掌握公众的消费时尚、消费心理、消费模式的变化周期，进而全面了解公众对组织的产品、服务、政策、行为已经采取或准备采取什么样的行为。

(三) 组织环境调查

公共关系调查还包括对社会组织相关的各种社会环境状况进行调查，通过对环境状况的调查可以使公共关系人员更好地进行公共关系策划。环境调查主要包括以下内容。

(1) 法律政策环境调查。法律政策环境调查主要是指对一切同组织发展有关的中央、地方的各种法律、法规、政策的调查。企业组织应充分掌握诸如《中华人民共和国合同法》《中华人民共和国商标法》《中华人民共和国反不正当竞争法》《中华人民共和国劳动合同法》等法律的内容。

(2) 经济环境调查。经济环境主要包括宏观和微观两个方面的内容。宏观经济环境主要指一个国家的人口数量及其增长趋势、国民收入、国民生产总值及其变化情况以及通过这些指标能够反映的国民经济发展水平和发展速度。微观经济环境主要指企业所在地区或所服务地区的消费者收入水平、消费偏好、储蓄情况、就业程度等因素。这些因素直接决定着企业目前及未来的市场大小。

(3) 社会文化环境调查。社会文化环境包括一个国家或地区的居民教育程度和文化水平、宗教信仰、风俗习惯、审美观点、价值观念等。社会文化水平会影响居民的需求层次，宗教信仰和风俗习惯会禁止或抵制某些活动的进行，价值观念会影响居民对组织目标、组织活动以及组织存在本身的认可，审美观点则会影响人们对组织活动内容、活动方式以及活动成果的态度。

(4) 技术环境调查。技术环境调查除了要考察与企业所处领域的活动直接相关的技术手段发展变化外，还应及时了解国家对科技开发的投资和支持重点、该领域技术发展动态和研究开发费用总额、技术转移和技术商品化速度、专利及其保护情况等。

(5) 竞争环境调查。竞争环境调查是对竞争对手情况进行调查，了解竞争者的市场占有率、营销策略、市场优势，借鉴同行各组织的成功经验，加强横向联系。

(四) 组织形象调查

所谓组织形象是指公众对组织的全部看法和评价。组织形象虽是公众对组织的评价，但其内容却来源于客观事实，它是组织的客观行为在公众心中的反映。因此，要赢得公众的好感，组织必须从完善自己的政策和行为着手，再辅之以适度的宣传。这就是所谓的"PR = P（90%靠自己努力）+ R（10%让人知道）"。例如，一家生产线组织要想获得公众的青睐，首先就要生产出符合公众需要的优质产品，要有热情周到的服务态度，有利于社会的行为，再加上有效的公共关系宣传，就易于被公众接受。

组织形象分为组织的自我期望形象和实际社会形象。自我期望形象是公共关系所要达到的目标，而实际社会形象则是公共关系工作的出发点或起点。

1. 自我期望形象

自我期望形象是指一个组织自己所期望建立的社会形象，是一个组织公共关系工作的内在动力、基本方向。自我期望越高，组织的内聚力和发展的内在动力就越大。组织自我期望形象的确立应注意主观愿望和实际可能的结合，如果不切实际地过高期望，则会降低成功率，制约组织的发展。组织自我期望形象一般来讲应建立在对组织的各种要素和各种信息（如经营方针、管理政策、产品质量、市场占有率、潜在市场、新产品的开发能力等）的了解和把握的基础上。

组织的自我期望形象包括两个方面。一方面是组织领导阶层对组织形象的期望和看法。领导阶层作为组织的决策者和领导者，决定、掌握着组织的总目标、发展战略方向、重大工作项目等，他们对组织形象的期望，往往代表了组织整体对自身形象的期望，因此对于组织形象的选择和建立具有决定性意义。所以调查组织形象，首先必须详尽了解领导层对组织形象的期望。另一方面，组织形象还包括全体员工对自己组织的全部看法和希望。员工是组织赖以生存和发展的基础。员工的工作态度、工作热情直接影响组织的发展，而员工的工作态度和工作热情在很大程度上又来自于员工对组织的全部看法和评价。公共关系人员要通过调查研究，了解员工对组织的批评、建议、希望、要求，并采取措施加以引导，从而激发员工的工作热情，形成员工对组织强烈的归属感和自豪感。

2. 实际社会形象

实际社会形象是社会公众对组织已有行为的评价和看法的总和。公众的知晓情况、公众的态度情况是组织形象的一面镜子，组织可以利用舆论调查、民意测验等方法调查了解组织在其公众中的知名度和美誉度。知名度反映的是公众对组织的知晓情况（知名度 = 知晓人数/被调查人数）；美誉度反映了社会公众对一个组织的信任和赞誉度，也就是公众的态度情况（美誉度 = 称赞人数/知晓人数）。

例如，调查一家公司的形象，对1 000名公众进行抽样调查，如果这1 000个人都对该公司表示了解和知道，并且对它感兴趣和称赞它，那么该公司的知名度和美誉度均为100%。如果在被调查的1 000名公众中，只有300人知道和了解该公司，那么它的知名度则为30%；知道这个公司的这300人中，如果仅有60人对该公司表示称赞，占300人的20%，那么这个公司的美誉度则为20%。

一个组织社会形象的高低主要通过对知名度和美誉度的测量反映出来，二者的关系主要通过组织形象地位的四象限图来表示，如图6-1所示。图6-1整个分成四个象限。在A象

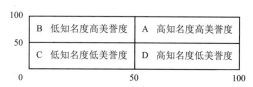

图 6-1 组织形象地位四象限示意

限区的组织，知名度和美誉度都相当高。在 B 象限区的组织，知名度低，但美誉度比较高，这时公共关系工作的重点应放在提高知名度上，让社会上更多的人知道该组织的良好行为。在 C 象限区的组织，知晓组织的人不多，赞许组织的人也不多。在 D 象限区的组织，知晓组织的人多，信任该组织人并不很多。组织形象地位四象限图直观地显示了一个组织已享有的形象地位，可以帮助组织认识自己、发现问题，并寻求解决的方法；同时，也为进一步选择设计、完善组织社会形象提供了依据。

根据图 6-1，低知名度、低美誉度（C 象限区）是不是最糟糕的公共关系状态呢？一般认为，最糟糕的公共关系状态是处在 D 象限区中。例如，某公司负面消息被曝光后，知名度提高了，美誉度却降低了，即显示出臭名昭著的公共关系状态，因而这一时期公共关系的处理难度最大，也最复杂。

二、公共关系调查的方法

公共关系调查的方法，借鉴了社会调查研究的基本方法，形成了自己的方法体系，主要有文献调查法、访谈调查法、观察调查法和问卷调查法。

（一）文献调查法

文献调查法是指调查者通过查询各种文献资料，对媒介所传播的各种有关组织形象或发展信息进行调查、统计、分析的一种间接的调查方法。

（二）访谈调查法

访谈调查法是调查者依据调查提纲，通过与被调查者直接交谈、收集语言资料的方法，是一种口头交流式的调查方法。

访谈调查法的主要特点是：调查者与被调查者采用对话、讨论等面对面的交往方式，具有双方互相作用、相互影响的特点。在访谈调查过程中，只有注意运用人际交往和谈话的技巧，才能有效地控制访谈过程，获得有价值的信息资料。

根据访谈对象的数量，访谈调查法可以分为集体访问和个别访问两种。在这里重点介绍个别访问。个别访问是调查者分别访问被调查者，通过单独谈话的方式收集资料的一种访谈方法。个别访问的主要特点是：调查者和被调查者双方是面对面接触，便于建立互相信任的关系，有利于排除干扰，减少从众心理的压力，使收集的资料比较生动、具体、真实可靠。

进行正式访谈前需要做好相应的准备工作。首先，需要了解调查任务、目的及相关的背景资料并设计访谈提纲（见图 6-2）。访谈提纲一般包括访谈的目的、要求、时间、地点、对象、调查题目、具体访谈问题。其次，选择并了解访谈对象。要根据调查的内容选择访谈对象，访谈对象要有一定的代表性。选择好访谈对象后，在可能的情况下要多了解被访谈者的基本情况。事先对被访谈者了解越多,访谈中就越主动。最后,确定访谈的时间和地点。确定的访谈时间和地点要事先通知被访者,并准备好必要的记录工具,如笔、稿纸、调查表格、录影机、介绍信及证件等。

调查者在最初见到被访者时,首先要进行自我介绍,其次应表明来意,请求对方合作。此外还要向对方解释选择对方为访谈对象的理由,并努力消除对方的疑虑和紧张心情。

访谈调查是一项组织协调性较强的公共关系活动,既需要直接的感情投入,也需要一定的技巧,比较耗费精力,对于调查者的素质要求较高。在访谈中,调查者要保持中立的态度,不要把自己的意见暗示给被访者,否则会影响资料的真实性;访谈者要把握好访谈的方向和主题焦点,防止谈话偏离调查主题,进而影响效率;访谈者使用的语言要简明扼要,根据被访者的特点,灵活掌握问题的提法和语气。

访 谈 提 纲

访谈目的:了解员工对公司的了解和评价
访谈对象:各部门随机挑选的2名员工
访谈时间、地点:公司小会议室,×月×日
访谈问题:
一、对公司的了解
1. 你了解公司的部门组成吗?
2. 你了解公司领导班子的情况吗?
3. 公司的业务、主要产品和服务是什么?
二、对公司的评价
1. 对公司是否满意?若满意,为什么?若不满意,为什么?
2. 对公司的人际关系有什么看法?
3. 近期有一些人离开公司,另有他就,你对此事有什么看法?

图 6-2 访谈提纲

(三) 观察调查法

观察调查法是调查者进入调查现场,用自己的感官及辅助工具,观察和记录被调查对象的表现,从而获得第一手资料的调查方法。与其他调查方法相比,观察调查法收集到的资料更直接、更真实、更具体,所以往往成为公共关系调查中常用的一种方法。

观察调查法的特点是:观察调查作为调查者有目的、有计划的认知获得,与人们日常生活中随意的、无计划的观察活动不同。公共关系调查的观察,是在组织机构的调查目的和假设的指导下进行的,需制定周密的观察计划,对观察的内容、手段、步骤、范围做出具体规定,还要对观察员进行培训,以收集所需的调查资料。

因此,观察调查法在实施前应制定相应的观察提纲(见图6-3),观察提纲包括观察目的、观察地点、观察时间、观察内容等;此外还需要确定观察项目清单或观察表,即在观察前,需预先列出需要观察事物的项目,把这些项目作为集中观察的内容,并形成观察项目清单(见图6-4),或以表格形式表现为观察表(见表6-1)。制作的观察表要特别注明观察项目影响因素,如在零售商场人流量的观察中,其影响因素包括天气、时间等,因此在观察表中需要特别标注。

```
产品销售情况观察提纲
观察目的：了解新产品的销售情况
观察地点：×大型商场
观察时间：×月×日
观察内容：
1. 购买包括本产品在内的同类产品的消费者人数
2. 购买本产品的消费者人数
3. 购买本产品的消费者的年龄、性别特征
4. 对本产品的评价
```

图6-3　产品销售情况观察提纲

```
汽车消费观察项目清单
观察地点：××路口
观察时间：20分钟
观察项目：
    进口轿车_____辆
    国产轿车_____辆
        其中桑塔纳_____辆
             捷达_____辆
    微型面包车_____辆
        其中昌河_____辆
             松花江_____辆
```

图6-4　汽车消费观察项目清单

表6-1　汽车消费观察表

观察地点：××路口

观察时间：20分钟

进口轿车	国产轿车			微型面包车		
	桑塔纳	捷达	其他	松花江	昌河	其他

　　按照观察者是否参与被观察者的活动，观察调查法可以分为参与观察和非参与观察两种。参与观察是指观察者直接介入被观察的事物，与被观察者发生联系，以内部成员的身份参与他们的活动，在共同活动中观察、收集有关资料。例如，观察者在商场作为消费者了解其他消费者对本企业产品、服务和企业形象的评价。非参与观察是指观察者不参与被观察者的活动，而是以局外人的身份对被观察者进行观察，不干预事物的发展过程，只是记录事物发展的自然情况。例如，零售企业的公共关系人员在店内外观察公众人流数量、公众特点、消费情况等。

（四）问卷调查法

问卷调查法是调查者运用统一设计的问卷，利用书面提问的方式，向被调查者了解情况并收集信息的方法。

问卷调查法是社会调查中最常见的资料收集方法，常用于较大规模的抽样调查，调查者可运用这一方法，对公众态度、社会生活进行准确、具体的测量，并运用社会统计方法进行量化描述。

调查所用的问卷是用来收集资料的一种工具，它的形式是一份精心设计的问题表格，用来测量被访者的行为、态度和社会特征。

在进行公共关系调查的过程中，公共关系调查人员必须掌握各种调查方法的特点，根据调查目的因地制宜地选择最有效的调查方法。

三、组织形象调查的步骤

作为公共关系人员，仅仅对组织形象的地位和现状加以了解是不够的，还要对其形成的原因做进一步分析，即进一步分析公众对组织形成不同态度、看法和评价的原因，这就是组织形象要素具体内容分析所要解决的问题。

（一）组织形象量化统计表的设计

如表6-2所示，将组织形象内容要素确定为产品质量、管理效率、售后服务态度、业务水平、产品技术领先与否、参加公益活动积极性、公司知名度七个因素。

表6-2 组织形象量化统计

正评价	非常	相当	稍微	一般	稍微	相当	非常	负评价
产品质量好								产品质量差
管理效率好								管理效率低
售后服务态度好								售后服务态度差
业务水平高								业务水平低
产品技术领先								产品技术落后
参加公益活动积极性强								逃避公益活动积极性弱
公司知名度高								公司知名度低

在两种评价中语气强弱可以分为5档、7档、9档三种强弱程度，常见的是七档，居中的为"一般"。

（二）问卷发放、回收与统计

问卷设计完成后，发放给选定的公众，并通过一定的渠道回收问卷，然后在此基础上完成问卷统计。

1. 问卷发放

一般可采用邮寄或当面发放的方式发放问卷。邮寄方式发放问卷简便易行，但对被调查者的影响力最小，因此最好在邮寄的信封里附上一封感谢信或者附上相关专家或有影响力人士的推荐信,并且要给被调查者附上寄回问卷的空白信封和邮票。当面发放问卷是最有效的问卷发放方式。当面发放、当场填写,被调查者有不明白的问题可以当场询问,由于有情感交流,这种方式易于取得被调查者的合作,但要注意防止在集体场合填写的相互干扰。

2. 问卷回收

回收问卷后,筛选出有效的调查问卷作为统计对象,以统计有效问卷的回收率。回收率=问卷回收数/问卷发放数。保持一个较高的问卷回收率,也是获得真实可靠资料的保证。一般来说,回收率如果仅有30%左右,资料只能作为参考;回收率达到50%以上,可以采纳建议;当回收率达到70%~75%或超过75%,方可作为研究结论的依据。因此,问卷的回收率一般不应少于70%。如果有效问卷的回收率低于70%,要再发一封信及问卷进行补充调查。另外,如有可能,可以做小范围内的跟踪调查或访谈调查,了解未回答问题的那部分被调查者真实看法,以防止问卷结果分析的片面性。

影响问卷回收率的主要因素有回收问卷的有效程度、调查组织公众的严密程度、调查课题的吸引力、问卷填写的难易程度、问卷回收的可控制程度等。据统计,邮寄问卷的回收率约为30%~60%;而当面发放问卷的回收率可达到80%~90%,并且当面发放并回收问卷,可以检查问卷是否有空填、漏填和明显的错误,以便及时更正,保证问卷具有较高有效性。因此,要想提高问卷的回收率,必须设计出简洁凝练、有吸引力、填答容易的问卷,最好使用当面发放问卷的方法。

3. 问卷统计

将每档有效问卷的人数加总后填入组织形象量化表中相应的位置,结果如表6-3所示。

一般而言,组织的自我期望形象调查步骤与实际形象调查步骤相同,只不过调查对象有所区别。实际形象调查是针对组织外部公众进行的调查,而自我期望形象调查则是针对组织内部领导和员工进行的内部调查。

表6-3 组织形象量化统计结果

正评价	非常	相当	稍微	一般	稍微	相当	非常	负评价
产品质量好		65	25	10				产品质量差
管理效率好			25	65	10			管理效率低
售后服务态度好				15	30	55		售后服务态度差
业务水平高					20	70	10	业务水平低
产品技术领先				10	20	60	10	产品技术落后
参加公益活动积极性强						10	90	逃避公益活动积极性弱
公司知名度高					25	55	20	公司知名度低

(三)期望形象与实际形象的差距分析

1. 将组织形象量化统计表中的语气程度赋值

将组织形象量化统计表中语气强弱分别赋予不同的值,每档间隔为10,最差态度值为 0。0~10 表示非常差；10~20 表示相当差；20~30 表示稍微差；30~40 表示中间状态；40~50 表示稍微好；50~60 表示相当好；60~70 表示非常好。赋值后的组织形象量化统计表如表 6-4 所示。

表 6-4 赋值后的组织形象量化统计表

正评价	非常 (70~60)	相当 (60~50)	稍微 (50~40)	一般 (40~30)	稍微 (30~20)	相当 (20~10)	非常 (10~0)	负评价
产品质量好		65	25	10				产品质量差
管理效率好			25	65	10			管理效率低
售后服务态度好				15	30	55		售后服务态度差
业务水平高					20	70	10	业务水平低
产品技术领先				10	20	60	10	产品技术落后
参加公益活动积极性强						10	90	逃避公益活动积极性弱
公司知名度高					25	55	20	公司知名度低

2. 根据组织形象量化统计表求得调查统计结果

计算公众对每一项调查项目评价的平均值，得出实际社会形象域。以 $\overline{X_i}$ 表示调查项目内容的平均值，以 N 表示有效调查总人数，以 X_i 表示该档次评价人数，以 rl_i 表示该档次中的平均值，i 表示第 i 项因素。每一项调查项目评价的平均值计算公式如下。

$$\overline{X_i} = \frac{\sum_{i=1}^{n} x_i \cdot rl_i}{N}$$

根据以上公式，假设表 6-4 中产品质量、管理效率……公司知名度的项目号分别为 1、2…7，可以求得：

$$\overline{X_1} = \frac{65 \times 55 + 25 \times 45 + 10 \times 35}{100} = 50.5$$

$$\overline{X_2} = \frac{25 \times 45 + 65 \times 35 + 10 \times 25}{100} = 36.5$$

$$\overline{X_3} = \frac{15 \times 35 + 30 \times 25 + 55 \times 15}{100} = 21$$

$$\overline{X_4} = \frac{20 \times 25 + 70 \times 15 + 10 \times 5}{100} = 16$$

$$\overline{X_5} = \frac{10 \times 35 + 20 \times 25 + 60 \times 15 + 10 \times 5}{100} = 18$$

$$\overline{X_6} = \frac{10 \times 15 + 90 \times 5}{100} = 6$$

$$\overline{X_7} = \frac{25 \times 25 + 55 \times 15 + 20 \times 5}{100} = 15.5$$

3. 绘制实际形象示意图

将计算出的平均值,在表中用实线连接起来,可求得量化结果,这种变化趋势如表6-5所示。

表6-5 组织实际形象变化趋势示意

评分区间 70 60 50 40 30 20 10 0

正评价	非常	相当	稍微	一般	稍微	相当	非常	负评价
产品质量好		65	25	10				产品质量差
管理效率好			25	65	10			管理效率低
售后服务态度好				15	30	55		售后服务态度差
业务水平高					20	70	10	业务水平低
产品技术领先			10	20	60	10		产品技术落后
参加公益活动积极性强						10	90	逃避公益活动积极性弱
公司知名度高					25	55	20	公司知名度低

4. 绘制自我期望形象示意图

自我期望形象也采取实际形象的统计方式进行统计。为表示区别,自我期望形象采用虚线标示。自我期望形象示意图一般偏左,原因在于组织自身对自己看法相对较好,趋于正面看法。组织自我期望形象示意如表6-6所示。

表6-6 组织自我期望形象变化趋势示意

评分区间 70 60 50 40 30 20 10 0

正评价	非常	相当	稍微	一般	稍微	相当	非常	负评价
产品质量好		65	25	10				产品质量差
管理效率好			25	65	10			管理效率低
售后服务态度好				15	30	55		售后服务态度差
业务水平高					20	70	10	业务水平低
产品技术领先			10	20	60	10		产品技术落后
参加公益活动积极性强						10	90	逃避公益活动积极性弱
公司知名度高					25	55	20	公司知名度低

5. 寻找差距

虚线与实线的中间部分即是组织自我期望看法与公众看法之间的差距。

通过调查,可以发现本组织形象的缺陷,为以后的方案策划和形象定位奠定基础,以便于通过工作弥补形象。从表6-6中可以分析得出,该组织的形象差距主要集中在售后服务态度和参加公益活动两个因素上。如果组织采取促进型公共关系活动，可以以优势形象（产品质量、业务水平）为着眼点进行公共关系活动，通过突出优势、掩盖劣势树立形象；如果组织采取弥补型公共关系活动，可以以劣势形象（售后服务态度、参加公益活动态度）为着眼点进行公共关系活动，通过弥补劣势形象树立整体组织形象。

因此，公共关系形象调查可以具体细分为四个步骤：第一，找出公共关系人员所想——与组织上层、中层的关键管理者访谈（问卷设计、发放）；第二，找出客户所想——对关键公众进行调查，以调查公众看法与公司管理的结合紧密程度（问卷设计、发放）；第三，评估差距——根据前面两个步骤发现的差别进行分析，准备一份关于资产、负担、强项、弱项的公共关系资产平衡表（问卷回收与差距分析）；第四，提出建议，制定一个全面的公共关系项目，填补前面两个步骤调查出的差距，更正第三个步骤中的公共关系资产平衡表中出现的不足。

四、调查方案的写作

（一）调查方案的基本结构

调查方案设计，就是根据调查研究的目的和对象，在进行实际调查之前，对调查工作的各个方面和各个阶段进行通盘考虑和安排，提出相应的调查实施方案，制定合理的工作程序。

调查方案设计是从定性认识过渡到定量认识的开始。调查方案设计起着统筹兼顾、统一协调的作用，能够使调查更有针对性，从而更加系统、更加完整地反映出调查对象的整体面貌。

调查方案一般由以下八项基本内容构成。

1. 调查目的

调查目的即调查所要解决的问题。调查目的不同，调查的内容和范围也不尽相同。调查目的的设定，一般应根据调查组织者（或委托者）的实际情况和需要，并结合环境的变化进行综合考虑。

2. 调查对象

确定调查对象即确定向谁进行调查。调查对象的确定，应根据调查目的加以考虑，并不是调查对象所涉及的面越宽就越好。同时，有些无法进行接触的个人或单位也不宜随意列入调查对象范围。

3. 调查项目

确定调查项目即明确需要向调查对象了解哪些问题。例如，在某一产品的市场消费情况调查中，消费者的性别、民族、文化程度、年龄、收入、动机、态度等，就是调查者必须了解的问题。确定调查项目时还应注意项目之间应尽量互相联系、互相对照，有某种内在逻辑关系。

4. 调查提纲和调查表

通过对调查项目进行科学的分类和排列，即可构成调查提纲和调查表。调查表一般由表头、表体和表脚三部分构成。表头包括调查表的名称及调查单位（或填报单位）的名称、性质和隶属关系等。表体包括调查项目、栏号和计量单位，表体是调查表的主要部分。表脚包括调查者或填报人的签名和调查日期等，目的在于明确责任，提高填表质量。为了便于正确填表、统一格式，拟定调查表后，还可根据需要附填表说明。

5. 调查时间和地点

调查时间是指进行调查和取得调查资料的时间。确定调查时间的目的在于明确规定资料所反映的是调查对象哪一时间段的情况，并对调查工作的开始和结束做出时间规定。

调查地点是指调查者去何处实施调查。虽然调查地点通常与调查对象相关联，但仍有其特定要求。例如，对某一对象的调查，既可前往其所在单位或部门，也可邀请其在其他地点进行。若属于市场调查中对消费者的随机抽样调查，则调查地点的选择更显重要，因为不同的地点可能产生不同的调查结果。

6. 调查方式和方法

在确定调查总体方案时，应事先对取得调查资料的方式和方法加以确定。收集资料的方式一般有普查、重点调查、典型调查、抽样调查等。具体调查方法则有访谈法、观察法、问卷调查法等。调查采取的方式和方法不是固定和统一的，往往取决于调查对象和调查任务。大中型调查要注意多种方式和方法的综合运用。

7. 研究分析方法

研究分析方法即确定对调查所取得的资料如何进行研究分析，研究分析方法中应对资料的分类、编号、分析、整理、汇总等一系列工作的开展作出明确规定。

8. 调查组织计划

调查组织计划是指实施整个调查活动的具体工作计划，主要内容包括调查的组织领导、调查机构设置、人员的选择和培训、调查工作步骤及其善后事务处理等。

（二）调查方案的写作原则

科学地设计、写作调查方案，必须遵循以下几条基本原则。

1. 实用性原则

设计调查方案必须着眼于实际应用，只有实用性强的调查方案才能真正成为调查工作的行动纲领。调查什么、由谁调查、到哪里调查、花多少时间和费用，都必须从调查的实际需要出发，并根据调查工作的主客观条件慎重设计调查方案。实用性是评价调查方案优劣的首要标准。

2. 时效性原则

设计调查方案必须充分考虑时间效果，特别是一些应用性的调查课题，往往有很强的时效性。例如，市场需求变化调查就必须在市场需求发生重大变化之前得出成果，否则就会失去指导意义，至少会大大降低调查成果的社会价值。对预测性课题，更应做超前的调查和研究。如果调查总是落后于实践，就失去了这类调查的本来意义。当然，强调时效性原则并不是越快越好。许多公共关系基础性课题，往往需要进行深入、持久、反复调查，其调查工作的周期也应适当延长。

3. 经济性原则

设计调查方案必须努力节约人力、财力、物力和时间，力争用最少的人力、财力、物力和时间投入，取得最大的调查效果。例如，在调查类型的选择上，能够做抽样调查的就不做普遍调查，能够做典型调查的就不做抽样调查。在调查方法的设计上，能够通过文献调查解决的问题，就不做现场调查；能够通过观察、访谈解决的调查课题，就不做实验调查。在调查范围的大小、调查对象的多少、调查时间的长短、调查人员的安排等方面，也都应厉行节约。

4. 一定的弹性原则

任何调查方案都是一种事前的设想和安排，方案与客观现实之间会存在着或大或小的距离。在实际调查过程中，又常常会遇到一些意想不到的新情况、新问题。因此，设计调查方案时，对于调查工作的具体安排和要求，应有一个上下滑动的幅度，保持一定的弹性。只有具有一定弹性的调查方案，才是真正实用的调查方案。

一个调查方案的优劣，可以从不同的角度来评价，主要有三点：第一，方案设计是否准确地体现了调查的目的和要求；第二，方案是否科学、完整并且便于实际操作；第三，方案能否使调查的质量比以往有所提高。

五、调查问卷的设计

（一）问卷的结构

问卷是用来测量被调查者的工具，被调查者对问卷是否喜欢，对测试质量的影响很大，调查者不仅要从问卷内容上考虑调查对被调查者情绪的影响，而且还要从问卷结构上考虑调查对被调查者的影响。不注意问卷结果是否合理、顺序是否得当、选择是否有困难等问题，即使问卷的内容控制得很好，也可能导致调查失败。在问卷设计中，其结构应注意顺序和性质的关系。

1. 问卷的标题

问卷的标题拟定虽然不复杂，却是被调查者最早接触的内容，其重要性不可忽视。标题的拟定一般要能准确反映调查的目标和内容，同时应避免给被调查者留下不良印象或心理刺激。有些在目标、内容上会对被调查者的情绪造成影响的调查，在拟定标题时，常常故意设计得不十分明确，以减少不良影响，争取被调查者更好的合作。

2. 说明信

说明信是在问卷的卷面上给被调查者的短信，一般放在问卷的开头。说明信用来交代调查者的身份、调查目的、意义、内容、要求及通信地址，以消除被调查者的顾虑，争取他们的积极支持与配合。说明信的语言应简明、谦虚、诚恳。说明信一般包括称谓、调查目的和重要性、对问卷形式和具体方法的解答，同时保证被调查者的隐私或其他秘密不被泄露，感谢被调查者的合作等。

3. 对被调查者基本背景资料的调查

对被调查者基本背景资料的调查包括对被调查者的性别、年龄、文化程度、收入、职业等内容的提问。

4. 对被调查者的基本事实和基本态度问题的调查

对被调查者的基本事实和基本态度问题的调查包括对被调查者的某些行为、对某事物的态度、某种行为的动机等进行的提问。

（二）问卷设计的原则

不论设计哪一类问卷，都应做到"16要"和"16不要"的原则。

（1）问题要具体，不要笼统、抽象。如"您觉得我们的改革怎么样？""您觉得××西服怎么样？"这样的提问太宽泛，应避免。

（2）问题要单一，不要杂糅。如"您的父母是否喜欢我厂的老年人用品？"而事实上有可能父母中只有一个人喜欢，另一个人则不喜欢。

（3）用词要通俗易懂，不要用公众感到陌生的词语或专业术语。如"您家的消费结构怎样？"这样的提问显得过于专业化。

（4）用词要简洁，尽量不要用形容词和副词加以修饰。如"您是否特别喜爱化妆？"在实际生活中，许多"喜爱"化妆，但并不"特别喜爱"，选择答案时就很难决定。

（5）词义要清晰准确，不要含糊不清。如"您是经常还是偶尔喝我厂的饮料？"经常、偶尔这类词语，每个人的理解可能不一样。

（6）要客观中立，不要加入影响被调查者回答的观点。如"您愿意为利国利民的希望工程捐款吗？"对这样的问题，被调查者很难做出否定性的回答。

（7）要保护被调查者的自尊与个性，对敏感的问题不要过多涉及，应注意减少被调查者的心理压力。

（8）选择题所列项目要互斥，不要出现包容现象。如"您认为这种款式最适合谁？A. 男士；B. 女士；C. 教师；D. 军人……"现实生活中，军人有男也有女，教师中也有在军事院校任教者，这让人无法回答，只能随便应付了事，其结果一定不准确。

（9）数字要准确，不要交叉。如问年龄，应指明是周岁，并列出明确答案，如"A. 20 岁以下；B. 21～30 岁；C. 31～40 岁……"如果答案为"A. 20 岁以下；B. 20～30 岁；C. 30～40 岁……"就出现了交叉，令一些人难以选择。

（10）选择题所列项目要穷尽各种情况（不能穷尽的可加一项"其他"），不要让一些被调查者找不到自己应填的位置。如文化程度，除小学、中学、大学外，还应包括职业院校和大学以上等情况。

（11）要具有时间观念，问近期的事，不要问难以回忆的事。如可以问"您本月买衣服花了多少钱？"或者问"您最近一次买衣服花了多少钱？"，不要问"您去年买衣服花了多少钱？"

（12）要将容易回答的问题放在前面，不要将比较难回答的问题放在前面，尤其是涉及个人问题（如收入等）时一定要慎重。

（13）设计完问卷要先进行试调查，不要贸然发出去。试调查范围可大可小，从中可以发现不足，积累经验。如果贸然发出，一旦出了问题就不好处理。

（14）要有排查措施，不要一概都相信。应能去伪存真，排除无效问卷。

（15）提出某些问题时要采用迂回战术，使被调查者在不知不觉中道出心声，不要过于直露和鲁莽。如要了解某企业凝聚力状况，直接发问未必能得到真实的答案。但如果问"您来到××企业感到自豪吗？"或者问"您的亲友是否知道您在该单位？"等问题，就可能从另一侧面了解到更真实的情况。

（16）答题形式要简单，不要让人感到吃力或烦躁，尽量少用复合式提问。

（三）问卷设计的注意事项

（1）申明调查目的，保证被调查者行使不记名填写的权力。

（2）尽可能使用通俗易懂的句子和整齐的版式，使问卷一目了然和美观大方。

（3）问卷底部留出空间，用以被调查者填写补充说明。

(4) 提高问卷的有效性，防止对问卷题目产生理解上的偏差，问卷设计人员应预先自行回答问卷中的问题并提出改进意见。

六、统计分析

(一) 常用的数据统计分析方法

1. 集中趋势分析

集中趋势反映一组资料中各数据所具有的共同特征，如资料中各数据聚集的位置或一组数据的中心点等。集中趋势分析可以使用算术平均数、中位数、众数等指标来衡量。

2. 离中趋势分析

总体内部各个变量之间的差异或者变异是客观存在的，离中趋势分析是分析总体各变量间差异的统计方法。与集中趋势相反，离中趋势反映的是一组变量之间的差异或离散程度。离中趋势分析可以使用极差、平均数、标准差、方差等变异指标来衡量。

3. 相关分析

如果要进一步探索和揭示物或现象之间的相互联系和相互作用，就要对多变量进行相关分析。根据变量的数量，相关分为一元相关、二元相关和多元相关。

(二) 调查统计评估图表

1. 统计表

统计表是记载汇总结果和公布统计资料的表格。统计表具有两个特点：能合理、系统地排列整理过的资料；能合理、科学地组织资料。

(1) 统计表的结构。统计表一般由标题、标目（横标目和纵标目）、数字、表注等要素构成。标题就是统计表的名称，它简要地说明了表中统计资料的内容，一般写在表的顶端中部。数字是统计表的主体，用来表示有关指标的数量，一般用绝对数、相对数或平均数。

统计表的结构如表 6-7 所示。

表 6-7 2010 年某企业青年职工文化程度状况

文化程度	人数（人）	比重（%）
研究生	120	11.4
本科	850	81
本科以下	80	7.6
合计	1 050	100

(2) 统计表的内容。统计表的内容由主词和宾词两个部分组成。主词就是统计表所要说明的总体或总体的各个组、各个单位的名称，通常排在表的左边。宾词就是统计表用来说明主词的各种指标，通常排在表的右边。

(3) 统计表的种类。按形式的不同，统计表可分为简单表、分组表和复合表。简单表是指表中的主词不做任何分组的统计表，在简单表中，主词只按时间顺序排列，或只列举总体各单位的名称。分组表是主词只按一个标志进行分组的统计表，分组表又可分为单值表和组距表。复合表是指表中的主词按两个或两个以上的标志进行复合分组的统计表。复合分组表按表现形式不同，可分为复合表和交互分类表。

按作用的不同，统计表可分为调查表、整理表和分析表。调查表是指社会调查中用于收藏和登记原始资料的表格，如人口普查登记表、住房调查登记表等。整理表是指资料整理中用于归纳和表述资料整理结果的表格。分析表是指在资料整理的基础上用于对资料进行定量分析的表格，分析表往往同整理表结合在一起，成为整理表的延续。

（4）制作统计表的注意事项。① 统计表的标题应简练而准确，资料的空间条件应在标题内写明，时间条件可置于标题下括号内。② 填写数字资料时，应注意不留空格，即没有数字资料时要用斜线划掉。当数字资料上下或左右相同时也应用数字写出，不得写上"同上""同左"等字样。③ 对于某些需要特殊说明的统计资料，应在统计表的下方加注说明，如资料来源、历史背景、计算方法、可靠程度等。

2. 统计图

（1）统计图的种类。统计图按表现形式不同，可分为几何图、象形图、统计地图三种类型。几何图是利用点、线、面来表示统计资料的图像，包括条形图、平面图、曲线图等。象形图是利用调查对象本身的实物形象来表示统计资料的图形。统计地图是在地图上利用线纹或点来表现统计资料的图形，专门用来表示调查的数量资料在地域上的分布状况。

（2）制作统计图的基本要求。第一，绘制统计图要有明确的目的和任务，并根据绘图的目的、任务和资料本身的特征选取适合的图形。第二，图示的内容要简明扼要，重点突出；图示的标题、数字单位以及文字说明等，都要清晰，一目了然。第三，图形的设计要科学、准确；必须依据准确的资料进行加工和计算，做到图示准确、数字分明。第四，绘制的图形要美观、大方、鲜明，具有较大的吸引力和说服力。

第二节　公共关系计划

组织内外环境的变化将产生无穷无尽的公共关系问题，很多情况下，因为有太多的紧迫问题，公共关系经理们发现自己只是在应对那些特殊情况，这些情况通常是负面的，在问题已经失控后，组织才要求公共关系人员介入，很多公共关系经理说："我不得不在事情发生后进行声明（而且要击退媒体中的恶意宣传）"。因此，公共关系经理们发现自己总是忙于"灭火"而没有时间阻止"火灾"发生。

"救火"无疑是公共关系功能的一部分，但这一点不能支配所有行动。否则公共关系人员就会成为环境的牺牲品，只能应对身边的情况。公共关系人员发出最多的抱怨可能是：其他经理只在问题无法控制时才要求他们提供公共关系服务。当组织形象受损时，公共关系经理总是接到命令去"修复形象"，其实这样对组织和公共关系人员来说，是一个双输的局面，公共关系人员所做的工作有时候是没有效果的。公共关系人员在突然陷入危害形势前能探测出潜在问题，并为管理层提供早期警告和建议，即使早期发现不能在负面事件发生前提交报告，至少可以将负面影响最小化。所以，只有在预先警告与充分策划相结合时，公共关系人员才可以提供精心设计的积极行动方案，避免仓促应对。

总之，公共关系的有效性取决于策划，良好的策划是防患于未然的最佳途径，远胜于事后补救。

一、公共关系形象定位

形象定位是指企业为自己设计出一个理想且独具个性的形象位置。定位理论最早出现于20世纪60年代末美国广告界的一些文章里；到20世纪80年代，美国著名营销专家菲利普·科特勒开始把定位理论系统化、规范化，强调通过设计有价值的产品和行为，使顾客在细分的市场中了解和理解企业与产品的差异性定位。要想组织在公众心中留下清晰、深刻的印象，就必须有准确的形象定位。

（一）组织形象定位归因

在现代社会中，由于多数企业为了塑造自身的形象，大都采用了公共关系、广告等宣传手段。但是由于广告及公共关系活动数量的暴增，导致了单一组织对公众的影响相对减弱，加上繁多的形象宣传而造成的沟通"过度"，使公众更难在眼花缭乱的市场中识别某一企业。此时，最有效的识辨办法就是明确独特的组织形象定位。只有这样，才能使组织形象的信息深入人心，让他们在消费者心中扎下根。

（二）组织形象定位的方法

1. 优势定位法

公众对组织形象的认识实质上是对其优势性的个性形象认识。企业要想在激烈的市场竞争中立于不败之地，必须扬长避短，重视表现企业的优势。企业给予公众这种优势性形象的定位，才能赢得公众的好感与信赖。不同的企业具有不同特色的优势，只要抓住其优势特色进行定位，就可以很好地发挥作用。

2. 形象层次定位法

形象层次定位法是根据组织形象来进行定位的，组织形象又表现为表层形象与深层形象。

表层形象定位是指构成组织形象外部直观部分的定位，如利用厂房、设备、环境、厂徽、厂服、厂名、吉祥物、色彩、产品造型等进行直接定位。可口可乐那鲜红背景上潇洒、动感的白色标准字就体现出了"世界第一可乐饮料"的大家风范。

深层形象定位主要是根据企业内部的信仰、精神、价值观等企业哲学的本质来进行定位的。例如，美国通用公司"以提供高品质的产品与服务为目标，满足顾客需要，成功共享，利益均沾"的定位即可谓深层形象定位。

3. 引导定位法

引导定位法，即企业通过对公众进行感性、理性、感性与理性相结合的引导方式来树立组织形象的定位方法。

引导定位法又可分为感性引导定位法、理性引导定位法以及感性与理性相结合的引导定位法。

感性引导定位法主要是指企业对其公众采取情感性的引导方法，向公众诉之以情，以求公众能够和企业在情感上产生共鸣，进而获得理性上的共识。

理性引导定位法主要是指对公众采取理性说服方式，用客观、真实的企业优点或长处，让顾客自我作出判断进而获得理性的共识。理性引导公众的定位更有利于培养公众对企业的信任。

感性与理性相结合的引导定位法综合了感性与理性的双重优势，可以做到"情"与"理"的有机结合，在对公众"晓之以理""动之以情"的过程中完成企业形象定位。

（三）企业识别系统

企业识别系统（Corporate Identity System，CIS），是企业运用现代设计理论与方法，通过对企业理念、行为、视觉要素的设计，将企业的经营理念和精神文化传达给公众，促使公众对企业产生一致的认同感和价值观。企业识别系统是推进和完善企业形象的重要手段。

企业识别系统是企业整体的识别系统，包括理念识别系统、行为系统和视觉识别系统三个子系统。

1. 理念识别系统

企业的理念识别系统（Mind Identity System，MIS）是企业组织的文化精神识别系统，主要表现为企业使命和任务、经营哲学和宗旨方针、企业精神。这是企业识别系统中的灵魂和动力，属于思想文化层面的系统。

企业的理念识别系统通常以符合口号特点的语言为表达方式，如企业经营信条、精神标语、企业座右铭、企业歌曲等。在设计理念识别系统时要运用音乐、美术等艺术手段来表现，充分运用艺术手段来表现和传播组织独特的文化个性。

2. 行为识别系统

企业的行为识别系统（Behavior Identity System，BIS）是企业理念的动态表现，以企业的经营理念为核心，显现为对内、对外的一系列活动形式和活动规范。对内包括组织设计与变革、产品的更新与开发、全面质量管理、干部和员工的教育与培训等；对外包括市场调查、促销活动、专项的公共关系活动等。

3. 视觉识别系统

企业的视觉识别系统（Visual Identity System，VIS）是企业经营理念通过视觉符号系统的表现。这个系统一般包括基础层面和应用层面两方面内容。

企业的视觉识别系统的基础层面有五个方面的内容：企业名称（包括品牌名称）、企业标志（包括产品标志）、企业品牌专用字体、企业名称标准字体、企业标准色等。

企业的视觉识别系统的应用层面要求把基础层面的设计广泛应用到企业的各个系统中，如实物用品、办公器具、设备，建筑外观、橱窗，产品、商标和包装用品，广告宣传，展示、陈列规划等。

二、确定公共关系的目标

公共关系的目标，即公共关系人员经过努力要达到的目的以及衡量这一目的是否达到的具体指标。

（一）公共关系目标分类

按组织对公共关系目标的要求，可以把公共关系目标分为四类：传播信息、增进感情、转变态度、引起行为。

1. 传播信息

传播信息是公共关系最基本的目标,即组织致力于就形象信息、服务信息、产品信息及其他信息与社会公众进行沟通。

2. 增进感情

增进与公众的感情,赢得公众的好感,是一个组织公共关系活动的长期任务,也是可在短期内达到的目标。

3. 转变态度

在一定时期内,开展公共关系活动是为了转变公众对组织整体形象在某一方面的看法和态度。公众的什么态度需要转变,应以调查所得的资料为依据。

4. 引起行为

公共关系活动的最终目的是在取得公众理解和支持的基础上,促使公众产生某种组织所期望的行为。

(二) 公共关系的具体目标

公共关系目标的范围非常广泛,参照英国公共关系专家弗兰克·杰夫金斯所绘制的目标,可将公共关系的具体目标概括为以下几种。

(1) 开发新产品、新技术、新服务项目时,要让公众有充分了解。

(2) 开辟新市场、新产品或服务之前,要在新市场所在地的公众中宣传组织的声誉,提高组织知名度。

(3) 参加社会公益活动,并通过适当方式向公众宣传,增加公众对组织的了解和好感。

(4) 创造一个良好的消费环境,在公众中普及同本组织有关的产品或服务的消费方式、生活方式。

(5) 争取让政府了解组织性质、发展前景、是否需要支持的情况,协调组织与政府的关系。

(6) 让组织内外公众了解组织高层领导关心社会、参加各种社会活动的情况,以提高组织声誉。

(7) 处在竞争危机时刻,通过联络感情等方式,争取有关公众的支持。

(8) 发生严重危机事故后,要让公众了解组织处理危机的过程、采取的措施,并向公众解释事故的原因及正在作出的努力。

三、确定目标公众

组织公共关系活动目标的差异性,决定了公共关系活动对象的差异性。在公共关系策划过程中,必须要在组织的广大公众中,根据实现目标的需要,去认定哪些是该项公共关系活动必须关注、交流和影响的目标公众。确定目标公众的方法主要有以下几种。

(1) 以活动目标来确定公众范围。这种划分主要强调的是目标公众与活动之间的关联性。

(2) 以组织的重要性确定目标公众。在公共关系实践活动中,有时组织将有关公众按与组织关系的密切程度、影响程度、相关事件的急缓程度等因素进行排列,选出最为重要的部分公众作为目标公众。这种划分主要强调的是公众重要性。

（3）以组织的需要确定目标公众。例如，当组织出现形象危机时，目标公众应首指组织的逆意公众和行动公众，以防危机的扩散和加剧。这种划分主要强调的是公众影响度。

不同的组织在每次公共关系活动中确定谁为目标公众很难有统一的标准，基本的原则便是考虑组织的目标、重要性和需要三个方面的因素，由组织自己灵活决定。

四、根据公共关系活动目标确定公共关系活动主题

公共关系活动主题是对公共关系活动内容的高度概括，其对整个公共关系活动起着指导作用。主题设计是否精彩、恰当，对公共关系活动的成效影响很大。

公共关系活动主题的表现形式多种多样，可以是一个口号，也可以是一句陈述。公共关系活动的主题设计看似简单，但实非易事。设计一个好的活动主题一般要考虑三个因素：公共关系目标、信息特性和公众心理。

（一）与公共关系目标相符

公共关系活动主题必须要与公共关系目标相一致，主题应充分表现目标，应该是一句话概括出活动的目的或表现出活动的个性特色。

（二）表现公共关系活动主题的信息

公共关系活动主题首先要简明扼要，词句切忌过长，难以记忆，否则，不仅不易宣传，还可能会令人厌烦或产生歧义；其次要独特新颖，有鲜明的个性，突出本次活动的特色，表述上也要有新意，词句要能打动人心，具有强烈的感召力，切忌空泛和雷同。

（三）适应公众心理的需要

公共关系活动主题的设计还要适应公众心理的需要。公共关系活动主题要形象，既富有激情又贴切朴素，使人感到有积极奋发的情绪的同时，又觉得可信可亲。

五、确定公共关系活动模式

（一）按目标和任务分类

公共关系活动模式是一个方法系统，是由一定的目标和任务及这种目标和任务所决定的数种具体方法和技巧构成的有机体系。公共关系活动模式对公共关系计划的实施具有一定的指导意义。不同的社会组织因发展时期的不同，社会环境的不同，公众类型的不同，就会形成不同的公共关系活动模式，常见的公共关系活动模式有以下几种。

1. 宣传型活动模式

宣传型活动模式利用各种传播媒介和交流方式，进行内外传播，让各类公众了解组织、支持组织，形成有利于组织发展的社会舆论，达到促进组织发展的目的。当组织知名度不高时，为提高组织在社会上的知名度，公共关系人员多采用此种模式。发新闻稿、广告、板报、演讲、记者招待会、新产品展览会、经验或技术交流会都是宣传型活动模式。

2. 交际型活动模式

交际型活动模式通过人与人的接触，进行感情上的联络，为组织广结良缘、建立广泛的社会关系网络，形成有利于组织发展的人际环境。交际型活动模式可分为团体交往和个人交往，团体交往包括各式各样的招待会、座谈会、宴会、茶话会、慰问、舞会等；个人交往有

交谈、拜访、祝贺、信件往来。交际型活动模式富有人情味，弥补了大众传播的不足。

3. 服务型活动模式

服务型活动模式是一种以提供优质服务为主要手段的活动类型，目的在于以实际行动来获取社会的了解和好评，建立组织的良好形象。实实在在的行动是服务型活动模式最显著的特征。组织通过提供售前服务、售中服务、售后服务、便民服务等来加强组织与公众的联系。

4. 社会型活动模式

社会型活动模式是组织利用举办各种社会性、公益性、赞助性活动塑造企业形象，目的是通过积极的社会活动扩大企业的社会影响，提高组织的社会声誉，赢得公众的支持。

社会型活动模式的形式有三种。一是以企业本身为中心开展活动，如举办各种庆典活动、文体竞赛、邀请员工家属来厂参观、组织员工郊游等。二是以赞助社会公益事业为中心开展的活动，如浙江农夫山泉千岛湖饮用水公司，每销售出一瓶水，从中节约1分钱为贫困山区的孩子修建体育设施、添置体育器材等。三是资助大众传媒举办各种活动。如江苏春兰集团，赞助中央电视台举办"春兰杯"我最喜爱的春节联欢晚会节目评选等。

社会型活动模式从短期看，往往不能给企业带来直接的经济效益，而且还要支付巨额费用。从长远看，社会型活动模式却为企业树立了良好的社会形象，使公众对企业产生好感，为企业创造了一个良好的发展环境。

5. 征询型活动模式

征询型活动模式是以采集社会信息为主的活动类型，目的是通过信息采集、舆论调查、民意测验等工作，了解社会舆论，为企业决策提供依据。征询型活动模式的形式很多，如民意测验、访问用户、信访制度、监督电话、举报中心、热线电话、征求合理化建议等。

（二）按组织与环境的关系分类

划分公共关系活动模式的另外一种方式是根据组织与环境的关系来划分，这种方式下公共关系活动模式可分为以下几种。

1. 建设型活动模式

建设型活动模式是在组织创建初期，为了给公众以良好的"第一印象"，提高组织在社会上的知名度和美誉度而采用的一种模式。建设型活动模式的主要形式有举办各种开业庆典、免费招待参观、开业折价酬宾等。建设型活动模式主要目的在于引起公众注意，提高公众认知程度。

2. 维系型活动模式

维系型活动模式主要适用于组织稳定发展时期，目的是维持组织已有的知名度和美誉度，巩固公众对组织的良好形象。例如，美国通用公司不定期举办汽车展览，向社会推出其新产品，巩固公司在公众心中的形象。

3. 防御型活动模式

防御型活动模式要求预测可能出现的公共关系纠纷，及时向决策部门提出改进计划，以防患于未然。

4. 矫正型活动模式

矫正型活动模式是在组织形象遇到损害，如组织产品存在质量问题给社会公众造成危害、组织的生产活动破坏了社区的生态平衡或组织商标被侵犯造成公众的误解时采用的善后处理活动模式。如果是组织自身出现了失误，组织应本着实事求是、有错即改的态度，坦率检讨本组织的过失，并采取补救措施。一方面设法使该事件的影响减小到最低程度，另一方面将组织采取的改进措施和整顿情况及时公之于众，以求得公众的谅解，重新获得公众的信赖与支持。

5. 进攻型活动模式

进攻型活动模式是在组织与外界环境发生激烈冲突或处于生死存亡的关键时刻时，采用的以攻为守、主动出击的一种公共关系活动模式。当组织处于关、停、并、转时，必须迅速调整公共关系政策和活动方式，避免环境对组织造成的不利影响。

六、选择时机及传播媒介

（一）选择时机

时机就是时间的变化所带来的机会。从传播学的角度而言，时间是影响传播效果的重要因素之一。捕捉并抓住有利时机，已成为公共关系策划水准中十分重要的衡量标志之一。

时机的选择和捕捉，有两层意思：一是自身时机，主要有组织的开业典礼、周年纪念、取得重大成果、召开重大会议、推出新产品或新的服务项目、出现失误或被公众误解之时等，这些都是极其有利的时机；二是社会时机，即社会所创造的重大机遇，如中国加入WTO、北京2008年奥运会等，若能抓住这些机遇，对组织的生存和发展都具有重大影响。

时机具有不可逆转性，公共关系策划必须抓住不可复得的机会，迅速果断地采取对策。选择时机时，应注意以下四点。

（1）尽量选择那些能够引起目标公众关注，又具有潜在新闻价值的时机。

（2）要善于利用节日，借助节日来传播组织项目的信息；但同时还要学会避开节日，与节日毫无关系的活动项目不但不能借助节日之势，反而会被节日的气氛冲淡效果。

（3）要尽量避开或利用国内外的重大事件。因为此时公众关注的焦点是那些重大事件，组织的活动项目可能会毫不起眼。但国内外的重大事件发生之时，又是组织借势之机，关键在于是否能够"借题发挥"。

（4）重大的公共关系活动不要同时开展两项以上，以免分散公众的注意力，削弱和抵消自身应有的效果。

（二）选择适当的传播媒介

确定了公共关系的目标公众后，要进一步确定选择何种媒介与他们沟通。组织应对相应的目标公众进行细致的分析，研究、了解他们的期望和要求，并选取适当的沟通方式。

在选择传播媒介时，要注意两个问题：第一，要及时掌握各类公众的要求；第二，根据不同对象来选择传播媒介。不同的对象适用于不同的传播媒介，要想使信息及时有效地传递给目标公众，获得较好的传播效果，就必须考虑目标公众的经济状况、教育程度、职业习惯、生活方式以及他们通常接收信息的习惯，并根据这些情况选择适当的传播工具。例如，与经常跑长途的货运司机进行信息沟通，最好采用广播这种传播媒介；如果公众对象是儿童,制作电视节目和卡通片的效果比较好。

七、编制预算

为了少花钱多办事,在有限的投入中获取最大的社会效益和经济效益,就需要进行科学的公共关系预算。公共关系预算包括人员预算、经费预算和时间预算等方面的内容。

(一)人员预算

所谓人员预算,就是对现实既定公共关系目标所需的人力资源投入、人才结构设置进行预算。

(二)经费预算

经费预算主要包括以下内容。

(1)工资费用,包括公共关系人员以及所有参与人员的工资、补贴和奖金。

(2)行政办公费用,包括办公用品费、电话费、房租费、水电费、公共关系报纸和杂志费、保险费等。

(3)宣传广告费用,包括制作各种宣传品、纪念品和到媒体上做广告的广告费等。

(4)设备材料费用,包括摄影设备、工艺美术器材、音响器材等的租赁或购置费用。

(5)实际活动经费,包括调查研究、举办各种会议、各种专题活动、接待参观、访问,召开新闻发布会,为公众提供各种教育、培训和服务所需的费用。

(6)赞助费,包括赞助社会文化、教育、体育和各种福利事业或慈善事业等方面的费用。

(三)时间预算

时间预算就是对现实公共关系具体目标所需的时间进行预算,规定各个时期的具体工作内容,以便公共关系人员按部就班地开展公共关系活动。

与此同时,策划人员还应考虑活动的机动经费,一般占总费用的20%,以防意外突发事件的发生。

八、审定方案

审定方案就是对公共关系策划进行再一次分析,即方案优化过程,也就是提高方案合理性的过程。审定方案的主要目的是了解有没有其他的方案既可以达到同样的目标,同时又可以更加省力、省时、省钱。这一点也是非常重要的,因为组织遇到的多数问题都不会只有一种解决办法,很可能同时有几种不同的方法可以采用,因此需要进一步分析。

在审定方案时,主要考虑以下一些因素。

(1)对公共关系活动目标进行再分析,检查该公共关系目标是否明确,以及最终可能实现的程度如何。

(2)对限制因素,如资金、时间、人力资源、传播渠道等进行分析,检查该公共关系活动策划在当前的主客观条件下是否可行。

(3)对一些潜在的问题进行分析,即预测公共关系活动计划在实施时可能发生的潜在问题和障碍,分析预防和补救的可能性。

(4) 对预期的结果进行分析，判断该计划是否可以付诸实施。

九、撰写策划书

撰写策划书是将策划过程及其结果等和策划相关的主要内容经过整理加工并转化为书面形式，形成反映最终策划成果的书面文件。

撰写策划书是为了将策划中的各个工作环节和形成的初始文件进行整理加工，使之系统化、规范化、完善化。撰写策划书的过程为：首先，撰写写作大纲，列出各章的标题和要点等主要内容；其次，经过检查进行补充调整，使策划内容全面、顺序合理、结构严整；再次，对要点进行说明或阐述，使策划内容成为策划方案的初稿；最后，在初稿的基础上加以润色推敲，使策划内容简洁明了、重点突出、文字流畅。

一份规范的策划书应该由封面、摘要、目录、前言、正文和署名六部分组成。

封面应该在合适的位置标明策划项目的名称、策划主体的名称、完成策划书的日期和策划书的编号。摘要应该简明扼要地表述策划书的核心内容，便于决策者了解策划书的精神实质，形成深刻印象。目录应该列出策划书正文的章节名称，如有附件也应一并列出。前言是策划书的大纲，包括策划书的宗旨、背景和意义等主要内容。正文一般包括标题、主题、目标、综合分析、活动日程、传播方式、经费预算、效果预测等内容，在正文中不能一一详尽说明的内容一般会以附件的形式附在正文后面，对正文内容进行补充说明。署名是策划书最后注明的策划机构名称或策划人员姓名以及策划书的完成日期。

公共关系策划书具有非常重要的价值，主要体现在：它是策划者思维水准的具体体现；它是公共关系行动的说明书；它是公共关系活动的实施指南；它是评估公共关系活动的依据和标准；它是策划者脑力劳动的结晶，是极富保存价值的备忘录。

第三节 公共关系实施

公共关系计划方案的实施是在公共关系计划方案被采纳以后，将方案所确定的内容变为现实的过程。方案的实施过程在公共关系活动中是紧接在策划之后的，是解决公共关系问题、实现公共关系目标的关键环节。

一、实施计划的基本要求

（一）坚持计划所规定的公共关系目标及实现目标的要求

在实施计划的过程中，一般不能随便改变或放弃目标，也不能轻易变动实现目标的基本步骤，应当牢牢盯住目标，一切活动以实现目标为准则。同时，要严格控制工作进度，保证能按计划规定的基本步骤进行。如果在实施过程中，遇到没有料到的问题或障碍就立即改变目标，或改变目标实现的基本步骤，迟早会被复杂易变的客观形势弄得无所适从，被新出现的问题和障碍扰乱阵脚，使工作陷入迷途，陷入"头痛医头，脚痛医脚"的被动局面。

（二）建立环境检测系统，及时修正计划的具体内容

检查计划所规定的目标及实现目标的基本步骤，并不等于无视客观环境变化，一切按计

划行事。在计划实施过程中,要经常对客观环境进行检测,及时了解消费者信息、产品信息及销售信息的变化情况,严格检查、监督计划的实施,如果发现在活动项目安排、人力、经费、时间的预算方面存在不利于计划目标实现的问题时,要及时予以修正和调节,控制计划实施向着实现公共关系目标的方向发展。

(三)认真拟制具体活动的实施方案

公共关系计划实施的负责人应根据公共关系目标和客观环境的要求,对活动时间的安排、地点的选择、对象的确定、程序的控制、内容的构思、方式的采用及人员的分工、费用的开支等方面进行认真研究,拟制可靠有效的实施方案。

二、计划实施的方法

(一)甘特图实施法

甘特图是美国管理工程师亨利·劳伦斯·甘特发明的,此法最大的特点是便于明白计划进度和存在的问题。甘特图的制作方法如下:先把公共关系项目和计划进行分类;然后标明完成日期,把每月、每周或每日的进度在图表上标出来,检查实际完成日期是否和预期计划相吻合,如有失误,及时调整。这种方法的缺点是不能揭示计划中遇到的问题及其原因。甘特图如图6-5所示。

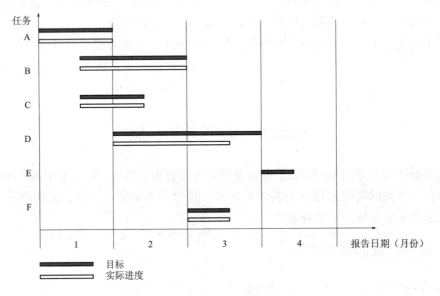

图6-5 甘特图

(二)线性排列法

线性排列法是以公共关系行动、措施的内在联系为先后顺序逐一排列起来,一步一步向目标逼近的方法。线性排列法示意如图6-6所示。

图6-6 线性排列法示意

例如，美国一家牛奶公司意欲将该公司的消毒牛奶打入日本市场，但遇到下列障碍：①日本消费者对喝牛奶有利于健康持怀疑态度；②日本消费者反对此产品，担心消毒牛奶的安全问题；③靠近大城市的牛奶场场主反对消毒牛奶的分销，害怕与其竞争；④由于利益集团施加压力，多家零售商表示不愿经销消毒牛奶；⑤卫生福利农林部门表示，需对该公司观察一个阶段，然后再决定是否赞成消毒牛奶的广泛推销。

为了排除这些障碍，这家公司的第一步行动是与日本卫生部门取得联系，使之批准销售该产品，因为若没有该部门的批准，公司无法实施下面的计划；第二步是说服大零售商来经销消毒牛奶；第三步是与牛奶场取得联系；第四步是对消费者进行消费教育。后三步均是在前一行动取得成功的基础之上进行的，从而避免了人力、物力和资金的浪费。

三、实施障碍的排除

在公共关系的实施过程中，还要排除各种可能影响和阻碍公共关系实施的因素所造成的实施障碍。影响公共关系实施的因素是众多而复杂的，但主要有两种类型：实施主体障碍和实施过程的沟通障碍。

（一）实施主体障碍

实施主体障碍主要是来自实施主体（组织）自身的影响因素，这类障碍主要有实施人员障碍、目标障碍、创意障碍、预算障碍、实施方案障碍，解决这些障碍的方法如下。

1. 实施人员障碍

要排除来自实施人员的障碍，关键是选择优秀实施人员并进行严格的培训，建立一套有效的激励机制和约束机制。

2. 目标障碍

在进行公共关系策划时，一定要征求各方面的意见，达成目标共识；要对目标进行可行性论证，确立明确和具体的目标。

3. 创意障碍

要减少创意障碍，关键在于提高组织策划水平，充分利用组织的内外专家，集思广益，应用创造技法。

4. 预算障碍

编制经费预算时要了解开支标准，反复测算，并留有充分的余地。尽管如此，有时还是会出现超支，但对必要的支出追加经费也是应该的。

5. 实施方案障碍

公共关系实施方案要由实践经验丰富、管理能力和责任心强的人员来设计，同时要多征求实施者的意见，力求达到科学、适用、有效、节约，这样才能克服这方面的障碍。

（二）实施过程的沟通障碍

1. 语言障碍

语言是一种极复杂的工具，要准确有效地使用并非易事。常见的语言障碍有语音混淆、语义不明、语法不通、用词不当等。不同国家、不同民族有着不同的文字或语言，这也会造成文字障碍，对于文盲半文盲的公众，文字也会造成障碍。

2. 习俗障碍

习俗是在一定文化历史背景下形成的相对固定且调整人际关系的社会因素。常见的习俗障碍有违反道德、礼仪、习惯、传统、风俗等。

3. 观念障碍

观念是由一定的经验和知识积淀而成，在一定条件下为人们所接受、信奉并用以指导自己行动的理论和观点。常见的观念障碍有保守观念、封建观念、自私观念、极端观念、片面观念等。

4. 心理障碍

心理障碍是指人的认识、情感、态度等心理因素对沟通过程的障碍。常见的心理障碍有消费心理、交际心理、政治心理、工作心理等。

5. 机构障碍

机构障碍是指由于组织层次不合理，如机构臃肿或结构松散而造成的信息传递失真，或传递速度减慢等问题。

另外，公共关系方案是在一种复杂多变的社会环境、市场环境中实施的，因此，环境中的各种因素会从正面促进和反面制约来影响公共关系的实施。同时，公共关系实施障碍还有来自实施环境的各种制约因素、对抗因素和干扰因素等。

总之，在公共关系的实施过程中，只有努力减少和克服以上所提到的种种障碍，才有可能做好公共关系的实施工作，这是公共关系实施过程中要高度重视的环节。

第四节 公共关系评估

公共关系评估是公共关系工作程序的最后一步，是根据特定标准对公共关系计划实施的情况进行评估，并从中发现问题，及时修订计划，进一步调整和完善组织形象，并以此作为下一次公共关系推广的起点。

一、对公共关系活动实施效果的评估标准

美国著名的公共关系专家斯科特·卡特利普和阿伦·森特等总结多年公共关系实践经验，提出了公共关系活动效果的评估标准。

第一，了解公共关系活动的公众数量。公共关系活动的目的之一就是要提高组织的知名度，加强目标公众对组织的了解与理解。

第二，改变观点、态度的公众数量。组织的公共关系活动是否引起公众对组织的看法和态度转变，支持组织的公众是否有所增加，增加了多少。

第三，发生期望行为与重复期望行为的公众数量。衡量公共关系活动效果的最高层次是能否引起期望的公众行为。在实施公共关系活动之后，有多少公众按照导向采取或重复采取了组织期望的、有利于组织的行为，从而实现了组织的目标，达到了事业的成功，这是衡量公共关系活动效果的重要标准。

二、公共关系评估的内容

公共关系评估的内容可以从不同的角度进行分类，本书从理论和实际操作两个角度综合

考虑，确定的评估内容包括以下四个方面。

（一）公共关系活动准备工作的评估

公共关系活动准备工作评估的主要内容包括以下几项。

（1）公共关系调查活动的评估。此项内容是评估公共关系调研的设计是否合理、调研方法的选择是否得当、调研工作的组织实施是否合理、调研的结论分析是否科学等。

（2）相关材料的准备是否充分。此项内容是评估占有的背景资料是否充足、对相关材料的分析判断是否准确。

（3）准备的相关材料是否合理。此项内容是评估准备的信息材料是否符合活动要求、是否符合新闻媒介的要求，开展活动的时间、地点、方式是否符合目标公众的要求，准备的相关材料有没有相互矛盾的内容，有没有与本项活动配合的其他活动等。

（4）表现信息的方式是否合适。此项内容是评估语言文字的运用、图表的设计、图片的选择、展览方式的选择等是否能够有效地传播相关信息。

（二）公共关系计划的评估

公共关系计划的评估主要是评估公共关系计划的目标是否合理可行，计划在执行中是否与组织整体目标一致、是否与社会环境条件相适应，公共关系战略构思是否科学，目标公众的选择是否准确，媒介的选择及其应用策略是否得当，经费预算是否合理，计划中留有的余地是否适中等。

（三）公共关系计划实施的评估

公共关系计划实施评估的重点内容有：实施的准备工作是否充分，过程安排是否明确合理；制作的信息内容是否准确充实，表现形式是否恰当；传播发送的信息资料数量；信息资料被新闻媒介采用的数量；接收信息的目标公众数量；注意到所发送信息的公众数量；实施效果如何等。

（四）公共关系人员工作绩效的评估

对公共关系人员工作绩效的评估应该首先区别公共关系人员的职责和分工，职责和分工不同，评估的指标或内容也应该有所不同。

三、公共关系评估的依据

（一）根据大众媒介传播的情况来评估

（1）报道的数量。大众媒介报道组织的次数越多、频率越高，越能引起公众的注意，扩大组织的社会影响。

（2）报道的质量。大众媒介对组织公共关系人员的成就、经验报道越多，越有利于塑造组织的良好形象。相反，如果出现负面报道，则可能导致组织形象一落千丈。

（3）新闻传播媒介的影响力。一般来说，发行量大、覆盖面广、权威性强的传播媒介，其影响力亦大，能提高公共关系活动的效果。组织的公共关系活动由权威性较强的新闻媒介报道，能加深公众的印象，增强公众对组织的好感。

（二）根据组织内部资料来评估

（1）组织领导层和管理人员、营利性组织和股东在组织的经营管理过程中，对组织公共关系目标达到程度和效果的评价。

（2）组织内部员工从不同角度对公共关系活动成效的评价。例如，生产一线的员工根据自己安全工作环境的要求是否得到满足而对组织公共关系工作进行的评价；销售一线的员工通过自己的销售活动进展情况，对组织的公共关系工作进行的评价。

（3）组织内部资料，如资金平衡表、统计报表、财务活动分析、公众的来信、来访记录都是评估公共关系活动的重要资料。

（三）根据组织外部资料来评估

（1）消费者与用户的信息反馈。消费者和用户是营利性组织的首要公众，因此，他们反映的信息资料是评估公共关系活动的重要资料。

（2）相关组织的信息反馈。组织在生产经营中，会与原材料供应者、产品经营者建立合作伙伴关系。他们与组织交往频繁，并且与大批消费者和用户发生联系，从他们那里可获得有关公共关系工作成效的信息资料。

（3）社区公众。社区公众是组织的左邻右舍，他们与组织由于地域邻近而关系密切、相互了解，组织可从社区公众那里获得较快的信息反馈，据此评估公共关系工作的成效。

（4）政府。政府对组织行为的支持程度，政府与组织关系的密切程度，可以反映出公共关系的社会效果。

总之，公共关系评估是一项综合性较强的工作，需要制订评估计划来完成。评估计划包括实施前检测、过程监控、成功评估等环节，如图6-7所示。

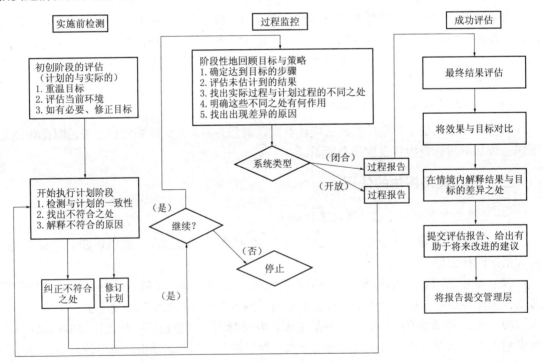

图6-7 评估计划的构成

案例分析一

吉利收购沃尔沃：跨文化沟通中的机遇与挑战

一个是中国草根、一个是瑞典贵族，看似不可能发生联系，却最终走到了一起。2010年3月28日，中国浙江吉利控股集团股份有限公司在瑞典哥德堡与福特汽车签署最终股权收购协议，获得沃尔沃轿车公司100%的股权以及相关资产（包括知识产权）。本次收购涉及18亿美元。这宗收购案成为中国汽车业迄今为止最大的海外收购案。

两年多来，关于吉利并购沃尔沃的消息吸引了无数人的眼球。肯定、否定、追问、再肯定、再否定……间或还有国内外的财团、汽车企业等"第三者"插足，甚至有人将这起收购案称作"最八卦的并购"。当美丽传说变成事实的时候，值得从公共关系角度探究——吉利凭什么克服种种质疑与挑战，战胜众多竞争对手，将沃尔沃收入囊中？吉利又将凭什么将沃尔沃这个品牌运营得更好？

的确，无论怎么看，吉利和沃尔沃都有点门不当户不对。一边是只有几十年历史的中国民营草根汽车企业，一边则是有八十几年历史、享誉全球的欧洲豪华汽车制造商；一边是以制造低端汽车为主、市场主要集中在中国市场，一边则是以制造高档汽车为主、产品行销欧美。

作为与奔驰、宝马、奥迪齐名的国际豪华汽车品牌，沃尔沃的品牌价值和含金量远远超过吉利。尽管沃尔沃近年陷入经营困境，销量一路下滑，但仍是一家净资产超过15亿美元、具备持续发展能力的跨国汽车公司。

沃尔沃品牌价值接近百亿美元，拥有4 000多名高素质研发人才队伍与设计体系，拥有可满足欧6和欧7排放法规的10款整车和3款发动机技术（中国仅有欧4生产技术），年产汽车能力近60万辆，还有分布于全球100多个国家的2 400多个经销商。吉利虽然作为中国自主汽车品牌的一匹黑马，近年来发展神速，但按其整体规模来看，在国内汽车整车厂家中，还进不了第一阵营。在自主品牌汽车厂家中，吉利2009年的销量和销售额也落后于奇瑞和比亚迪。至于研发水平以及资产价值等综合实力，吉利更是无法与沃尔沃相提并论。

吉利收购沃尔沃，买到的不仅是技术、专利等知识产权和制造设施，还获得了沃尔沃在全球的经销渠道。该项海外收购的成功，将提升中国汽车产业在本土市场的竞争力，为自主创新提供原始技术依据，实现技术跨越，并为中国汽车产业"走出去"提供现成的通道；迅速提升中国汽车及零部件在欧美日市场的比例，解决中国汽车产业自主创新所面临的知识产权问题。吉利收购沃尔沃，业内专家认为：一是可以帮助中国自主品牌汽车企业尽快走向国际市场；二是可以嫁接国际知名品牌为我所用；三是可以彰显中国汽车产业的实力。但国内的质疑与反对声也不绝于耳。

从国内汽车业来看，以往成功收购的案例并不多，吃"哑巴亏"的倒不少。2005年上汽收购韩国双龙案例就是一个前车之鉴——作为中国汽车行业第一起海外收购事件，该事件在2005年被列为中国十大并购，并一度被视为中国汽车产业标杆，然而，五年过去了，这场收购终于在全球金融海啸中功亏一篑。从近年来中国企业的国际收购事件来看，联想15亿美元收购IBM的PC业务、明基收购西门子手机、TCL收购阿尔卡特，基本上都以失败告终。沃尔沃与 IBM 的 PC 业务、西门子手机、阿尔卡特手机有着同样的处境，都是有技术、有品牌，但亏损得一塌糊涂，价值被低估。我国企业收购这些企业的目的很简单，就是给自己的品牌"贴金"，然后获得"走出去"的能力。但往往事与愿违：明基白捡了西门子手机，最终拖垮了自己，不得不放弃品牌业务，重回代工；TCL 收购阿尔卡特手机，不仅没获得复苏，反而市场份额持续下降；联想买来了 Think 品牌，但是现在的 Thinkpad 已经不是高端 PC 的代名词，逐渐走向低端，而联想在全球的份额并没有因此大幅提升。鉴于此，许多专家在吉利收购沃尔沃的过程中，提出质疑，总结起来有以下挑战。

1. 融资的挑战

吉利收购沃尔沃，花费了 18 亿美元。但除收购费用外，还有现金流、向沃尔沃"输血"等资金需求，共需 27 亿美元。这 27 亿美元中一半来自国内资金，另一半来自国外，包括美国、欧洲等地资金；国内资金中 50% 以上是吉利自有资金，其余是银行资金。据了解，沃尔沃轿车目前的净资产超过 15 亿美元，这还不包括被誉为"世界上最安全豪华轿车"的沃尔沃品牌，据专业机构估计其品牌价值高达 20 亿美元。这看似划算的交易其实考验的是吉利的融资能力。2008 年沃尔沃亏损 14.6 亿美元，2009 年亏损为 6.5 亿美元，而吉利每年的税后利润约 2 亿美元。吉利仅凭自身的"造血"能力拯救沃尔沃是不可行的，不断融资为沃尔沃输血难度很大，期望沃尔沃尽快扭亏为盈是唯一的出路，这对吉利而言无疑是一场豪赌。

2. 跨文化的挑战

由于东西方文化的巨大差距，吉利面临着的是形态、文化背景和价值观等多方面的挑战。这些方面的挑战主要来自吉利的管理团队是否具有跨文化管理的能力。尽管吉利宣称将保留原来的管理团队，但是如果吉利不参与其战略重组，仍按原来的方式营运，又如何让其走出困境？如果进行大刀阔斧的变革，则如何与原来的团队进行有效的沟通和合作？能否留住沃尔沃原来的技术、营销和营运管理人才都取决于吉利是否具有跨文化管理能力。

3. 营销的挑战

吉利收购沃尔沃是希望两者能产生协同效应，即通过国产化降低沃尔沃的制造成本，并迅速扩大其在中国市场的份额，使其扭亏为盈；引进先进的技术提高吉利汽车的技术优势，提高其档次和市场份额。从李书福的各种言论中可以看到，李书福将沃尔沃市场的增长押宝于我国广大的市场，并且有意在我国生产沃尔沃。然而，吉利面临的关键问题是用户还会支付与原来沃尔沃汽车相同的价格购买吉利生产的沃尔沃吗？如果在欧洲制造的沃尔沃采用了中国生产的部件，欧美用户还会认为这是世界上最安全的轿车吗？很难说这是一个乐观的问题，如何在保持用户"最安全的轿车"的心理定位，将是沃尔沃未来面临的营销挑战。

4. 技术发展的挑战

沃尔沃拥有 4 000 多名资深设计工程师的研发团队和完善的设计体系，拥有安全领域的众多领先技术，符合欧 6 和欧 7 排放标准的车型和发动机等环保技术，这些技术优势是沃尔沃在全球豪华汽车市场占有一席之地的根本保障，同时也是吉利收购沃尔沃的主要目的。但是，要保持沃尔沃在安全和环保领域的优势地位，就得不断投入资金进行研发，如果没有足够的资金，技术研究将会滞后，研发团队则面临人员流失，处于亏损状态的沃尔沃是否有充足的资金支撑其研发团队是一件令人头痛的事情。另外，如何管理沃尔沃的研发团队则是另一个难题。尽管沃尔沃仍由原来的高管团队管理，但是要将沃尔沃的先进技术引进到中国，双方研发人员的沟通、协调和管理很快会列入吉利的议程，跨文化的研发管理是否成功，不仅是吉利，也是历来中国企业海外收购能否成功的主要瓶颈。

5. 营运管理的挑战

成功收购仅是开始，能否经营成功才是关键。如何解决员工退休金缺口、负债、现金流不足和运营资金核算等一系列复杂问题；如何跨越一家制造中低档轿车的企业消化和吸收欧美豪华轿车的先进设计和制造技术存在的鸿沟；如何进行融合不同文化背景的员工进行有效的管理；如何进行高档豪华品牌轿车的市场营销，尤其是海外市场的营销；如何管理沃尔沃复杂的资产和品牌结构，这些都将是吉利高管团队面临的棘手问题。

同时，当中国的吉利要收购沃尔沃的消息传到瑞典后，瑞典国内的质疑声不断。当地媒体铺天盖地地追问：沃尔沃究竟怎么了？随之而来的还有对中国实力的质疑和对吉利收购动机的猜疑。沃尔沃工程师团队甚至想自己筹资从福特手里买下沃尔沃"自赎"，也不让沃尔沃"下嫁"给吉利这个"穷小子"。2009年5月，瑞典工商部国务秘书公开在报纸上撰文，公开反对中国企业收购沃尔沃，他称由于在文化和企业管理理念上存在巨大差异，中国人不是最佳选择。一些反对意愿强烈的瑞典政客还在《哥德堡邮报》上开设了辩论专栏，公开宣称吉利收购沃尔沃背后有中国政府的强大支持，呼吁不要被假象蒙蔽了眼睛，吉利并不是人们所想象的一个"单纯的中国民营企业"。工会组织认为收购计划中没有提出沃尔沃未来的发展策略，担心会发生裁员等情况。多数瑞典人对其品牌"转嫁"中国喜忧参半：喜在沃尔沃或许能够依托中国这个新兴的庞大汽车消费市场，弥补在北美和欧洲市场日渐萎缩的汽车销量；忧在沃尔沃的上等技术是否会被中国人"掠夺"，公司文化能否与中国管理层水土相符。

针对多方面的质疑，吉利经过多方面的努力，终于成功收购沃尔沃，且得到了国内外的一致好评。虽然吉利收购沃尔沃以后的经营之路还很长，但吉利此次成功收购沃尔沃，反映出中国企业在整体收购策略上日益成熟，也显示了中国企业海外收购案中的公共关系智慧。

为了完成收购，吉利挖来具有国际背景的收购团队，同时借助幕后游说团队，并聘请了专业的咨询公司负责总体的公共关系策划、媒体战略制定和实施等，对全球的媒体进行检测和引导，并在与工会谈判中用真诚化解了对方的敌意，保证了收购的顺利进行。

问题：请根据吉利收购沃尔沃过程中的阻碍因素，制定一个公共关系策划方案，帮助其顺利完成收购任务。

案例分析二

上海申办2010年世界博览会

1. 项目背景

当今社会国际商品的扩大和科学技术与经济发展之间的紧密联系使世界博览会这一国际经济、科技、文化的奥林匹克盛会显得举足轻重。除发达国家外，发展中国家也纷纷要求举办世界博览会。中国正以前所未有的发展速度和在世界政治、经济、国际事务中不断增强的影响和作用，令世人所瞩目。和平与发展、互促与共进，不仅是中国人民的理想和理念，也是全世界的永恒主题。能否成功举办世界博览会，不仅反映出一个国家的建设成就和综合国力，更显示出主办国在新世纪阔步前进的决心和信心。

自1851年第一届世界博览会举办至今，已有160多年。中华人民共和国自1982年开始已先后12次参加世界博览会，并于1999年主办了中国昆明世界园艺博览会。

2. 项目调查

2002年，中国国民生产总值达到10.2万亿元人民币，经济持续平稳发展，人民生活水平不断提高。中国有能力、有条件申办世界博览会已是不可争议的事实。作为中国最大的经济中心城市，拥有1 300多万户籍人口的上海，2002年人均国内生产总值超过4 900美元，综合经济实力达到中等收入国家水平。经过20多年的不懈努力，上海的市政基础设施建设、旧城改造、产业结构调整都取得了重大进展，城市综合素质大大提高。特别是经过99财富全球论坛、2001年亚太经合组织会议的洗礼，上海举办大型国际活动的能力得到进一步增强。上海正处于迈向国际经济、金融、贸易和航运中心的征途上。由上海举办世界博览会，必将成为推动上海和华东地区经济和社会发展的重要杠杆，中国的综合国力和国际地位也将因此跃上一个新台阶。

如果中国申请举办世界博览会成功，对长江三角洲地区的影响巨大。上海周边城市将迎来一个扩大对外开放，活跃人流、物流、信息流，带动相关产业发展的历史性机遇。世界博览会从申办到举办，整个过程长达10年，上海市初步估计要投资30亿美元用于园区建设。每1美元的会展投资，将拉动5到10美元的城市相关产业投资，这对江、浙两省来说无疑是一个极好的机遇。江、浙两省作为经济大省、建筑大省，为上海发展出力，接受上海辐射，是江苏、浙江的区位优势。目前，上海的参观者中，其中30%~50%将继续在华东地区游览。这意味着上海周边100公里圈以苏州、周庄为代表的江南水乡，150~200千米圈的无锡、杭州，300千米圈的南京、扬州、镇江，甚至中国最为富庶的整个华东6省1市，都将被上海世界博览会直接带动。申请举办世界博览会成功，得益者不止上海，周边城市一定会同心协力，做上海的坚实后盾。

对于民众支持度的调查，申博办委托上海城市经济调查机构对全国50个城市的民意调查显示：89.4%的人认为中国有必要申办2010年世界博览会，94.4%的人拥护中国申办2010年世界博览会，92.6%的人认为中国有能力申办2010年世界博览会，78.6%的人相信中国申办2010年世界博览会会成功。一次广泛的网上调查也证明，92.3%的人支持上海举办2010年世界博览会。

3. 项目策划

（1）公共关系目标。
①塑造上海国际大都市形象，展现上海魅力。
②最终夺取**2010年世界博览会的主办权**。
（2）公共关系策略。

充分发挥上海的优势是申请举办世界博览会取得成功的保障，所以贯穿整个公共关系策划的就是突出优势、体现个性、展示魅力。上海具备的五大优势如下。

第一,参观人数多。如果2010年世界博览会在上海举办,超过7 000万人次的参观者将创世界博览会历史记录。2010年上海世界博览会将成为各国人民的盛大集会。

第二,上海为世界博览会选定了合适的主题,"城市,让生活更美好"的主题能得到各国广泛的关注。

第三,选址符合世界博览会的宗旨,做好了合理的选址场馆规划。世界博览会场址选在黄浦江滨水区,规划控制面积540公顷,园区面积规划400公顷,通过场馆建设,促使旧城改造;并在举办后,使该地区成为经济、科技和文化的交流中心。

第四,上海改革开放以来积累的经济实力完全有条件举办世界博览会。

第五,社会稳定,秩序良好。上海举办世界博览会得到了民众的极大支持。根据调查结果显示,上海世界博览会的民众支持率在90%以上。

围绕这五大优势系列,公共关系活动一一展开,让世界认同"上海是最好的选择"。

4. 项目实施

(1)前期宣传

① 2001年9月前发放宣传册为铺垫,之后展开了大规模、全方位的宣传。

② 开展世界博览会知识网络电视竞赛。

③ 举行申办2010年世界博览会新闻通气会。

④ 开展世界博览会主题文艺演出。

⑤ "万人支持申博网上签名"活动。

⑥ "上海市民骑车申博万里行"活动。

⑦ 2010名上海市民代表宣誓。

⑧ "长三角申博之旅"。

⑨ 征求申办徽标、口号、招贴画。通过宣传征集徽标165个,海报470幅,口号6 140条。最终决定入围海报10幅,入围口号10条。入选口号为"中国如有一份幸运,世界将添一片异彩"。

⑩ 进入社区的"世博会向我们走来——世博知识巡回展"。

⑪ 外交游说。派遣37个组团出国访问了87个国际展览局成员国,其中包括9个非建交国家。

⑫ 国外媒体宣传。世界各大主流媒体都对上海申请举办世界博览会表示热切关注,分别以专题、专刊、专版的形式给予追踪报道。《泰晤士报》、天空电视新闻频道以及星空传媒新闻频道,对上海市市长进行了联合采访,表示了对上海申请举办世界博览会的支持。

⑬ 成立支持中国申博"企业后援团"。

(2)活动主体

① 2001年6月6日,国际展览局第129次成员国代表大会在巴黎举行。时任上海市领导在会上进行了中国申请举办世界博览会首次陈述,确定申请举办世界博览会主题以及世界博览会选址。申请举办世界博览会市民代表袁鸣做了诚恳的介绍,现身说法谈上海发展为人类提供实现价值的环境,以情动人,形式新颖生动。

② 2001年11月30日,国际展览局举行第130次成员国代表大会,时任上海市市长徐匡迪做了申办陈述。瑞士罗氏制药有限公司总经理从一名外资商人的角度谈自身在上海的投

资回报,证实了中国政府的承诺是绝对可以信任的。

③ 2002年3月10—16日,中国作为申办国之一,第一个接受了国际展览局代表团的考察,通过一系列的陈述报告、实地考察,与各界人士交流沟通,国际展览局充分了解到上海的优势、能力、举办条件和各项准备工作。

④ 2002年7月2日,国际展览局举行第131次成员国代表大会,时任国务委员吴仪,外交部部长唐家璇,上海市市长、中国贸促会会长俞晓松等作了申请举办世界博览会陈述。唐家璇部长代表中国政府承诺我国将投入1亿美元支持发展中国家和地区前来参展。对参展国建立永久展馆,中国政府还将给予建馆资金25%的补贴。此外设立用于大会各项评奖的奖励基金。复旦大学学生,用法语谈上海青年对世界博览会的期盼。

⑤ 2002年12月3日,国际展览局举行第132次成员国代表大会,时任国务院副总理李岚清、国务委员吴仪、上海市市长进行最后一次陈述,再次表达了中国政府对于承办2010年世界博览会的信心与态度。会上以一部充满上海市民的热切期盼的实地拍摄纪录片充分展示了上海的无限魅力。

⑥ 2002年12月3日,国际展览局成员国对2010年世界博览会主办国进行投票表决,中国获得2010年世界博览会的主办权。

5. 项目评估

韩国YTN电视台在新闻报道中高度评价中国申请举办世界博览会的成功,认为这显示了中国经济发展的实力,提高了中国在国际社会上的威望和地位。

西班牙《世界报》把上海定为2002年世界最知名城市,其中成功申办2010年世界博览会作为其中关键一条。

法国《世界报》发布评论,认为中国拿到2010年世界博览会主办权是众望所归。

国际展览局官员评论:今天世界诞生了一个伟大的希望。

有了北京"申奥"的成功经验,上海"申博"活动开展得相当不错,整个"申博"过程中,政府牵头的国际公共关系活动为上海赢得了不少加分。

首先,在国际展览局成员国会议上的四次陈述形式有重大突破,给成员国代表耳目一新的感受。其次,1亿美元援助基金的提出也是史无前例的,充分表示了中国政府的诚意以及表达了上海努力办好世界博览会的意愿。最重要的是,公共关系活动抓住了上海的五大优势,扬长避短,展示了上海开放、包容的鲜明个性,最终吸引了世界的目光。

上海"申博"的成功也印证了本次公共关系活动的成功。

问题:1. 上海"申博"的四次关键陈述对于目标的达成起到怎样的作用?
2. 对于上海"申博"公共关系活动有何评述?有何值得借鉴的地方?为什么?

案例分析三

有一种"需要"叫"不需要"

美国纽约唐人街有一家酒店,刚开张时生意好了一段时间,但不久后就开始下滑。老板为此伤透了脑筋:各种硬件设施都是一流的,员工是经过统一培训过的行业精英,掌厨师傅

第六章　公关关系的一般程序

也是屡在烹饪大赛中获奖的名厨。问题究竟出在哪里呢？

一位富豪邀请了几位朋友在这家酒店小聚。老板顿时受宠若惊，为表达敬意频频上前敬酒，使出浑身解数与富豪套近乎。他认为这是个不可多得的客源，无论如何一定要拉住他。在餐厅的另一边，靠墙站着一位沉默的小伙子，是新来的服务员，他在一边暗暗观察老板的一举一动。当那位富豪离开的时候，老板又亲自将他送到了门口。老板返回酒店时小伙子叫住了他："我们酒店的生意不怎么好吗？"

"是的，我们正在努力改变现状。"老板说。

"假如您老是这样做，我们的生意将会更差。"小伙子说。

老板上上下下打量了他一番，有点不高兴地说："那你认为应该怎么做呢？"

"请我做一个月的主管，并且我做主管的一个月里，你要听我的安排。"小伙子从容地说。

"但是，你用什么来证明你的实力呢？"

"我敢肯定，刚才你送到门口的那些客人不会再来我们这里吃饭了！"小伙子说。

老板以为他是个故作神秘、乱讲话的人，就开玩笑地答应下来："如果那位客人在之后的一个月里真的一次也没来，我立即请你做主管。"

一个月的时间很快过去了，那位客人真的像小伙子说的那样再也没有来过。而且酒店的生意越来越差，老板甚至产生了把酒店转让的念头。这时老板想起了那个小伙子。老板抱着"死马当活马医"的想法，让小伙子做一个月的主管，并答应不过问任何事。他倒要看看小伙子葫芦里卖的是什么药。

时间一天天过去。这些天，老板只是暗中观察，他发现小伙子对任何客人都只是微微一笑点点头，他从来不会向客人敬酒、套近乎。但是让老板惊讶的是，自从小伙子上任以来，生意却一天比一天好，利润和以前比起来已经翻了好几番，老客户也一天比一天多，老板又惊讶、又好奇、又感激。

一个月时间到了，老板把心里的疑问说了出来，小伙子问他："你认为做生意最重要的是什么？"

"简直是小儿科的问题，当然是尽量满足客人的需要！"老板说。

"说得很对。但是你有没有想过，客人们的'需要'当中，有种'需要'叫做'不需要'，而你们只知道客人需要什么，却不知道客人不需要什么。"

"有一种'需要'叫做'不需要'？"老板呆住了，说实话，他还真没想过客人不需要什么。

"当然，了解客人不需要什么与了解客人需要什么一样重要。"小伙子说，"你一见到有身份、有地位的人就不断去敬酒，但是他们来这里的目的是什么呢？是来吃饭，是参加自己的聚会，而不是来接受你的敬酒的。你的敬酒实际上是在打扰他们做自己的事情。还有，同一宴席上，宾客有主次之分，在不断向主宾敬酒的同时，其实你也在向同一桌的其他宾客做暗示：我不在乎你们。这也绝不是他们所需要的。另外，在你对某一桌上的宾客敬酒的同时，更是对其他桌宾客的不平等对待，他们会想：难道他们是客人，我们就不是客人了？这样的感觉同样是别人所不需要的。你无意识当中给了顾客这些他们根本就不需要的感觉，足以让他们对酒店产生反感，这就是导致生意每况愈下的原因！"

老板听后茅塞顿开。20年以后,他的酒店在全美国开设了分店。而当年那位小伙子,就是如今被誉为华人中顶尖的成功学专家、全亚洲顶尖的演说家、成功学大师——陈安之。陈安之最广为人知的一句名言是:"成功一定有方法"。

问题:结合案例分析公共关系调查中需要调查公众哪些项目?

案例分析四

吻亮时刻——2014上海新天地圣诞庆典

2014年12月1日至31日,上海市知名地标——上海新天地携手国际知名设计工作室PAUL COCKSEDGE STUDIO,打造了温暖回归的"吻亮时刻——2014上海新天地圣诞庆典"系列活动。承袭全球经典空间艺术项目"KISS"灯光互动装置的设计概念,上海新天地与设计师Paul Cocksedge一起,以人与人之间的亲吻为媒介,点亮新天地专属的圣诞艺术体验。与此同时,上海新天地还携手爱心商户,深化此次项目的慈善意义:活动期间每个亲吻都将为公益慈善项目募集一份善款,将爱与温暖传递给需要帮助的人们。

1. 庆典活动背景

自2013年以来,每逢圣诞节,上海新天地南里广场的公共艺术装置"吻"都会为身处新天地的游客提供一个亲密接吻以点亮圣诞树的舞台,这些吻可以来自情侣、亲子或陌生人。2014年圣诞节也不例外,临近圣诞节的时候,这一装置开始被布置起来,为后续的圣诞庆典做好准备。

2. 庆典活动面临的挑战

作为上海的时尚、艺术、文化地标,上海新天地始终是城内娱乐休闲和文化体验的首选,然而尽管如此,作为上海新天地一年中最重要的市场营销活动,该圣诞庆典仍然面临着不少挑战。

①商业地产的激烈竞争,节日期间营销活动层出不穷,新天地要如何从中脱颖而出?

②消费者的行为与偏好日益变化,如何吸引其来到线下实体商业进行体验?

③该项目需要参与者在公众场合亲吻,这一习俗在西方文化中十分常见,而中国消费者是否能接受这一参与方式?

④广告投放预算有限,如何选用精心的传播策略与渠道以扩大影响力、提升消费者互动?

3. 庆典活动调研

基于以上活动背景以及庆典的举办所面临的挑战,上海新天地对活动的目标受众、活动特色和市场机会都进行了一番深入的分析与研究。

(1)目标受众分析。

该活动的目标受众为具有较高消费能力且追求高品质生活的人群。他们的消费行为受价格波动影响(例如打折、促销)较小,而更注重社交、个人生活方式以及情感方面的追求。因此为了能够打动这群目标受众,活动需要提供相应的过程体验,满足目标受众的社交、生活方式和情感需求。

(2) 活动的特色。

近年来,上海新天地通过一系列时尚、艺术、文化活动的开展而受到了众多消费者的喜爱,并在市场形成了一定影响力。因此对上海新天地来说,在活动中除了商业目标外,融入更多艺术及慈善情感体验将能更多突出品牌特色,并助力活动的顺利进展。

(3) 市场机会。

社交媒体为品牌提供了能够直接与目标受众对话的机会与平台,在社交平台上,消费者倾向于分享关于个人经历、生活方式、情感体验等内容。如果能善于利用这些,会为活动的有效传播及扩大公众影响力提供有力支持。

4. 庆典活动策划

(1) 活动目标。

在活动开展的期间吸引目标受众来到上海新天地参与活动,同时带动周边人流和消费;突出活动特色,在节日期间与市场上其他营销活动形成差异化,同时通过该活动加强上海新天地"艺术"与"文化"地标的品牌形象;通过活动的慈善行动加强上海新天地作为一个具有社会责任感的企业品牌形象。

(2) 传播策略。

该活动所使用的传播策略主要包括以下几点。

①以"吻"为题,整合传播。此次庆典活动以"吻"为切入点,上海新天地利用从社交媒体到传统媒体等各个传播媒介,结合线上线下多渠道整合传播,与目标受众建立全方位的情感联系。在线上方面,上海新天地在微博、微信平台创造了一系列以"吻""关爱"和"分享"为主题的优质原创内容,获得众多消费者的情感共鸣,同时增强了消费者对活动的关注;微信平台在活动期间开设预约参与报名通道,为消费者提供限量"优先参与活动"的名额,激励消费者到现场参与活动。在线下方面,上海新天地设立了针对不同人群的主题日亲吻活动、圣诞市集、热吻派对等多种互动活动,为消费者提供多元化的线下体验,并设计了一系列活动机制鼓励消费者在线上平台分享用户内容,扩大活动的社交影响力。

②以关键意见领袖(KOL)为哨,提高知名度。上海新天地在活动初期就接洽慈善大使等明星资源,并在活动期间邀请了时尚潮人、知名博主等关键意见领袖来活动现场参与并在社交平台上发布相关内容;同时在活动期间,上海新天地也与热门公众号紧密合作,发布一系列活动相关内容引起消费者的关注与兴趣,进一步推广了该活动的公众影响力。

③以用户原创内容(UGC)为绳,拉动参与。上海新天地从现场参与者中甄选获取大量有关"亲吻"和"爱"的相关经历,并编辑成文分享在社交平台上。这些来源于真实生活的内容不仅能够获取大量关注和线上互动,同时也能够鼓励消费者到线下实际参与,并产生更多的优质用户内容,从而达到良好的口碑传播效果。

5. 庆典活动执行

(1) 预热阶段。

11月伊始,上海新天地线上平台就"吻亮时刻——2014上海新天地圣诞庆典"活动进行了一系列的预热,内容包括活动本身的信息预告、合作艺术家及其作品的介绍,以及一系列有关"吻"的创意内容,如与"吻"相关的热门话题、奇闻趣事等,引起消费者对"吻"话题的关注和对活动的期待。11月中下旬,上海新天地开启微信活动预约通道,通过限量机制激励消费者参与,消费者可关注上海新天地微信并预约报名,获得限量的优先参与机会。

(2) 活动阶段。

①亮灯仪式。"吻亮时刻——2014上海新天地圣诞庆典"从12月1日正式开始。活动首日邀请了慈善大使郁可唯与受助儿童一起亲吻点亮圣诞树,标志着圣诞庆典活动的正式开始。同时也邀请到了2013年曾参与活动的5对消费者,上台作为2014年率先点亮圣诞树的参与者,产生了第一波优质线上用户内容。

②社交平台现场直播。12月1日至31日,上海新天地的官方社交平台每日都发布现场照片及当日趣闻,吸引消费者前往参与;同时陆续邀请多位KOL到场体验活动并在线上发布相关内容。

③周末主题日。活动期间,每周末均开设针对不同人群的主题日活动,如闺密日、家庭日等,邀请特定消费者在当日优先参与亲吻,产生大量线上UGC。

④圣诞市集。上海新天地在南里广场打造了一场精致文艺又充满趣味的"2014 CHRISTMAS MARKET"圣诞市集活动,以设计品牌、进口食品、手作美食、圣诞礼品等为主要市集商品,邀请消费者一起与爱人、朋友和家人尽情享受美食、玩乐与购物。

⑤跨年派对。12月24日和12月31日,上海新天地在新天地及新天地时尚区域举办了圣诞夜/跨年夜的巡游+热吻派对,为消费者提供了丰富多彩的表演、免费的美食以及各类免费体验玩乐项目,并在当日延长"KISS"装置开放时间至零点,吸引大量消费者驻足参与。

⑥公益随行。除了邀请消费者共同参与到此次亲吻艺术互动中来,上海新天地还携手音乐之声和爱心商户,助力旨在关爱留守儿童的"我要上学"公益活动。参与者每完成一个亲吻动作就代表募集了部分善款,亲吻的数量越多,募集的善款越多,全部善款都将捐赠并用于"我要上学"系列公益活动。

6. 庆典活动效果

通过线上线下结合的项目整合传播,以及对消费者情感的把控和激励,该活动取得了不错的效果。实际活动的参与度、传统媒体的曝光量,还有社交平台的互动量以及对周边人流的带动,都有了显著的提升。

(1) 参与数量。

此次上海新天地的活动自2014年12月1日亮灯仪式起正式启动,直至2014年12月31日,总计周期31天,活动每天17:00—22:00开放5小时,最终以9 264个"吻"收官,实际参与人数达到18 528人次,相较2013年圣诞庆典参与人数增长了14.46%。活动期间每天平均需要接待280多对参与者,平均每1分钟接待一对参与者上台Kiss。活动期间还有17对参与者在公众见证下求婚成功,从情侣升级为家人。

(2) 客流表现。

上海新天地南北里12月客流量日均为50 984人次,比上月客流量增长了13%;每周周末针对不同人群设立的三场特别活动期间,人流量更是比工作日增长了63%、72%和55%;新天地时尚购物中心12月客流量日均为19 001人次,比上月客流量增长了28%,与去年同期日均客流量增长了77%。

(3)媒体传播。

传统媒体方面,收获了总计256篇活动相关报道,媒体价值28 125 126元,除了国内媒体外,也引起了国外媒体的关注与报道。活动期间,微博平台关于"吻亮时刻"话题阅读数达到2 832.8万,相关讨论及UGC达到583 453条,同时"上海新天地"的微博账号在活动期间新增粉丝32 002位,涨幅达到56.3%。上海新天地首次开设了微信服务号,共有1 120名消费者在微信上注册了预约活动名额,活动期间微信新增粉丝5 000名。

问题:请从公共关系活动四步法分别评价此次公共关系活动,你认为该活动成功吗?

复习思考

1. 公共关系调研的内容有哪些?它与一般的社会调查有什么区别?
2. 通过资料调研等方式,借鉴一些优秀的公共关系策划案例,试策划一个你所在学校的迎接新生晚会活动,并写一份简单的策划文案。

第七章

公共关系专题活动

学习目标

通过本章学习,掌握撰写一般公共关系文书的方法;能够组织和举办一些小型的公共关系专题活动。

导入阅读

英菲尼迪赞助《爸爸去哪儿》:"敢爱亲情季"

随着汽车工业的发展和人们生活水平的大大提高,豪华车市场竞争变得越来越激烈。作为相对较新的全球豪车品牌,英菲尼迪想进入豪华车市场,并扩大全球品牌知名度和品牌承诺,就需要对不同国家的消费者心理和需求进行分析和预判,然后研究如何满足这些需求。偏爱赞助模式的英菲尼迪在 2012 年成为红牛车队冠名赞助商和独家的技术合作方之后,打响了知名度;为了进一步扩大在中国的市场,英菲尼迪又走上了"赞助之路"。

2013 年,英菲尼迪凭借赞助湖南卫视亲子类真人秀《爸爸去哪儿》节目收获了前所未有的成功,变得家喻户晓,成为当年品牌赞助中的知名案例。因此,英菲尼迪在 2014 年选择继续赞助《爸爸去哪儿》第二季。在第二季的节目赞助中,英菲尼迪投入很多精力研究节目植入的细节,要求既能保证节目质量水准,又能扩大品牌。同时,英菲尼迪也希望通过对此次赞助的公共关系传播,再次成为行业和公众关注的焦点,持续塑造"最感性的豪华汽车品牌"形象。

问题:1. 英菲尼迪赞助第一季《爸爸去哪儿》已经取得了广泛关注,在核心信息不变的情况下,第二季要如何再次突破,创造更高的关注度,不停留在赞助的表象上?

2. 同类亲子类、真人秀类节目纷纷涌现,如何创新传播手段,更加直接地触动消费者,并助力品牌及产品知名度的持续提升?

3. 如何能够将传播热度扩散到全国经销商层面,以真正帮助销售?

第一节　公共关系文书写作

一、请柬

请柬是组织在举办某些礼仪性活动前，以书面形式通知、邀请参加者的公文。在公共关系活动中，有些较重要的、规格较高的会议或宴会通常使用请柬。通过请柬可以协调和加深组织与组织之间的关系，帮助组织扩大声誉，并为组织的进一步发展提供舆论影响。

（一）格式

请柬的书写格式一般包括标题、正文和落款三部分。

（1）标题。在请柬的第一行正中或在第一页的正中用较大的字体写上"请柬"两字作为标题。

（2）正文。正文是请柬的内容，在第二行顶格写明邀请的个人姓名和职称或机构全称；同时还要写上在什么时间、什么地点、因什么事情、参加什么活动，即用最简练的语句写清事由、时间和地点，并换行顶格写上"敬请参加""敬请光临"字样。

（3）落款。在请柬的正文下面写上"此致"，换行写"敬礼"。靠右写明发请柬的单位全称或个人的名字、职称；日期要写清年、月、日。

（二）要求

请柬的书写应满足以下要求。

（1）语言要求。请柬文字要简洁明了，言简意赅。同时，还要注意语言的应用要富有感情，真诚有礼，尤其需要写得庄重典雅，给人神圣感。

（2）文字要求。请柬在填写和签发时，往往是大量进行的，因此要避免差错，尤其是收柬人的姓名和职称不能出错，请柬内受邀请人的姓名和信封上的要相吻合。

二、函

函是社会组织间联系工作、询问和答复问题的公务信件，或作为有关单位向主管部门请示批准事项用的公务文件，是企事业单位公共关系活动中必不可少的重要传播工具。函不具有指示、指导作用，没有约束力，只用于告知事项，陈述情况。由于函是对外联系中的一种正式形式，因此文字表达要言简意赅、条理清楚，发函事由要充分、开门见山，语言、意图等均要慎重斟酌，以免造成不良后果。平常的公共关系活动中遇到比较多的是公函或便函。

（一）公函

公函是公务信件，是上级和平行机关或不相隶属机关互相商洽或联系工作、询问或答复问题、请求、委托和告知事项时使用的公共关系文书。公函是作为正式文件而发出的函件。从函的内容来看，公函可以分为商洽函、询问函、答复函、委托函、告知函五类。

公函具有固定的公文格式，要编发文号。从内容上看，公函还可以分为上行公函、平行公函和下行公函。

（1）上行公函。上行公函是下级机关对上级机关的询问、请示，或个人、团体对政府机关的陈述、请求所使用的公函。

（2）平行公函。平行公函平行机关或不相隶属机关之间商洽、联系有关问题时所使用的公函，如干部调动中常用的商调函、联系参观函、学习函等。

（3）下行公函。下行公函是上级机关对下级机关所使用的公函。当上级机关需要通知下级机关某部门开会，要求下级机关报送某项材料等情况的时候，就会使用下行公函。

公函的书写格式一般包括标题、发文字号、主送机关、正文和落款。

（1）标题。标题一般由发送机关、事由和文种组成，如"关于××问题的函"；复函的标题一般是"××机关关于××问题的复函"；而相隶属的机关函件，标题只有事由，而无发送机关和文种。

（2）发文字号。发文字号要执行党和国家的统一规定，由发文单位代字、年号和顺序号组成。

（3）主送机关。在正文之前，顶格写明主送机关的名称。

（4）正文。正文一般由三部分构成。开头一般写明发函的原因、目的（用于商量和洽商工作、询问问题、答复询问等），如商洽函要说明为什么提出商洽，询问函要说明询问的目的或原因等。正文主体要具体表述发文机关所要商洽、询问、请求和答复、批准的具体事项和要求等。正文结尾一般都习惯用于惯用语结尾，如答复函中用"特此复函"，委托函中用"以上事项希大力协助查清，并请尽快答复"等结尾语。

（5）落款。在函的右下方签署发函单位的名称，发文单位的名称应写全称或规范化简称，并加盖公章。另起一行在发文机关下写上发文日期。

（二）便函

便函是指没有固定公文格式的函件。便函没有版头、标题和发文号，格式比较简单，使用频率较高。公共关系便函，按其所表明的事项分为以下四种。

（1）函请。写明希望对方办理事情的要求。

（2）函知。写明让对方知晓的事情。

（3）函送。写明所报道的事物。

（4）函复。写明答复事项。

便函的其他结构与公函要求完全相同。结束语常用"此致""敬礼""为要""为盼""为感"等字样。"为要"一般用于下行函，"为感"一般用于平行函。

三、简报

简报是机关团体、企事业单位通过对工作中的新情况、新问题、成绩、经验的报道，是向上反映情况，对下指导工作，平级单位互相沟通情况的一种常用公文。简报是一种非常典型的公共关系出版物，目的是向领导反映情况和意见、传达领导意图以及有关指示精神，同时加强信息沟通和相互间的协助。

简报在性质上介于文件和内部报刊之间，由一定的组织编发，具有一定的指导性。简报在内容上以报道消息为主要任务，不如文件正规；简报与内部报刊有一些相似性，都以新闻报道为主要任务。简报的特点是"简、快、新、真"，"简"是指内容的简约和文字的简明；"快"是指编发快，即不但要及时发现线索，而且要迅速成稿；"新"是指内容要有新意；

"真"是指内容要具有真实性。

简报的编写有比较固定的格式,一般由报头、报体和报尾三部分组成。

(1) 报头。报头部分一般由密级、编号、简报名称、期数、编印单位、印发日期和目录组成。报头的排版形式多样,有横版、也有竖版。报体是简报内各篇文章的题目,要准确地概括出简报的基本内容,使之确切、鲜明、简洁明快。

(2) 报体。报体是简报的主要部分,位于报头横线下部,由简报标题和正文组成,有时也在标题和正文之间写一段揭示性、说明性或批示性的简短文字,其前冠以"按""按语"或"编者的话"等。报体的正文是简报的主体和核心,写法灵活多样,没有一定的格式。

(3) 报尾。报尾部分在正文结束后要用一条横线隔开,在横线下左端注明发送范围和印发份数。

四、文件

文件即公务文书,是机关团体、企事业单位在处理公务时使用的并具有特定格式的文件,是传达、贯彻上级的方针政策,发布法规,请示和答复问题,指导和商洽工作,报告情况,交流经验,互通信息的重要工具。

(一) 一般文件的写作格式

一般文件包括标题、主送机关、正文、附件、机关印章、发文日期、抄送单位、文件编号、机密等级、缓急程度等内容。

公文的用纸(包括附件),一般用标准纸单页16开。张贴用的公告、通告等用纸大小根据实际需要而定。

(二) 一般文件的写作要求

一般文件的写作应满足以下要求。

(1) 言之有据。由于文件具有法规作用、凭证作用、通报作用等,因此,撰写文件要有根有据,要符合国家的法律、法规,符合党和政府的方针政策及有关规定,同时要全面、准确地反映客观实际情况,不能随意而为。

(2) 言之成理。在文件写作中有必要告诉读者撰写的意图、陈述发文的根据、介绍有关情况。

(3) 言之明确。文件的撰写语言要求准确,时间、地点、问题性质、数量等都要表达明确,不能模棱两可。

(4) 行文规范。文件有规定的印制格式,要符合国家统一规定的要求,不能随意自造。

五、新闻稿

新闻稿是一种特定的写作文体,新闻稿所报道的信息不同于政府或上级行政主管部门的文件,它不具有强制性的指令功能,只是一种经过正式途径传播扩散的信息,其作用在于使社会知晓、认识和理解。但是,新闻媒体能够左右整个社会舆论和影响民意。新闻稿一般包括消息和通讯两种题材。报纸上新闻正文前面有"××报×月×日讯(消息头)""××记者"字样的，就是消息；正文在前、署名在后的新闻，多数是通讯。企业的新闻稿就是要模仿这些不同的文体，把需要传达的内容预先准备好。

（一）消息

消息是指简要而迅速地报道新近发生的具有社会意义客观事实的一种新闻体裁，在新闻报道中具有重要的地位，是新闻广播、报纸中使用最为广泛、影响面最大的一种文体。

消息通常在写作方法上采用倒叙法，把新闻事实中最重要、最精彩、最吸引人的材料放在最前面，用极简要的几句话说明全文的目的或结论，以唤起读者注意。然后再按照内容的重要程度依次排列，重要的在前，最次要的材料放在结尾。

消息通常由标题、导语、主体、背景、结尾五个部分组成，且每个组成部分都有一定的要求。

（1）标题。标题是吸引读者注意力的一块重要"招牌"。消息的标题一般分为三部分，即引题、正题和副题。引题又称肩题、眉题或侧题，其作用在于说明新闻事实的意义或交代背景、原因，烘托气氛，以引出正题。正题又称主题，用以点名消息的事实。副题用于对消息内容作提要式介绍，或说明消息所报道事实的结果，有时也用作说明消息的来源。在一则消息中，不是任何时候都要求有引题和副题的，这要根据消息的内容而定。消息的标题，只要鲜明、醒目、生动，能点明主题、吸引读者即可。

（2）导语。导语是消息的开头，以极简要的文字介绍消息的主要内容。导语的写法不拘一格，常用的有四种：概括式导语，多用于主题严肃、内容复杂的经验型和动态性消息的写作；描述式导语，用于对消息的主要事实或所处的环境和时间作简洁朴素的描写；提问式导语，先提出问题引起读者思考和兴趣，然后做出回答；结论式导语，先将结论告诉读者，随之阐述和交代消息的主要事实。此外，导语的写法还有评论式导语、引语式导语、比兴式导语、混合式导语等。

（3）主体。主体是消息的主要部分，置于导语之后，对消息的内容作深入的阐述与说明。主体部分大体可分为三种形式。第一种形式是根据时间顺序和事实的前后次序步步推进、层层深入，使读者对消息的全过程有明晰完整的印象。第二种形式是按照逻辑顺序写作。根据事物的内在联系、问题的逻辑层次安排主体的结构，有的是点面关系，有的为并列关系等。写作时可以同时提出几个问题，然后逐个加以阐述，也可以先揭示出结论性的事实，再交代产生这一事实的原因。第三种形式是将时间顺序与逻辑顺序结合起来使用。具体采取何种形式，要视消息的内容而定。主体的写作要围绕消息的主题进行，内容必须精练紧凑，用事实和实例说话，切勿空泛议论。

（4）背景。背景是消息中帮助读者理解所报道事实的历史、环境和原因的材料。许多消息产生于特定的历史背景和环境下，这些情况要向读者进行适当交代，以使读者理解和接受。背景的作用在于说明消息发生的具体条件，消息的性质及意义，一般不独立成段，多穿插于主体之中。

（5）结尾。结尾是消息的收尾部分，可有可无，根据内容需要而定。如果主体部分已将事实交代清楚，就不要强行添上一条"尾巴"，但需要结尾部分时，也要力求简明扼要。

以上是消息写作结构中最常见的形式，但是消息的写作并不一定要遵循一个模式，除以上结构之外，还有并列式结构、散文式结构等。无论采取何种写作手法，只要写得好，都会产生吸引公众之功效。

(二) 通讯

通讯是具体、形象地反映近期出现的有新闻价值的典型人物、事件及有关现象的一种新闻体裁，也是报刊、电台等新闻媒体采用的文体。通讯具有新闻报道中的各种体裁共性，即真实、新鲜。通讯的写作需要注意以下事项。

（1）材料典型。通讯写作尽可能选择新闻价值高的一手材料，要善于捕捉典型材料，把握其个性特征和新的线索、新现象，并注意选用具体、生动和形象化的材料。

（2）凝练主题。通讯要选择一个新的角度来体现要反映的主题。采用一个新的视角往往是公众最关注、最感兴趣和最急需解决的"热点"问题。因此，通讯只有构思独特，才能吸引人、打动人，引起广泛关注。

（3）结构严谨，手法灵活。通讯可采用多种写作结构，内容也比较自由，因此，在写作中要重点突出，材料有主次之分。通讯写作的逻辑要严谨，条理清晰；表达手法可以灵活多样，在叙述事实时，不仅可以采用叙述的方式，还可以采用抒情、描写、议论等。

六、演讲稿

演讲，简言之就是当众讲话，是演讲者通过口头语言和体态语言，向公众表达思想、观点和情感的一种宣传艺术。

公共关系演讲是公共关系人员为提高组织的竞争力，宣传、树立组织良好的形象，争取内外公众的理解、信任和支持，在待定的时间和环境下，运用有声语言和体态语言的艺术，面向社会公众发表意见、主张，抒发情感，以感染、影响公众的一种社会实践活动。因此，在激烈的市场竞争中，如何发挥公共关系演讲的作用，以争取内外公众的了解、谅解、信任和支持，提高企业的知名度和美誉度，增加企业的经济效益，就成为组织管理中不可忽视的重要任务，它对组织的长久发展无疑具有重要的影响。因此，演讲的语言艺术很重要，尤其是开场白和结束语的成功是整个演讲的关键环节。

七、广告

广告是大众传媒发展的直接产物，通常分为商品广告和公共关系广告两种类型。商品广告是以促销为目的的广告，日常所见的广告，绝大多数都是商品广告。公共关系广告是通过广告的形式，来塑造良好的组织形象，增进公众对组织的整体了解，提高知名度，从而赢得公众对组织的喜爱和支持。例如，在元旦、春节等重大节日时，组织主要负责人以组织的名义，向大家致以节日祝贺之类的广告就是公共关系广告。

公共关系广告的写作一般由标题和正文组成。标题是体现内容的"眼睛"，是公共关系广告的灵魂，因此，标题必须要醒目、新奇和简明。正文是公共关系广告的中心、传递信息的主体部分，正文的内容要真实，语言要简明，构思要新颖。

八、微博文案

传统意义上，公共关系活动意味着信息的传播，即通过印刷媒体等传递与发布信息；然而随着世界的变化，公共关系实践也发生了巨大变化。

随着自媒体平台的普及、微博的盛行，公共关系人员必须熟悉更大范围的信息传播和扩散,具备更多传播知识的同时,还必须具有一定的网络文字写作能力。为此,本书有必要在这里补充一些关于微博文案写作的相关知识,即如何写好微博营销文案。

微博文案实质是一篇140个字的"软文",其主要可分为以下几类。

(1) 语录类。在微博里,关于语录类的内容是比较受欢迎的,也是转发次数较多的。如果能在一条好的语录中插入广告,而又不影响语录意境和语序的话,就是很好的植入式广告了,甚至可以说是一个很好的"软文"。

(2) 亲身体验的分享类。微博的分享属性决定着这类内容是很受欢迎的,对于所关注的人来说,他分享的有价值内容如果阅读者感兴趣,也会分享给自己的"粉丝"。例如,某位名人买了款很好用的面膜,在微博上分享了,还加上了面膜购买地址,这虽然看起来有打广告的嫌疑,但也不得不说这位名人在给粉丝分享好东西。

(3) 图片类。直接在微博内容里加入广告,可能会让粉丝有不良感受,而且要在140个字中插入广告,有时也比较困难。而在微博上,图片的分享是较直观的,所以图片里出现一些广告,效果还是不错的,如制作表情并加上广告或网址,虽然不一定有直接流量,但只要内容好,还是可以吸引不少人关注。

(4) 视频类。现在做视频营销的人越来越多,而且效果也不错。组织可以通过微博这个渠道,将制作好的视频传播出去,方便又直接。

(5) 创意类。这种类型的微博内容是可遇不可求的,好玩、有趣、有创意的内容非常吸引人,有时就算在微博中插入广告,也不会影响微博本身的创意。

第二节 赞助活动

所谓赞助活动,是指社会组织以不计报酬的捐赠方式,出资或出力支持某一项社会活动或公益事业。开展赞助活动是组织对社会作出贡献的一种表现。越来越多的组织认识到自身发展离不开社会的支持,作为社会的一员,自己也应对社会的发展承担一定的责任和义务,为社会发展贡献一份力量。实际上,现代社会开展赞助活动的主体是企业,因此,本书讲述的是企业的赞助。

一、赞助活动的目的

众所周知,提高企业的知名度、树立企业在社会公众中的美好形象,是企业生存和发展的重要条件,以此为目的的公共关系赞助活动,是创造这一条件的有效手段。

赞助活动的目的主要有以下几个。

(1) 出资赞助社会公益事业,为企业经济效益的提高创造社会大环境。

(2) 承担企业的社会责任和义务,树立企业的美好形象。企业作为社会的一员,关心和支持社会公益事业,为社会作出贡献,也是赞助活动的目的所在。

(3) 增进感情的交流,谋求社会公众的好感,赢得社会公众的信任。

(4) 扩大企业知名度,增强企业商业广告的说服力和影响力。

二、赞助活动的类型

一般情况下可以根据赞助对象的性质对赞助活动进行分类,具体可分为赞助教育事业、赞助体育活动、赞助文化活动、赞助公益事业等。

1. 赞助教育事业

教育事业是很多组织赞助的主要对象，因为教育事业可以为国家输送人才，为社会培养接班人，所谓"科技为本，教育为先"说的就是这个道理。赞助教育事业主要是为学校提供图书、实验设备，建造实验室，设立奖学金，为教师提供科研基金，为学生提供各项活动等来支持教育事业的发展。例如，给学生的实地考察提供工厂参观、给课堂教学或集会提供演讲人、为学校学生提供实习机会等都是赞助教育事业的方式。通过这类赞助活动，不仅可以使教育事业获得发展的资金和设施，同时也使组织的公共关系得以改善。

2. 赞助体育活动

体育活动是一项受众面广、影响面大、感染力强的活动，通过赞助体育活动，可以获得比较大的影响力。所以，赞助体育活动是最常见的一种赞助形式。这种赞助活动一般是以捐赠、组建俱乐部、以组织名义举办体育赛事等形式出现。

3. 赞助文化活动

赞助电视节目、电影、音乐会、展览等文化活动属于典型的赞助文化活动的形式。由于文化活动的受众面比较宽，尤其是赞助电视节目和电影，影响力比较大，对于提高组织知名度非常有利。

4. 赞助公益事业

赞助公益事业最能体现组织对社会公众的关心，也最能获得公众的好评以及政府的关注，因此，通过捐款、捐物等形式向社会救济对象提供一定的赞助，是组织向社会承担责任和义务的有效手段。例如，赞助医疗卫生事业、赞助城市规划建设、致力于解决贫困、污染问题等，都属于赞助公益事业的形式。

三、赞助活动的工作程序

赞助活动不是企业的管理层拍拍脑袋就可以进行的，赞助活动需经历以下程序。

（1）赞助研究。赞助研究就是对赞助项目进行必要性和可行性研究，了解赞助对象的性质、社会背景、社会信誉等；分析赞助成本以及预测赞助的效益，确定是否在本组织的承受范围之内。

（2）制订赞助计划。制订赞助计划就是根据可行性分析结果、组织的赞助方向和政策，制订出具体、详尽的赞助计划。赞助计划要围绕主题，明确界定组织的角色、预算费用、赞助形式、赞助实施的具体步骤等。

（3）审核和评定赞助项目。组织对每项赞助都应进行审核评定，确定赞助的具体方式、款项、时机等。

（4）具体赞助实施。整个赞助活动要由专人负责，并在其实施过程中充分运用各种有效的公共关系手段和技巧，最大限度地扩大赞助活动的社会影响。

（5）检测效果。组织在赞助活动完成后，应对各项指标的完成状况及具体原因进行总结，找出计划目标与实际效果之间的差距，并写出书面报告，为以后的赞助活动提供有益的经验积累。

四、企业慈善活动

一般认为,企业捐赠可以服务于许多企业利益,包括招聘新人、销售,以及鼓舞员工士气,此外它还服务于公共关系的利益。因此,几乎所有的公共关系人员都要参与到企业慈善活动有关的各种决策中来。

(一) 慈善决策的注意事项

近年来,虽然企业在社会慈善责任方面做出了很大的贡献,但站在具有"经济人"特征的企业立场来审视慈善问题,企业慈善行为的整体效果即企业的"收益"并不明显,一些人甚至认为公司管理人员无权把属于股东的利润捐赠出去。一些企业过多地注重媒体效应,虽然其形象得到了一定提升,但大多只是昙花一现。对大部分企业来讲,由于慈善行为形式的单一性与自由性,使得慈善行为的收效大打折扣,慈善行为的心理预期也受到一定的挫败。究其原因,是由于我国企业的社会慈善行为是一种偶发性与暂时性的行为,大多数企业的慈善理念只是"回报社会,造福桑梓",既没有形成规范化、制度化的运作机制,也谈不上在企业文化中形成相应的慈善文化,更没有将企业社会慈善行为与企业的发展战略和商业利益联系起来。

如果企业的社会慈善行为能进一步与企业自身经验相结合,发挥技术和资源优势,将社会慈善行为视为企业赢得长期商业利益的一项持续性源泉,企业将赢得社会的赞誉,提高企业的知名度和美誉度。但不幸的是,在一些公司中,慈善决策的制定仍是很随意的,且缺乏规划。要制定一套连贯且一致的企业赠与方案,需要考虑以下因素。

(1) 不会造成伤害。捐款不应捐给任何可能违背捐款者或受捐者根本利益的事业。

(2) 与受捐者进行交流。有效的捐赠行为要求捐款者和受捐者建立紧密的伙伴关系。

(3) 把捐款限定在特定的领域。捐赠应对社会或社区造成最大的影响,使捐款者的利益最大化。从这个意义上说,捐赠应该集中在个别企业拥有独特的专业知识而其他非营利志愿部门又不能提供的领域。

(4) 根据公司政策声明、形象定位来捐款。具有这种特性的完备政策应当包括公司慈善活动的目标及信念,用来评估捐款申请的标准,支持或不支持组织和事业的种类,以及管理捐款的方式。

(5) 在预算内进行规划。企业捐款应该限于净收益的几个百分点范围之内,使其对公司的经营业务不造成实质性的影响,同时保证捐款活动的长期性。

(6) 做好后续工作。企业要求受捐者(如某些慈善机构)必须有良好的表现和财务管理,这一点非常重要。

(7) 告知所有的员工及有关人员。员工和受捐者最应当充分了解企业的慈善活动进展,一次有效的慈善活动不仅是账簿上的慈善行为,应该使其成为一个有着良好反馈的慈善行为。

(二) 两种捐赠趋势

1. 解决公共问题或公共压力的慈善捐赠行为

现在有更多的公司,特别是一些大公司,开始积极地把资金和人力投入到那些他们认为重要并且希望造成影响的问题领域中,以解决某些公共问题或公共压力问题。如甲骨文公司

（Oracle）的创建者和首席执行官拉里·埃利森（Larry Ellison）捐款建立了埃利森医疗基金会，这是一个为第三世界国家治疗传染病提供疫苗的慈善组织，该慈善组织还为研究老年疾病治疗方法提供资金。埃利森在解释他资助这类研究的原因时说："你认为哪件事更酷：做地球上最有钱的人还是帮助发现治疗癌症的方法？"当然在世界范围内还有很多公司为了解决公共问题，将企业的慈善捐款直接交给慈善机构来运作，人们有理由相信这些慈善机构能够将慈善捐款的作用发挥到极大。

2. 风险慈善活动

企业捐赠的另一种方式是被称作"风险慈善活动"的捐赠行为。eBay 公司的创始人皮埃尔·欧米蒂亚（Pierre Omidyar）把钱捐给那些按良好的商业计划运作并能产生现金流的公司，然后再用这个现金流来支持非营利性慈善机构。欧米蒂亚还建立了一个"社会企业家"网络，新利润公司就是其中之一。

许多企业号召员工对教育机构、博物馆、乐团、公共电视、医院以及芭蕾舞团等进行捐款，并允许他们的捐款反映员工的捐款。通过这种方法，员工成为公司慈善捐款的推动力量。除了现金捐款外，风险慈善活动的形式还包括活动赞助、实物捐款以及与事业相关的营销等。

五、公益事业营销

公益事业营销把企业及其产品与一项公益事业联系在一起。这是近年来增长很快的一个领域，因为它能促进销售，提升公司形象以及动员员工。图 7-1 展示了公益事业营销是如何从一种短期销售手段发展成为一种培养客户忠诚度的方法，进而成为公司推广品牌和提高声誉的主要方式。今天的消费者希望企业利用其资源来帮助解决一些社区问题。当企业为其所服务的社区作出贡献的时候，企业通过分享客户和员工的共同价值观增强了企业与客户、员工的联系。但在这里需要强调的是，公益事业营销不是慈善活动，如某牙膏企业捐助非营利组织成立"口腔健康协会""牙医学会"等来帮助提高人们对牙齿保护不足问题的认识。

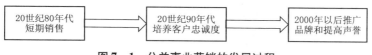

图 7-1 公益事业营销的发展过程

（一）公益事业营销能给公司带来的好处

1. 公益事业营销能增加销量

据 1999 年 Cone/Roper 研究报告显示，78%的成年人更愿意买他们关心的与某项公益事业相关联的产品；65%的人为支援某项公益事业会改变品牌选择；61%的人为支持一项公益事业营销换商家；54%的人愿意为那些支持某项他们关心的公益事业产品支付更多的钱。

2. 公益事业营销能改善企业形象

支持公益事业能增强企业作为一位好市民的形象，使其产品更受信赖，并且在企业帮助解决某些问题时得到更多的媒体正面报道。

3. 公益事业营销对受助者和赞助者双方都有利

受到捐助的慈善机构和其他公益事业一般会受到更多的社会关注,从而获得更多捐款。把自己的名称借给企业使用的非营利机构可以收取一笔使用权费用,或者在购买某种产品时享有优惠来代替使用权费用或作为补充。

(二) 公益事业营销的弊端

除了以上种种好处之外,公益事业营销也有其弊端,这些弊端主要如下。

(1) 非营利机构和企业的目标不同。如果企业一心只想改善其公众形象,那么非营利机构会觉得自己被企业的营销部门利用了,这种联盟就会失败。

(2) 规模不同可能造成问题。许多非营利机构都是小而精的,这与一家大的老牌公司恰恰相反。与一个只有几名员工的非营利机构相比,一家全球性组织的决策批准与核算过程看起来自然要慢得多,这也不利于公益事业营销的开展。

(3) 公众发现越来越难以区分公益事业营销和传统的慈善活动。消费者也许觉得在购买该产品的时候他们就已经捐款了,因而使得非营利机构收到的捐款减少,并且消费者很难知道一家公司到底给慈善机构捐了多少钱。

不管怎样,企业要像对待其他任何战略计划一样,需要经常评估其公益事业营销活动,确保这些活动符合公司的宗旨和商业目标。

六、赞助活动的注意事项

企业开展赞助活动应该注意以下事项。

(1) 赞助活动应以自身所面对的社会环境为出发点,制定切实可行的公共关系政策、方针和策略,切忌盲目赞助。公共关系政策和规章,一经职工代表大会、董事会或管理决策会形成决策,则成为企业公共关系活动的依据。一切不利于企业发展的赞助活动,都应拒之门外。对于强拉赞助者,企业应坚持原则,并利用法律武器来保护自我。

(2) 组织应将公共关系政策公之于众。应保持与被赞助者和赞助活动组织者之间的联系,将应捐赠款项及时拨付被赞助者。另外,企业应将赞助计划列入企业长期计划,为其生存和发展创造环境,同时分清所需赞助事业的轻重缓急,逐步实施。

(3) 公共关系部门应随时把握社会赞助的供求状况,做到灵活掌握赞助款项。在公共关系部门的赞助计划中,应留有机动性较强的公共关系费用,这样才能在计划外的重大社会活动举办时做到应变自如。

(4) 对赞助活动的科学管理必定会使企业的善举得到认同,由此创造的良好社会效益,必然会得到社会的广泛支持。企业经济效益的提高,则证明了社会对企业的回报。良好的社会环境靠企业去创造,也必将推动企业的发展。

第三节 庆典活动

庆典活动是指组织在其内部发生值得庆祝的重要事件或遭逢重要节日时举行的庆祝活动。庆典活动可以是一种专题活动,也可以是大型公共关系活动的一项程序。庆典活动往往给公众留下"第一印象",如一家企业举行一个气氛热烈、庄重大方的开业典礼,这是企业在社会公众面前的第一次亮相,这个"相"亮得好,可以为企业创造良好形象。随着社会的发展,能够举办庆典的节日越来越多,这必然使社会各界举行庆典活动的机会越来越多。因此,现代组织的管理者应想尽办法利用各种庆典活动,让自己广为人知。显然,这是与现代公共关系为组织扩大知名度、提高美誉度的思路相吻合的。

一、庆典活动的类型

庆典活动总的要求是有喜庆的气氛、隆重的场面、高昂的情绪、灵活的形式,当然还应该有较高的规范性和礼仪要求。庆典活动在形式上,一般有开幕庆典、闭幕庆典、周年庆典、特别庆典和节庆活动五种。

(一)开幕庆典

开幕庆典即开幕(开张、开业等)仪式,是指第一次与公众见面、展现组织新风貌的各种庆典活动,包括各种博览会、展览会、运动会和各种文化节目的开幕典礼,企业的开业典礼或企业推出的重要服务项目第一次向公众开放的庆祝活动,重要工程的开工典礼或奠基典礼,重要设备及工程首次运行或运营的庆祝活动,通邮、通车、通航等典礼活动,学校的开学典礼等。组织举行一个热烈、隆重、特色鲜明的开幕典礼,会迅速提高组织的知名度,为组织塑造良好的形象,给社会公众留下深刻而美好的记忆。

(二)闭幕庆典

闭幕庆典是组织重要活动的闭幕仪式或者活动结束时的庆祝仪式,包括各种博览会、运动会和文化节日的闭幕典礼,重要工程竣工或落成典礼,学校学生的毕业典礼,组织的重要活动或系列活动的总结表彰或者为圆满结束举行的各种庆祝活动等。闭幕庆典是各种活动的尾声;同开幕庆典相比,闭幕庆典的重要程度和隆重程度比较弱,更多是强调活动有始有终、圆满结束。当然,有的活动从不同的角度来看,可以作为闭幕式处理也可以看作开幕式,如何开展活动,要根据其内涵和意义来选择。例如,公路的建成就意味着开始通车,此时就可举行通车典礼;大型客船完工就要投入航运,此时就可举行首航仪式等。

(三)周年庆典

周年庆典是指组织在发展过程中各种内容的周年纪念活动,包括组织"生日"纪念,如工厂的厂庆、商店的店庆、宾馆的馆庆、学校的校庆,以及大众媒介机构的刊庆或台庆等,还包括组织或企业之间友好关系周年纪念,某项技术发明或某些产品的问世周年纪念活动。组织利用周年庆典举办庆祝活动,对振奋员工精神、扩大宣传效应、协调公众关系、塑造企业形象等都有重要意义。特别是利用周年庆典举行公众联谊活动,可以沟通关系、加深感情,也可以通过制造新闻获取轰动效应。

(四)特别庆典

特别庆典是指组织为了提高其知名度和声誉,利用某些具有特殊纪念意义的事件或者为了某种特定目的而策划的庆典活动。组织可以根据自己的具体情况推出新的内容,尤其要抓住具有里程碑意义的事件进行策划。

（五）节庆活动

节庆活动是指组织在社会公众重要节日时举办或参与的庆祝活动。重要节日可以是传统的节日，如春节、国庆节、劳动节等，还可以是引进的西方节日，如圣诞节、情人节、母亲节等。节庆活动一般可分为两种：一种是组织利用节日为社会公众举办的各种娱乐、联谊活动，免费或优惠提供服务，目的在于联络感情、协调关系；另一种是组织积极参与当地社区主办的集体庆祝或联欢活动，如准备锣鼓、花灯、彩车、龙灯等节目参加聚会或演出，目的在于为组织塑造一个积极参与社会活动的形象。

二、庆典活动的开展

庆祝活动的开展应讲究天时、地利、人和，现代社会组织可利用庆祝的机会越来越多，组织的决策者应适时地选择一些对组织和社会都有利的重要事件或重大节日，来开展活动。在充分准备的情况下，一般每年2~3次就够了。

组织的庆典活动代表着组织的形象，体现着一个组织及其领导者的组织能力、社交水平和文化素质，往往会成为社会公众取舍、亲疏的标准。因而，组织在开展庆典活动过程中，应认真做好以下工作。

（一）精心选择对象，发出邀请，确定来宾

庆典活动应邀请与组织有关的政府领导、行政上级、知名人士、社区公众代表、同行组织代表、组织内部员工和新闻记者等前来参加。公共关系人员应选好对象，提前发出邀请，特别是重要来宾应亲自上门邀请。为保证接待工作的顺利进行，在活动前，应确定到场来宾的准确情况。

（二）合理安排庆典活动程序

庆典活动的程序一般如下：安排专门主持人宣布活动开始，介绍重要来宾，由组织的领导和重要来宾致辞或讲话；剪彩和参观（如需要）；安排交流（如需要）；重要来宾的留言、题字（该项活动也可安排在庆典开始前）。

（三）安排接待工作

庆典活动开始前，应做好一切接待准备工作。要安排好接待和服务人员，活动开始前所有有关人员应各就各位。重要来宾应由组织的领导者亲自接待。要安排专门的接待室或会议室，以便在正式活动开始前让来宾休息或与组织的领导交谈。入场、签到、剪彩、留言等活动，都要有专人指示和领位。

（四）物质准备和后勤、保安等工作

庆典活动的现场，需要有音响设备、音像设备、文具、电源等；需要剪彩的，要有彩绸带；在特殊场合，鞭炮、锣鼓等也要有所准备。宣传品、条幅和赠予来宾的礼品，也应事前准备好。赠送的礼品要与活动有关或带有企业标志，燃放鞭炮一定要有保安措施。如果有宴请内容，应安排来宾就餐，后勤准备要充分，不要过分铺张。另外，为活动助兴，可以安排一些短小精彩的文艺节目，这些节目可以是组织内部人员的表演，也可以邀请有关文艺团队或人员表演，节目要力争有特色。

第四节　新闻发布会

新闻发布会又称记者招待会，是社会组织召集各新闻机构的记者，宣布有关本组织的重要信息，并回答记者提问的一种公共关系专题活动。新闻发布会是本组织与公众进行沟通的一种有效形式。

一、新闻发布会的特点

新闻发布会作为公共关系专题活动，具有以下特点。

（1）新闻发布会在形式上比较正规、隆重，而且规格较高。作为社会组织，如要召开新闻发布会宣传本组织，公共关系人员必须在新闻发布会召开之前精心准备。

（2）记者可根据自己感兴趣的方面或角度进行提问，从而可以更深入地挖掘新闻。

（3）新闻发布会在深度和广度上都比其他新闻发布方式更具有优越性。除了记者可以挖掘有价值的新闻外，记者和组织可以用更多的时间进行沟通。

（4）新闻发布会与一般公共关系活动相比，耗费的成本较高。

社会组织在发展过程中，在遇到了问题时，如有特别新闻需要向社会公众公布，作出了一项重要决策，或在新产品开发方面取得了重大突破，希望借此机会扩大影响，就可召开新闻发布会。当组织受到了公众的指责和不满，同其他社会组织发生了不可澄清的法律纠纷时，也需要通过新闻发布会来发表或解释。当企业想要提高知名度，为推出某项产品和服务营造一个好的氛围，取得公众的谅解和支持等，也可通过召开新闻发布会来开展公共关系活动。

二、新闻发布会的准备阶段

新闻发布会的会前准备工作非常重要，关系到新闻发布会能否成功举行、能否取得预期效果等，因此，在召开新闻发布会之前，要经过细心周密的准备工作。

（1）确定发布会的主题。主题是新闻发布会的中心议题，因此，新闻发布会必须要有鲜明的主题。

（2）确定时间和地点。新闻发布会的召开应该尽量避开重大社会事件的日子，以免影响新闻发布会召开的效果。此外，新闻发布会的地点要选择交通便利的地方，同时，要尽量给记者创造一个便利的采访条件。

（3）确定邀请范围，即确定邀请的对象。新闻发布会邀请记者的范围应根据信息的重要程度和事情的影响范围而定。如果事件涉及全国，要邀请中央新闻单位的记者出席；如果事件影响只限于本地，可邀请当地新闻单位的记者；如果事件涉及专业性的业务，则可邀请专业的报刊和新闻单位内从事专门报道的记者、编辑出席等。

（4）确定主持人和发言人。主持人和发言人是社会组织的形象代表，影响着记者对社会组织的印象。因此，新闻发布会对主持人和发言人的要求较高，主持人和发言人要有较高的文化修养和专业水平，反应灵敏，口齿伶俐。

（5）准备宣传材料以及发言稿。根据会议的主题全面收集好有关资料，考虑记者可能提出的问题，必要时需要一些文字、图片、实物等辅助材料，同时，还要准备好有关的宣传材料。

（6）做好接待工作。
（7）做好费用预算。

表7-1～表7-4是新闻发布会的常用表格。

表7-1 邀请统计

媒体	姓名	职务	联系电话	到会时间	交通方式	备注

表7-2 会场布置

事项	责任人	完成时间	完成标准	备注
迎宾水牌				
主席台布置				
席卡布置				
桌椅布置				
茶杯摆放				
纸笔摆放				
投影设备、电源				
布景				
胸部麦克风和远程音响调试				
主题背景板				
酒店内、外横幅、竖幅				
飘空气球、拱形门等				

表7-3 资料准备

项目	份数	责任人	完成时间	完成标准	备注
新闻通稿					
演讲发言人					
发言人背景资料介绍					
公司宣传册					
产品说明					
有关图片					
纪念品或纪念品领用券					
企业新闻负责人名片					
空白信笺、笔					

表 7-4　现场安排

项目	责任人	完成时间	完成标准	备注
接站				
迎宾				
签到				
车票报销、住宿安排、返程票务				
入场导引				
现场协调				
主持人				
发言人				
现场音响及话筒等				
现场灯光				
就餐组织人				
送站				

三、新闻发布会的会中注意事项

新闻发布会召开过程的注意事项，主要针对组织安排出席新闻发布会的三种角色提出，这三种角色是接待人、主持人和发言人。

（一）接待人

接待人的角色任务是负责签到、发放资料、引客入场，为摄影记者和摄像记者的工作提供必要的服务。因此，接待人必须热情大方，讲究礼貌、周到的服务。

（二）主持人

主持人的角色任务是调控气氛，因而必须善于辞令，反应灵活。会议开始时，一般首先由主持人对召开会议的目的、所要发布的信息和有关情况进行介绍说明；当发布会接近尾声时，主持人应该提醒记者提问"最后一个问题"。

（三）发言人

发言人是组织的代表，一般是组织的正职或副职领导。发言人必须具有敏锐的思维能力和高超的表达能力，特别是要善于各种语言艺术，巧妙地改变被动应答的局面；对一些棘手的问题和需要回避的问题，不要轻易地陷入对方的思维轨道，可以采用委婉、模糊、暗示、幽默等方法，艺术地转移话题。

四、新闻发布会的评估

新闻发布会的评估工作主要是应做好会后反馈工作；要尽快整理出记录材料，总结经验教训，并将总结材料归档备查；收集与会记者报道，对已经发稿记者要电话致谢。对记者所发稿件的内容及倾向性要认真分析，若出现不利于本组织的报道，应及时跟进。

第五节 展览会

展览会是一种以实物、文字说明、图片、模型、幻灯、现场示范等综合运用各种媒体的传播活动，是一种常见的公共关系活动类型。由于展览会是同时集中多种行业的展品，展品琳琅满目，能唤起公众的好奇心，并且具有社交性和娱乐性，所以它不仅能吸引公众的注意和兴趣、为社会组织提供与公众直接的双向沟通，而且可以帮助组织了解公众对产品的意见和建议，同时还起到对外宣传、树立产品及组织形象的作用。

一、展览会的特点

（一）形象直观

由于展览会是以各种实物、图片、现场示范等形式向公众展示组织的展品，因此，展览会具有形象、生动、直观的特点，能给公众留下深刻的印象。

（二）双向沟通

展览会能通过讲解人员、咨询、洽谈等形式，既让公众了解组织，同时也让组织直接地接近公众，了解公众对组织的意见和建议，并且能使组织及时对公众的意见进行反馈，因此，展览会的针对性较强，能够达到双向沟通的目的。

（三）综合传播

展览会作为一种综合性的大型公众活动，能够有效地吸引不同公众和各类新闻媒介的注意，产生强烈的社会影响。同时，由于展览会上展示多种行业的产品，为了获得良好的展览效果，各组织通常会应用多种媒介，在以实物展览为主的同时，也配以宣传资料、图片或现场讲解等方式，烘托气氛，使展览会具有很强的感染力和吸引力。

（四）新闻价值

展览会除了本身能进行自我宣传外，还能够成为新闻媒体追踪的对象、成为新闻报道的题材，通过新闻媒介的报道和宣扬，展览会可以获得更大的新闻价值和收益。

二、展览会的工作程序

展览会的工作较为繁杂，方方面面的问题都要考虑到，一般而言，展览会的组织工作主要如下。

（1）明确展览主题。由于展览会的展品较多、内容复杂，因此，只有确定了展览主题，才能围绕主题进行展览和宣传，使参展的实物、照片、图表及文字说明能有机地融合在一起，使展览会获得预期效果。如果展览会主题思想不明确，就会造成展览会的结构混乱。

（2）指定展览总编。指定一名展览主编，由主编负责撰写展览脚本，构思整个展览会的结构，拟定展览会提纲，设计会标等工作。

（3）明确展览单位、展览项目。主办方可以采用广告和发邀请的形式组织参展单位，为有可能参展的单位提供展览会的宗旨、展出项目造型、对参观人数及类型的预测、展览会的要求等基本资料。

（4）选择时间和地点。在参展时间上首先要考虑避开重大社会活动时间，否则展览效果不甚明显；同时还要考虑展览会的地点要选择交通便利的地方，以及展览场所大小、设施的完备程度、周围的环境能否与展览会的主题相协调等。

（5）预计参观者的范围、类型和数量。组织者应对参观者的类型、规模有大致的估计，以便确定展览的方式；同时还要对参观者数量进行估计，以便根据参观者数量确定相应的接待人员和组织工作。

（6）准备各种资料。各分部编辑及公共关系人员应根据展览大纲收集相关的展品和各参展单位的宣传资料，并按要求完成设计创作任务。

（7）成立新闻发布机构和接待机构。展览会中有很多具有较高新闻价值的信息资料可供挖掘，因此，成立专门的新闻发布机构不仅要做好各项接待服务工作，还要努力扩大展览会的影响力。

（8）培训工作人员。展览会工作人员的素质，直接关系外界对展览会的印象，因此，要对展览会的工作人员进行相关培训，如解说员要有生动讲解的技能，操作员要有娴熟的操作技能等。

（9）做好预算工作。举办展览会需要相当大的经费，如场地租金、设计和布置费用、工作人员的费用、联络费、交际费、广告费、印刷费、保险费等。对这些费用要进行预算，要根据展览能达到的预期效果考虑费用的标准。

（10）筹划开幕式。大型展览会应精心设计一个独特、新颖的开幕仪式，安排好各项接待工作。

（11）效果测定。展览会效果是指在展览会上实施公共关系所带来的经济效益和社会效益。展览会效果的测定方法包括设立留言簿征求公众意见、召开座谈会、登门访问和发出问卷调查等，这样获得的实际效果对主办单位来说具有重要的参考价值。

案例分析一

走向伟大企业——"中国最受尊敬企业十年"颁奖典礼流程

走向伟大企业——"中国最受尊敬企业十年"颁奖典礼流程如表7-5所示。

表7-5 走向伟大企业——"中国最受尊敬企业十年"颁奖典礼流程

时间	活动内容
12：00—14：00	午宴：金茂深圳JW万豪酒店（深圳市福田区深南大道6005号）
14：00—14：30	VIP签到
14：30—14：40	开场乐曲
14：40—15：00	主持人做开幕式发言，主办方及特邀嘉宾致辞
15：00—15：30	"中国最受尊敬企业十年"获奖企业群像：获奖企业分五组上台，同时领奖
15：30—16：00	第一幕 守义——尊严与理想。东风日产乘用车公司副总经理任勇先生；国际商业机器中国有限公司大中华区董事长及首席执行总裁钱大群先生；三星（中国）投资有限公司总裁姜皓文先生；微软（中国）有限公司董事长兼首席执行官梁念坚先生；西门子（中国）有限公司总裁兼首席执行官程美玮先生

续表

时间	活动内容
15：30-16：00	获奖企业参与第一幕论坛
16：00-16：30	第二幕 创新——"转"向未来。比亚迪股份有限公司董事长王传福先生；海尔集团公司总裁杨绵绵女士；联想集团有限公司董事局主席柳传志先生；苏宁电器股份有限公司董事长张近东先生；新浪网技术（中国）有限公司总裁曹国伟先生
	获奖企业参与第二幕论坛
16：30-17：00	第三幕 责任——智慧与付出的力量。北大方正集团有限公司董事长魏新先生；海信集团有限公司董事长周厚健先生；青岛啤酒股份有限公司董事长金志国先生；TCL集团股份有限公司董事长兼总裁李东生先生；招商银行行长马蔚华先生
	获奖企业参与第三幕论坛
17：00-17：30	第四幕 持续——对抗生命抛物线。上海通用汽车有限公司总经理叶永明先生；腾讯控股有限公司董事会主席兼首席执行官马化腾先生；浙江吉利控股集团有限公司董事长李书福先生；中国海外发展有限公司董事长郝建民先生；中国民生银行股份有限公司董事长董文标先生
	获奖企业参与第四幕论坛
17：30-18：00	第五幕 领先——优秀·卓越·伟大。阿里巴巴集团总裁兼首席执行官马云先生；凤凰卫视有限公司董事局主席刘长乐先生；华为技术有限公司总裁任正非先生；万科企业股份有限公司总裁郁亮先生；中国惠普有限公司董事总经理高瑞彬先生；中国平安保险（集团）股份有限公司副董事长孙建一先生
	获奖企业参与第五幕论坛
18：00	颁奖典礼结束 主持人致闭幕词

问题：请点评该活动的流程，并说明该活动准备过程、执行过程中需要做好哪些工作，需注意什么问题？

案例分析二

对加多宝捐款事件的社会评论

评论一：借汶川、玉树地震豪捐博好感，产品广告营销才是真正目的

2008年5月12日，这个日子一定将在中国历史上以及中国人民心中留下一个挥之不去的印记。——汶川地震。

面对这突如其来的灾难，除了伤心、悲痛、举国致哀，更有关爱、救助、相互守望。"一方有难，八方支援"，除了政府各部门的通力协作救助外，更有许多富有爱心的企业和人士慷慨解囊，鼎力支持灾区。加多宝集团在中央电视台"爱的奉献"赈灾晚会上，一举捐出一个亿，其慷慨之举和魄力令无数同行刮目相看，并赢得无数网民的赞誉，"要捐就捐

一个亿,要喝就喝王老吉"就是最好的见证。与此同时,"日进斗金"、利润爆棚的国内某知名地产商,只捐出两百万,引来无数网友的唾弃和不满。

中国有句古话"在商言商",也有"天下熙熙皆为利来,天下攘攘皆为利往"的千古名言。由此可见,世人做事之功利性,尤其商人。当然,随着经济和社会的发展,那些整天把利益和利润挂在嘴边的企业,愈加得不到消费者的支持。基于此,企业开始不谈或少谈利益和利润(至少不会轻易对着媒体大众讲),而是开始把企业形象和社会声誉放在一个显眼处来谈。但是,所谓的企业形象和社会声誉难道不是一种潜在利润吗?只不过,有的企业"玩"得更隐蔽、更神秘、更深层、更高级。

加多宝集团在上个世纪90年代末期到本世纪初期,开始推出罐装王老吉,但是一直不温不火,名不见经传,直到2003年的一场"非典",才让王老吉开始大卖、特卖。如果没有当年的"非典"事件,王老吉的知名度要达到如此之高恐怕要推后几年,甚至更长时间。加多宝集团抓住了这个时机,获得了前所未有的发展。但是这种机会是可遇不可求的。地震是坏事,但对善于抓住机遇的人和企业来说,这就是机遇,这个时机被加多宝集团牢牢抓住了:要么不捐,要捐就要让所有人、所有同行瞠目结舌——一个亿!(伊拉克战争是坏事,某汽车润滑油商家借此及时推出了"多一点润滑,少一点摩擦"的广告,销量大增)

对于加多宝集团豪捐事件,网络上有人赞扬、有人批评,认为加多宝集团捐款一个亿的行为是在别人受到伤害和经历痛苦的时候,建立企业的形象或宣传产品。从加多宝集团的豪捐事件以及网络上的各种信息,可以看到其始终是低调的,也始终是深居幕后的,它总是以一种低姿态面对所有关注的目光。不管其他舆论声音如何,不管网络上是"挺"王老吉还是"黑"王老吉,加多宝集团始终不抛头、不露面,官方亦不发表任何意见,一律"冷处理",可谓"任尔东南西北风,咬住青山不放松"。由于策划得当,使得王老吉在凉茶市场以及整个饮料市场风生水起,业绩扶摇直上。自从把握住2008年5月汶川大地震难得的豪捐机会后,王老吉的销售收入一跃冲上100亿,成为中国市场销售额最大的罐装饮料。

加多宝集团尝到甜头后,两年不到,玉树大地震的"良机"又来了,其又利用举国悲痛事件豪捐1.1亿元。捐款之后,加多宝公司总经理面对主持人董卿递过来的话筒娓娓道来:"加多宝集团和美丽的青海省、和伟大的青海省人民早就结下了不解之缘。集团旗下的昆仑山矿泉水就是来自青海昆仑山玉珠峰,此时此刻……"。加多宝集团老总抓紧利用这一难得的宝贵时机,还不忘提及公司旗下的矿泉水。2010年央视春晚,美的电器为了获得零点报时的冠名权付出了5 200万元,展示的时间是10秒;而加多宝及"昆仑山"在慈善晚会露面的价值绝不低于春晚零点报时的价值。春晚零点时刻,很多人在放烟花、发短信、打电话,即使在看春晚的人也会把更多的注意力放在倒计时上,而非是谁冠名。而玉树赈灾晚会则不同,作为全场捐款最多者,最后出场的加多宝是全场的焦点,没有任何干扰信息存在。更重要的是,赈灾晚会第二天,全国几乎所有的报纸、网络、广播都对当晚的赈灾情况进行报道了,加多宝以"昆仑山"名义捐出的1.1亿元因为捐助额第一也被广泛提及,这样的传播范围及力度,其价值之大可想而知。甚至可以说,加多宝集团的捐款帮助了灾区人们,但同时也在捐款的当时和第二天以这样的形式"悉数收回"。这也在某种程度上诠释了加多宝集团为什么捐1.1亿元——因为当时还有别的企业捐1亿元,加多宝集团明白只有第一才能引起最强烈关注,才能在当时和后续形成更具价值的传播。

在加多宝集团捐款的同时，很多网友打开网页即可发现，已有大量的"昆仑山"视频广告出现在网页上；在百度搜索中输入"加多宝""王老吉""昆仑山"等关键词，搜索结果都是"昆仑山"矿泉水的推广链接；随后，"昆仑山"也逐步登上各电视台的黄金时段，幽深唯美的电视广告开始和观众见面。围绕1.1亿元而进行的多渠道、立体式、整合化传播的大幕已经拉开。

不可否认，加多宝集团的营销策略确实是技高一筹，客观上的确是一个伟大的善举。加多宝集团的高明之处就是紧紧抓住人最脆弱的心理，在国人悲痛、悲伤、困难之际，赢得普遍赞誉，此时此刻的豪捐一定会被加倍感动。这就是加多宝公司的商业营销，也是加多宝集团的公共关系活动，这样的豪捐定能带来巨额的利润回报。

评论二：老字号一鸣惊人

2008年5月18日晚，由多个部委和央视联合举办的募捐晚会上，1亿元的巨额捐款，让王老吉背后的生产商——广东加多宝集团一夜成名。

相较于部分著名企业家遭到舆论围攻的窘态，一些低调的企业及其幕后的企业家在这次抗震救灾中则可谓"一鸣惊人"。在晚会上，加多宝集团代表阳先生手持一张硕大的红色支票，以1亿元的捐款成为国内单笔捐款最高的企业，顿时成为人们关注的焦点。

就在加多宝集团宣布捐款1亿元的时候，社会公益产生的口碑效应立即在网络上蔓延，许多网友第一时间搜索王老吉相关信息，结果是消息传出10分钟后，加多宝集团的企业网站随即被"刷爆"。"要捐就捐1个亿，要喝就喝王老吉！""中国人，只喝王老吉"等言论迅速得到众多网友追捧。

作为王老吉生产商的加多宝集团，多年来一直隐身于公众视野。这家以香港为基地的大型专业饮料生产及销售企业，1995年推出第一罐红色罐装王老吉，随后在短短的几年时间里，王老吉的销售额有了从1亿元到几十亿元的高速增长。尽管旗下王老吉已经悄然成为全国饮料行业的领导品牌，加多宝集团的老板却几乎从未在公开场合露面。即便是在2003年，当"怕上火，喝王老吉"的广告语成功响彻全国时也是如此。

加多宝集团非常重视品牌传播，曾强调"传播非常关键""在最短的时间里使王老吉品牌深入人心，必须要选择一个适合的宣传平台，央视一套特别是晚间新闻联播前后的招标时段是具有全国范围传播力的保障"。

在这一思路指导下，王老吉的广告投入可谓大手笔。加多宝集团先是选择了2003年"非典"期间央视一套的黄金时段投放广告，又投入巨资拿下了2004年3月至8月的几个广告黄金时段，多年把中央电视台作为其品牌推广的主战场，巨额广告投入不遗余力。疾风暴雨般的广告攻势，保证了红色王老吉在短期内迅速给人们留下了深刻印象。统计数据表明，2003年红罐王老吉的销售额从原来的1.8亿元跃升到6亿元。2004年销售额为15亿元，2005年销售额超过25亿元，2006年销售额达到35亿元，2007年销售额为50亿元。

诚然，加多宝集团慷慨解囊1亿元，体现了民族企业对抗震救灾高度关注的社会责任感。但结合王老吉的品牌推广成功经验，目前饮料行业中以王老吉为代表的民族饮料对抗洋可乐的竞争态势，以及加多宝集团重视"在传播上与竞争对手差异化竞争"的思路，也就不难理解加多宝集团此次在央视晚会上惊人的1亿元捐款。

（备注：王老吉品牌现已归广药集团所有；加多宝集团已推出自己的凉茶品牌）

问题： 1. 你是如何看待加多宝的捐助活动的？这是公共关系活动吗？
2. 捐助活动需要策划吗？开展此类活动需要注意什么问题？

案例分析三

免费口腔检查

作为世界卓著口腔护理专家的高露洁公司，在进入中国以后，一直致力于促进中国口腔健康的发展。1995 年至今，高露洁棕榄有限公司在中国推广儿童口腔健康教育、资助专业口腔医学研究、开展群众口腔保健宣传等方面总投入达几亿元人民币。

继 2004 年成功举办 12 城市"全国口腔健康之旅"大型口腔检查活动后，2005 年，中华口腔医学会、全国牙防组、中国医师协会口腔医师分会三大权威机构再次与高露洁棕榄有限公司合作举办高露洁全国免费口腔检查活动。全国 30 个城市的市民都可以享受免费的口腔检查，预计约有 10 万市民参与此次活动。来自各市的口腔专家分别于周末在全国 260 多家零售店内为消费者提供免费口腔检查及口腔健康咨询服务。市民只需利用周末的空闲时间，到指定的活动地点，填妥相关表格，即可享受免费的专业口腔检查。每位接受口腔检查的市民还将获得一张精美的心形卡，详细记录口腔检查的情况以及牙医给予的建议。市民更可以在现场填写一张"我的口腔护理计划"心愿卡，并挂在心愿树上，为自己的口腔健康许愿。

2005 年"甜美的微笑、光明的未来"是高露洁棕榄有限公司与世界卫生组织（WHO）签订协议、通过与各国政府及专业组织密切合作、在世界范围内开展的一项口腔健康教育活动。自 1995 年高露洁公司将此活动引入中国至今，该计划已让超过一亿的中国儿童受惠。在全国范围内开展以"十载关怀同微笑，一亿儿童共成长"为主题的口腔健康推广活动中，在加强儿童口腔健康教育的同时，高露洁公司希望帮助更多成年人正确地认识口腔健康问题，掌握有效的口腔护理技巧，使更多人拥有健康的牙齿和甜美的微笑。

2012 年，在全国口腔健康月即将到来之际，口腔护理专家高露洁棕榄有限公司再次携手中华口腔医学会在京举行"情系中国 20 年，致力口腔 0 问题"的大型发布会。发布会同时宣布了 2012 年"高露洁口腔健康月"活动信息。高露洁公司于 2012 年 9 月 19 日和 20 日（全国爱牙日），在全国 92 个城市、834 家医院或诊所为消费者免费提供专业口腔检查服务与涂氟防蛀活动，并且通过媒体、商圈、超市门店、医疗诊所等途径，进行口腔知识的教育传播，让更多人更了解口腔健康的知识。

问题： 请分析高露洁公司与中华口腔医学会、全国牙防组之间的合作关系，你是如何评价企业组织与非营利性机构之间的这种合作关系的？

复习思考

1. 就报刊上发表的两篇新闻报道进行分析，要求能够对其格式进行准确分析，并就其内容进行评述。
2. 请就市场上某品牌的新产品，为其策划一个新品发布会，并以文案方式呈现出来。

第八章

对象型公共关系

学习目标

通过本章学习,掌握企业在各种代表性关系中的公共关系处理原则及方法。

导入阅读

A 公司亲子园虐童事件

一、事件回放

1. 事件概述

2017 年 11 月初,A 公司亲子园教师虐童的视频在网上流传,随后 A 公司官方承认事实,解雇涉事人员并报警。最终 A 公司亲子园停业整顿,涉事工作人员被拘留。

2. 事件发展过程

2017 年 11 月 3 日,一位家长发现孩子身上有伤,查看亲子园监控视频发现了惊悚的虐童行为。

2017 年 11 月初,A 公司亲子园教师打孩子的视频在网上流传,长宁警方对 A 公司亲子园的三名工作人员依法予以刑事拘留。

2017 年 11 月 3 日至 7 日,A 公司一度极力封锁虐童消息,期望堵住事件源头,公司 HR 高级总监声称"公司是无辜的"。

2017 年 11 月 8 日,事件大面积发酵,A 公司在"A 公司黑板报"公众号发布了第一份危机公共关系稿。A 公司 CEO 发布了一封题为"亲子园"的内部邮件,邮件称"这是一封让我很难下笔的信",作为 CEO,对事件的发生向相关家长及孩子们致歉。

2017 年 11 月 15 日,上海市妇女儿童工作委员会认定这是一起严重伤害儿童的恶劣事件。

2017 年 11 月 16 日晚,A 公司 CEO 进行最终通报,两位人力资源部副总裁被免职。

2017 年 12 月 13 日,长宁区人民检察院依法对 A 公司亲子园工作人员郑某、吴某、周某某、唐某、沈某某以涉嫌虐待被看护人罪批准逮捕。

二、事件影响力

①该事件被定性为严重伤害儿童的恶劣事件，在社会上引起了极广泛的关注，社会影响极坏。

②该事件折射幼教行业幼师个人道德素质欠缺、存在的监管缺失和相应的问责机制、托育学校市场管理混乱的现象。

③A公司面对危机事件所采取的一系列公共关系举措，非但未能缓和虐童事件带来的负面影响，还起到了巨大的反效果。A公司的品牌形象遭受重创，且在短时间内难以修复。

问题：结合相关资料，你认为在此次事件中，A公司的公共关系公众是谁，A公司对这些目标公众采取了哪些公共关系活动？请评价这些公共关系活动。

对象型公共关系与主体型公共关系不同，它是从组织公关系活动作用对象的角度来研究公共关系活动的规律和要求的。不同组织面临的公众对象及其需要和行为反应既各不相同、又表现出某种共性。这种共性对组织处理各种公众关系提出了一般性的要求。

第一节 媒体关系

很多人在考虑公共关系的功能时，第一个想法就是"公共关系就是跟媒体打交道"，尽管公共关系的功能不仅于此，但这无疑是公共关系工作的一个重要方面。对于组织经验等各方面，媒体报道都能产生重大的正面或负面影响，媒体对组织或议题的处理往往会决定公众的信心与支持。

媒体关系是指组织与新闻媒介机构及其工作人员（记者、编辑等）的关系。在社会分工中，新闻媒介是专门从事社会公众信息传播的，它一方面是组织公共关系的工作对象，是组织的外部公共关系的公众，具有对象性特点；另一方面它又负有将组织的有关信息扩散、传播到社会中的责任，新闻媒介是组织与其他社会公众建立广泛而深刻的联系的桥梁和纽带，具有工具性的特点。由于新闻媒体具有的信息传播功能直接关系到组织的信息扩散及组织在公众舆论中的形象，所以新闻媒体关系很自然地在组织外部公共关系实务中占据很重要的地位。

一、媒体在公共关系中的作用

复杂的媒体关系和宣传工作是公共关系实践工作的核心，在很多方面，与媒体建立和保持良好的关系仍是公共关系实践的标志性工作。媒体提供了一个相对经济而又有效的与分散公众群体进行交流的方法。从这个意义上说，媒体充当着一种把关人或过滤器的角色，公共关系人员通过媒体接触到普通公众以及需要媒体支持的其他团体。当媒体在新闻栏目或新闻播报中出版或播出组织提供的信息时，这种信息似乎就传递了一种组织无法从付费广告中获得的利益。这种媒体报道对一个组织的新闻和信息赋予的认同被称为第三方支持。

二、记者与公共关系人员的关系

对媒体关系工作的基本了解要从理解记者与公共关系人员的关系开始。为媒体收集和组织信息的记者常把他们对社会的责任以及新闻报道的主题看得非常严肃。记者将自己当作公众的眼睛和耳朵，监视各种公共机构，观察其如何处理公共事务。对记者来说，一篇新闻报道只是一系列流动信息中的一个短暂事件，而公共关系人员则希望新闻报道能形成一个持续的印象，并且有一种正面的影响。记者关心的是新闻报道要准确、公正和平衡，他们不关心组织展现的是一种正面的还是负面的形象。然而，对于组织而言，其更担心有关组织的新闻是如何被报道的，因而作为公共关系人员，要做好传播工作就有必要从先了解记者开始，从而对新闻报道进行有效的媒体管理。

（一）记者

记者是以制作和传达大众信息内容为职业的人，是公共关系活动的重要公众。

1. 记者的职业特点

记者的工作具有独立性强、工作节奏快、知识广博和有强烈好奇心的特点。

（1）独立性强。记者的工作在许多情况下是"单兵作战"，从发现新闻线索、采集新闻素材，到对素材进行分析、思考、追求实事求是的见解，再到拿出新闻成品，大都是个体劳动。这种工作特点要求记者有很强的独立工作能力，善于做出正确决策，以安排自己的行动。

（2）工作节奏快。"以新见长、以快制胜"是记者的职业特性。动态新闻、事件性新闻，特别是突发性新闻事件，是记者竞相采访的对象，要求用最短的时间完成采访、发出消息，使新闻发布时间最大限度地接近事件发生的时间。新闻发布与事件发生之间的时间差越小，时效性就越强，新闻价值就越大。习惯于慢节奏的人，不能适应记者职业的紧迫性。记者在日常生活中时刻要为采写新闻进行准备。

（3）知识广博。从事记者职业的人必须具备广博的知识。记者会频繁地接触到许多新人、新事物。同时，记者必须有广泛的兴趣，对各方面的知识都有所了解，并有勇气踏进陌生的领域。

（4）有强烈好奇心。记者每天接触到不同的新鲜事物，职业的本能加上激烈的同行竞争决定了他们有强烈的好奇心。记者需要求证信息的真伪，他们吸收新知识的能力也很强，因为他们把自己的工作使命看作把新知识告诉给公众、把事实真相告诉公众。因此，记者需眼观六路、耳听八方，经常向认识或不认识的人问各式各样的问题，有时甚至是不留情面地追根究底。

2. 记者的任务和权力

记者作为职业传播者，应肩负以下任务。

第一，收集信息。记者搜集信息有两种途径：一是通过采访，二是通过新闻信息源有意、主动地提供。采访是记者的一项基本功。新闻报道从发现新闻线索到最后传播新闻，要经过许多环节，新闻采访处于整个新闻生产过程中的第一环，也是最基础、最重要的一环。若采集的新闻素材不真实、不清晰，将会对以后诸多工序造成很大困难。记者的采访方式有面对面采访、书面采访、电话采访、网络采访、隐性采访等。记者收集信息的能力与其新闻敏感性有关，新闻敏感性是记者衡量新闻信息价值能力的集中体现。

为了使自己的新闻"嗅觉"和"触觉"更灵敏、更广阔，更有利于提高信息收集的效率，记者大多致力于建立灵敏而又可靠的新闻信息网。记者个人的精力有限，而社会情况又复杂多变，要及时掌握到众多的最新情况，需要建立一个高效可信的新闻信息网。通过这个信息网，就会有更多的情况、更快的信息，做到耳聪目明，否则就会闭目塞听、被动工作。公共关系人员了解记者的这些需求后，应该积极地配合，主动成为记者的可靠信息源，这对双方来说是一件互惠互利的事情。

第二，选择信息。搜集到的原始信息，最后投入传播的只是其中一小部分，这一小部分是经过层层筛选保留下来的。记者对新闻信息的选择有两种方式：一是强迫性选择，因为任何一种传播媒介的信息通道容量总是有限的，不可能把社会上的每一个变化都反映出来，而只能选择其中的一部分；二是需要性选择，这是基于信息本身是否适合传播需要作出的选择。

新闻信息的选择标准有两个：一是新闻价值，即新闻事实适应社会与受众需求的程度；二是新闻政策，即国家对新闻传播有关规定的允许程度。前一种标准决定新闻事实值不值得报道，后一种标准决定新闻事实适不适合报道。

公共关系人员提供给新闻媒介的各种稿件，要努力适合媒介的需要，并且是高质量的优秀稿件，只有这样才能提高稿件的上稿率。有些公共关系人员认为，用大量的稿件"淹没"媒介，能增加稿件被采用的概率，这种做法是不可取的。记者的职责是为受众提供有传播价值的信息，公共关系人员也应该做到这一点。

第三，加工制作新闻。记者需要将采集的新闻素材加工成新闻作品。这一过程是新闻写作、编辑的过程。新闻写作时，首先要提炼新闻主题，围绕新闻主题选择信息材料；然后再根据信息内容，确定信息传递的组合形态，即写作的体裁。不同的新闻体裁，对新闻素材有不同的选择。记者会根据新闻事实的特点、价值和意义，选择用最合适的体裁取得最好的效果。

同时，记者作为一种职业还具有一定的专业性权力，如采访权、编辑权、信息来源保密权等。

（二）公共关系人员与记者的依存关系

从公共关系人员角度看，记者有时是受众，有时是通过其接触到更广泛公众的一种媒介，有时又是代表公众知情权并为之服务的把关人。公共关系人员应当知道，如果想让自己的组织被报道，必须协助记者的工作。

由于公众关系人员对记者的依赖性，公共关系人员对信息的选择和陈述经常更符合记者的标准而不是自己组织中上级的愿望。在某种意义上，记者和公共关系人员在相互交往的过程中，都被夹在了他们所代表的组织的需求和对方组织的需求之间。简而言之，公共关系人员和记者的关系是一种相互依存的关系。公共关系人员作为"边界守卫者"经常夹在新闻机构和其他机构之间，试图将一方的立场解释给另一方听。

从记者角度看，记者往往把公共关系人员看作利用媒体谋利的人。尽管记者不大愿意使用公共关系人员提供的信息，但出于经济的考虑，他们又不得不使用——一支不需要组织代表帮助就能从城市的每个重要组织那里搜寻到信息的记者队伍，所需的成本将是极高的。

记者与公共关系人员之间是相互依赖的关系。通过公共关系人员的工作，记者可以不断收到免费信息，而这些信息，记者也许无法通过其他途径获得。记者或编辑只需要评价并决定那些公共关系人员提供的信息是否具有新闻价值。大量的研究表明，公共关系人员对整个新闻报道的贡献率在40%~70%之间。在一定意义上，公共关系人员使记者的工作变得更加容易，使记者节省了时间和精力。

在很大程度上，新闻机构与公共关系人员的目标是重叠的，两者都想为公众提供信息并影响公众，这个共同点构成了双方发布信息的合作基础。在这个意义上，公共关系人员的职能相当于新闻人员的外延。在记者的社会信息收集网络中，公共关系人员起到一种特定的、实用的、合作的作用，尽管他们并不供职于任何特定的新闻机构。特定公共关系人员与记者之间的关系是密切的，有些公共关系办公室每天发出大量新闻稿，甚至双方还有大量人员接触和沟通。通过公共关系人员的努力，媒体得到了持续的免费信息流，得到了通过其他途径无法获得的、形式上已经包装好的事实，而记者可以决定哪些事实具有新闻价值，记者对信息保留否决权。但是记者也放弃了很多决策权，将其让给公共关系人员，让公共关系人员选择、控制要发布的信息。尽管记者有时会拒绝一两个新闻发布稿，但他们还是依赖来自重要机构代表的信息流。在很大程度上，记者是信息处理器，负责处理公共关系人员初步收集的信息。

有些媒体研究学者批评这种做法，即公共关系人员提供使记者工作变得更加轻松的新闻稿和其他信息，以此补贴媒体成本和记者的时间。这些批评家认为，这种行为的害处是许多组织，包括社会运动、非营利性机构以及弱势群体缺乏能够提供这种"补贴"资源的能力，其结果可能是媒体加剧了社会的信息不平等。

（三）建立良好的关系

尽管如何艺术而巧妙地准备媒体资料非常重要，但公共关系人员和记者之间建立的关系对成功的宣传也至关重要。当公共关系人员花时间和精力与记者建立了良好的关系时，记者更可能为公共关系人员的组织带来正面的新闻报道。优秀的公共关系活动是从良好的个人关系开始的。同样，当公共公共关系人员在与负责报道其行业的记者交往时，如果要报道的问题足够复杂，而记者也被给予了足够的时间和空间来报道此事，这时双方的互相依存性也会加深。

与其他行业的从业者一样，公共关系人员最好也能了解与其共同工作的人，如直接接近相关人员。给一位知道将与之打交道的记者打电话，进行自我介绍，提议共进午餐或喝咖啡是一个不错的选择；另一种方式是亲手把新闻稿交给记者，以此创造机会进行简短的自我介绍和面谈。

有些记者不愿被直接接近，对这类记者必须采取一些间接的方式：参加当地的新闻媒体俱乐部、出席职业记者协会的会议、参加记者们也参加的社区活动等，都是认识媒体搭档的办法。

作为公共关系人员，一旦建立关系，就应该保护好并珍惜。不要为了获得某种小照顾或刊登某一篇新闻动用这种关系，这么做会毁了这些宝贵的关系；也不要期望记者总会按自己的意愿行事，这也会毁了这种关系。要能接受记者的拒绝，不要用不合适的礼物来玷污相互之前的关系，因为记者与其他专业人士一样，对任何利益冲突的出现都是很敏感的。

准确、诚实、开放和完整是赢得记者信任的基本要素，没有什么比扭曲事实能更快、更完全地毁掉公共关系人员和记者的良好关系。公共关系人员与记者之间的信任一旦失去，就很难再获得了。

最后，为了维系与记者的良好关系，公共关系人员应该按一种职业的行为方式行事，努力实现预期要做到的事。及时回复来电，注意截稿时间；不要祈求记者照顾、进行特别报道或去掉不利宣传。

露西·考德威尔（Lucy Caldwell）在《政府传播》（《Government Communications》）中

的一篇文章中建议：一旦他们（媒体）相信我确实会回电话……媒体将等我去确认他们从"新闻来源"或新闻搜索者那儿得到的消息，然后才发布该新闻。这看起来是一项很简单的任务，但建立这种关系需要时间、耐心和正确的态度。

为了使工作做得更好，公共关系人员在与记者活动过程中，还应注意以下问题。

（1）给记者分类，培养核心记者圈。
（2）保持日常信息的供给，成为记者的参谋。
（3）成为行业的专家，让记者乐意与自己进行沟通。
（4）及时反馈记者的采访要求。

三、与媒体合作

（一）面对媒体的态度

组织的任何人在见媒体之前，首先要端正态度。与媒体见面是一个机会，不是一个问题，因此采取防御的态度是极为不合适的，接受媒体采访没有必要感到受到威胁。公共关系人员在面对媒体时必须牢记此次公共关系活动的目的，同时可以以友善的方式拒绝让记者把问题引导到目的以外的话题上。

被采访者对记者的态度应该是热情、合作和开放的。同时，被采访人员应当决定该说什么并且把它说出来——无论记者问了什么问题。也就是说，不管记者想问什么，被采访者要有自己的议程并讲明自己的观点。良好的心态是非常重要的。一旦组织里的每个可能被要求采访的人都具备了这种态度，那么面对媒体就会容易许多。

（二）媒体关系研究和策划

作为公共关系人员，进行媒体关系研究意味着了解即将要与之打交道的人及其兴趣所在。媒体关系专家主要是和自己的管理层以及媒体打交道，所以必须很好地了解这两方。

在了解了组织之后，公共关系人员必须研究将与之合作的特定媒体。这方面的研究包括获知这些媒体下属的个人的兴趣和需求。能干的媒体专家还备有自己的文件系统、计算机程序和图表等，用以跟踪记录与之打交道的媒体人员的个人特性和喜好。

大多数组织的新闻和宣传都是某个媒体计划的产物。媒体计划将描述组织需要应付的环境、指定任务和目标、确定关键受众，并指明关键信息和媒体渠道。公司信息经常被当作一种新闻宣传（即以免费版面或时间的形式）报道关于某公司或个人的新闻。新闻宣传的吸引力在于其可信度，因为新闻宣传在新闻媒体上是以新闻事件而不是以广告的形式出现，它相当于获得了媒体编辑的第三方认可。

新闻宣传可以分为两类：自发或策划的。一次重大事故、火灾、爆炸、罢工或任何其他计划外的事件都能产生自发性新闻宣传。当这种事件发生时，新闻媒体将急于获知事发原因、情况以及牵涉的人。尽管自发新闻宣传并不一定是负面的，但在处理时必须遵循组织的事件处理原则。另一方面，策划性新闻宣传则不是源于某一紧急情况，它是有意地吸引媒体对某一问题、事件或组织的注意。组织有充分的时间用来策划事件以及如何将其传播给新闻媒体。如果组织已在考虑一次停工、工厂扩张、高层人事变动、新产品发布或其他可能具有新闻价值的事件，宣布消息的方式就成了需要重点考虑的问题。

(三) 媒体关系的建立形式

事件传播的方式能决定其影响力。接触平面媒体的方法是新闻稿、讨论（谈话、打电话、会面或采访）和新闻发布会。非营利性机构还可以通过公共服务公告与电子媒体进行接触。

1. 新闻稿

新闻稿是最普通的新闻宣传发布物。组织中发生的任何事件只要有地方、地区或全国的新闻价值就是一次新闻宣传的机会。有的新闻对组织并不利，但是即使在这种情况下也有必要发一份新闻稿，只要出问题了，消息迟早会传出去的。公共关系人员的责任就是确保对问题的报道是完整的并且采取的补救行动也包含在报道中。新闻稿类型通常可采用以下几类。

（1）商业新闻特写。商业新闻特写是新闻宣传的一种重要形式，也是许多企业高度重视的一种形式，具体是指在专业的、商业的、行业的或技术性的出版物上刊登特写文章。近年来，面向较小读者群的专业期刊飞速增长，这些刊物使公共关系人员能够把工作重点放在一个特定受众群体上，从而获得最佳宣传效果。对特写文章做一些必要的分析可以使公共关系人员了解编辑喜欢的新闻类型和风格。这些出版物倾向于刊登关于对某一特定职业或行业有普遍意义的问题或一家组织如何处理这种问题的文章；对现有产品的独特使用方式，或解决老产品的新问题也都是这类出版物的常用主题。公共关系人员经常针对目标出版物请某一特定领域的自由撰稿人写文章；大多数组织也有很多为进行这种新闻宣传而准备使用的材料，包括内部技术报告、介绍新产品或产品的讲演稿以及为专业协会准备的论文等。

（2）消费者服务特写。消费者服务特写是指许多报纸和杂志以及一些电视台刊登或播出可专门用来帮助消费者的材料。几乎任何有关消费者产品或服务的信息都能成为一种进行产品或机构宣传的机会。许多出版物急需这样的文章，这类文章的主题非常广泛，如食品、旅游、时装、儿童护理、图书、家务管理等；报纸、杂志等刊物看重的新闻，如菜谱、食品照片、旅游故事和时装新闻，经常是由代表不同厂商或行业协会的公共关系人员提供的。

（3）财经特写。大多数报纸、电视台、杂志和广播电台都刊登财经新闻和特写文章，而且这个领域的专业出版物越来越多。这种新闻宣传可以成为一种特别有效的股东关系工具。财经新闻宣传的可能信息来源包括分红公告、合并、利润报告、扩张、新产品系列、大订单、高层人事变更、研究新成果以及许多其他一般财经人士感兴趣的事件。

（4）产品特写。产品新闻宣传经常也因有足够的新闻价值而被新闻编辑选用。关于产品的故事应当送给那些专门给消费者提供信息的期刊、报纸版面或电视广播节目。使用这种资料的编辑和其他人对产品的特性、成分、性能及应用的各种信息感兴趣，他们认为这些信息能帮助消费者做出购买决定。除了利用独特的产品特性，公共关系人员还应能设计一些具有新闻性的活动，为媒体代表戏剧性地展示产品的性能。

（5）图片特写。摄影新闻的日益普及使得更多的报纸和杂志愿意采用那些有新闻价值或不寻常的、本身就能传递信息的照片。这样的照片经常单独使用，只带一行图片说明而没有相关故事。公共关系人员应当时刻注意那些好照片，将其作为图片新闻的备用素材。许多组织聘请了内部摄影师，应当不断从他们的摄影工作中找出特别好的或非同寻常的照片，为内部刊物、年报或广告拍摄的照片也许意味着一次新闻宣传的机会。

（6）公共服务公告。非营利性机构有时还能利用另一种称作公共服务公告的特殊新闻稿。广播和电视台也许觉得必须在节目中提供较短播出时段的公共服务公告,从而体现他们对公共利益的关注。公共关系人员必须与广播电台的公共服务总监协助,共同决定特定电台对公共服务公告的播放要求,通常,电台将帮助组织制定该公共服务公告。

公共关系人员通常把新闻稿包装成一个媒体资料包,这样能增加编辑实际采用该宣传稿的机会。媒体资料包也称新闻资料包,包括一些新闻宣传资料、事实清单、小册子、照片以及其他相关信息资料。尽管漂亮的包装能帮助吸引任务繁忙的编辑的注意,但样式设计并不是制作媒体资料包主要考虑的问题。更为重要的是,资料包里的新闻稿、照片、事实清单、背景信息资料以及特写文章应该是井井有条、便于查阅的,这样编辑才能从中挑选出想用的信息。制作任何媒体资料包应该是建立在这样一种认识基础之上,即大多数主要媒体不会使用新闻稿里的语句,而是会从中挑选一些信息然后重新写作,媒体资料包应当设计成被编辑挑选的有新闻价值的信息源。

2. 组织新闻发布会或媒体发布会

新闻发布会曾被当作媒体关系的一个基本组成部分,但如今已让位于互联网发布的信息以及相关的多媒体成分。除了极偶然的情况,如果记者能从公司网站获得所有信息和多媒体支持资料,他们就没有理由花时间参加公司的新闻发布会。

新闻发布会或媒体发布会是策划出来的向所有媒体同时发布新闻的机会,只有在要发布的新闻非常重要且需要通过互动才能促进对复杂的或有争议问题的理解时才能使用这种形式。组织应注意,不要轻易召开新闻发布会,除非事件非常具有新闻性或者是不能通过新闻稿或网站贴稿解决,或者有非常具有新闻价值的人可以采访。在召开新闻发布会前,组织必须仔细策划该活动,并让高管和其他人员做好接受采访的准备。

新闻发布会的准备过程中,公共关系人员应该帮助高管和其他将被采访的人确认将要讨论的话题,帮助他们预测和准备回答那些困难或尖锐的问题,建议他们要完全诚实。如果被采访者不知道问题的答案,他们应该说出来并表示将找出答案,如果对某个问题可能涉及机密信息,应当声明该信息不宜公开披露。

3. 录像带等视频材料

录像在20世纪80年代成为一种向广播媒体发送组织新闻的主要方式。电视新闻运作预算的削减以及新广播技术的出现都促使公共关系人员在20世纪90年代越来越多地运用录像技术。新闻发布素材带在几次重大危机事件中都成为首选工具。例如,1993年,当一位塔克马的男子宣称他的百事可乐罐里发现了一个注射器针头,引起一片恐慌的时候,百事可乐公司用新闻素材带向公众表明其可乐罐是不可能被乱动的。同时,该公司还制作了第二份新闻素材带,显示一家商店的监视摄像器拍到一位顾客正在乱动一个可乐罐,从而结束了这场恶作剧。现在,随着自媒体应用范围的扩大与普及,社会组织越来越多地运用各种社交平台发布有关组织信息的小视频,进行形象宣传。

4. 互联网(内部网和外部网)

没有任何一种技术的应用比互联网的使用更多地改变了媒体关系活动。内部网是指与员工和其他内部人员进行交流沟通的计算机系统;外部网是指与内部网类似的系统,但要接触的是外部受众,如投资者、顾客、社区和政府领导人等。媒体关系网站提供了一个专门的网址,上面收集了媒体可能感兴趣的各种信息,包括突发新闻、立场声明、活动日程表、新闻稿文档、各种演讲稿、政府文件以及公司和高管人员的背景资料等。

几乎所有的企业、组织，甚至社会活动网站都包括一个通向媒体关系部门的链接。媒体关系网页成了网上的新闻工作室。专家建议媒体关系预算较小的组织可用可信的发言人，设计鲜明的图像形象，跳过新闻发布会，为不同的媒体提供独家新闻视角。

除了使用网站扩展传统媒体关系项目外，公共关系人员还通过在新闻群组贴消息来制造网上名气，并有意建立临时信息栏给网上新闻媒体或新闻通讯提供新闻。媒体关系专家知道如何进入新闻群组、如何对网上的询问进行回应以及如何追踪网上对于该公司和竞争对手的评价。媒体关系专家卡洛·霍华德建议公共关系人员花时间体验互联网并在网上进行创新尝试："设立网页，把你所在组织的信息贴到信息公告栏上、主持网上论坛、向网上评估者宣传你的产品、举办网上知识竞赛、发生危机时建立网上信息更新中心、让你所在组织的发言人到聊天室直接讲述你们的故事并现场回答提问。"

四、成功媒体关系的基本要求

（一）了解新闻媒体和新闻传播活动的特点

了解新闻媒体机构的性质、资信、工作时间、工作规律、工作分工状况，熟悉新闻传播活动的特点、规律，研究不同新闻媒体的级别、发行量、发行范围、收视率、覆盖面或影响范围等，这些工作将有助于组织更有效地协调或运用新闻媒介开展公共关系工作。

（二）尊重新闻媒体的职业特点和权力

要尊重新闻媒体的职业特点，尊重新闻媒体对客观事实进行报道的权力。新闻媒体对于新闻事实的客观性和新闻价值都有自己的辨别力，因此，尽管被报道的组织与新闻媒体在立场上可能存在差异，但社会组织不能粗暴干涉和无端指责新闻媒体的报道。对于新闻媒体可能失实的报道，社会组织要有起码的容忍态度，这是成功处理好媒体关系的关键所在。

（三）建立良好的个人关系和工作关系

组织应该由专人负责新闻媒体的联系，公共关系人员在与新闻界打交道时，最重要的资产就是信誉，最好的对策则是实事求是。组织在日常的公共关系活动中，应该主动向新闻媒体提供各种新闻素材，为新闻记者的采访提供各种便利。支持新闻媒体的工作是与新闻媒体建立相互支持、合作关系的必要基础。

（四）正确对待新闻媒体关于本组织的报道

这一点有两方面的要求：一是如何对待表扬性报道，二是如何对待批评性报道。对表扬性报道应该冷静、谦虚，将其作为本组织继续发展的动力，切忌头脑发热、忘乎所以；对批评性报道应持"有则改之，无则加勉"的态度，正视舆论、尊重新闻媒体，并及时、主动地将自己对这类传播的积极反应提供给新闻媒体。

批评性报道有两种情况，一是报道属实，二是报道失实。对于属实的批评性报道，组织应该以实际行动，作出切实的改进，努力消除批评性报道的影响范围和影响程度，并在更高层次上矫正批评性报道对组织形象的损害。对于失实的或部分失实的批评报道，组织在采取行动之前要全面调查和研究失实报道的原因，以真实的信息取信于公众。

失实报道主要表现如下：第一，不全面的报道。新闻媒体不了解事实的全貌和真相，以致报道以偏概全。第二，曲解事实。新科技、新思想、新方法等尚未推广，导致舆论按照原有的观念和认识来分析和看待事件，曲解事实。第三，报道失误。其他组织和个人的故意编造和恶意诬陷，导致新闻媒体被蒙蔽，引起错误报道。

第二节　员工关系

良好的员工关系既是组织内求团结的保证，又是组织外求发展的前提。内部公众是与组织相关性最强的公众，搞好内部关系有助于形成组织成员的向心力和凝聚力，培养组织成员的主体意识和形象意识。

一、员工关系的重要性

当组织致力于开展与员工的有效交流时，可以从中获得很多收益，充分知情的员工通常对公司更感到满意，因为这样使员工更富有创造力，员工从公众中得到的回报更高，对组织的贡献也更大。在工作之外，员工是代表其所在组织的第一新闻发言人，充分知情的员工与组织内部相关者的交流将极大改善组织和一些重要群体（如顾客、社区、投资者和媒体等）的关系。简言之，当雇主和员工交流的渠道开通后，实现组织目标的可能性也随之大增。

但是，在一个组织内要实现成功的员工关系并不是一件简单的任务。组织面临着公司收购和合并、裁员、丑闻、成本缩减、技术革新过程中所伴随的员工关系的变化，此外，组织还面临着留住好员工和招聘新员工的挑战。

员工关系的四个因素决定了其对获得组织成功的重要性。

（1）员工想了解关于组织的信息，他们渴望交流，特别是同他们的领导进行交流。

（2）公开的交流和管理者对员工工作的满意程度之间有明显的关系。美国优秀员工管理交流研究所的一份研究报告指出：90%以上觉得员工能够出主意并质疑管理层决定的管理人员对员工的工作非常满意并且也很投入。

（3）有效的双向交流有助于应对新的业务挑战，因为员工有信心帮助推动业务向前发展。

（4）员工交流对维护好的客户体验极为重要。

员工关系已经成为公共关系的一直独特分支，其重要性体现在进行中的各种项目的交流、在集体谈判和罢工时与工会交流，以及解释员工福利等。显然，公共关系部门的员工已经成为组织内部传播、沟通、顾问的角色了。

二、员工关系的主要工作

（一）营造富有创造力的组织文化

组织文化是一个组织的特性，即"它的历史、它的决策方式、它对待员工的方法以及它应对外部世界的方法"；另一种定义把组织文化描述成"把一群一起工作的人组织或整合在一起的所有共同价值观、象征、意义、信念、认识和期望的总和"。

《优秀的公共关系和传播管理》（《Excellence in Public Relations and Communication Management》）所进行的开创性研究把组织文化分为两类——权威型和参与型。权威型文化以首席执行官和少数高层管理者的集权决策为特征；各个部门有不同的议程安排，有时还互相冲突，员工们觉得组织奖励服从命令而不是创新，员工认为上司仅仅把他们当作工人来关心，而不是把他们当作完整的个人来关心；权威型文化是封闭的、并抵制来自组织外部的变化。参与型文化的组织特征是团队工作的共同价值观，员工觉得自己被授权作出决策而不是等待掌权的人的命令，各个部门"像一部润滑得很好的机器一样"协同工作，部门目标与组织的整体目标相匹配，员工感觉自己是作为个人而不仅仅是作为员工受到器重；参与型组织文化来自组织内部和外部的各种新思想。

对组织文化负有首要责任的是管理层，即组织的决策者。成功的管理者须努力创建一种工作文化来支持组织目标的实现。例如，通用汽车公司的管理层认识到近几十年汽车产业劳资冲突对其生产的影响，因而试图改变其企业文化。通用汽车管理层正试图把作为"齿轮"的员工转向作为"一种潜在资源"的员工。通用汽车传播副总说："我们想让他们（员工）开发一套可行的计划，即他们自己可以决定做些什么使通用汽车变得更为成功。"

公共关系人员为建立一套富有创造力的工作文化可以从以下三个方面着手。

（1）在以目标为导向的工作方式基础上，帮助组织管理层制定出组织传播的政策。

（2）帮助管理层设计和实施组织变革项目。

（3）向管理层提供与员工沟通相关的专业技能。

（二）建立传播政策

高层管理者一般都认识到双向交流的必要性，并希望能实现这种交流，但在公司传播中的瓶颈通常是公司的中层人员，特别是一线监管人员，他们通常是交流过程中发生问题最多的群体。

公共关系人员可以通过说服高层管理者，就像财务、人事、营销、宣传和几乎所有组织获得其他领域的支持一样，交流也应该有明确的政策，并以此推动组织文化的变化。没有明确声明的政策会给谣言、混乱和假信息留下危险的空间。

传播政策必须是以目标为导向的，而不是针对事件。这些政策不是用来解决具体的事件或问题，而是帮助员工理解、认同组织的目标和问题。成功的传播政策应做到以下几点。

（1）使员工了解组织的宗旨、目标和计划。

（2）告知员工组织的各项活动、问题和取得的成就，或者他们认为重要的任何事项。

（3）鼓励员工根据他们的经验、看法、感觉和创意给管理层提供新知、信息和反馈。

（4）在负面的、敏感的和有争议的问题上对员工开诚布公。

（5）鼓励管理人员和他们的下属经常进行诚恳的、与工作相关的双向交流。

（6）尽可能快地向所有员工传递各种重大事件和决策，特别是要在员工从媒体获得信息之前，必须被首先告知这类信息。

（7）建立一种鼓励创新和创意的文化。

（8）敦促每一位管理者和上司、每一位下属讨论其工作进展。

表8-1是员工青睐的信息来源的排序。由此可以看出，员工首先想从他们的直接上司处获得信息，最后的渠道才是媒体。

表 8-1　员工青睐的信息来源

1. 直接上司	8. 信息公告牌
2. 小群体会议	9. 向上的交流项目
3. 最高执行官	10. 大会
4. 员工年度报告	11. 视听项目
5. 员工手册或其他小册子	12. 工会
6. 目标培训项目	13. 办公室传言
7. 定期的员工出版物	14. 大众传媒

（三）在组织变革中加强员工关系

员工交流专家卡里·格雷茨（Cary Grates）认为，未来的组织将会被改造得更能适应变化，员工交流将发挥重要功能，这一功能包括预测和监测与关键受众群体的关系。策划灵活的交流结构可以使员工能够理解和支持新局面与组织环境。在组织变革中加强员工关系的经验如下。

（1）为交流活动进行策划，并熟悉组织的目标和工作重点。

（2）通过对话、讨论和表达不同意见来领导他人，了解管理者和员工所了解的情况，不要低估人们获取相关信息的愿望。

（3）从外部的角度进行思考，使内部行为更正当合理。把交流定义为人群内和人群间的信息交换。

（4）认识到真正的变化是关于不确定性的，组织领导者要把交流与变革结合起来。

（5）有必要将复杂的商业计划转变成简单易懂的概念，使员工能够充分理解。

如今，员工的价值观已发生变化，如果雇主想在不断变化的年代依靠一支富有创造力的员工队伍，必须懂得为什么员工要为一个组织工作以及他们想要获得的保证。

如果员工传播计划起作用了，组织将获得非常大的成本效益；但如果员工传播计划失败了，其带来的负面影响也无可估量。工作效率低下、浪费、成本高、士气不足、旷工、罢工、人员流动和意外都会是不恰当的员工传播的负面影响，这也必然影响销售、利润、生产力、公众形象和员工个人的表现。无效传播的原因总结起来有：第一，公司形象模糊不清、组织氛围消极、缺乏员工传播政策、缺乏员工和管理者之间的互相信任和尊重；第二，员工传播总是试图把管理路线"出售"给员工，管理者们感兴趣的只是让别人接受他们的信息，却忽略了员工对信息传递的主观能动性。正如一位参与国际商业沟通协会调查的 CEO 所强调的：我们试图与员工交流的是明确地向他们"出售"什么，那我们的努力就会以失败告终；反过来，如果我们主动告知他们一些事情，然后征询他们的反馈，那么即使我们可能犯错，我们也会成功。

公司传播者对员工关系的处理具有重要作用，致力于员工关系管理的公共关系人员不必受限于传播已有计划项目的信息，也许更为重要的是，他们可以为员工表达需要和愿望效力。因此，传播政策在决定和评估利益计划项目上具有重要作用。图 8-1 是利益传播过程的胡斯曼/哈特菲尔德模式，它展示了公司传播者在哪些不同点上起作用。

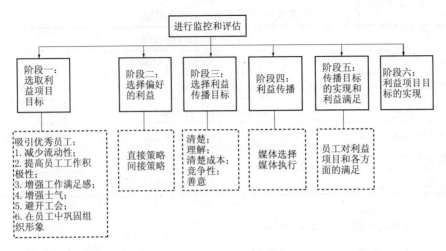

图 8-1 利益传播过程

三、员工交流的媒体

(一) 内部媒体

内部媒体也被称为受控媒体，它的目的是改善员工和管理人员的关系。新闻通讯、小报、杂志、首页、录像新闻、内部网或者其他形式的媒体都可以作为内部媒体。但员工对这些形式的需求正在发生变化，出版的周期以及发行的方式应依员工的喜好来决定。大多数内部出版物是月刊，有时是季刊或周刊。一些组织通过内部邮件或将内部出版物寄给员工及其家人的方式来发送给更多人，当然媒体的形式（大小和形状）可能限制发行方式的选择。

人们喜欢把平面媒体作为首选对象，这是组织使用的最为传统的媒体形式，但在传递紧急信息方面通过邮件群发送电子信息，或者在停电的情况下通过手机发送信息更为有效，特别是当组织发生危机时。

以下是成功的内部媒体经常选用的一些话题。

(1) 员工对他们在组织中作用的理解。内部媒体可以突出每个员工所做工作对实现组织目标的重要性，如关于产品最终用途的信息表明了在生产过程中每个人所做工作的重要性。内部出版物应该大力宣传每位员工都代表了组织的观念。

(2) 明确管理政策。如果管理层希望员工支持其计划，必须准确告知员工关于商业活动的各种信息。清楚地解释政策和规章有助于促进员工理解，这既能增加员工对管理层的信心，又能消除谣言和误解。

(3) 员工的福利和安全。这可以通过安全生产、规章和生产程序等方面的信息来解释。员工的安全问题总是一个管理层和员工都关注的领域。在一些组织里，这类信息可能只是确保每个人都知道消防出口的位置；而在其他组织里，成功的运营都依赖于严格遵守安全生产程序。福利、假期、税收、薪酬、肯定性行动、平等就业机会政策等问题总是需要通过内部媒体解释的，内部媒体还可以告知员工关于社区的事宜以及教育和培训机会。

(4) 认可员工的成就。这种做法不仅在工作上而且在社区里都可以采用，它可以帮助管理人员和员工更好地熟悉组织里的其他成员,从而促进内部合作。

如果一份内部媒体能满足员工的需求,讨论一些员工愿意思考和谈论的话题,并且办得通俗易懂,它就能有效地改善员工关系。表8-2是员工感兴趣的一些话题排序。

表8-2 员工感兴趣的话题

话　题	话　题
1. 组织的未来规划	10. 财务状况
2. 工作发展机会	11. 广告和促销计划
3. 与工作有关的"如何做"的信息	12. 我所属部门之外部门的运转情况
4. 生产效率提高	13. 组织对当前问题的看法
5. 人事政策及其实施	14. 人事变动和晋升
6. 我们干得如何与竞争的关系	15. 组织对社区活动的参与情况
7. 我的工作团队的重要性	16. 关于其他员工有趣的故事报道
8. 外部事件是如何影响我工作的	17. 个人新闻(生日、周年纪念等)
9. 利润是如何使用的	

(二)临时性媒体和特殊媒体

临时性媒体和特殊媒体主要包括以下几项。

(1)传单、插页和函中附件。那些读完后随手扔掉的廉价出版物通常是印在一张纸上的,或者可以把这张单页纸装到各种小册子里;这些小册子可以放在资料架上,也可以用作内部发行,还可以直接邮寄。许多组织把它们当作插页夹在工资信封里。

(2)小册子和手册。小册子和手册是用作参考资料以供阅读和保留的,它们最大的特点是难读,因此手册或小册子要有目录。

(3)海报和广告牌。海报和广告牌能够提供快速高效的交流,它们最适合用来强调一个观点或提供能被迅速理解的信息。海报和广告牌应放置在人流量大的地方,这样大多数员工能很容易看到它们。

(4)资料架。资料架用来吸引读者读取陈列在这里的各种资料,资料架应该提供不能用简短方式传达的信息资料。因为这些资料是读者在没有任何管理层压力的情况下选取的,他们感兴趣的程度可能也会高一些。从经济的角度考虑,资料架的优点是只有感兴趣的员工才会取阅。摆放资料架最合适的地方是员工能够从容看资料的地方,如自助餐厅和休息室。

(5)展览和陈列。展览和陈列主要依赖的是视觉信息,它们的功效是展示一个样品或模型。许多组织认识到展览和陈列在行业会议或与销售相关的活动中的价值,但它们在员工交流中具有相同的价值。展览和陈列可以用来展示生产设备如何运转、陈列产品、表扬获奖者或讲述组织的历史。

(6)内部网络媒体。随着网络技术的普及及组织无纸化的需求,越来越多的组织开始使用内部网络进行信息交流或信息发布,如组织内网、QQ群或微信群等。

第三节 消费者关系与市场营销

组织中的公共关系人员与消费者之间的关系是一种自然的关系，因为消费者原本就是组织必须面对的一类公众。因此，任何组织中的公关部与市场营销部都应该相互扶持。公共关系的功能涉及基本的产品促销，因而公共关系在组织的整体营销计划中的贡献不容忽视。公共关系对整体营销组合的支持包括产品设计、分销、传播及定价等，可以极大增强营销战略的有效性。

一、协调消费者关系与市场营销

尽管把公共关系仅仅看成是另一种方式的产品或服务促销是错误的，但促销活动仍是所有组织市场营销计划中的重要手段之一。公共关系和营销的功能有一些本质的区别，但它们都有一个共同的目标，即帮助组织回应一个非常重要的公众群体：其产品和服务的消费者。公共关系活动在市场营销活动的开展过程中，会参与到营销活动所不能做的一些事情。例如，如何推广使用看不见的技术、策划事件以影响公众态度和增加人们对产品好处的了解。现代营销理论中的关系营销、整合营销、传播或整合传播都是用来描述公共关系和营销是如何在销售产品的同时合作培养客户的信任与忠诚度的。

公共关系专注于与消费者、供应商、竞争对手和其他公众群体建立良好关系的长期目标其首要任务是"为一个组织建立和维护一个宜于发展的环境"。公共关系可以帮助把一个组织的企业观念变得有益于客户服务。与公共关系不同，市场营销关心的是产品或服务的质量，以及供应情况、产品价格等较短期目标。

公共关系和市场营销的相似点是两者都要做大量研究、确定目标公众、并设计传播活动计划。公共关系和市场营销活动的关系如表8-3所示。在这种关系中，公共关系为产品或服务的整个营销活动提供支持。因为公共关系是完全融入营销过程中的，所以很容易理解为什么许多人很难把两者区别开来。

表8-3 公共关系和市场营销活动的关系（市场营销活动中的公共关系支持）

产品/服务	销售	传播	价格
非正式研究	实际途径	教育市场	策略
环境监测	时间途径	广告信息和媒体	形象
产品生命周期	信息和宣传途径	销售促进	产品名称或品牌
包装和设计风格			

此外，公共关系还要处理与营销无关的事项，如管理内部公众关系（如员工、股东以及管理人员之间的关系管理），塑造公司声誉树立形象；处理外部公众（消费者之外的）关系，如政府和供应商；危机管理；公众舆论改变和社会事件；事件管理等。

二、利用公共关系技巧开展市场营销活动

（一）产品与服务设计

公共关系人员总是与组织的各种公众保持联系，所以他们在消费者行为问题方面可以提供一些宝贵的建议。这种非正式研究是对设计产品和服务时使用的其他数据的一种重要核对方式。经常的媒体监测、利用各种社会预测服务及其他环境监测活动，使公共关系人员成为营销过程中重要的信息来源。

所有的产品和服务都有生命周期，这些必须被考虑到营销计划中。产品的生产周期始于新产品和服务的开发，产品随后被推向市场，在市场成长的阶段销售不断上升，但竞争也越来越激烈。这经常导致更高的宣传成本和更低的利润率。到市场成熟阶段，激烈的竞争环境通常表现为销售和利润的下降。在销售下降的最后阶段，产品生命周期又开始了新的一轮循环，新的产品和服务开始替代那些旧的产品和服务。

公共关系活动能在几个不同阶段帮助延长一种产品或服务的生命周期，如举办各种活动帮助把产品推向市场并促进销售、为产品和服务带来正面的新闻报道等。当推出一种新产品时，可以举办特别活动和宣传活动使它更好地被消费者接受；在一个产品的成长期，宣传可以帮助提高消费者对产品的了解；一种成熟产品在获得全球品牌认知后，可以很容易被人们接受，这时该品牌需要公共关系的帮助来维持其在市场上的可见度。

公共关系人员从包括但不限于消费者公众处收集到的信息，可能会对产品的命名、设计风格和包装产生有利作用，从而帮助产品的市场推广活动。市场营销相关的书里有很多这样的例子，由于起名不当而失去或延误了某种完美产品在市场中获得成功的机会。雪佛兰的Nova车（西班牙语中"Nova"意为"开不动"）就是这些故事中最有名的一例。除了产品名称，消费者把产品和服务看作一些有价值功能或特性的集合体，包装和设计风格必须要能加深这些观念。由于公共关系人员在传播和了解公众方面的本领，他们能为产品和服务选择合适的设计风格和包装提供帮助。

（二）销售

公共关系人员以及他们提供的信息能够帮助营销人员决定如何以及在哪里把一种产品或服务提供给消费者。在发布一种产品或服务前，必须仔细研究目标市场、场地和时间方面的准备工作。

强生公司做出的一个营销决定，把其在德国的药店和零售行业的销售力量整合到一起，整合之前，药店并不销售妇女卫生用品，但整合后，药店开始销售强生妇女卫生用品产妇月经栓、"娇爽"（Carefree）保护系列、婴儿用"家庭守护神"产品等。强生公司为了宣传这种新的产品销售方式，采取了一系列的广告和公共关系活动，包括电视和电影商业广告、平面广告以及事件营销等。

银行知道自动取款机不仅必须要使用安全，而且要靠近顾客的家或工作场所，因而今天除在下班后的银行外，人们还可以在超市和便利店找到这些机器。无线技术满足了顾客在世界任何地方收发电子邮件、上网以及进行其他通信活动的需求。总而言之，对产品和服务进行宣传和传播是销售取得成功的一个重要前提。

（三）传播

今天的市场营销人员发现只靠做广告是无法达到全面宣传企业产品的目的。阿尔比快餐公司将其最大的一次全国性公共关系活动和第一次集中统一的广告活动结合起来，推广其新德里三明治。在广告接触到食用快餐食品公众的同时，企业的公共关系活动也被设计用来帮助特许经营商在当地进行推广宣传——在新市场公共关系指南中有详细的指导说明，包括如何接触当地媒体、如何建立一份媒体名单以及如何开展社区活动项目，同时还提供有新闻模板以及为媒体准备好的纸夹。

《珍珠港》是一部关于1941年日本发动袭击使美国卷入第二次世界大战的电影。该片上映时，沃特·迪斯尼公司和美国海军花费大额费用举办活动来提升票房收入。这些活动成了《新闻周刊》的头条新闻，并被各大通讯社和娱乐电视节目广泛报道。美国海军派了将近40名预备役新闻官到夏威夷负责筹办首映前的活动。为记者举办的放映活动是在一艘现役美国海军军舰"斯坦尼斯"号的飞行甲板上进行的。这些公共关系活动使电影大受好评，在调查中被评为当年夏季最值得期待的电影。总而言之，公共关系具有支持各种营销活动的作用，但这也使得人们容易忽视公共关系在维护公司形象和声誉管理大环境以及处理各种危机方面的关键作用。

（四）作为营销代言人的首席执行官

在企业的危机处理中，首席执行官通常是理想的发言人；在市场营销活动中，首席执行官作为企业形象发言人的作用依然非常重要。比尔·盖茨通过电视广告和亲自参加谈话节目来讲述微软公司在与美国司法部的反垄断官司中的立场；乔布斯通过在新产品推荐会亮相来向人们保证苹果公司产品的创新性；时任联想公司CEO的柳传志通过向人们宣传创业故事来强化企业的形象；海尔公司CEO张瑞敏通过参与各种电视访谈来推介企业品牌形象。

尽管一些首席执行官很乐意站到聚光灯下，这样可以为请明星代言而节省一笔不小的开支，但公共关系人员必须权衡选用一位首席执行官而不请明星这种策略的利弊。一般而言，决定选择首席执行官或者明星代言人的关键因素在于这个人能在多大程度上提升品牌的价值。消费者对代言本身的印象要与向目标受众所传递的信息相匹配。代言人必须能将其自身的价值传递到品牌上，简而言之，代言人形象必须要和品牌形象相匹配。

（五）非广告宣传

通常情况下，大公司和小公司一样很难突破拥挤嘈杂的传播市场，当预算有限、时间紧迫、产品不是同类产品中的领先者或者还有其他各种困难因素的时候，公共关系人员经常使用非广告宣传的方式。

非广告宣传有时候被认为是"游击战术"，即它不是标准的运作手法，而是一种通过非传统传播手段获得认同或者把关于一家公司或服务的信息传播出去的方法。许多"游击战术"，如路边艺术、互联网聊天室、电子邮件信息群发以及电台谈话节目的成本很低甚至不需要成本，可以用来瞄准特定的公众群体。但是利用这些战术，公共关系人员要放弃很多控制权，并且有很多信息在争夺注意力。

（六）消费者诉求变化给公共关系工作带来的新挑战

随着消费者受教育程度逐渐提高，他们对企业及产品、服务方面的信息以及期望值也在增加，因此，消费者特征发生了以下变化。
（1）更加重视产品的性能、质量及安全性。
（2）对自身权利的意识增强。
（3）随着自媒体的普及，消费者能够方便地应用多渠道维护自身权利。
（4）拥有更多自尊。
（5）更希望被当作个体对待，个性化特点突出。
（6）对商业组织的要求不像以前那么宽容。

当今消费者要求了解更多产品或服务信息，要求对影响消费者的企业决策拥有更多发言权；而随着互联网的迅速发展、移动社交平台的普及，越来越多的企业也尽力去顺应消费者，避免使产品缺陷等问题超出控制范围。

三、处理消费者投诉

没有东西是尽善尽美的，经过严格检查的产品也有可能出现次品。即使没有严重的产品问题，当公司对客户的求助无动于衷时、产品存在安全隐患时、广告误导消费者时、当修理工不能解决客户问题时，客户的投诉也会增加，因而公共关系人员有时还要帮助处理消费者投诉。

绝大多数消费者的询问和投诉都通过常规方式处理的，如对产品进行更换或修理、提供使用说明，或采取其他相关行动。各种规模的公司由于意识到消费者关系的重要性而变得愿意积极回应。

据分析，商品价值越高，消费者投诉的可能性越高，因而汽车、家电、电子产品和家具销售企业收到的投诉都较多。主要的投诉包括次品、欺骗性广告、不遵守质量保证和退款协议等。

为了保证对消费者投诉进行快速、统一处理，许多组织建立了详细的投诉控制制度。消费者服务专家一般持有以下观点。
（1）企业应该主动接受消费者投诉。
（2）所有投诉在收到后应登记在册。
（3）投诉方在投诉被接受的时候要被告知问题将会如何处理。
（4）为解决投诉问题采取的行动要敏捷。
（5）迅速通知投诉涉及的公司人员和部门并检测他们的反应。
（6）对当前投诉行为进行的分析应该以预防未来同类问题的发生为目标。

只要和每一位客户用合作的方式一起解决问题，投诉处理的结果几乎总是对企业有利的。

公共关系和市场营销相互合作，能培养客户的信任和忠诚度并促进产品和服务的销售。能从消费者活动中获得最大收益的组织是那些不断听取客户意见并对此采取相应行动的组织。

第四节　金融关系

有效的金融公共关系活动可以帮助企业建立和维护投资者信心。通过提供企业信息，可以帮助企业与金融界建立良好的关系。有效的金融关系项目与及时的回应、良好的开放性与经常的沟通，可以帮助企业降低资金成本。金融关系的一个重要功能是及时披露对金融界意义重大的企业新闻。

一、维护投资者信心

金融公共关系的首要任务是建立和维护投资者信心，并通过发布企业信息与金融界建立良好的关系。金融公共关系比其他类型的公共关系更容易涉及众所周知的公司盈利情况，相关的股价、债券评级以及贷款利率都是对一家公司信任程度的直接衡量标准。当企业的信任度高时，其股票价值就高，发债和借款的成本低；当企业的信任度低时，其股票价值就低，那些给企业贷款的机构也会要求更高的利率。如果企业能够降低资金成本或获得具有最佳成本的资本，大多数企业就认为这类企业的金融关系项目是有效的。

当公司以公正的方式描述自己的运营情况，尽可能少地吹嘘，同时提供尽可能多的信息时，可以增加其可信度。清晰的传播策略是企业金融公共关系活动的核心，同时，企业的金融公共关系的目的应当很明确。投资者的未来财富都是建立在那些他们认为是关于某一家特定企业的真实信息之上的，欺骗行为能使不知情的投资者失去大量资金。政府法律和规章制度、交易规则以及管理层的自愿披露减少了这类风险，但近年来的"抢帽子"等投机行为使投资者的信心大失。公司信息对投资者决策的重要性指出了金融公共关系的第二项重要功能：及时提供法律、规章和政策要求的公共信息，这点对增加投资者的信心非常重要。

二、金融关系专业人士

金融关系专业人士必须拥有全面的知识和技能来有效地应对他们承担的多方面任务。金融公共关系活动涉及不同的领域，如金融、会计、法律、公共事务、社区关系、市场营销以及员工关系等。一项针对300名大公司的高级金融关系管理者的调查显示，具有良好的金融背景和营销传播技能被认为是从事该领域工作的最佳预备条件。这项调查还显示，尽管金融和证券分析师也许会从事金融关系工作，但由于缺乏营销和传播背景知识，他们通常很难成功。金融、营销和法律方面的知识以及公共关系技能对于那些想从事金融关系工作的人来说都是很重要的。因而，一个好的金融关系专业人员需要具备以下素质：

建立对公司的兴趣、营造对公司的理解、销售公司产品、通过吸引新投资者来拓宽股东基础、稳定股票价格、赢得股东对管理层的肯定、增强公司声望、在财经社区建立良好态度、提高股东与公司相关议题上的敏感性、提升员工关系、建立股东忠诚度。

三、金融关系受众

除证监会外，对公司财务信息感兴趣的群体和个人还包括股票交易公司、投资顾问、金融记者、经纪人、经销商、共同基金公司、投资银行、商业银行、机构投资者、员工以及现有的和潜在的股东。可以将上述群体和个人分成三类公众：个人股东、财务分析人士和财经新闻媒体。

（一）个人股东

一些公司将其股东当作一个巨大的、有待开发的潜在客户群体，这些股东并且能在政治和财务上给公司许多基层支持,因此,金融关系工作特别是较小公司的金融关系工作,应该集中在股东而不是财务分析人士身上。

公司管理人员以惨痛的方式认识到,对公司不感兴趣的股东可能会迅速把公司股票卖给甚至是最不友善的公司收购者;股东自身也变得越来越主动积极——发动代理权之争或提出与环保、性别歧视、企业在国内外的政治活动、劳动关系以及与许多其他事宜有关的财务、社会和道德规范问题。大多数企业人士已经认识到,一家公司的首要责任是充分传播关于任何可能对所有投资产生影响的事件或信息。但他们在这方面所做的努力程度和质量大不相同,提供信息的年报和季报、动态的网站以及组织良好的年会和后续报告都是维系股东关系的基本工具。

建立良好的股东关系有以下三项基本原则。

(1) 尽可能了解股东。尽可能多地了解股东从传播的角度看也是非常适宜的,股东调查中有人口构成和个人态度方面的信息,这是一个可以被很好利用的工具。

(2) 像对待重要客户那样对待股东。用通俗易懂的非技术性语言与股东进行交流是一个必要条件,对股东的来信或电子邮件做出及时妥当的回复也能帮助维护良好的股东关系。

(3) 激发那些预先就对公司有好感的投资者的兴趣。公司应从那些预先就对公司股票有兴趣的人中寻找股东,如员工、供应商、经销商,除此之外,公司所在社区的成员也是可能的潜在股东。

(二) 财务分析人士

财务分析人士包括投资顾问、基金经理、经纪人以及机构投资者。换言之,投资界的所有专业人士都是财务分析人士。财务分析人士的基本职能是收集关于不同公司的信息,预测销售、利润以及一些其他运营和财务状况,并判断证券市场将如何评价这些结果。财务分析人士收集各个公司定性和定量的信息,把他们的发现和其他公司的数据进行比较,评估风险与机遇,然后给他们的客户提供建议。公司金融公共关系部门通过提供信息来帮助分析人士工作,而这样做有可能对预测和判断产生正面影响。

维护与财务分析人士之间关系的基本方法是找出对方的期望值并满足他们,培养相互的兴趣与理解,然后维持这种关系。与财务分析人士打交道的金融公共关系人员应该具有反应灵敏、开放和经常沟通等特点,但注意不要过度沟通。"无意义的东西和宣传广告"会很快毁掉一位财务分析人士对公司的看法。当金融关系人员告诉财务分析人士的消息使后者对公司变得过分乐观,而公司的业绩又不符合预期的时候,造成的结果可能是灾难性的。

通常财务分析人士想知道这些信息:公司的基本情况信息,如公司业务的性质、影响业务的主要因素、目前运营情况以及预计的未来前景;公司的价格数据、资本支出、财务数据、劳工关系、研发投入以及其他可能对投资质量造成重大影响的信息。

接触财务分析人士的一种主要方式是通过投资人会议,即由专门投资人士参加、专门听取公司讲解或讨论公司事项的会议。这些活动中包含关于公司业绩的信息,并提供了很多购买公司股票的理由。近来流行的一种会议是电话会议,它现在已成了许多公司每个季度的例行公事。公司的首席执行官和首席财务官坐在一排扬声器或摄像镜头前,向财务分析人士、金融记者和投资者群体中的其他成员介绍这些数据后面的真实含义。

公司与财务分析人士的关系并不都是单向的,财务分析人士也能为公司提供有价值的信息。公司在与财务分析人士进行沟通时，首先要准备听，他们能就金融关系项目中的信息是否合适、可信和充分提供重要的反馈。也许更重要的是，这是公司了解市场是如何看待本公司的优势与劣势以及公司整体表现的一个机会。

（三）财经新闻媒体

"财经新闻媒体为公司的金融传播计划提供了基础和背景"，伟达公共关系公司的管理人员说，"财经新闻媒体为公司提供的信息增加了可信度，而且还可以带来给人深刻印象的第三方认可"。

四、金融关系传播战略

用来传播金融信息的战略必须是管理人员对公司情况经过深思熟虑后制定的。可供实施战略所用的方法包括个人意见、金融文献（年报和季报、分红附件）、财经新闻稿以及年会。随着通信技术的进步，传播这些战略的模式也在迅速发生改变，电视电话会议、电子邮件、有线商业新闻节目以及互联网都为更及时地提供具体信息提供了可能，这些新技术还使得公司与财务分析人士、投资者和公司员工这样的关键利益相关者进行互动、交流变得更为可行。

无论公司目前的状况如何、公司的最终目标是什么，公司的金融关系传播战略必须具有反应灵敏、经常性以及开放性等特点。金融关系传播绝不能躲躲闪闪、含糊其词；传播的内容必须既包括好消息也包括坏消息。告诉员工最坏的消息似乎是高级管理人员最难做的事情，但这对培养员工对公司的信任度极为重要。信任是金融关系项目成功的关键。

（一）年会

年会是公司一年中固定进行的活动仪式，在这个过程中，公司的真正所有者将考察公司员工的表现，并对管理人员的表现进行投票。理论上，股东有权（在法律许可的范围内）任意处置其公司。但事实上，股东很少讨论问题，更很少进行投票，因为管理层事先已收集了投票代理来支持股东的立场、任命和决定。

在这种每年举行的会议上，人们的观点各不相同，但不可否认，年会提供了一些机会也带来了风险，因此精心策划和准备年会是很有必要的。

除了尽力吸引股东受众，告知他们情况并让他们积极参与外，年会还有其他功能。年会可以使公司管理层通过会前或会后的交流接触到所有的股东，为公司宣传创造了机会，也明确了工作重心；年会可以使管理人员和股东进行个人接触，由此公司的举措可以得到解释，取得的成绩能得到认可，而且还能得到股东的反馈。当产品被摆放在显眼位置的时候，年会成了一种营销工具。

公共关系人员应把握机会把年会办好，在举办年会时要注意以下问题。

(1) 确定首席执行官为讲解做好了充分准备。

(2) 布置展览，突出展现公司的产品、服务和财务成果。

(3) 邀请媒体以及金融界的代表。

(4) 为媒体事先准备新闻稿，重点介绍首席执行官在会上的讲解。

(5) 准备好分发物，如年报、产品介绍、光盘以及录像带。

（6）仔细考虑会场布置和礼仪工作（邀请卡、胸卡、点心、小礼品或公司纪念品等）。

（7）如果会议非同寻常或富有争议，则需准备一份会议执行概要或摘要。

（二）年报

年报不仅可以用来公布证监会要求披露的信息，而且还可以用来进行公共关系活动和营销活动。

年报最根本的目的是满足公司股东进行报告的法律要求，同样，通过提供关于公司在过去一年中的情况及其成就的综合信息，年报成了现有股东和潜在股东获得公司信息的首要来源。但是，公司不仅仅满足于此，通常会进一步利用其年报来巩固公司的可信度，确立独特的公司形象，以培养投资者的信心、支持和忠诚。从这个意义上说，年报成了公司的名片，成了对公司所做和所代表理念的一个总结。年报常常有意或无意地体现了公司管理层的个性和品质。

一些公司甚至还利用年报来进行营销、开展公共关系活动以及进行员工招聘和上岗培训。一份年报可以成为财务人士的信息资源，商业编辑的"背景资料"，或者成为老师、图书管理员、学生的学习工具。越来越多的公司为员工制作专门的年报版本，既是为了赢得员工的忠诚和支持，通过强调员工的贡献鼓舞士气，也是为了提高员工对公司运营情况的了解。

第五节 社区关系

社区公众是组织所在地的区域关系对象，包括当地的行政管理部门、其他组织以及居民。社区是组织的"根据地"，是一个社会组织赖以生存和发展的基本环境。共同的生存空间使组织与公众之间具有"准自家人"的特点。通过社区关系可以扩大组织的区域性影响，进而使良好的组织形象向更大的范围传播开去。

一、社区关系的重要性

（一）良好的社区关系有利于创建好的招聘关系

有效社区关系的建立取决于对机构和社区间相互依存关系的认识。这个循环过程的开始是人们想在好的社区里生活，他们带着自身的才艺和技艺到当地工作。公司雇用了这些员工，而这些员工又帮助公司赚钱，在此基础上，公司利用其资源解决各种需求，使社区成为一个更适宜居住的地方。

（二）良好的社区关系能建立双方的共同利益

组织的良好经济状况对每个社区来说都是极其重要的，同时，组织所在社区的良好运转对组织本身来说至关重要。因此，组织与其所在社区在双方的成功高效运作的基础上建立起共同利益。组织至少希望社区能够提供足够的市政服务、公平的税收、为员工提供良好的生活条件、提供优质的劳动力以及对公司及其产品提供适当程度的支持。除了就业、工资和税收外，社区还希望其机构有一个漂亮的外表，能支持社区机构、经济状况稳定，满足社区成员的家乡自豪感。

此外，良好的社区关系还能帮助保护组织的投资、增加产品和股票的销售、改善运营环境以及减少与政府机构打交道的成本。组织赞助社区卫生和教育项目的时候，良好的社区关系能提高员工的生产率。有利的社区态度还可能影响员工对组织的态度。

二、开展社区活动

（一）社区关系的建立

虽然社区和组织之间有明确的共同利益，但这并不意味着对社区关系的维护活动就可以不仔细地规划和实施。良好的社区关系是建立在相应的社区计划之上的，而成功的社区计划必须建立在组织机构本身及其文化之上。社区关系不是纯粹的利他主义，而是建立在组织自利的基础上的。

社区关系是一种公共职能，是一个机构有计划、主动持续地参与到一个社区中以维护和改善其环境的关系。良好的社区关系是一种互利的伙伴关系，例如，为资助一个市民计划而提供一笔丰厚的捐款，理性的情况是机构将收集的有关该计划的各种资源通过公司提供的产品和服务、客户关系、招聘新人、员工关系、生产过程、市场营销以及广告战略、组织建筑和设施的设计，并结合搜集的资料改善社区并塑造机构赖以生存的环境。

1. 良好社区关系的建立必须要确立目标

公司要发动其员工来参与策划和实施社区关系活动，当地社区的需求和员工关注的问题是公司决定支持什么事业的两个最重要的标准。这些员工参加他们选择的各项活动，一方面可以兑现公司对社会的承诺，另一方面还可以为公司在社区里建立一支形象大使队伍。因此在社区关系目标方面，公司应该形成书面的社区关系计划，阐述管理层对公司所在社区所承担义务的观点，这样便于协调和集中相关力量。

2. 良好社区关系的建立还需要公共关系人员尽可能了解社区

社区关系政策和目标并不是根据一些理性原则确定的。一方面，社区关系的建立需要评估组织的需求、资源和专长；另一方面，社区关系的建立还要考虑社区的需求和对组织的期望。完美的社区关系计划必须是建立在对以下问题的回答之上的。

（1）社区是如何构成的？即人口的构成、正式的和非正式的领导结构、传播渠道等。

（2）社区的优势和劣势分别是什么？即社区面临什么特殊问题、当地的经济状况如何？当地的政治环境如何以及拥有什么独特的资源（人力的、文化的、自然的）？

（3）社区对组织的了解和态度如何？即居民们是否了解组织的产品、服务、运作以及政策？社区对组织的感觉怎样？是否对组织有误解？社区对组织活动有何期望？

3. 良好社区关系的建立必须要有良好的沟通渠道

社区交流面对的不是单一的受众，如果想要与重要的公众交流，公司必须准备采用各种不同的交流策略。最重要的一种与社区进行交流的方式是利用员工交流，其他交流渠道包括社区的舆论领袖——工会领导、老师、公职人员以及道德方面或邻里间的领袖。此外，公司内部的某些传播方式也可以应用在社区关系中。一种独特的面向社区的组织交流方式是公司开放活动，成功的公司开放活动提供团体参观组织设施的机会，同时还提供具有丰富经验的导游。公司开放活动中有介绍公司的电影、展览和各种小册子，而且一般还有给参加者带回家的小样品或纪念品。当然这类活动要传达的主要信息是机构和社区的相互依存关系。

(二) 参与当地政府的政治活动

一般而言，地方政府官员能对公司的社区关系计划起着重要的推动作用，高效的地方政府对公司极其重要。因此，公司在社区关系方面所做努力的一部分要体现在与市政官员、县委官员和其他地方政府机构建立稳固的关系上。要实现这一目标，组织在一定程度上要将其专业知识提供给政府使用，如成立各种专家小组、调查团等。

社区关系和政府关系显然在地方政府的政治活动层面上是互相重合的。政府手握大权而且能够积极介入企业管理，这是企业不得不注重公共事务的重要原因，因此企业要时刻监控公众舆论和政策的变化，并且要迅速采取相应对策，这也是很多企业较早地参与到事件处理、政策制定以及立法中去的原因。

(三) 企业慈善活动

一般而言，企业的慈善行为不一定只针对社区，但社区是企业慈善行为的主要阵地。

在我国，慈善行为是一种普遍的企业社会责任行为，是我国民间慈善的主体。慈善行为解决了诸多政府"想不到""做不好"的事情，对和谐社会的构建有突出贡献。但与经济、法律和道德责任等社会责任不同，慈善社会责任是一种自律责任，而非企业"分内之事"。

企业慈善活动中大部分资金一般都用来进行教育事业、医疗卫生、环境保护以及艺术的资助。通常，企业会通过一系列的慈善行为开展公益事业营销活动，帮助企业培养客户忠诚度、进行品牌推广和建立声誉。

(四) 针对社区激进者的活动

企业在很多问题上，如人权、环境、健康、生物科技以及歧视等方面可能受到不同类型激进分子的攻击。可以肯定的是，那些误用、滥用、逃避或违反法律以及其他公认惯例的组织应该为它们的行为公开地承担责任。但这里我们将要探讨的激进更多是一种权力斗争或与一个遵纪守法组织间的观点上的冲突，如一些动物保护组织和利用动物进行研究、试验的科研机构之间的冲突。

即使一家组织尽最大努力与社区合作，也可能面临激进者问题。社区激进者能对企业施加很大的压力和影响以提高公众对事件和问题的关注，尽管这些问题经常只是情绪造成的而非科学的事实。激进者利用各种方式如电子邮件、互联网、标语、媒体采访、法律诉讼等，引起公众注意力或者吸引他们的支持者，这导致即使最具社会意识的公司也可能受到攻击。这时，公司可以采用以下方法应对激进者。

(1) 找出要对付的是什么样的抗议团体。有些只是想对公司造成伤害，而另一些则确实是想促使产生一些互利的变化。

(2) 说出真相，并提供信息，采取开放和平易近人的态度。

(3) 保持冷静，不要公开对抗，使用友好的语气。

(4) 了解所面对的积极分子团体的力量和弱点，判断他们是否可以成为战略伙伴。

(5) 考虑改变政策，安抚激进分子或使有敌意的组织中立。

(6) 告知员工真相，减轻他们的忧虑，并让他们充当组织的使者。

(7) 不要低估一个激进者团体可能对组织造成破坏的力量。

当然，组织可以根据环境的变化而采取不同的方法来应对不同的局面。

案例分析一

利利股份有限公司的信任危机

利利股份有限公司（简称利利公司）是一家大型建筑集团，总部设在格拉斯哥。该集团的业务范围涉及建筑领域内的许多工作内容，如普通建筑项目的承接、房地产开发、高级土木工程等。

利利公司始创于1918年，起初只是一家家族建筑公司，现在已成为一家在建筑行业中实力雄厚的国际性大公司，尤其擅长开挖隧道与打桩。20世纪60年代中期，利利公司股票上市后，企业规模不断扩大，公司买下了一些在业务上对本公司有互补作用的公司，其中包括一家美国隧道开挖公司——哈里森西部公司。

1986年，虽然在股东们看来利利公司仍然经营良好，但实际上其海外业务已经出现严重问题，特别是哈里森西部公司的情形更为严峻。这年5月，利利公司创利达900万英镑，股价升到了每股91便士的最高点，公司在全球有员工7 000人，另外还有从事相关工作的人员约10 000人。

在定于该年10月份公布半年（中期）业绩之前的夏秋相交之际，利利公司的股票价格开始渐渐下跌，这使得外界开始注意到这家公司的业务经营问题。但是由于英国金融界当时正处于政府放权后的混乱时期，因此公众并没有对这家从事不那么时髦的建筑业的中等规模的苏格兰公司给予过多的关注。当利利公司的管理层宣布推迟一周公布其中期业绩报告时，警钟敲响了。

当推迟发布公司中期业绩报告的信息被宣布时，苏格兰的《格拉斯哥先驱报》坚持要求企业给予解释。但当时公司摆出正在进行马拉松式董事会议的样子，对外界保持缄默。这家报纸为查出真相，找到一些消息灵通人士，根据他们的解释与猜想，第二天这家报纸在头版上发表了题为《苏格兰建筑公司可能崩溃》的文章。结果，公司的股票价格猛跌至每股15便士，证券交易所应利利公司的要求暂停了交易。利利公司对上面这篇报道的反应是威胁报社要将此事诉诸法庭，但公众的密切关注使得公司不得不马上发表有关声明。利利公司对外承认其上半年损失了2 400万英镑，现在已有银行正准备援助，但前提是必须组建新的管理机构以力挽狂澜，走出危机。

两个月后，罗伯逊被任命为利利公司新董事长，他是知名的企业危机处理高手，曾成功挽救过好几家公司。与此同时，利利公司也任命了新的总裁。12月初，新任董事长和总裁开始了重组公司的工作，但是他们很快发现公司的前任管理层并未揭示出全部问题，公司面临的财政困难远超出预想。

除了待解决的财经问题之外，公司的新管理者还面临着另一个非常严重的问题——信任危机。投资者、客户、供应商、分包合同商、员工和当地的工商界对利利公司失去了信心，认为它不可能走出危机。当危机小组进入公司时，人们对公司的信任度降到了最低点。

公司的许多长期股票持有者面对这场似乎已无法避免的大崩溃，纷纷抛出股票，此时投机者取代了长期投资者，结果，公司持股总人数由原来数人猛增至一万人。此时，大多数金融分析家仍认为利利公司难以幸免于难。客户们也不愿意投资利利公司，这种情况在利利公司的老家苏格兰地区尤为严重，在那里，利利公司的问题是当地媒体讨论的热点。利利公司危机来临时，公司的合同量锐减，谁也不放心把长期、重要的工作交给一家风雨飘摇的公司来做。供应商和分包合同商自然也给利利公司的信誉打上了问号。

公司的员工也许是最难办的。很多职员，包括公司的一些高层管理人员，对危机问题原先一无所知，直到读到报纸的报道后才了解真相。直到公司危机已众所周知时，董事会仍没有给那些身家性命都与公司命运密切相关的员工以任何形式的解释或安慰。公司的高级技术人才开始另谋出路，众多员工对前途忧心，失去了工作的动力。

由此可见，公司除了要解决严重的财政危机，还必须解决与有关公众的交流和沟通的问题。利利公司过去没有有效的沟通交流渠道，这使得它不得不在短期建立这些渠道。为此公司决定雇用一家公共关系公司。

（1）公共关系目标。

公共关系公司在接受任务后，立即着手交流沟通工作，他们的目标是：①与知名金融记者和金融分析家建立联系；②确立危机处理小组在这些舆论制造者心目中的地位；③使利利公司有机会发表自己的言论；④在危机处理中确保进行不间断的信息交流和沟通。

（2）公共关系战略。

公共关系公司在金融分析家们和记者中间挑选了一批对利利公司有利且有影响的人士，他们不断得到公司的消息，逐渐对公司看法有了转变。虽然公司曾预言下半年将扭亏为盈，但实际情况并非如此，所以利利公司在公关战略实施的同时承认了亏损，但也强调公司减少了贷款并加强了对利利公司的控制权。自从危机处理小组到位后，公司的股价稳步上升，表明投资者对利利公司增强了信心。在业绩报告公布之际，公司首先向证券交易所报告，同时召开了两个招待会，确保公司领导层有机会说明公司的前景并回答可能问及的经营问题：一个是召开针对金融分析家的招待会，另一个是召开针对新闻界的招待会。在这两个会议中，利利公司高层对外界关心的问题做了令人满意的回答，公司股价开始回升，报纸等舆论对公司给予了高度肯定。

（3）公共关系活动。

①针对苏格兰工商界的公共关系活动。此时，公共关系公司的最大任务是改变公司在人们心目中的形象，而且要争取当地的积极支持，获得更多的业务合同，但这靠新闻宣传是不够的。公司把目标范围确定为当地公用事业机构的主管人员，不仅包括了利利公司现有及潜在的大部分客户，而且包括了当地社会的舆论制造者。公司通过几次非正式的晚宴活动，使公司与工商界人士有了沟通交流。②针对雇员的交流活动。通过建立信息传播网络，向员工解释引起公司危机的原因以及公司正采取的措施和公司的前景，同时编发一份面向所有员工的内部刊物。

问题：1. 严重的财经危机使利利公司面临倒闭的危险，但最终导致金融界对该公司失去信任的原因是什么？公司一开始在处理该事件上犯了哪些错误？

2. 如何确定这次危机公共关系的目标公众？公司运用了哪些手段处理危机？

案例分析二

奇瑞——做一个有责任感的"公民"

"奇瑞是一个了不起的企业。"基于企业取得的辉煌成就，任何一个了解奇瑞历史的人都难免发出这样的感叹。

成立于1997年的奇瑞公司，在中国汽车的发展历史上已经留下了多个纪录：2001年初获得轿车生产许可证，当年便销售3万辆轿车，盈利3亿元，成为公认的行业黑马；在2007年3月份登上了乘用车行业单月销量冠军宝座，打破了自主品牌22年来未取得销量冠军的局面；从零开始到生产第100万辆车，这家中国汽车企业只用了93个月就完成了欧美汽车以及日韩汽车数十年乃至近百年才能取得的成就。

随着第100万辆车的下线，奇瑞公司正式跨入"百万俱乐部"，在企业的发展上又进入了一个新的阶段。可以说，在过去的10年中，企业在物质文明方面的建设是卓有成效的，这已众所周知。

但是，这些仅仅是奇瑞公司在过去10年中所做工作的一部分。

奇瑞公司在高速高效的发展、追求更大经济效益的同时，始终注重社会效益的同步发展，一直致力于回报社会、热心慈善公益事业，始终保持着一个行业领跑者所应具备的品质和使命感——以社会责任为己任。

1. 结合各款产品举办系列公益活动

2005年和2006年，奇瑞公司举办了旗云感恩节环保抽奖活动。在活动过程中，奇瑞公司和参加者一同分享汽车专业节能知识，并广泛宣传了环保观念。这一活动得到了中华社会文化发展基金会的高度评价；奇瑞公司还获赠来自全国11个"旗云感恩·节能中国行"活动重点城市的11块10米巨幅横幅。

2006年5月16日，"谁是中国最Crossover（酷越）城市"评选活动全面展开，目的是将国际流行的Crossover（酷越）风尚在中国推广，对大众的创意精神加以鼓励，并希望提高中国创意在国际上的竞争力。同年10月31日，奇瑞公司在体育总局训练局向新科体操世锦赛男子全能冠军杨威和前世锦赛、奥运会双料体操男子全能冠军李小双赠送了最新推出的A5 1.6实力型轿车。

2007年7月19日，由奇瑞公司发起的"今日希望学子，明日东方之子"——奇瑞东方之子Cross浙江百万助学行动在杭州正式启动。同年8月19日，在第四届QQ文化节上，奇瑞公司正式开启"爱的Q体验"——健康驾车生活大型公益环保宣传活动，提倡大家在健康文明驾车的同时，更要注重环保。

2. 专门成立公益基金——奇瑞21世纪东方之子公益基金

2006年2月22日，中华社会文化发展基金会康明理事长与奇瑞公司尹同耀董事长共同宣布：双方共同发起并筹备建立"21世纪东方之子公益基金"。当年6月，奇瑞公司还向天安门"国旗班"捐赠了4辆黑色东方之子、4辆蓝色瑞虎、2辆蓝色奇瑞东方之子Cross，用于警卫巡逻以及每日升旗护卫用车。8月22日，奇瑞公司和中华社会发展基金会宣布正式成立"奇瑞东方之子Cross公益基金",奇瑞公司将投入100万元助学金,资助100名2007年高中毕业、考上国家正规本科院校的困难学生,并许诺如果他们毕业后想到奇瑞公司,将优先录用。11月25日,中华社会文化发展基金会与奇瑞公司共同在奇瑞公司全国近300个专卖店设置了"21世纪东方之子公益基金募捐箱"。募捐所得资金专项用于奇瑞21世纪东方之子奖学金资助或用于21世纪东方之子公益基金所涉及的公益活动和项目。车主每购买一辆东方之子轿车,奇瑞公司和经销商就将共同捐出99.99元利润。

由于2006年宣布在全国17个省市、30所高校内设立"奇瑞21世纪东方之子奖学金",奇瑞公司入围第二届"中国汽车慈善公益榜"。

2007年4月26日,"点亮希望,'唱'享未来"——奇瑞公益主题活动日暨中国第一首汽车公益歌曲发布公益日活动——在上海国际车展奇瑞展台隆重举行。作为中国汽车主流制造商,奇瑞公司携手著名音乐网站Mymbox共同推出了中国第一首汽车公益歌曲——《直排轮的神话》。

3. 与媒体合作,共同举办公益活动

2006年3月31日,奇瑞公司经销商——北京诚信达汽车销售有限公司为了增强奇瑞车主保护环境和参与环保公益活动的意识,在北京最重要的生态屏障区张家口下花园区新庄子乡举办了以"环保·爱心·娱乐"为主题的大型公益植树活动。

2007年4月,包括奇瑞公司在内的9家企业参加了由中国红十字基金会、中国青少年基金会和中央电视台联合举办的"爱在车展"公益晚会。包括奇瑞公司在内的9家汽车企业共向红十字基金会捐款、捐车折合人民币343万元,并分别与中国青少年基金会签约,各自为贫困大学生提供100个就业岗位。

同年5月20日,中央电视台经济频道《春暖2007百万志愿者在行动》提倡所有的媒体同仁积极参与到中国的公益行动中,构建全国媒体爱心网络,奇瑞也参加了这次活动。

4. 独立举办公益活动

2007年8月22日,在奇瑞公司第一百万辆汽车下线的现场,为了呼吁社会各界人士关爱残疾人、加强企业的社会责任感,奇瑞公司在第一百万辆汽车下线仪式中赠送原国家女子体操队队员桑兰一辆东方之子Cross(无障碍车)。

这样的事例还有很多,而且随着企业规模和实力的增加,奇瑞公司参与的慈善活动也越来越多,那么它为什么要花钱和精力参与慈善活动呢?在奇瑞公司内部有这样的观点:做企业就像做人,做不好人怎么会做好企业呢?做人要讲究道德和良心,做企业要讲究诚信和回报社会。这与许多汽车企业,尤其是跨国企业的思路截然不同。在过去,在中国的跨国企业及其合资公司,更热衷于销售和利润的增长,其对于公益事业并没有兴趣,也不会去关心。

问题:1. 作为组织如何处理与社会组织、公众的关系?企业如何有效地与媒体建立良好的关系?

2. 企业为什么要开展公益活动?目的何在?

复习思考

1. 2006年6月,《第一财经日报》记者发文章揭露富士康血汗工厂黑幕,同年8月21

日，富士康方发表调查结论，宣传富士康非血汗工厂，但超时加班是事实；一周后，富士康以《第一财经日报》报道失实、名誉侵权为由向法院提起诉讼，并向该报记者及编辑索赔3 000万并要求立即冻结其财产；8月29日、30日，消息迅速被全国媒体转载并引发热议，富士康遭到全国媒体炮轰；随后迫于媒体压力，富士康3 000万元索赔变为1元索赔，继而又撤销诉讼。但之后的几年富士康并不安宁，接连发生员工跳楼事件和雇佣童工事件。请同学们组成小组，结合案例讨论，企业应该如何对待媒体的报道，又应该如何处理和员工之间的关系？

2. 如何看待企业的慈善营销活动？

3. 2012年2月，归真堂上市公示过程中，公司"活熊取胆"这一企业行为引发激进分子（动物保护组织）及广大公众的广泛质疑。请同学们查阅相关资料，了解事件始末，对该事件进行评论。如果你是福建归真堂药业股份有限公司的公共关系人员，你将如何应对？

第九章

危机公共关系管理

学习目标

通过本章学习,了解危机的类型、危机公共关系的概念;掌握危机的应对处理程序及原则。

导入阅读

海底捞一次超棒的危机公共关系

海底捞作为餐饮界的标杆,视顾客为上帝的服务模范,其服务的深度和广度在业界是神话般的存在。但 2017 年 8 月 24 日一段关于海底捞后厨视频的曝光,将海底捞拉下了"神坛"。在视频中,可以看到"海底捞的后厨老鼠四窜,清理卫生用具簸箕、扫帚和餐具同池混洗、用顾客使用的餐具(如火锅漏勺)掏下水道"等一些不卫生的后厨操作。海底捞的后厨事件曝光后,在网络舆论中心引起了轩然大波。

海底捞在北京劲松店、北京太阳宫店的食品卫生安全事件爆发 3 小时后,发表了致歉信。2 个多小时后,海底捞又对这一危机发布了 7 条处理通报。以下是其致歉信和通报。

关于海底捞火锅北京劲松店、北京太阳宫店事件的致歉信

尊敬的顾客朋友:

你们好!

今天媒体报道我公司北京劲松店、北京太阳宫店后厨出现老鼠,餐具清洗、使用及下水道疏通等存在卫生安全隐患等问题。经公司调查,认为媒体报道中披露的问题属实。卫生问题是我们最关注的事情,每个月我公司也都会处理类似的食品安全事件,该类事件的处理结果也会公告于众。无论如何,对于此类事件的发生,我们十分愧疚,在此向各位顾客朋友表示诚挚的歉意。

各位顾客及媒体朋友可以通过海底捞官方网站(www.haidilao.com)上的"关于我们 –

食品安全-公告信息"或海底捞微信公众号（ID：haidilaohotpot）中"更多-关于我们-食品安全-管理公告"查询我们以往对于该类事件的处理结果。

这次海底捞出现老鼠，以及暴露出来的其他在清洁卫生方面的问题，都让我们感到非常难过和痛心，今天，媒体朋友也为我们提供了照片，这让我们十分愧疚和自责，我们感谢媒体和顾客帮助我们发现了这些问题。

我们感谢媒体和公众对于海底捞火锅的监督并指出了我们工作上的漏洞，这暴露出了我们的管理出现了问题。我们愿意承担相应的经济责任和法律责任，但我们也有信心尽快杜绝这些问题的发生。我们也已经布置在海底捞所有门店进行整改，并会在后续公开发出整改方案，也希望所有媒体和支持海底捞的顾客监督我们的工作。

再次感谢社会各界对海底捞的关心与监督。

四川海底捞餐饮管理有限公司
2017年8月25日

关于海底捞火锅北京劲松店、北京太阳宫店事件处理通报

海底捞各门店：

今天有媒体报道我公司北京劲松店、北京太阳宫店后厨出现老鼠，餐具清洗、使用及下水道疏通等存在安全隐患等问题。经公司调查，认为媒体报道中披露的问题属实。

公司决定采取以下措施：

1. 北京劲松店、北京太阳宫店主动停业整改、全面彻查，并聘请第三方公司对下水道、屋顶等各个卫生死角排查除鼠。责任人：公司副总经理谢英。

2. 组织所有门店立即排查，避免类似情况发生。主动向政府主管部门汇报事情调查经过及处理建议；积极配合政府部门监管要求，开展阳光餐饮工作，做到明厨亮灶，信息化、可视化，对监控设备进行硬件升级，实现网络化监控。责任人：公司总经理杨小丽。

3. 欢迎顾客、媒体朋友和管理部门前往海底捞门店检查监督，并对我们的工作提出修改意见。责任人：公司副总经理杨斌，联系电话：4009107107。

4. 迅速与我们合作的第三方虫害治理公司从新技术的运用以及门店设计等方向研究整改措施。责任人：公司董事施永宏。

5. 海外门店依据当地法律法规，同步进行严查整改。责任人：公司董事苟轶群、袁华强。

6. 涉事停业的两家门店的干部和职工无须恐慌，你们只需按照制度要求进行整改并承担相应责任；该类事件的发生，更多的是公司深层次的管理问题，主要责任由公司董事会承担。

7. 各门店在此次整改活动中，应依据所在国家、地区的法律法规，以及公司相关规定进行整改。

四川海底捞餐饮股份有限公司
2017年8月25日

之后，海底捞立刻得到媒体响应和理解，并将其描述为"上午，海底捞沦陷；下午，海底捞逆袭。"有人将海底捞的反应归纳为三个词：这锅我背、这错我改、员工我养。

问题：请分析海底捞的此次危机公共关系行为。

每天上网搜索新闻、翻阅报纸、观看电视节目、收听广播都会看到或听到发生在世界上的突发事件，政府、社会团体、跨国公司、中小企业、知名人士都涉身其中。

突发事件是媒体报道的最佳新闻素材，有时甚至牵动社会各界的"神经"，成为社会舆论关注的"热点"和"焦点"问题。俗话说"好事不出门，坏事传千里"，媒体在传播中会将突发事件的危机影响放大，可能给企业造成损失，所以，重大危机事件处置的成败可能关系到一个企业的生死存亡。今天，企业面对国际、国内复杂的舆论环境，必须加强危机公共关系的理论研究和实战能力建设，以适应新形势对企业的要求。

第一节　危机公共关系概述

公共关系的成长史就是一部伴随着危机解决的历史，所以公共关系危机解决能力，对公共关系人员来说是至关重要的一种能力。特别是当今社会，社会危机、国家危机、企业危机、学校危机等随处可见，它已经成为政府、企业及其他社会组织不可忽视的一个工作内容。

随时可能置身危机中的企业，如何将自身利益、公众利益和传媒的公信力协调一致，在最短的时间内，以最恰当的渠道传播给公众真实、客观的情况，挽回企业品牌的信誉，将企业损失降至最低，甚至化被动为主动，借势、造势进一步宣传和塑造企业，是处理危机公共关系的原则。那么，面对突如其来的公共关系危机，企业应该如何去应对，如何引导传播呢？

一、与危机相关的几个概念

（一）危机

危机一般有两层含义：一是潜伏的祸根；二是指严重困难或生死成败的紧要关头，如经济危机。危机指的是突如其来的、严重危害社会公众的生理和心理安全的事件，如海啸、毒气泄漏、环境污染、矿难等。

（二）公共关系危机

公共关系危机是指危机严重地影响了组织正常的运作，对组织的公众形象造成重大损害的，具有较大公众影响的偶然事件，如负面报道、质量事故、公众投诉、竞争对手的恶意破坏等。

（三）危机公共关系

危机公共关系即发生危机时的公共关系管理活动，指公共关系人员在危机意识或危机观念的指导下，依据危机管理计划，对发生的危机事件进行预测、监督、控制和协调处理的全过程。在危机发生后，公共关系人员应快速地用危机管理手段，消除影响，减少危机给组织形象与公众心理带来的损害，引导危机时期的信息传播导向，寻求公众对组织的了解、理解与谅解，以重新梳理和维持组织的管理活动和传播活动。

（四）危机管理计划

危机管理计划即组织为了预防危机发生或在危机发生时尽可能减少损失而制订的较为全

面具体的关于危机事件预防、处理和控制的书面计划,包括明确危机管理的责任、运作方式和注意事项等。

英国危机公共关系专家迈克尔·里杰斯特指出:"若一个组织不能就其发生的危机与公众进行合适的沟通,不能告诉社会它对灾难局面正在采取什么措施,不能很好地表现它对所发生事故的态度,这无疑将会给组织的信誉带来致命的损害,甚至有可能导致组织的灭亡。"

二、公共关系危机的特征

公共关系危机具有以下共同特征。

(一) 不可预测性与复杂性

公共关系危机不可预测,来势凶猛,一旦发生危机,无论是处理危机,还是协调危机、控制危机,都非常复杂,往往涉及比平时更多的人,投入更多的钱财和物资。

(二) 偶发性与未知性

公共关系危机大多是突发性事件,在人们还未察觉的情况下偶然发生,同时其发生又包含许多未知因素。

(三) 强烈的社会影响性

公共关系危机涉及的公众面广,极易引起社会舆论的关注,危机的内容又往往会与公众有直接的关系,特别是当危机涉及人身安全时,更能引起公众关注,事件一经媒体报道,瞬间就会广泛传播。

(四) 对组织发展的危害性

公共关系危机如果处理不当,可能会使组织形象毁于一旦,造成广大公众对组织的强烈不满,甚至导致组织的破产。

(五) 普遍性

公共关系危机的发生带有普遍性,特别是近年来,从海啸、环境污染、飓风、流行疾病、恐怖事件到食品安全问题等事件均有发生。美国89%的企业领导人认为"危机就如同死亡和税收一样,是不可避免的。"

三、公共关系危机的类型

(一) 公共关系危机的基本类型

公共关系危机从不同的角度划分,可分为自然危机与人为危机、一般危机与重大危机、组织内部危机与组织外部危机、结构性危机与突发性危机等基本类型。

1. 自然危机与人为危机

自然危机是指由自然界不可抗力引起的危机,如地震、洪水、海啸、飓风、大雾等。人为危机是指由人的某种行为引起的危机。对一个组织来说,人为危机可以是内部的管理决策和生产行为引起的危机,也可以是由外部恶意破坏引起的危机。社会动乱、战争、恐怖活动等社会危机都属于人为危机。

2. 一般危机与重大危机

一般危机是指常见的公共关系纠纷,如人事纠纷、消费者纠纷、同业纠纷、政府关系纠纷、社区关系纠纷等，这些纠纷一般只能算是基本的矛盾，不能算是真正意义上的危机。纠纷只是一种信号、暗示或征兆，但纠纷如果处理不好，就会引发重大危机。重大危机主要是指组织的重大工伤事故、重大失误、火灾、突发性商业危机、重大劳资纠纷、产品或企业的信誉危机、股票交易有突发性大规模收购等。

3. 组织内部危机与组织外部危机

组织内部危机是指发生在组织内部的公共关系危机，涉及的范围不大，损失主要由组织自己承担，责任的归咎对象是本组织的部分人员，这类危机较为容易处理。组织外部危机主要发生在组织外部，影响多数目标公众的利益，危害涉及范围广，不可控因素多，这类危机较难处理。

4. 结构性危机与突发性危机

结构性危机是由于内外部结构的不合理而且矛盾日积月累造成的。突发性危机是由特定因素引起的，不可预测的危机，既包括自然危机，也包括人为危机。有些结构性危机会发生量变到质变的过程，从而产生突发性危机。

（二）公共关系危机的典型类型与具体表现

1. 自然灾害引发的危机

随着世界的气候变化异常、病毒传播加快等因素，世界各国近年来都遭遇了许多自然灾害危机，如SARS、海啸、飓风、沙尘暴等危机，这些危机的爆发考验着政府、社会相关组织对危机的应对能力。重大危机来临之时，既考验政府的执政能力，也考验社会组织的社会责任感。

2. 环境污染引发的危机

近年来，由于毒气、核泄漏、水污染、空气污染而引发的环保危机不断爆发。此类危机给企业、政府甚至国家都带来了重大的影响。

3. 生产安全问题引发的危机

重大生产安全问题引发的危机，现在也越来越引起社会的关注，如煤矿塌陷、瓦斯爆炸、钢厂安全隐患引起的恶性生产安全事故，都会引起全社会的关注。

4. 产品与服务投诉引发的危机

由于产品和服务本身的缺陷、夸大宣传、欺骗公众，产品和服务本身含有未被社会公众了解的隐患，跨国集团在处理劣质产品时没有对所有的目标公众一视同仁都可能引发危机。即使是一个小顾客投诉，如果处理不当都可能引发一个重大危机。一位公共关系界资深人士曾指出，翻开可口可乐、麦当劳、杜邦、索尼等跨国大企业的危机公共关系历史，会发现在过去10年中其面对的公共关系危机数目中，有很多危机事件往往是由单个客户的问题引发。另外，由于客户群体的信息获取能力大幅上升，危机事件已经变得没有地域边界，如企业在美国市场发生的产品问题会迅速影响其在中国市场的品牌形象。

5. 新闻负面报道引发的危机

媒体的报道有时可能会直接关系到危机公共关系的成败。因此，与媒体建立良好的关系，争取媒体客观的报道、将企业的想法传播出去是很重要的。

6. 恶意竞争引发的危机

由于市场竞争的日趋激烈，有许多企业慌不择路，会做一些比较低级的竞争手段，如果这些事情没有处理得当，就会对企业形象造成极大的影响。

7. 文化冲突引发的危机

"全球化经营、本土化运作"已经被中外企业认同，许多企业也很注重本土化运作中的文化影响，但由于文化的本质差异，加上一些组织在进行市场推广时过于仓促地进行了一些不当传播，从而导致文化冲突危机。日本索尼公司的音响产品在开拓泰国市场时，由于在相当长的时间内难以取得预计的效果，于是制作了这样一个广告：如来佛祖闭着眼睛在半寐状态下接受善男信女的膜拜，似乎是无动于衷；就在这时，如来突然动了起来，并四处寻找；而后，声音渐渐响了起来，随着优美的旋律，如来终于喜不自禁地跳起了迪斯科，而一侧的索尼音响也赫然显现。姑且不论该广告片的优劣，但它的轰动效应却是立竿见影的。泰国是一个佛教国家，而索尼公司却冒昧地拿佛祖来为其产品进行宣传，无疑犯了众怒，于是，泰国责令索尼公司立即停止播放此广告，同时规定，在随后的一年里，索尼公司不得在其国内的任何公众媒体刊登任何有关索尼公司的信息。在这个著名的"索尼广告风波"当中，对于当初仍算是中小企业的索尼公司来说，无疑是犯了一个极为低级的错误。事实上，到现在还有许多中小企业往往因公司的实力有限而无法更多了解目标市场信息，导致灭顶之灾。

8. 金融信誉引发的危机

由于金融信誉引发的最大危机当属美国的安然事件引发股市危机，直接导致安然公司破产。

9. 管理者能力、素质危机

由于组织的管理者和员工的能力或素质低下而引发的危机，这样的危机往往对于组织来说虽然不能造成灾变性的危机，但它的逐变性危害是不容忽视的。近年来我国企业、政府由于管理者的素质低下问题而引发的危机不在少数。此外，以创新而闻名的苹果公司在乔布斯即将卸任之时也难免会遇到外界对接班人能力的质疑而引发的危机，为平息公众的质疑，乔布斯不得不多次发表声明强调库克有能力管理好苹果公司，并通过披露关于库克的更多消息来佐证其管理能力。

10. 形象危机

形象危机是由于组织的形象受到损害而使公众对组织产生怀疑，从而降低公众对组织的信赖，改变自己的行为。太阳神集团作为中国最早导入组织形象识别体系的企业，曾红极一时，但后来由于不注重形象维护等原因，其产品已很少被人提及。秦池、爱多、巨人、三株等企业都是由于形象危机而一败涂地。企业的形象一旦受损，就容易导致公众对该企业存在恐惧或反感心理。

11. 政策危机

政策危机是指政府的环保、医疗、食品卫生与安全、经济等政策的调整与改变而给组织带来的危机。如可口可乐公司的可乐饮料在美国被禁止出售给中小学生事件等，这也需要组织及时应对。

第二节 公共关系危机的过程与处理

发展的道路不是一帆风顺的，而是充满了不可预知性，危机如影随形。全球知名危机管理专家、莱克锡肯传播公司总裁史蒂文·芬克曾说"危机就像死亡和纳税一样,是管理工作中不可避免的,所以必须随时为应对危机做好准备"。增强危机意识,提高公共关系能力和技巧,才能有真正意义上的危机公共关系。危机在企业发展中无处不在,企业当自强不息,提高自身免疫力,坚持预防第一,为应对危机做好思想和能力准备,远离危机的困扰,这才是危机公共关系的治本之道。

对公共关系危机全过程的了解,是制订公共关系计划进行公共关系危机管理的前提,科学的公共关系预警系统、公共关系危机处理方案的建立,都应该建立在此基础之上。

一、公共关系危机的过程

公共关系危机的发生过程分为危机的潜伏期、危机的初显期、危机的爆发期、危机的抢救期和危机的善后期。

(一)危机的潜伏期

这个时期可能会很长,也可能会很短。任何危机的发生都是有原因的,而危机发生的原因有多种,人事矛盾、产品与服务纠纷、安全隐患、环保的措施不到位、目前组织的管理模式陈旧、竞争对手的敌对等,都可能引发危机。无论是什么原因引发的危机,都有一个或长或短的潜伏期。

(二)危机的初显期

危机发生的初期,组织和媒体以及公众对消息模糊不清,所能得到的信息要么混乱不清要么相互矛盾,而这样的信息会引起公众对组织的偏见或误解,有时还会引起敌视,但无论是组织还是公众大多来不及采取任何行动。

(三)危机的爆发期

在危机的爆发期,社会公众和媒体介入程度越来越深,特别是媒体和相关社会组织的介入,会使组织处于舆论的风口浪尖,关于危机的现状会出现多个版本,公众开始口口相传,街谈巷议,有时会令公众产生恐慌。

(四)危机的抢救期

组织经过认真的研究,正式进入危机的抢救期,组织的危机处理小组建立信息中心,通过新闻渠道、政府渠道和压力集团正式向外公布组织的相关处理信息,使社会公众了解本组织的社会责任感和社会良知。

(五)危机的善后期

在危机的善后期,组织安慰人心,提出今后的预防措施,重返市场,恢复声誉,重建良好形象,消除危机的负面效应。这个时期也可以说是企业新的转折期,运作得好可以借机重塑企业形象,给公众安全与信赖感。

二、公共关系危机处理的基本程序

危机管理专家诺曼·R. 奥古斯丁总结了具有普遍意义的危机处理方法,他认为危机管理应分为六个阶段,即危机的避免、危机管理的准备、危机的确认、危机的内部第一时间通报、危机的解决、从危机中获利。以下分别从危机发生前的准备工作和危机发生后的工作程序阐述危机处理。

(一) 林安·斯蒂文森对危机发生前的工作建议

(1) 审视弱点。检查一下什么是最容易让企业受到伤害的问题。直面现实，检查所有的工作，提出尖锐的问题，找出潜在的问题，并且设计出防范危机的最佳处理方式。

(2) 建立危机处理委员会。委员会成员应包括企业相关的决策者，即总裁、财务运营官、专职公共关系人员、营销人员等，确定角色与职责。

(3) 建立盟友关系。找到一个第三方，向其沟通相关信息并建立盟友关系，使他们在争议发生时，能加强外界看待问题的可信度。

(4) 制订一个完整的危机处理计划。保持计划的简短和扼要，并经常更新，计划的内容包括可以被迅速执行的材料和流程，不要将其束之高阁，要经常温故。

(5) 排练、排练、排练。这才是提前规划的价值所在——企业能一次比一次做得好，企业的反应也越来越迅捷和快速。让所有包括在行动计划内的人熟悉情况，这样，一旦需要，他们就能井然有序地用有效沟通来帮助企业对问题作出正确应对。

(二) 危机处理的程序

从世界各大著名的危机处理成功案例中，可以归纳出危机处理的基本程序，主要包括以下方面。

(1) 成立危机事故处理组织。该组织主要成员必须是组织中有权威的人士、有战斗力的人士。因为一旦危机来临，动辄需要几十万元甚至数百万元的资金调度与组织内外人员的调配，需要极高的支配权和话语权。

(2) 深入现场，了解事实。组织危机处理小组的成员必须协同相关的专业人员深入现场进行事故原因调查，亲临危机现场进行指挥抢救工作，查清危机事故的起因、发生的时间、人员的伤亡、财产的损失、市场的现状、媒体的反应、政府相关部门的态度等。

(3) 维系形象，降低损失。危机来临后的第一任务就是尽量不让其破坏组织的形象，因为形象一旦破坏，就会使组织再也没有翻身的机会。降低损失就是尽早、尽快地解决危机，使危机不至于扩大到不可挽回的地步。同时对于损失的计算，必须要有科学的认识。

(4) 积极应对，按有效的危机处理原则处理危机。危机处理原则有共性也有个性，各种类型的危机和每次发生危机的情况均不同，所以危机处理原则和方法肯定有所不同。组织要确定危机处理的基本原则，是与消费者个别协商解决，还是协同政府相关权威部门解决，需不需要通知媒体，通知什么级别与层次的媒体等都是危机处理前需要解决的问题。

(5) 确定危机解决的策略。澄清事实，疏导误解，改善形象，迎合社会伦理道德，引导有利于组织的正确舆论，重建社会公众对组织的信赖与好感，这是危机解决的根本策略。但在这些共同策略之下，针对每次发生危机的特殊情况，也需要制定特殊策略，这就需要组织的危机管理小组在危机处理之前为危机的处理指明方向。

(6) 确定危机公共关系的主题。危机公共关系的主题要科学、简洁、明确，对内起到指导行动、凝聚人心的作用，对外起到统一口径、便于传播的作用。

(7) 进行有效的人员分工。有的大型危机往往涉及面广,仅靠组织的危机处理小组和组织公共关系人员的力量肯定不够,还需要组织的生产部门、市场部门、售后服务部门、后勤管理部门等参与进来并全力以赴,按照组织的部署分头行动,并及时将分头行动的结果汇报上来,以便危机处理小组能够及时告知新闻媒体和目标公众危机处理的进程。

(8) 专人联络新闻界。处于危机期的组织通常是社会媒介与公众关注的焦点,很多媒体都会有专门的记者报道相关情况,那么在此期间,引导媒体舆论导向,为媒体提供原始资料和新闻通稿,根据组织的危机传播计划对信息进行有效传播就显得尤为重要。

(9) 妥善进行善后工作,重塑形象。善后工作做得好与坏直接关系到组织的后续公众形象,反映了一个组织的社会责任感、社会良知和人情味。善后工作包括赔偿、慰问、关怀等,所以切忌虎头蛇尾。

(10) 搜集资料,进行评估。对危机处理的情况进行全面调查、评估,并将调查的结果告知董事会、股东、目标公众。这一环节主要是对危机的处理效果进行调查,包括事故的原因、事故的发展进程、对受害者及其亲属的安顿、相关政府的评价部门给事故所下的结论、媒体在危机期间的新闻报道情况、目标公众对危机处理过程中组织行动的反馈、竞争对手的反应、市场的启动情况等。

当危机事件发生后,公共关系人员要根据组织的相关要求,提供相应的资料。危机公共关系需要搜集的资料如表9-1所示。

表9-1 危机公共关系需要搜集的资料

需搜集的资料	1. 完整记录危机事件发生、发展的过程、阶段及其细节的资料
	2. 危机事故的图片资料
	3. 危机事故的音像资料
	4. 与危机相关的个人在危机事故中的行为表现及相关言论的资料
	5. 相关团体的反应,如声明、援助、决定、行为、相关活动等
	6. 新闻媒体对事故报道的信息,包括新闻、专访、特写、追踪报道、报社的评论等
	7. 危机事故造成损失的相关数据、证据资料
	8. 记录和搜集保险部门、法律部门、政府部门发言人或代表的言论、决定等
	9. 电话值班记录、日志等资料
	10. 与事故有关的其他证据或实物
	11. 紧急通讯录,即能够提供需要立即联系的有关部门电话号码、联系人名单以及相关信息等,如消防、医疗、公安、部队、政府及其职能部门的联系电话
	12. 企业的背景资料,包括企业的历史渊源、发展阶段、成绩、机构设置、员工素质、技术力量、海外发展情况,企业的有关决定、政策、制度等背景资料
	13. 与事故有关的产品资料,包括原设计图纸、产品使用说明、产品包装材料等
	14. 相关的客户档案资料,重要人物或社会名流对企业的指示、态度、言论等
	15. 企业在社区内开展公益活动的情况与成绩等

三、公共关系危机处理的原则

既然公共关系危机与组织的发展相伴相生,那么组织就应该学会预防危机、控制危机、解决危机,并在危机的处理过程中变危机为转机和生机;而要达到这样的危机处理目标,就必须掌握公共关系危机处理原则。

(一)尊重事实,坦诚相待

社会组织决不能逃避事实而歪曲真相,在面对危机时最重要的是实事求是,坦诚面对组织所需要承担的责任,采取公开透明的原则。在现代社会,媒体的追溯力很强,组织越是隐瞒,就越容易引起媒体与公众的质疑,从而造成各种猜测,甚至被少数媒体恶意炒作。

(二)迅速及时,勇于担当

处理公共关系危机的目的在于,尽最大努力控制事态的恶化与蔓延,把损失降到最低,在最短的时间内重塑或挽回组织的形象与声誉。按照危机公共关系处理的"24小时"法则,企业应在24小时内公布处理结果,否则,会造成信息真空,让各种误会和猜测产生。现代媒体传播的速度迫使组织必须尽快掌握整个事件的具体情况,记者可能在几分钟内就能抵达现场,电子媒体就可以同步进行传播,这是对组织危机快速反应能力的考验。组织在危机出现时不能推卸责任,要给社会公众留下一个勇于担当的负责任形象,决不能搪塞回避,应以冷静沉稳的态度处理危机。

(三)人道主义,消费者利益优先

保护消费者的利益不受损失,是危机管理的第一要义,对于消费者的物质利益与心理利益都不能轻视。因为在危机发展的过程中,舆论一般都会同情弱者,与弱者较真,会给公众留下一个不人道的印象。

(四)分工协作,首抓传播

媒体被誉为与立法、司法和行政三权并列的"第四种权力","成也媒体,败也媒体"已经成为许多公共关系危机处理人员的共识,媒体作为一把"双刃剑"既可以成就组织,也可以毁掉组织。掌握正确运用媒体、引导媒体的技巧,可以帮助组织转危为安、化险为夷,把组织的损失减到最小,让组织能够更长远地发展。如果不善于运用媒体,则可能使组织全军覆没,破产消亡。我国许多的企业消亡案例都充分说明了这一点。

(五)统一口径,形成文字

危机处理的过程中,本身就容易引起猜疑,造成信息的混乱,如果此时组织内部还有多个声音对外说话(由于内部员工对信息了解不够,且每个人的语言风格、对同一事物的理解角度不同),就可能造成外界的不同认知。这就是为什么危机来临时,组织要确定一个对外发表言论对象的原因。形成文字后的语言是经过组织集体讨论、大家共同思考、字斟句酌的,可以减少语言表达的随意性,以更严谨的方式传播组织的危机处理信息。由于组织已提供给记者书面文字解释,记者就不需重新根据组织的对外发言人言论再次编写新闻表达的语言,而可以直接按组织提供的文字撰写新闻稿件,减少了记者的臆测。真实准确的传播,才能获得公众的真正信任,才能使组织把握舆论的主动权。

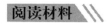

三鹿集团的毁灭

三鹿集团走向毁灭不是偶然的,一个重要的原因是危机预测失误、预警失灵、警报失传。2008年9月11日,《东方早报》记者简光洲发表了一篇名为"甘肃14名婴儿疑喝'三鹿'奶粉致肾病"的文章,揭露三鹿奶粉有毒。通过网络转载,媒体跟踪报道,国内外舆论高度关注,三鹿集团(以下简称三鹿)在舆论的疾风暴雨中顷刻毁灭。这个有着五十多年历史、中国乳制品行业的明星企业以破产告终。

事件过后,简光洲发表了一篇文章——《从记者角度看三鹿危机》。简光洲说:"我9月9日知道了兰州有14名婴儿出现病症的消息,10日我进行采访,点名报道是11日出来的。我们点名也是怀疑三鹿,报道中也是家长提出质疑,医生专家再进一步分析怀疑。报道只是提出质疑,但没有下结论。"报道刊发之前,简光洲曾经打电话给三鹿传媒部,传媒部一位杨小姐在电话中说,公司已经委托了甘肃权威质检部门进行了质量检测,结果证明奶粉质量是完全合格的。杨小姐未将简光洲的电话内容报告公司有关领导,这个重大的警讯熄灭在她的手里,使三鹿错失了危机公共关系的良机。

三鹿走上不归路有其内在原因,是危机信号失真、预警失灵、警报失传的综合结果。

首先,信号失真。2007年12月,三鹿就陆续收到消费者的投诉。直到2008年5月17日,三鹿客服部门才以书面形式向集团董事长田文华及领导班子进行汇报;20日成立了技术攻关小组,开始研究这一问题,结论是可能含有假蛋白物质,但没有明确是三聚氰胺。这样,三鹿失掉了纠正错误的第一个机会。其次,预警失灵。三鹿随后向河北省检验检疫局送检,河北省检疫部门报告显示,送检的16个批次奶粉样品中15个批次被检出三聚氰胺。8月2日,三鹿经营班子扩大会议决定,以换货形式换回市场上含有三聚氰胺的产品。这期间,三鹿仍然生产销售含有三聚氰胺的产品。这样,三鹿失掉了第二次纠正错误的机会。最后,警报失传。在《东方早报》记者的负面报道见报前,曾经打电话给三鹿传媒部员工,这位员工只是做了没有说服力的辩解,使记者感到失望。这样,三鹿丧失了最后一次纠正错误的机会。于是,新闻危机全面爆发。

三鹿曾有三次纠错的机会,可惜都被忽视了,一个很重要的原因是危机预测预警缺位、失灵,系统运行不畅。三鹿危机公共关系的防线就这样崩溃了,转眼之间,"三聚氰胺"事件被媒体这个火星点燃,危机全面爆发,毁灭了三鹿这个乳制品行业"带头大哥",三鹿这颗曾经的"明星"无可奈何地陨落了。

当危机舆情处在潜伏期,是危机预防的最佳时机,也是危机处置最容易、成本最低的时期,但是这个阶段的危机迹象却最不易为人所觉察。在这个阶段,预防是第一位的。美国学者戴维斯·扬认为:"面对任何危机,你首要的目标是要结束危机。而比这更重要的是要做到防患于未然。"所以,组织管理者应增强危机意识,防控危机,树立"预防第一"的理念。对组织可能出现危机的领域、环节进行排查,发现危机苗头,找出危机隐患,评估潜在威胁,对可能发生的危机进行预测,对预测发现的问题全程跟踪监控,把握发展趋势,适时发出预警。这就需要组织必须有一个高效、保真的信息传递系统,保证将来自媒体、市场和社会的信息能够及时、准确地传导给决策者。这个阶段决策者的主要任务是内部沟通、研究对策，采取措施，做好预防，制定解决问题应采取的行动方针、实施具体的解决方案和行动计划。在此过程中，组织要高度重视潜伏危机可能造成的危害，加强突发事件和危机传播的监测与研判，完善预测预警机制。三鹿"三聚氰胺"事件预测预警失灵是一个刻骨铭心的教训。在危机发生到不可收拾的地步前，三鹿对危机苗头的危害性和爆发性预测不足，而危机的信号已经出现时，预警的机制又丧失了作用，这都是导致危机最后达到不可控制程度的主要因素。

三鹿的教训告诉人们，企业的发展可以成就辉煌，但是也可能埋下毁灭的种子。危机就潜藏在它喜欢的地方，在那里生根滋长，在适当的时机突然爆发。危机爆发了，媒体介入进来，形成巨大的舆论力量，破坏组织的声誉和核心价值观，而这一切只是一场噩梦的开始。

阅读材料

事故现场统一口径

据媒体报道：2009年12月4日，东莞一工地塔吊倒塌，造成3人死亡2人受伤。

事故发生后30分钟内有26家媒体记者赶到现场采访。现场当时一片混乱，工程项目部主要领导立即在现场分析事故原因，得出是由于塔吊本身质量问题引发了这起事故的结论。根据这个结论，施工方统一了应对媒体的口径，并当即指定新闻发言人，明确由新闻发言人接待记者，"一个声音对外"。

项目部的新闻发言人依照这个口径，接受了记者采访，作了"塔吊倒塌是因为塔吊质量原因造成的"新闻采访回应。当天，多家媒体在报道中，引用了这句关键话，将公众的视线引向塔吊制造商。关键时刻，项目部在事故现场应对迅速，发布新闻及时，统一事故原因口径，以最快的危机传播速度为公司赢得了先机。

事后，经过专家组的鉴定，证明这起事故确实是塔吊质量问题造成的。媒体从东莞市安全监管局获悉，塔吊坠落原因是因动臂式塔吊断裂所致。

突发事件发生，组织应迅速查明情况，尽快统一应对媒体的口径。如果没有统一口径，就有可能出现自相矛盾的说法，那么媒体就会从这些矛盾的说法中寻找自己感兴趣的话题进行报道，使事件变得扑朔迷离，引起公众的质疑。

第三节 制订危机管理计划

危机管理计划是特定组织在处理危机事件之前，经过组织危机管理小组拟定的全面具体的关于危机事件预防、处理和控制的书面计划。危机管理计划是危机管理的指导方针。

危机管理计划可分为三大类。一是危机应急计划。危机应急计划是组织在全面分析和预测危机事件的基础上，针对出现概率较大的危机事件而制订的有关工作程序、施救办法、应对措施等的书面计划。危机应急计划的制订需要危机处理的相关人员有足够的经验，能有效地把可能出现的危机进行全面分析、预测,并就危机出现后的对策进行讨论、确认,然后形成书面的指导意见。二是危机传播计划。危机传播计划是当社会组织面对各种影响重大、涉及面广的突发事件且组织形象受损严重,同时事件引起社会公众极大的误解时,社会组织通过传播沟通手段来传递相关信息,使公众对问题真相有一个正确认知的传播沟通计划。危机传播计划的侧重点是危机事故发生后的新闻传播和信息控制。危机传播是危机管理的主要和重要环节,是社会组织控制和减少不利于组织的消息、传闻、报道的快速扩散,争取社会公众的同情、支持,为社会组织解决危机争取一个宽松舆论环境的有效途径。三是危机善后计划。危机善后计划是针对危机过后遗留下来的问题和影响进行评估、分析并消除、重建形象的系列方案。危机公关关系的目标有两个,首先是转危为安,它使组织在危机中能够尽快恢复生存和发展的常态,重新建立与目标公众的良性互动;另一个重要目标是化解危机,并转危为机。美国著名公共关系学者高古斯丁认为,"发现、培育以便收获这个潜在的成功机会正是危机公共关系的精髓。"英特尔公司前首席执行官安迪·格鲁夫说:"优秀的企业安度危机,平凡的企业在危机中消亡,只有伟大的企业在危机中发展自己。"有危机防御能力的组织将赢得未来发展的优势。

一、建立危机管理小组

(一) 危机管理小组的设置

危机管理小组的成员是兼职的,所以危机管理小组必须由组织的最高领导者负责牵头,以保证危机处理时能调动组织各方的力量。在危机的处理过程中,企业高层领导人的及时露面,对缓和危机起着不小的作用,特别是危机尚未恶化之前,作用尤其明显。对于企业来说,高层管理人员的出面,使危机公共关系传播的效应更加显著,对危机处理进程起着关键的推动作用。危机管理小组的规模应该根据组织的规模和业务范围来确定,其他人员是组织各部门的主管,最好有危机处理经验的专家参与。组织应该有制订危机处理计划的办公室,办公地点的现代化办公设施要齐备,保证危机来临时能及时与外界联系。

(二) 危机管理小组的联络

危机管理小组的成员必须保证在危机发生时都能及时联系到,所以必须登记他们的多种联系方式,包括家庭电话、移动电话、电子邮件,甚至与他们联系密切的亲属的联系方式也要准备,并且要求该小组成员一旦联系方式更改,都必须及时告知危机管理部门更新信息。

(三) 编制危机处理手册

危机处理手册要发给危机管理成员保管,此手册包括组织的历史发展、生产现状、产品与市场结构、组织形象状态等有关的背景资料;同时,手册中应明确各种主要媒体的通讯录、危机管理小组成员通讯录、危机小组成员的分工等。

(四) 危机管理小组的分工及协作

组织应根据多种危机计划方案,确定各个成员的责权范围,明确各成员间的联络路径与工作程序。

二、危机管理计划的制订原则

（一）研究性原则

未经专业化的研究而制订的危机管理计划，往往顾此失彼，漏洞百出。在危机管理计划的制订过程中，相关人员应该充分了解企业内部及外部的信息，并及时、充分地沟通；同时应和相关的利害关系各方（如政府部门、行业协会以及紧急服务部门等）加强联系。企业一定要请教从事过危机管理的专家，即使不能请这些专家参与，也要将完成的计划请专家进行审核，绝不能凭想象、想当然地制订计划。

（二）灵活性原则

企业所处的环境千变万化，如果计划过于僵化，就不能关注随时变化的环境，导致运用时教条化。危机管理计划必须保证其灵活性、通用性和前瞻性。由于企业所处的环境瞬息万变，加之危机发生时的情形充满未知，不要把重点放在细节上，从而确保企业在遭遇没有预知的紧急状况下，能够遵循总体原则的前提，采取针对性的策略和方法。

（三）成本化原则

很多危机管理投入都很大，所以在制订计划时就更应该考虑成本，考虑投入产出的原则。危机处理可以给组织的发展带来转机，但如果危机处理时不考虑人、财、物等资源的合理预算与运用，就会把组织带入到更大的财务危机中。

（四）具体化原则

危机管理计划必须是具体的、可操作的，必须保持系统性、全面性和连续性，应明确所涉及组织及人员的权力和责任，对人员进行有效配置，做到事事有人管、人人能管事，从而使企业全体成员在危机来临时都能够迅速找到自己的位置，发挥主观能动性。如果危机管理计划体系混乱，相关人员就会反应迟钝、迷茫无助或混乱不堪。企业应有标准的报告流程和清晰的业务流程，从而确保信息及时、充分地沟通，保证危机管理计划能迅速有效地实施。

三、危机管理计划的内容

危机管理计划就结构而言，要具备三个方面的内容，即概述、正文和附录。

（一）概述

危机管理计划的概述部分包括封面，董事长或总经理签署的保证该计划顺利落实的命令，本计划的发放层次与发放范围，关于本计划制订与实施的相关制度如保密制度、定期更新制度、本计划实施的时机与条件等。

（二）正文

危机管理计划的正文部分包括危机管理的目标和任务；危机管理的原则和定位；危机管理的沟通原则；建立危机管理小组，对各成员的权力和职责进行描述和界定；危机的培训和演习方案；危机的替补方案；危机处理的外部成员，如危机管理专家、政府相关官员、媒体相关人员等；危机的指挥、沟通与合作程序；危机管理的财务资源准备，危机管理小组的日常运转和费用,危机管理设备的购买、维护和储备的费用以及危机管理计划实施的费用;法律和金融上的准备,紧急状态下在法律和金融方面的求助程序;危机的识别与分析;危机的预警与控制;危机的应变指挥程序;恢复和发展计划;危机管理的评估。

(三) 附录

罗伯特·希斯把危机管理计划的附录部分称为 PACE 清单:P 指 Preparation,即准备;A 指 Action,即行动;C 指 Contact,即联络;E 指 Equipment,即装备。此处也可把这部分划分为四块:流程图、应用性表单、内部联络表、外部联络表。

四、公共关系危机的预警

危机管理计划中一个十分重要的环节,即建立危机预警系统。危机预警系统的建立可以使组织防患于未然。即使是出现不可控危机,组织也可以疏导社会舆论,使事态向有利于组织良好形象的方向发展。危机管理的关键在于预防、在于捕捉先机。而危机预警系统建立的具体表现形式是危机预警方案。

(一) 如何界定危机信息

1. 危机预警

危机预警小组的成员应该将危机的各种信息集中起来,进行评价。对企业的薄弱环节及内外部危机诱因进行列举,对危机发生的概率、严重性进行分析和评估。危机会由于组织的种类、状况、规模、发展程度的不同而各异,将危机信息进行分类、整理、评估,从而整理出一套判断组织危机发生的概率与等级,确定应对的标准。通常组织应该建立舆论监测或反馈系统来捕捉信息。通常建立、改进和维护预警体系,都必须由专人负责。组织还需建立危机信息汇报的原则和程序。

公共关系人员应该知道,公共关系危机爆发时,往往伴随着以下五种典型的警告信号。

(1) 深感震惊。危机事件突如其来,让人措手不及。

(2) 谣言四起。许多事情顷刻发生,谣言四起。微博作为一个迅速发展的信息传播平台,不仅加快了信息传递的速度,也带来了虚假信息,即谣言。

(3) 外部质询。媒体不断打来问询电话,政府官员和观察员纷纷评论正在发生的一切。

(4) 危机升级,失去控制。谣言到处流传,不明真相的公众对组织猜测纷纷,形势难以控制,致使危机升级事件接二连三出现。

(5) 组织恐慌。恐慌的情绪直接影响到组织内部,管理层很难确定应该采取什么行动,同时组织内部人员大量流失。

2. 微博造谣的手法

(1) 捕风捉影。如微博一度流传的"和尚挎 LV 包"的照片,其实是某法师在南京火车站帮居士看包。

(2) 凭空捏造。如"喝留存在车内的瓶装水易致乳腺癌""取款时若遇劫持可倒输密码报警"等,都是毫无科学或事实依据的谣言。

(3) 断章取义。如 2012 年 6 月北京市卫生局、北京市疾控中心针对国外出现出血性大肠杆菌疫情而向市民发出警示通知,却被解读为"出血性大肠杆菌侵入北京"。

（4）移花接木，主要表现为图文不符。如温州动车事故中，一张搜救队员出现在车厢内的照片被传为幸存者存在的证据。

（5）偷换概念。如网传的"汶川地震重建人均投资800万元"的谣言，实际上是将汶川地震的全部重建投资额变成汶川一个县的投资额。

众所周知，微博谣言带来了另一个负面问题，即到处都充斥着负面情绪，甚至骂战不断，严重危害微博的和谐氛围。

（二）针对各种潜在危机制定策略

危机来临时，有时组织的财务部门、生产部门、人事部门、市场营销部门都必须全程介入。此时组织的人员应如何召集，由谁召集？如何进行分工合作？例如，何人联络安全保障部门，何人联络媒体，何人对外发言等都应该明确。应该启用危机预警系统中的何种方案？所以，组织应界定不同危机应变的方式和危机管理人员的应变职责，确定危机的传播应急方案，以便减少损失和消除负面影响。

（三）确立危机管理的求助程序

当危机来临时，组织必须向社会各界寻求帮助，如向交通部门、医院、政府相关部门、上级主管部门、有业务往来的组织、消费者团体、组织所在社区等机构寻求帮助。传播学开创者霍夫兰从大量的实证调查中发现，信源的可信度越高，其说服效果越大；反之，则越低。尽管不能忽视休眠效果的存在，但在危机发生时，公众是渴求权威信息的，等到人们静下来仔细思索整个事情的处理过程时，或许危机已经过去；即使危机仍未消除，但来自权威的声音至少安抚了很大一部分人的情绪，为其他方案的实施争取到了短时间的稳定局面。因此，寻找相关权威人士和权威部门的支持，并及时发布他们所持的对本企业有利的观点或检测报告，也是组织进行危机公共关系处理时不可缺少的一环。

现在越来越多的危机问题起于自媒体，特别是微博谣言，因此，有必要讲述在微博上可以共同阻止谣言的四类人，即公共关系可求助人群。

任何一个时代都不可能与谣言"绝缘"，微博虽然让谣言的传播速度变快了，但同时也让谣言的生命周期变短了，因为网络大大降低了辟谣的成本，成为当事人澄清误会的重要选择，同时开放的网络平台为一般网民自行揭穿某些谣言设置了较低的门槛，网民的参与大大提升了网络舆论场的"自净"功能。在微博上有四类人可以共同阻止谣言。

（1）权威机构的微博。虽然有时权威也可能会因为其他原因仍有所隐瞒，但权威毕竟是权威，他们的话还是有一定分量的。

（2）专业人士的微博。一些具备相关专业知识的人如果能在微博中发挥应有的力量，对于阻止谣言的传播还是很有作用的。当然，其中也包括一些名人及意见领袖，但这些人需要有更多的专业知识背景。

（3）微博管理员。"日本核辐射已经传到了中国"的谣言传出后不久，微博管理员"微博辟谣"账号就发挥了作用，几乎所有微博用户都收到了"微博辟谣"账号发来的两条通知，告诉大家真实信息。这几乎等于信息群发，在微博用户越来越多的情况下，此功能有着重要作用，但是，微博管理员并不能判断所有谣言。

（4）微博用户。这一类其实是最重要的，毕竟群众的力量是巨大的，在一些谣言传播后，所有的微博用户或许都可以成为辟谣的人，因为大家可以集合各种信息来诊断某些信息的真伪。虽然不一定能完全断断真伪，但至少可以提供大量证据，或者可以在提供的信息引发大量关注后引起前三类用户的解释或澄清。

除前面四类人外，当然还有一类人，即谣言当事人，当事人可以自己出面澄清一些谣言。

（四）危机预演

消防人员为了在火灾来临时能够迅速做出反应，经常通过预演来提高自己的反应速度和能力。危机管理也可以参照预演的机制。危机预演既可以检验危机管理计划是否科学合理，又可以提升组织内外部协同作战能力，还可能通过学习不断修正危机管理计划的不足之处。

五、危机处理过程中的新闻媒体管理

危机公共关系的传播原则应该是迅速而准确的，这就有了两种时间选择，即在危机发生时和危机真相大白时。如果组织不接触媒体，媒体也会以种种理由对组织加以推测，国内不少危机风波的升级正是没有及时控制不利信息传播的结果。

危机一旦发生，媒体往往最为敏感，同时媒体也是组织可以借助的一个传播平台。利用好媒体，可以控制事件向谣言四起的状态发展，借助媒体可以做好信息的主动控制工作。一般而言，大型危机来临时，组织会召开新闻发布会，由训练有素的新闻发言人回答记者的提问。新闻发布会的时间应该在30~45分钟，并且要做好新闻发布的准备工作。例如，准备好组织的发言资料，与危机相关的图片、模型、表格等资料，危机调查的进展，危机处理的阶段性结果，对危机处理的责任承诺等；同时要准备好新闻记者所需要的新闻信息的快速传输工具，如电脑、电话、传真机等。此外，遇到重大事件时，组织必须向媒体指定唯一新闻发言人，其他任何人禁止以任何方式对新闻媒体发表对事件的判断及处理措施，而其他人则应该这样回应媒体："公司已指派专门的新闻发言人，请对公司的新闻发言人进行采访，他的联系方式是……，他的采访安排是……"

媒体选择是企业媒体危机公共关系中另一个决定成败的细节问题，视事件大小及危机的严重程度，媒体选择也有不同的思路。国际大型企业的抗危机能力一般比国内企业要强，即使出现危机，处理也显得游刃有余。杜邦公司在处理2005年的"特富龙"危机时，就表现出很高的技巧。在国内众多媒体争相根据"特富龙"事件展开后续报道后，杜邦公司开始意识到事件发生了变化，于是，杜邦公司开始利用现代社会最快捷的媒体力量——互联网，杜邦公司常务副总经理和杜邦公司氟应用产品部技术经理做客新浪网络聊天室，利用网络媒体的快速传播速度和广泛的传播范围，开展网络公共关系。一夜之间，其聊天的内容在网络上铺天盖地传播开来。随后，在中国最具权威的报纸《人民日报》上，刊登了美国杜邦总裁贺德利的独家专访，这一专访不断被国内其他媒体疯狂转载，犹如一个重磅炸弹，大大地遏制了事态的进一步恶化，强化了杜邦"特富龙"事件的媒体危机公共关系效果。中央电视台、新华社、南方都市报、新京报、中华工商时报、北京青年报、广州日报、羊城晚报等国内知名媒体的全方位出击，使杜邦公司在事件中占据了更为有利的位置。7月20日，杜邦公司在北京举行媒体见面会，这是杜邦公司在经过前一轮的危机公共关系后，以统一、强势力量进行的最关键和最庞大的一次出击。见面会邀请了全国150多家媒体参加，声势非常浩大，杜邦公司中国区总裁查布朗、杜邦公司总部氟产品技术专家的出席再次向外界传递这样一个信息：涂有特富龙不粘层的炊具不含全氟辛酸铵（PFOA），杜邦产品绝对安全！

六、危机后期的恢复和发展

很多社会组织已经意识到，危机的背后是转机，所以做好危机的善后工作，使组织在危机发展的后期，无论是在形象上还是在市场上都能得到迅速恢复与发展。组织在危机管理计划中应该有危机后期恢复与发展计划，计划中要考虑如下问题。

（1）危机带来哪些长期影响？如何消除这些影响？
（2）如何恢复正常的组织运营程序和经营活动？
（3）如何重建组织的良好形象？
（4）如何选择可信度高的信源，尽快消除公众的信任危机？
（5）如何统一员工思想，使员工能与组织同舟共济，共渡难关，共同发展？
（6）如何引导媒体传播组织的正面与积极消息，让债权人、股东、供应商和经销商队伍和目标公众都相信组织能重整旗鼓？

阅读材料

中国建筑上市路演未雨绸缪

中国建筑股份有限公司（简称中国建筑）是一家大型跨国公司。2009年，中国建筑在上海证券交易所A股上市，是当年最大的首次公开募股上市公司。上市路演之前，中国建筑对发行上市期间资本市场关注的热点问题和触发危机的可能性进行了分析和预测，根据预测发出预警，制定应对危机的公共关系预案。上市期间，由于预测预防到位，对可能发生问题的苗头做出了早期预警，及时采取积极的防范措施，有力地保障了企业顺利平稳上市，实现了预期目标。

中国建筑在上市期间面临的问题比较复杂，其经过精心分析梳理，整理归纳出了若干问题并对这些问题是否会影响上市、影响发行股价，若问题发生了如何处置等做了分析研究，制定了应对预案。这里列举出了当时预计会出现的若干个问题中的6个及其应对措施。

一、日常经营中可能发生的危机预测

1. 可能发生的危机
①企业日常经营中的非良性事件。
②集体性非良性事件。

2. 应对举措
①提前梳理，加强内部管理，防止出现内部的不良事件。
②针对企业集体性事件以及宏观政策的调整，立即进行自我检查，分析影响，拟定对策，积极向媒体公布将采取的措施。

二、启动上市程序至刊登招股说明书期间可能发生的危机预测

1. 可能发生的危机

①公司业绩下滑。

②公司的财务状况和可比对公司的差异。

③违反静默期原则的不合规信息披露。

2. 应对举措

①加强监测,如遇媒体不实报道,应立即通报,危机公共关系小组分析负面影响,根据实际情况进行处理。

②以第三方名义发布澄清说明的新闻稿。

三、刊登招股说明书阶段可能发生的危机预测

1. 可能发生的危机

①公司业绩下滑。

②海外业务亏损。

③赢利情况的关注和与可比对公司的对比结果。

④大盘表现不好。

⑤相关板块的走势调整。

⑥宏观政策的调整。

2. 应对举措

①针对市场关心的问题进行主动宣传和引导。

②更多借助新闻通稿主动说明和引导。

③保荐机构尤其需要做好和可比对公司的对比,准备好相关素材。

④可从整体角度强化公司的投资价值。

四、路演询价期间可能发生的危机预测

1. 可能发生的危机

①对于部分指标(财务指标)的特别关注。

②路演推介的信息过多披露或不合规披露。

③大盘表现不好。

④相关板块的调整。

⑤定价过低。

2. 应对举措

①强调进行深度宣传,对于公司的特点和优点逐一理性说明。

②可运用分析师观点对市场进行积极引导。

五、申购期间可能发生的危机预测

1. 可能发生的危机

①网下申购不踊跃。

②网上申购不踊跃。

③大盘表现不好。

2. 应对举措

①安排媒体报道，强调申购收益并增加公司基本面点评。

②安排高管访谈，体现公司亲和力。

六、上市阶段可能发生的危机预测

1. 可能发生的危机

①走势疲软，上涨幅度不显著。

②跌破发行价。

③高换手率。

2. 应对举措

①安排新闻发布会，就公司的优势和投资价值以及发展战略进行强化传递。

②适当的品牌硬广告安排，加强公司品牌建设。

③维持一定阶段的后续宣传。

预测预警的办法是从源头控制危机，预防危机。上市前，中国建筑未雨绸缪，对上市期间可能发生的各种隐患做了排查、预测，制定出了相应的对策，包括应对预案、对管理人员进行应对危机的演练培训，危机尚未来临就做好了应对危机的准备。上市路演期间，中国建筑被媒体跟踪的突发事件高于同期水平，由于事前有预测、预警、预案，危机应对措施到位，风险管控机制健全，突发事件发生后，公司即刻启动危机公关预案，按照事前的部署，有条不紊地应对。危机公共关系在关键时刻为公司上市保驾护航，为确保股票顺利发行、实现预期目标发挥了重要作用。

预测预警，就是组织对危机的诱因、征兆进行一系列事前监测、研判，据此做出警示，包括增强危机防范意识，做好新闻危机预报，制定应急预案，这是危机公共关系的一个重要环节。危机预测预警不到位，企业距离灾难就不远了。从以上案例可以看出，建立危机预测预警机制，开展潜伏危机排查，进行危机预测，及时发出危机警报，保持危机信息传递的及时性、准确性是多么的重要！

在做出重大决策、制定政策和应对重大问题的处理上，预测预警的重要性更能显现出来。危机公共关系实战经验告诉我们，及时的预警来源于正确的预测，正确的预测来源于对危机信息正确的识别，正确的识别来源于对危机信息正确的分析，正确的分析来源于对信息的收集和分析工具的有效运用。预防是解决危机的最好办法，只有加强舆情监测，掌握舆情发展态势，确定应对策略，制定应急预案，抓好事前防范，才能未雨绸缪、防患于未然。

《黑天鹅》作者纳西姆·尼古拉斯·塔勒布说："我永远不可能知道未知，因为从定义上讲，它是未知的。但是，我总是可以猜测它会怎样影响我，并且我应该基于这一点做出自己的决策。"预测预警，要求组织自身必须具备良好的洞察力，能及时掌握前沿信息，在危机来临前能有所觉察，提高防范能力，采取超前措施，杜绝危机带来的不必要麻烦。使用此招，意在超前决策，先人一步，将危机消灭在萌芽状态，以最小的代价将危机传播置于可控范围内。

案例分析一

康泰克的 PPA 事件

2000年11月的新闻媒体上，一个百姓关注的话题，一个醒目的标题充斥其中：禁止PPA！一时间PPA成为人们街谈巷议的话题，而康泰克作为国家药检部门禁令的受害者之一，被醒目地"绑"上媒体的第一"审判台"，在很多媒体上都可以看到PPA等于康泰克或者将二者相提并论的现象。于是，一场关系康泰克生产厂家——中美史克公司形象及其他产品市场命运的危机来临了。

2000年11月16日，中美史克公司接到天津市卫生局传真，要求立即停止使用含PPA成分的药物，康泰克和康得并列政府禁止令榜首。危机由此开始。

中美史克公司在接到通知后，立即组织专门负责应对危机事件的危机管理小组，并划分职责。危机管理小组包括危机管理领导小组、沟通小组、市场小组和生产小组。危机管理领导小组负责制定应对危机的立场基调，统一口径，以免引起信息混乱，并协调各小组工作；沟通小组负责信息发布和内部、外部的信息沟通，是所有信息的发布者；市场小组负责加快新产品开发；生产小组负责调整生产并处理生产线上的中间产品。危机管理小组配备了强大的人力资源，由10位公司经理等主要部门主管组成，10余名工作人员负责协调、跟进。危机管理小组最重要的工作是定调。16日上午，危机管理小组发布了危机公共关系纲领：执行政府暂停令，向政府部门表态，坚决执行政府法令，暂停康泰克和康得的生产和销售；通知经销商和客户立即停止康泰克和康得的销售，取消相关合同；停止广告宣传和市场推广活动。

16日，危机公共关系纲领悄然有序地执行着，但多数员工特别是一线员工并不清楚发生了什么。16日傍晚，中央电视台播发了该新闻，各大媒体开始了广泛宣传，大多数公众知道了"禁止PPA的政府令""抵制PPA"的公众舆论开始形成并产生影响。

17日上午，越来越多的公司员工开始嘀咕：企业怎么办？我们怎么办？会不会因此而裁员，员工心态开始浮躁。

17日中午，全体员工大会召开，总经理向员工通报了事情的来龙去脉，表示了公司不会裁员的决心，以《给全体员工的一封信》的书面形式将承诺公布给每一位员工。企业的坦诚和果断的决心打动了员工，很多人为之流泪，大会在全体员工高唱《团结就是力量》这首传统歌曲中结束。中美史克公司向员工传递了正确、及时的信息，通报了公司举措和进展。以此赢得了员工空前一致的团结精神，在企业内部赢得了积极公众。

同日，全国各地的50多位销售经理被迅速召回天津总部，危机管理小组深入其中做思想工作，为他们解开思想上的结，以保障企业危机应对措施的有效执行。18日，销售经理带着中美史克《给医院的信》《给客户的信》回归市场，应急行动纲领在全国各地按部就班地展开。

为了更好地服务客户和消费者，公司专门培训了数十名专职接线员，负责接听来自客户、消费者的问讯电话，并进行准确、专业的回答，使之取消疑虑。21日，15条消费者热线全面开通。

此外，公司的高层也迅速与各方股东进行沟通，进一步明确公司未来的发展战略，同时集结全球相关专家论证抗感新药研发的可能性，以此增加股东增资的信心。最终，高层打动了股东，在股东的大力支持下，加大投资，调集各方资源，迅速着手新产品的研发，保证了后方资金的稳定。

为了保证事实被正确理解，避免不必要的麻烦，20日，中美史克公司在北京召开了新闻媒介恳谈会，总经理回答了记者的提问，表达了"无论怎样，维护广大群众的健康是中美史克公司自始至终坚持的原则，将在国家药品监督部门得出关于PPA的研究论证结果后为广大消费者提供一个满意的解决办法"的立场和决心。同时，面对新闻媒体的不公正宣传，中美史克公司并没有做过多追究，只是尽力争取媒体的正面宣传以维系企业形象，其总经理频频接受国内知名媒体的专访，争取为中美史克公司说话的机会。

对待暂停令后同行的大肆炒作和攻击行为，中美史克公司保持了应有的冷静，既未反驳也没有说一句竞争对手的坏话，表现出了一个成熟企业对待竞争对手应有的态度与风度。

经过一番努力，终于取得了不凡的效果，中美史克公司并没有因为康泰克和康得的问题影响到其他产品的正常生产和销售。用《天津日报》记者的话来表达就是："面对危机，管理正常，生产正常，销售正常，一切都正常"。

2001年9月4日，仅仅292天之后，中美史克公司高调宣布：新康泰克正式上市。在新产品上市之前，中美史克公司通过大量的市场调研、发现消费者依旧对康泰克品牌有89.6%的品牌认知度，同时发现，消费者在康泰克禁售期间，依旧对这一品牌抱有好感。为此，中美史克公司决定保持"康泰克"这一品牌名称，甚至包装都保持原有样式。截至2002年年底，新康泰克的销量已达到4亿元人民币。292天，中美史克公司用自己的辛勤汗水铸造了新康泰克的完美回归。

问题：请分析该案例中的公众，企业开展了哪些公共关系活动化解危机。你从该案例中得到了什么启示？

案例分析二

明星危机不断，"鸵鸟公关"不明智

1. 好莱坞的明星公关

随着娱乐产业的进一步发展，明星们的生存空间受到严峻的考验。根据调查显示，明星从走红到衰落，在日本平均是2年，在英国是3年，在美国是5年，究其原因，主要源自危机。一旦明星们享受到了万众瞩目、舞台中央的绚烂，就很难忍受无人问津的寂寞，君不见多少急流勇退的明星们，总是不约而同地复出。可以想象，在小报记者、"狗仔队"高度发达的地区，明星们的生存环境是何等恶劣。

无论是出于确保地位，还是防范危机的原因，或是背后公司运作的商业目的，越来越多的明星意识到聘请公共关系顾问的必要性，也体会到专业公共关系顾问带来的价值。仿佛公共关系和明星们一下子水乳交融起来。

2006年，梅尔·吉布森因酒后驾车被捕，还说了"犹太人应该为全世界的战争负责"

的话。事发第二天,吉布森就连续发表了两篇言辞诚恳的道歉信,向犹太人表明忏悔的决心,而且自觉进了戒酒中心,还接受心理辅导。阿兰·尼瑞伯是梅尔·吉布森的公共关系经理,他的频频出手受到了好莱坞资深公共关系顾问的好评,挽救了在悬崖边上的吉布森。

1995年,因电影《四个婚礼一个葬礼》而大红大紫的英俊小生休·格兰特违法被拘,其公共关系顾问迈克尔·斯特里克安排他在NBC电视台的"今晚"节目中向观众道歉。当主持人问他"你当时到底在想些什么"时,休·格兰特那羞怯懊悔的表情和拘谨无助的举动随着电视信号传遍世界,谁还会狠心记恨这么可怜的人?

拿好莱坞的标杆人物汤姆·克鲁斯来说,英俊、有钱、正派,这一形象正是仰仗好莱坞最有手腕的公共关系人员帕特·金斯莉。从上世纪80年代起,她就受聘于克鲁斯、朱迪·福斯特、理查德·基尔等一线明星,包装风格颇具"古典风范"。想采访,就得照她的规矩来,绯闻不许问,丑闻不许问;她还严格挑选封面报道的杂志社,只让克鲁斯最喜欢的摄影师拍照,让克鲁斯最喜欢的记者来访问。她非常清楚所谓"少就是好"的原则,让克鲁斯可以很安全地曝光,还能营造神秘感,让影迷们期待。

2. "鸵鸟公关"大行其道

危机公共关系的最高境界,应该是化腐朽为神奇,使一朵被霜打后行将枯萎的小花重新绽放。然而面对危机,国内明星背后的团队无不兢兢业业,在谎言和流言的漩涡中付出艰苦努力。但是,一次次地将炒作变为危机,将危机转为危难,鲜见有将危机成功转化为炒作的案例,更别说从危机中发掘机会,因势利导从而为所服务的明星获取更大的商业价值和公众美誉度。

"诈捐门"事件出来之后,某明星避重就轻的态度,更是加重了大家对其中"猫腻"的猜疑,让更多的人倾向于"有罪推论"。从"泼墨门""诈捐门"到"骗募门",该明星的团队一方面遮遮掩掩,一方面又很强势,并没有第一时间用真诚去与大众交流、释疑。在事件越演越烈之时,其经纪人作了一个回应,把责任揽在自己身上,丢车保帅之心路人皆知。

现阶段,有公共关系意识的明星只能是一种"悲凉的进步",更可悲的是那些从来不知道公共关系为何物的明星和其背后的团队,遇到危机之后只能束手就擒、坐以待毙,或是做困兽之斗,换来的是媒体、公众更大程度上的口诛笔伐,不仅影响了美誉度,更为明星的前程增加了不确定性,商业价值大幅度缩水。

从国内明星背后团队危机公共关系的各种案例来分析,可以看出其中的"鸵鸟行为"。通常情况下,明星闹出了丑闻,他们通常有两个选择:第一,坚决否认,即使被拍了照,也要找出足够的理由说明自己是被冤枉的;第二,耐心等待,因为时间可以抹去一切。这些明星自认为高明的应对方式可以统统视为"鸵鸟公关",以为一头扎进厚厚土堆之中就可以抵抗一切明枪暗箭,殊不知当重新露出高贵的头颅面对世界时,才发现自己早已百孔千疮、体无完肤。

随着危机种类的不断"变异",新媒体的大爆炸和互联网的普及,明星们过去认为手到擒来、屡试不爽的不回应、不辩解的"鸵鸟公关"再也无法抵挡被爆料、被伤口撒盐、被添油加醋、被曲解、被误会,聘请公共关系顾问处理危机俨然成为时下明星们为自己保驾护航的必然选择。

3. 明星公共关系，不仅是危机公共关系

明星与公共关系公司的结合势在必行。然而国内公共关系公司鱼龙混杂，并不是都有能力成为明星手中的盾与剑，这需要既熟知明星经纪公司的运作体系，又要将丰富的品牌建设经验转化为明星公共关系知识体系；如果将明星比作千里马，将公共关系公司比作伯乐，那么这种"千里马常有，伯乐不常有"的窘状，制约了明星与公共关系公司的结合。

现阶段，人们暂且可以将明星公共关系体系化，称作"明星品牌化传播体系"。所谓品牌化传播体系，与"品牌人格化"相对应，是一种将明星作为一种产品，借助媒体的力量与其目标市场进行沟通的方法。在这套体系中，共包含五个方面：形象定位、议题管理、活动管理、危机管理、事件行销。独立来看，每一方面都可以满足明星在不同阶段的不同需求，整合在一起可以为明星提供全方位的品牌化服务。

形象定位是该体系中最为关键、重要的部分，指导明星品牌化的整个过程，是明星品牌化的灵魂。所谓形象定位与品牌定位相类似，都是通过竞争、目标人群、自身优势三个主要维度得出的结论。然而品牌毕竟不是生命体，是可以随便被拿捏、组合、改造，其差异化优势的建立也相对简单。明星作为一个生命体，符合生命体的所有自然法则。所谓"江山易改本性难移"，一位天性狂野、积极、张狂的明星硬要其建立优雅、单纯、保守的形象，无论该明星如何伪装，早晚都会露馅，其自身在品牌化的过程中也会觉得处处羁绊，因此明星的形象定位要符合其天性，同时也要充分考虑市场需求和商业需求，这是形象定位工作中的基本原则。另外，形象定位的结果是一整套的结论，不仅包括明星面对公众、接受媒体采访所需要展示的公众形象，也包括明星的衣着、讲话等风格定位，甚至还包括座驾、运动方式等生活细节的选择。综合来看，形象定位就是明星与公众所接触的各个节点应该展示的形象和风格的综合体。

议题管理、活动管理、危机管理、事件行销都是为明星形象定位服务的，也是明星品牌化的具体执行方法。

简单来讲，议题管理是通过正常渠道曝光关于明星的正面信息，帮助明星维持曝光度，建立口碑和正面声誉。在议题管理中，任何信息披露都要接受公共关系顾问的指导和建议，包括个人微博、个人网站、媒体专访等，同时公共关系顾问还会结合明星的形象定位，为明星撰写更多的文字素材（随笔、游记等），有节奏地通过媒体发布明星新闻和信息，增加公众和明星的接触点。

活动管理是帮助明星筛选活动、主动寻求适合的活动，指导明星如何出席活动的方法，甚至会在着装、配饰等各个细节上给予专业的建议。事件行销是为明星创造话题、制造舆论热点。

最受明星关注的危机公共关系只是其中的一部分，或许应验了"好事不出门，恶事行千里"的古话，明星的危机更容易吸引大众的关注，所以危机公共关系自然而然地成为明星公共关系中最为关键的部分。危机管理的指导原则就是真诚地与公众进行交流和沟通，面对危机不躲闪、不回避、化危机为机遇，为明星品牌化所服务。

问题：1. 请评价目前受欢迎的明星的公共关系策略，分析其为什么受欢迎？目前有哪些明星还在采用"鸵鸟公关"解决危机问题？

2. 如果你最喜爱的产品（品牌）的代言明星出现了负面新闻时，你还会继续购买该产品（品牌）吗？为什么？产品（品牌）在选择代言明星时应注意什么问题？

案例分析三

"我"应该被辞退吗？

我是 A 公司的一名普通员工，最近我公司由于一起售后事件的处理失当引起了媒体的极大关注与质疑，听说我公司的高层和公关部已经采取了相应的危机公共关系对策，并且该事件的负面影响正在减少。

一天，我的一个朋友请我吃饭，盛情难却，我欣然应邀。在席间，一个媒体记者（朋友）随口问及我公司的近况及该事件的处理，我随口发表了些评论，也没有太在意。但是第二天，我惊奇地发现该记者朋友所在的报社就以头版刊登了关于我公司的负面新闻报道，里面的一些内容竟然引用我在饭席间的随口评论，我当时非常气愤，找到该记者朋友质问，该记者表示朋友归朋友，以事实说话是作为记者的本职所在，他并没有做错。

在第二天的公司例会中，部门经理在会后说："本来我公司该事件即将平息的，但不知道公司的哪位员工在媒体面前乱说，致使该事件又继续恶化了，公司的高层及公关部非常恼火，正在内部调查呢。"我听后非常担心，但我最终还是被公司查出来了，被公司以考核不通过为理由辞退了。

请问：你认为该员工应该被辞退吗？如果你是 A 公司的公共关系人员，你会怎么做？

案例分析四

延安城管公共关系弄巧成拙

事件起源于 2013 年 6 月 3 日的网上视频：延安城管执法变混战，城管双脚暴踩男子头部。通过视频画面可以看到，延安城管在执法过程中，自行车行的车友和店主与执法人员发生了撕扯。首先，一名身穿黄色上衣的女子与自行车行的车友发生了言语上的冲突，紧接着双方发生了激烈的肢体冲突。视频显示，城管用双脚踩踏躺在地上的男子头部，被暴踩的人是刘某。这段视频引起媒体和公众的关注，也给延安城管带来舆论压力。

6 月 7 日，百度贴吧 "延安吧"中出现了一篇名为"致广大关心'延安 5·31 事件'网友的一封信"，发帖人"美利达店员 01"声称，"受当事人刘某委托，现将他致各网友的一封信发布于此"。公开信中声称"在这个事件中，打人者固然不对，但客观地说，我也有一定责任，我想，当时如果我能冷静处理，不要太过冲动，也许可以避免肢体上的冲突。在此向这次事件中受到伤害的人道歉。"

新华网报道，有不少网友质疑"公开信"的真实性，认为这封公开信并非出于刘某本人的真实想法和意愿，而是当地政府有关部门事后进行危机公共关系的举措之一。记者就此事独家采访了双方当事人。受害者刘某的"委托人"马某告诉记者，公开信是他们和延安市城管监察支队协商达成共识，并由她亲自执笔，众多骑友集思广益写出来的，在发表前经过受害者刘某同意，并由刘某自己亲自上传到百度贴吧。

陕西省社会科学院研究员张燕评论此事说，一开始暴力执法致伤，随后伤者又发表公开信，这种做法实际上是自相矛盾的。政府有关部门通过公共关系当事人改变态势，只能说是欲盖弥彰，越抹越黑，这只会说明执法确实存在暴力，否则为何畏惧公众质疑。

搜狐新闻客户端网友"大理晓段"说："被打的人道歉，看来脑子被踩傻了。"网友"海南矢弓"说："被城管暴踩商户致信网友，不希望延安因此蒙黑。此新闻一出，全国哗然。人们质疑的是这封信的语言太官方，问是谁代笔？不过，这封信拿延安的形象说事儿倒是让人感觉到了'扣帽子'的嫌疑。"

延安城管策划公开信的本意是借受害人的嘴为自己说话，规避责任，为自己开脱，企图引导舆论，大事化小。结果弄巧成拙，引起更大的反响，使延安城管陷入"塔西佗陷阱"而难以自拔。（塔西佗陷阱：始于古代罗马历史学家塔西佗的理论成就，即"公信危机"，指一个主体失去公信力时，无论所言是真是假，所为是对是错，都会被认为是说假话、做坏事。）

问题：很多企业受到媒体质疑时，都是巧借媒体之力，予以还击，不但使企业渡过了难关，还维护了品牌，创造了市场销售新纪录。延安城管借力于受害人之口，在网络上为自己开脱却失败了，这是为什么？

复习思考

1. 影响公共关系危机的成因有哪些？
2. 如何防范企业的公共关系危机？

第十章

公共关系理论创新

学习目标

通过本章的学习,掌握网络公共关系的运用方式并了解其重要性;了解营销公共关系的运用;了解绿色公共关系的含义。

导入阅读

传统公共关系大势已去,路在何方?

数字化时代的到来,传统公共关系的资源、渠道优势不再,似乎不复往日荣光。遭遇瓶颈期的传统公共关系,都在努力做出改变。

1. 老牌公共关系的"瘦身"计划

作为全球最大广告传播集团之一,WPP(Wire & Plastic Products)集团2017年和2018年接连的动作在公共关系圈激起了不小的涟漪。先是合并了奥美的多个垂直子品牌,整合为单一品牌"Ogilvy";随后又将数字化营销、品牌咨询等公司合并,间接导致了高层的人事变动。2018年4月,WPP创始人兼CEO苏铭天辞职,4A广告业最后一个大佬黯然离场。

宝洁作为全球最大的广告客户,近年来已将营销支出削减了7.5亿美元,并计划在未来三年内继续削减4亿美元。近期,宝洁公布再一次削减其媒介中介费和广告制作费,且明确提出自建团队。

近年来客户供应资金的不断削减、公司的合并重组与人事变动,无疑让本就失意的公共关系行业雪上加霜。

2. 数字时代下的艰难转型

从宣传、咨询,再到数字营销,国内公共关系行业进入了阵痛与转型期。2015年蓝色光标加足马力开始并购,但近来却面临着业务下滑的境遇。"尽管蓝色光标仍然保持了高增长,但不可否认的是整体变得更难了。"蓝色光标数字副总裁兼首席策略官郭耀峰在2017年的一次采访中说道。

随着社交媒体平台的兴起，传统公共关系公司的渠道垄断被打破。面对不断增长的内容营销需求，运用新技术进行创意制作与精准投放就成了横亘在传统公共关系面前的一道槛。沐芽文化（专注于新媒体品牌营销的公共关系公司，成立于2017年）的CEO虎啸在接受采访时说道："技术与公共关系的结合将成为大势所趋，缺乏技术、产品和运营思维的公共关系公司将面临生存性风险。"

面对客户预算缩减、业务规模缩水等行业问题，传统公共关系行业一方面不断削减人力成本，一方面却苦于招不到人才。

2016年中山大学传播与设计学院公共关系本科、硕士专业取消，2017年大理大学公共关系专业停招引发了教育界、公共关系界专家的争议。很多业界人士认为，公共关系专业学生在大学接受的教育并不能满足行业发展的需求。

虎啸认为，在未来，数据、流量、内容、创意、策略五维一体的营销方式，需要更具专业性的人才，所以公共关系人员的门槛也会越来越高。

3. KPI导向下的数据造假

"网络公关"现已成为"网络水军"的代名词。有文章将"水军一族"形容为"来料加工的非智力外包舆论制造工厂"。当KPI至上成为公共关系奉行的准则，数据造假也就成了行业内部公开的秘密。

联合利华的CMO在戛纳广告节中宣布了一项营销改革措施：联合利华将永远拒绝与买粉、数据造假的社交媒体红人（KOL）合作，并优先考虑与打击数据欺诈行为的平台合作。正如巴菲特所说："要赢得好的声誉需要20年，而要毁掉它，只需要5分钟。"

4. 竞争对手强势逆袭

根据中国公共关系业2017年度调查报告显示，中国公共关系服务领域的前5位分别是汽车、IT（通讯）、快消品、互联网、娱乐/文化。

娱乐化营销逐渐成了公共关系的首选。虎啸在采访中提到，娱乐营销在这个寒冬中给公共关系行业带来了一丝温度，很多品牌主都转向了娱乐、文娱化，从业者们想在这个领域分一杯羹。

5. 粉丝群体：进阶的专业力

天王偶像时代的没落不仅没有浇灭粉丝的热情，反而让他们摆脱了"脑残追星族"的标签，开始了"养成偶像"的专业进阶之路。

净化词条、控评、打榜、投票、刷数据是每个粉丝入门级的必修课。而后援会、粉丝站、百度贴吧等社群则成了粉丝们大显身手、运作偶像事业的驻扎地。《粉丝即经纪：宣传/运营/危机公关……饭圈的能量远比你想象的强大》一文曾用互联网运营类比饭圈的日常运作，内容、用户、活动运营的分工实属"业内"常态，偶尔还会进行危机公共关系从维护偶像的形象。

如果说粉丝应援只是"饭圈"内的"自嗨"，那之后路人粉刮起的"菊风行动""镇魂女孩"们的强势"安利"以及"pick山争哥哥"助力《药神》票房的一系列"造星"运动则是粉丝营销日趋成熟的标志。

6. MCN：资源、资本聚合器

美拍与易观联合发布的《2017年中国短视频MCN行业发展白皮书》（以下简称《白皮

书》）显示：2017年中国互联网泛内容MCN（Multi-Channel Netuork，一种多频道网络的产品形态）机构数量已经达到2 300家，其中短视频MCN机构的数量占比达73%。

目前中国短视频MCN机构已经有了专业化的运作，主要分为以快美妆、青藤文化为代表的垂直内容联盟模式；以papitube、洋葱视频、自娱自乐为代表的头部IP驱动模式；以及以新片场、达人说、魔力TV为代表的内容货架转型模式。《白皮书》中还分析道：短视频MCN集创意思路、制片筹备、内容制作、传播分发为一体的全案营销能力将加速内容营销市场的去中介化，一定程度上将成为广告代理公司的补充和替代。

传统公共关系"平台化"服务能力的欠缺让众多客户把目光转向本就孵化于社交平台的自媒体。以平台化运作模式为内容创作者提供运营、商务、营销等服务的MCN，成为巨头们争相扶持的对象。阿里的"大鱼计划"、腾讯的"百亿计划"以及新浪微博出资30亿扶持垂直领域MCN的战略，都在抢滩内容、用户和流量入口。

聚拢了优质KOL以及获得了大量资本的MCN，在平台运营方面，也比传统公共关系略胜一筹。

7. 公共关系的转型与未来

公共关系与广告、营销行业的跨界融合开始不断加速。2017年底，中国公共关系新锐——海唐公关与中国领先的移动营销服务商微思敦达成战略合作，双方共同宣布将在整合营销、公关传播、信息流广告以及MCN等领域达成多项合作，意在移动营销领域开拓市场。

但营销导向的是流量，而公共关系最终需要树立的是品牌价值。之所以会有"公关无用论"的说法，并不是因为公共关系已然失效，而是还没有真正发挥其应有的作用。

胜三咨询的顾问马澄溪则认为，如今企业更愿意花上千万元在数字化营销上，而不是花数百万元在公共关系活动上。蓝色光标致力于打造数字化营销平台、迪思加入营销公司华谊嘉信、宣亚收购直播平台映客，也许不是传统公共关系公司在没落，而是"公关"正在逐渐被"营销"取代。当 Public Relations 变成 Public Engagement，对标的目标人群也从沟通交流的公众变成为了可付费的用户。

公共关系行业资深从业者 Robert Phillips 在 Trust Me, PR is Dead 一书中写道：公共关系的盛宴已经结束了。这是一个个体赋权（Individual Empowerment）的时代。在这个时代，"控制权"和"影响力"正在从政府流向个人，从雇主流向雇员，从企业流向消费者。

公共关系学从诞生之初就饱受争议，人们也在不断赋予"公关"新的含义。不论是宣传、咨询抑或营销，构建并且维系和用户间的信任才能走得更远。传统公共关系终究会在数字媒体的冲击下被取代，重要的不是哀叹与凭吊，而是要去思考如何重生。

问题：如何理解在新媒体平台下的公共关系工作？作为一个企业人，需要公共关系运营能力吗？

第一节　网络公共关系

据中国互联网络信息中心（CNNIC）发布的第四十一次《中国互联网络发展状况统计报告》，截至2017年12月，我国网民规模达7.72亿，普及率达到55.8%，超过全球平均水平4.1个百分点，超过亚洲平均水平9.1个百分点。其中，手机网民占97.5%。我国手机网民规模达7.53亿人，网民中使用手机上网人群的占比由2016年的95.1%提升至97.5%。与此同时，使用电视上网的网民比例也提高了3.2个百分点，达28.2%。台式电脑、笔记本电脑、平板电脑的使用率均出现下降，手机不断挤占其他个人上网设备的使用。

一、网络公共关系的含义

互联网在美国诞生后便迅速扩散至全球，时至今日，全球政治、经济、科技、文化等依赖于互联网的程度与日俱增，网络已经成为无可争议的第一影响力媒体。互联网在中国扎根落户已数十年，互联网在中国飞速发展的同时，也在悄悄改变着人们的生活。对于企业而言，网络媒体一日千里的发展令其又爱又恨。

一方面，网络媒体提供了焕然一新的传播平台，信息传播快速、海量、无疆界的特性以及令人激动的开放性和互动性，更利于俘获新一代消费者。各大公司纷纷在网上建立起自己的网页和网站，运营博客和公众平台，介绍公司的情况、宣传公司的产品。供给与需求的信息得到充分交流。特别是金融危机爆发以后，一些具有品牌多、批量小、款式多、非标准化特点的行业，通过网络零售，减少了渠道流通的层级，降低了开通渠道的费用，供应商有很大的空间对产品进行促销和推广。另一方面，互联网又像顽皮的孩子，其表现并非都令人满意。由于公信力和规则的缺失，网络信息来源五花八门，信息品质良莠不齐，难以控制。网络给企业带来商业利益的同时，也在某些方面困扰着企业，企业时时刻刻都会感受到不安定因素的威胁，令企业头疼不已。因此，网络公共关系呼之欲出。

网络公共关系又叫线上公共关系，是组织利用互联网与公众进行双向的信息沟通，营造企业形象，为现代公共关系提供了新的思维方式、策划思路和传播媒介。

二、互联网的影响力

随着互联网技术的发展，组织的市场开始走向全球化以及面临着随之而来的组织变革，而这一切带来的变化都需要公共关系人员去监控和引导。许多新公共关系活动利用互联网的即时性帮助关键公众群体了解事态的最新发展，其中包括危机管理项目、多媒体活动以及团体间的伙伴关系或联盟。这些公共关系活动的效果表现为对客销售的沟通运营成本的降低。

运营成本的降低得益于互联网的普及率。媒体关系专家卡洛·霍华德指出，相比电视花了13年、广播花了30年才获得5 000万受众，互联网只花了4年功夫就令其受众达到了5 000万。互联网的普及彻底改变了人们从组织获取信息的方式，通过互联网进行沟通交流意味着某一组织的公众群体是从网上获取关于组织的信息，而不是像常规新闻稿发布那样由组织把信息推给他们。

（一）对媒体关系的影响

媒体关系比其他任何公共关系领域更多地得益于互联网技术，这是因为记者和其他内部人员已经开始希望每天24小时、每周7天都有新闻和信息供应。因此，互联网使所有传统媒体面临激烈竞争，因为互联网能即时把新闻传送出去，而原来的新闻周期已经过时了。卡洛·霍华德说，媒体日已经变成媒体小时，现在又变成媒体分钟和媒体秒了。互联网不仅成为了即时信息和不断更新内容的途径，同时也创造了对这类信息的需求。现在通过网络获知突发新闻的人比通过读报获得该新闻的人多了许多。

作为公共关系人员,对互联网最普遍的使用是新闻投稿和新闻制作,典型的做法是:一位公共关系人员通过电子邮件或者公众号给一家位于北京的行业杂志的编辑投寄一篇新闻稿的构思,如果他们互相认识,也许会通电话;行业杂志负责报道该领域的记者通过阅读该组织的网站找到相关的信息和可供使用的新闻材料,而后又是一轮电子邮件交换或给公共关系打电话,或者通过社交平台寻找其他新闻线索人的姓名,包括行业分析人士以及财务分析人士;此后,该公共关系人员就可能需要对该记者的具体信息要求做出回应。另一种普遍的做法是在了解特定媒体下期的编辑日程安排、新闻或主题计划的情况下,公共关系顾问向其投去特定的新闻稿。

(二)对投资者关系的影响

为开辟全球市场筹集必要的资金和24小时运转的金融市场,互联网使投资者关系在过去十年中成为公共关系职能越来越重要的一部分。在线媒体对投资者关系非常有用,因为能把组织与财经媒体、股东以及机构投资者联系在一起。

互联网公共关系专家米德伯格写到,公共关系人员,特别是那些在投资者关系部门工作的公共关系人员,应当着重关注对建立信誉和意识最重要的互联网受众——媒体、行业分析人士、风险投资家、个人投资者以及金融界。

(三)对营销传播的影响

互联网和电子邮件技术以及微博、微信众多移动社交平台被越来越多地应用于关系营销,以此来维护组织与现有客户的联系。关系营销是建立在这样一种假设基础之上的:留住一位现有顾客比找到一位新顾客更省钱,也更有利可图。在关系营销的理念下,互联网无疑比任何其他通信技术都更进一步增强了组织与顾客的关系。实际上,唐·米德伯格认为,相比其他任何传播手段,包括广告,公共关系在宣传产品和公司品牌方面一直发挥着越来越重要的作用。也就是说,公共关系被用来展现市场需求,主要通过来自行业内分析人士和其他专家的第三方认可来实现。另外,公共关系人员变得善于通过知识竞赛和不断更新的信息把客户吸引到公司的网站,从而提高品牌的接受度。

(四)对内部交流的影响

利用互联网提高员工生产率和忠诚度已经成为企业组织工作的必然趋势。针对员工的内部交流习惯上称之为知识管理,即一套整理知识的程序。互联网使知识变得易于使用、传播和分享,不论是在一个单独的工作站内,还是通过邮件列表联系在一起的"虚拟员工小组",抑或是远方的下属机构和分支机构,都可通过互联网实现内部交流。

(五)对活动积极分子和利益相关者的影响

由于互联网能使信息变得个性化,以传统媒体不能实现的方式把人们与组织联系在一起提供了各种机会。互联网帮助社区团体、社区领袖与组织相互了解各方所关注的问题以及他们之间的共同点。公共关系研究者蒂莫西·库姆斯把互联网称为活动积极分子,是组织的平衡武器,这是因为互联网是一种对所有人开放的传播渠道,包括那些没钱聘请公关人员的团体和社会运动组织。

(六) 对公共关系人员的影响

互联网传播使企业的传播方式发生了变化，为企业和公众群体打开了完全的双向交流之门。这些变化都给公共关系人员的工作方式带来了巨大的挑战。公共关系人员及组织管理者有责任设计出支持和促进更多互动传播的政策。

三、网络公共关系的形式

(一) 网上新闻发布（网络媒体新闻）、网上新闻发布会

企业有重大事件发布时，可以举行线下新闻发布会，也可邀相关媒体，或与媒体合作，同期举办网上新闻发布会或设立新闻专题，向更广泛的受众全面传达企业信息。由于网络信息容量大，不受篇幅限制，同时兼有音频、视频等效果，并可即时与受众互动，因此，网上新闻发布会可达到更佳的公共关系效果。

(二) BBS 论坛或社区公共关系

目前，在一些比较专业的行业，人们比较喜欢通过社区化的交流与信息共享分享专业信息与经验，或者组织团购等。由于这些社区的信息多出自业界领袖，对网民的影响比较大，因此，企业应该关注利用网上社区的形象以及有关社区的信息或活动对企业的影响，及时采取相应的对策。

(三) 举行网上公共关系活动

与线下的公共关系活动相对应，网上的公共关系活动主要是指企业在网络上开展或组织的企业公共关系活动。活动的界面可以是重要媒体网站、门户网站等。重要媒体或门户网站是重要的网络信息传播途径，人气比较集中，相对而言，在其平台上组织的各种活动比较容易吸引网友的参与和互动。因此，大多数企业会选择这些网站开展公共关系活动或者为线下的活动进行宣传。另一方面，网络媒体也可以通过这种途径丰富其平台的内容，吸引更多的网络受众。

(四) 在互联网上注册独立域名，建立公司主页向公众发布信息

组织可以在一些访问率高的热门站点（诸如知名搜索引擎、免费电子邮箱、个人主页、综合资讯、娱乐服务网站等）宣传产品信息与公司形象。如果组织本身有主页的还可以在热门站点上制作广告条及链接，以此宣传本组织及产品。

(五) 通过电子邮件等形式交流

组织可以通过电子邮件以低廉的成本进行定向网络广告投放，定期向目标公众传播信息；同时，还可借助消费者发送的电子邮件了解公众反馈的信息。

(六) 通过移动社交平台开展公共关系

随着微博、微信和抖音小视频等移动端社交平台的兴起，越来越多的组织通过这些平台定期推送、更新组织信息，推送产品信息，甚至有些企业利用其平台接单、开展售后和客户关系维护等工作。毫无疑问，随着中国以及全球移动端网民数量的不断增长，移动端社交平台已经成为企业公共关系运营的一个主战场。

四、搞好网络公共关系的要求

网络社会的诞生不但为人们交往和活动带来了巨大变化,而且以极强的震撼力、冲击力动摇着社会传统,使传统的物理空间中的人们的利益需求、思想观念、道德情感甚至价值取向都发生着系统性改变。作为组织负责人,不应该害怕和逃避网络,网络已经成为一种全新的让人无处可逃的生活方式。

(一) 明确网络公共关系意识的指向

网络公共关系意识支配着网络消费者的交往和行为,并且是发生在电子空间中的。因而,正是因为这种时空转换,网络公共关系意识的适用范围和对象便清晰起来,即只对网络消费具有道德约束力。

(二) 突出网络消费者的形象意识

公共关系活动中必须注重引导公众树立合法、合理意识,这是网络公共关系意识和伦理观念建设不可缺少的部分。公共关系活动中必须引导公众树立优化意识,引导公众树立网络消费者互相尊重的观念和行为。

(三) 树立网络安全意识

安全意识包括两个方面:一是确保个人信息资料的秘密性;二是自觉抵制网络中的文化殖民。

(四) 做好网络危机公共关系

网络是一把双刃剑,由于网络的介入,使得危机造成的负面影响也极易扩散,造成严重后果。因此,组织建立一个预警系统是必不可少的,公共关系人员要尽一切努力避免企业陷入危机,遇到危机,要想办法努力化解它。

阅读材料

一句牢骚话引发的企业危机

2011年11月20日上午,知名网友罗永浩在西门子(中国)有限公司北京总部的大楼前,将自己家以及音乐人左先生家、作家冯唐家的三台西门子冰箱砸成废品。随后他在微博宣称,如果西门子仍然推卸和回避责任,他还将有后续行动。

事情起因是,9月罗永浩发现家里的西门子冰箱积水,差不多时间,家里西门子洗衣机也出现了故障。于是,他在新浪微博上发了一句牢骚话"三年前买的西门子冰箱和洗衣机陆续都坏了,再也不买这个倒霉牌子了"。这条微博得到了3 600多次转发,还有1 000多条评论。他发现,不少网友也反映在使用西门子冰箱时,遇到的最集中的问题是:关不上门。于是罗永浩持续在新浪微博上吐槽西门子冰箱产品缺陷,敦促西门子针对这一问题进行产品改进并提供售后解决方案。罗永浩的这一举动得到网友大力支持,同时吸粉无数。

西门子很快对"冰箱门"事件做出了回应。9月29日,西门子在其官方微博发言表示:"近日网友反映西门子冰箱门偶有不易关闭的现象,我们立即与生产、质控等部门进行了核查，确认不属于质量问题。尽管如此，我们将对遇到有类似情况的用户提供上门检测和维护服务"。"偶有不易关闭的现象""确认不属于质量问题"两个表述，让以罗永浩为代表的西门子冰箱消费者们感到不满。

接下来，西门子委托公共关系公司与罗永浩接触。罗永浩提出西门子向消费者公开认错、道歉、免费更换或修理等要求。10月15日，西门子在官方微博发出声明，"对部分用户因冰箱门不易关紧问题带来的不便表示歉意"，以及承诺"提供免费上门服务"，并对罗永浩"在微博上的态度和做法，表示遗憾"。罗永浩不满意西门子的上述做法，认为西门子绝口不提质量问题。于是，罗永浩便在微博中宣言"接下来我再累也得抽空到西门子公司楼下砸冰箱了"。随之罗永浩一砸成名，随后，陆续有大量网友对该行动进行声援，表示将会无偿提供西门子冰箱以支持后续活动。

同时将场景切换到西门子冰箱的销售门店，可以看到其门店聚集着大量潜在消费者，他们不停开关冰箱门并扬长而去，对西门子的销售活动造成了实实在在的影响。

一句牢骚话，通过微博交流，最后变成了一场不折不扣的企业危机。

第二节 营销公共关系理论

20世纪80年代以来，国际公关关系实践的趋势之一是公共关系越发贴近并参与到企业的市场营销活动中，公共关系与企业营销两大功能整合运作，形成"营销公共关系"新概念。过去人们习惯将市场营销与公共关系作为两种不同的管理功能予以区分，实际上，公共关系在企业及其产品的市场营销方面有着十分重要的作用。营销公共关系既是对公共关系所提供的营销作用的进一步肯定，又是市场营销与公共关系的嫁接与合成。

市场竞争的日趋激烈，企业和广告商对媒体的不断开发，形成了现代社会商品信息的爆炸。传播渠道和信息的增多，极易稀释和淡化消费者对某一具体商品的注意力。为使消费者准确了解某商品的特性与功能，海外不少企业开始使用"营销公共关系"的概念和策略，认真分析市场，对商品进行准确定位，设计一系列旨在深入教育消费者的公共关系宣传活动，以使商品信息更明确、更有效地诉求至消费者的脑中。所以有人说：广告诉求至眼耳，公共关系诉求至人心；广告动之以情，公共关系晓之以理。现在海外越来越多的企业在调整对外宣传预算，削减部分广告开支，以加大营销公共关系的投入。据有关统计分析，企业运用营销公共关系所取得的传播投资回报率，约为一般广告的三倍。营销公共关系能有效地帮助企业树立商品品牌形象，为商品的销售树立良好的销售环境。

一、营销公共关系的含义和原则

（一）营销公共关系的含义

公共关系营销是以公关为主要工具的营销，是以公关为工具、为导向的传播。营销公共关系从一个全新的角度来进行市场营销的策划和实施，树立良好的企业形象，创造适宜的营销环境。

（二）营销公共关系的基本原则

从营销战略的发展演变看，企业越来越重视以顾客为中心。营销公共关系的基本原则就是"公众利益至上"。从公共关系的角度讲,公众是组织赖以生存和发展的基础。因此,企业的一切营销活动都应以公众的利益为出发点。这里所说的公众既包括内部公众,又包括外部公众。"公众利益至上"的原则就是要求企业的营销既要考虑企业内部员工的利益,又要考虑顾客的利益,还要考虑社会其他公众的利益。

二、营销公共关系的基本过程

公共关系的基本程序通常分为公共关系调研、公共关系策划、公共关系实施和公共关系评估;市场营销的基本程序也分为市场调查、市场预测、营销策划和营销评估。两者基本程序大体相同,只是具体环节的内容有所区别。

(一)调查研究是营销公共关系的基本环节

不进行科学的、细致的、系统的调查研究,营销公共关系就如同"盲人骑瞎马"。一切科学合理的公共关系策划活动都应建立在调查研究的基础上。

(二)营销公共关系策划是整个程序的核心环节

营销公共关系策划既包括企业形象策划,又包括市场营销战略策划和市场营销策略策划。企业形象策划主要有企业综合形象策划、企业人员形象策划、企业环境形象策划以及企业服务形象策划。市场营销战略策划可分为市场细分战略策划、市场发展战略策划、市场竞争战略策划以及营销组合战略策划。市场营销策略策划可分为产品策略策划、价格策略策划、分销渠道策略策划以及促销策略策划。

(三)影响公共关系实施是营销公共关系的关键环节

企业的形象能否树立起来,企业的产品能否销售出去,通过调查研究所发现的问题能否顺利解决,策划设计好的方案能否成功实现,关键实施环节执行的好坏。营销公共关系实施决定着企业的命运,因此企业务必高度重视。

(四)营销公共关系评估是经验总结的关键环节

营销公共关系评估是运用企业内外部各种资料,依据一定标准,对营销公共关系效益的调查、分析和总结。营销公共关系评估不仅是对已发生的影响公共关系活动的检测,更重要的是对各种出现的问题进行认真分析、总结经验,为企业今后营销公共关系活动的开展和成功找出方向,提出措施。

三、营销公共关系的基本策略

20世纪80年代中期,美国市场营销学的权威科特勒打破传统模式,将"4P"战略变成"6P"战略,增加了政治权利策略(Political Power)和公共关系策略(Public Relations)。如果从公共关系的角度出发,公共关系的地位还应上升,上升到统领地位。也就是说,其他几个策略都应以公共关系为主导。当今时代就是公共关系的时代,所以,营销公共关系的基本策略可以概括为以公共关系为主导的市场营销策略。

从产品策略看,由于社会发展,人们对产品概念的认识在不断发生变化。传统的产品概念把产品看作生产者通过有目的的生产劳动创造出来的物化成果,即指具有特定形态和一定用途的物品,如洗衣机、电视机等。现代的产品概念则指能够提供给市场、用于满足消费者某种欲望和需求的任何事物,可以是有形的物品,也可以是无形的劳务,还可以是一个点子、一种感觉、一类观念及一些意识等。企业在制定产品策略时,首先要从公众利益出发,以消费者的需求为中心,提供适销对路的产品及良好的售前、售中和售后服务。通过一系列的公共关系活动,在消费者中树立良好的企业形象,与消费者建立良好的关系。

从促销策略上看,传统的营业推广、广告宣传、人员推销,现在都融入了公共关系。组织的各类行为都在公共关系的意识与观念指导下进行,并讲究公共关系艺术,追求最大化的公共关系效应。正如人们所言,"广告使人买,公共关系使人爱",营销公共关系则使人"因爱去买,因买更爱,又爱又买",使人成为企业的忠实公众。

四、微时代的实时营销与公共关系

互联网让人们自由驰骋在世界的每一个角落,世界也因为互联网的出现而变得越来越趋于人们梦想中的地球村。微博、微信的出现,让人们的生活越来越"微",名人和普通老百姓都开通微博、微信,不难发现,世界已经掌握在弹指之间。

所谓微时代,是以微信息、微社区、微媒体、微视频为主要信息处理方式的时代。掌上电脑、手机等方便快捷的小型高科技产品介入社会生活的诸多小细节,使信息的传播方式和手段发生革命性的变化。如果说互联网是对传统媒体的一次革命,那么微时代的各种产品就是对互联网的一次革命。这次革命中,信息的方便获取和简便传播,成了一个重要特征。

对于企业而言,微博、微信都是再好不过的营销推广平台,每个企业都应该重视微博、微信,利用好微博、微信。美国的百思买、百事可乐、戴尔、星巴克等品牌,很早就在利用Twitter账号进行推广和客户服务工作。微博和微信可以为企业提供多方面的服务。百思买公司归纳过利用Twitter可以做的事情,包括:动员所有雇员在Twitter上关注自己的市场和客户;利用一些免费促销手段创造和客户对话的机会;认真聆听客户,针对获取的信息行动;在Twitter上培养企业形象;配备专业人员维护企业的Twitter账号。如果企业有自己的官方账号,企业领导也有个人账号,那么这些账号都可以用来发布企业相关信息,帮助企业提升形象,推广品牌。"@360安全卫士"和"@周鸿祎"就是同时利用企业和个人账号推广企业产品、文化、形象和品牌。同时,众多企业都通过公众号进行接单、开展CRM工作;甚至有企业已经通过抖音小视频等开展企业营销活动,如一些餐厅的促销活动就鼓励消费者拍摄抖音小视频来获取相关优惠。

(一)微营销的模式

继"淘宝体""咆哮体""凡客体"之后,2011年,"海底捞体"也在微博上盛行起来,成为微博营销的新案例。"海底捞体"的基本模板是:某天在海底捞吃火锅,席间无意中说了句……(包括但不限于愿望、情绪、抱怨、看法),在结账时……(愿望成真、安抚情绪等,例如送玉米饼、送贺卡文字祝福、送礼物、免单等)。当然,微博中所说的这些大多是虚构的,但不可否认的是,海底捞的特色服务确实给人留下了深刻的印象。

现在,很多企业都把微博、微信、微视频营销作为宣传营销、树立品牌的一个有效渠道,那么企业该如何将微营销的功能发挥到极致呢?微营销是一项系统工程,这里简单介绍微营销的十种操作模式。

1. 品牌及产品曝光，开展互动营销

一些大企业如星巴克，经营微博、微信公众号的目标是希望通过微博、微信公众号来做品牌，其通过微博、微信公众号发布一些品牌信息，与客户建立关系，与客户进行互动，为品牌服务。星巴克在微博上有一个公告栏，专门用来发布星巴克近期的活动及新品等信息如"星巴克迎来金秋咖啡季""星巴克有奖问答获奖"等。此外，星巴克还非常擅长客户关系维持之道，常与粉丝互动，如提供问答"咖啡的七种香气，你能说出几种？"等，这些信息也常引起大量粉丝的转发和评论。

互动是互联网的精髓，在微博、微信平台上，人情味、趣味性、利益性、个性化是引发网友互动的要点。所以，在微博、微信平台上，公司或机构与用户进行"朋友式的交流"很重要。例如，某装饰公司在设计微博、微信推广内容时，将其内容拟人化，不刻板严肃，以求个性化的沟通。

2. 微柜台

微博、微信的出现给企业的产品销售带来了全新的渠道，企业发出的内容往往就是广告，甚至信息本身就可以直接引导消费者，使得微博、微信成为另一个销售柜台。

在 Twitter 上，戴尔公司的 Dell Outlet 这个专门以优惠价出清存货的账号已经有近 150 万名追随者。通过这一渠道宣传促销而卖出的个人电脑、计算机配件和软件，已经让戴尔公司进账 650 万美元。

每当夕阳西下，洛杉矶的 Kogi 粉丝们就会拼命地刷新 Twitter 或 Facebook，追踪 Kogi 的下落，甚至到晚上 9 点，还有数百名难敌煎玉米卷诱惑的洛杉矶人组成所谓的"快闪党"，等待 Kogi 的到来。Kogi 是一辆韩国烧烤餐饮卡车，会在晚上巡回于洛杉矶街道，出售一种由四样韩国烧烤组合而成的迷你墨西哥塔科卷，这种搭配不太常见，却堪称完美，售价也十分便宜。Kogi 会通过 Twitter 或 Facebook 实时通报自己的方位，当卡车迟到时，又会发出这样的信息："再等我们 10 分钟好吗？永远的煎玉米卷"，让开始动摇的食客们继续排长队耐心等待。

3. 在线客户服务

微博、微信具备 24 小时、面对面、一对多等服务特性，所以微博、微信为企业客服打开了一个全新的窗口。服务型企业在微博、微信的"客服账号"就是服务能力的一个证明。

4. CRM

相比传统的传播渠道，微博、微信作为社交平台，其传播速度和影响力更大。因此，一些公司不仅老板开通微博、微信，还明确要求员工开通微博、微信，在个人社交平台上进行客户关系维护，同时公司还提供专门的培训课程，教授员工如何使用微博、微信与客户建立联系、加强沟通、提高关注度、服务客户、提升用户体验等。客服每天会把自己的心情和客户分享，客户会关注自己喜爱的客服。通过微博、微信等社交平台，企业和客户保持了更亲密的关系。

5. 硬广形式

在 Twitter 或 Facebook 上，个人用户可以通过在个人页面中插入广告获利。用户可以自主邀请广告主购买个人网页的广告位，双方协商广告的投放时间和费用。例如，Twitter 仅仅收取 5% 的服务费，这种模式有点像 Google 的 Adwords，为了保证双方的利益，广告播出期间的每一个小时，用户都可以按比例获得相应的费用，但这些费用由 Twitter 广告部门设定的虚拟账户代管，广告完成后，钱才能转入用户的真实账户中。如果用户在广告期满前清除广告，就只能得到部分费用。这种愿意将营销费用的绝大部分让利给用户的开放心态，让用户欢呼雀跃，极大地激发了用户的参与热情；另一方面，这种以许可方式、自主式方式进行的广告，营销效果更好。

6. 搜索引擎优化

可以看到，百度搜索经常把新浪微博的内容放到搜索结果页，足以说明微博的影响力。对于日访问量10 000次以下的小型网站来说，吸引相同数量的陌生访客，微博营销的成本要比搜索引擎广告的投放低很多。

利用微博进行搜索引擎优化的方法是：把客户行业的某篇值得关注的新闻转载到客户需要的网站上，并提炼出新闻点做成微博内容；然后再附上该篇新闻在目标营销网站的链接，使用热门的微博ID发布。在有经验的流量优化人员的操作下，一篇这样的微博可以为客户网站带来随后一周内每天两三千、累计过万次的陌生访客的访问量。对于一个日访问量在10 000次以内的小型站点来说，这是一个很可观的数字。

7. 借势营销

借势营销就是借助有影响力的人或事，展开与产品相关的营销活动，扩大企业和产品的知名度和影响力，达到既定市场目的的营销方式。借势营销是将销售目的隐藏于营销活动之中，将产品的推广融入一个消费者喜闻乐见的环境里，使消费者在这个环境中了解产品并接受产品的营销手段。借势营销具体表现为通过媒体赞助或冠名某项评选活动、举办某项公益活动、与电视节目进行深度合作等方式争夺消费者眼球，借助消费者自身的传播力、依靠轻松娱乐的方式潜移默化地引导市场消费，以求提高企业或产品的知名度、美誉度，树立良好的品牌形象，并最终促成产品或服务销售的营销策略。

借势营销包括三种方法，分别是借名人、绑热点、入影视。

(1) 借名人。借名人即与名人建立关联，这里的名人包括各个领域的知名人士。无论名人是否与企业的产品有关，是否认识企业，这个方法都可以采用。借名人应该注意三点。

①名人的追随者与企业自身产品的用户是同一类人。如果产品的购买者与名人的追随者不是同一类人，那么即便请该名人代言企业产品，由于该名人能够影响到的用户对产品没有需求，也不会有明显效果。

②名人的精神与自己产品向用户传递的精神一致。借用名人的知名度来宣传企业的产品，其实就是向用户传递"我们有共同的价值观"。此时，如果传递的这种精神并不能讨好消费者，那么可能会起到适得其反的效果。

③借名人营销时应附带一定的活动，如转发抽奖，这样才能最大限度地激励浏览者将内容转发出去。浏览者的转发一方面可以向社交网络传递其对产品、对名人的认同，另一方面还可能为自己赢得一些奖励。

(2) 绑热点。热点话题是已经获得大众关注的内容，其本身就具有传播的能力。如果以讨论、质疑、发散、借用的方式绑上热点话题，将企业希望传播的内容加进去，会起到一定的效果。借势营销的本质是利用热点话题、焦点事件为企业扬名，所以只有事件具有轰动性，才有可能吸引媒体报道，吸引网络扩散。社会化媒体所具有的参与性、公开性、交流性、对话性、社区化和联通性等特征，要求社会化媒体必须不断地创造与受众互动的可能性，并把这些可能性变成热点，吸引更多的受众去参与、交流、互动。如今，各类企业纷纷加入社会化媒体的行列,千方百计博眼球,绞尽脑汁创造话题与网友互动,那么企业平台应该如何利用热点事件进行营销呢?

①寻找热点、筛选热点。热点寻找者应有敏锐的洞察力和判断力,在众多信息中挖掘、筛选出自身可以利用的热点。时事、相关行业动态、网络热门话题等都可以作为热点。例如,暴雨肆虐京城,网友在关注灾情的同时,也在创造、传播着暴雨天气的应急攻略。在这样的舆论环境下,应急工具生产商或保险公司等企业就可以利用此热点,吸引受众的关注。

②结合自身、贴合热点。有了热点素材,下一步当然就是结合自身个性(包括产品特点、受众特点等)去贴合热点,迎合大众口味。中国人民保险公司电话车险就曾借力北京暴雨这一热点,很好地传达了自身的产品特点,利用了安全锤作为奖品吸引粉丝的参与,体现了保险公司保安全的理念。

③适当的表达方式。在结合自身情况的同时,运用适当的表达方式才能吸引受众的关注。热点内容需要真实、懂幽默、有互动空间,目的是要让看到信息的每个人也都能开口说话。

④后期的扩散传播及互动。内容创作完毕、发送后,不能就此置之不理。这期间可以使用关键意见领袖(KOL)的推广策略,利用网络知名人士进行推广,以提高内容曝光率。与此同时,积极地参与互动能够让话题产生延续性,保持话题的热度。

(3)入影视。入影视是指将产品或品牌及其代表性的视觉符号甚至服务内容策略性地融入电影、电视剧或电视节目内容中,作为演员使用的道具或通过场景的再现,让观众留下对产品及品牌的印象,继而达到营销的目的。相对于普通营销广告,入影视营销这种介于广告和非广告之间的信息传播形式有其独特的优势。第一,强制性接收,到达率高。只要受众进了电影院,选择了收看,就必须强制性地接受广告的刺激,无从闪躲,这种营销方式有很高的到达率。第二,易产生"名人效应"。影视作品无不是明星云集,随便请其中任何一位来做产品广告和品牌代言人都可能花费不菲。但借助植入式营销,商家只需要较低的成本就可以让众多明星为自己的产品或品牌服务,更何况还有重量级的导演和精良的制作班底。第三,持续时间长而且影响广泛。影视作品生命力强,不但在影院放映还可以通过VCD、DVD中播出。如果是一个优秀的电影作品,产品与情节配合紧凑,这种营销方式的影响将是其他广告无法匹敌的。

入影视,一般包括以下三种方式。

①将影视剧的某部分截取下来,与自己的产品产生关联。企业自身的产品可能与影视作品毫无关系,但其中的部分主题、话题,甚至是演员的一句台词与企业的产品相关,那么就可以将相关的部分截取出来,结合企业的产品进行营销。

②将企业的产品业务、公司形象、公司成员植入影视作品中。现代影视作品自然离不开现实生活,如逛超市、网上购物、去医院等。涉及消费者日常需求的产品和服务,很容易在影视剧本中找到自己的位置。

③将企业故事改编为剧本,拍摄电影。企业的创业故事非常有意思、很传奇,或者企业的产品蕴含着某种情感、故事,这些内容都可以拍成影视作品。

借势是动态的,其发展和动向十分重要。由于借势营销的动态性,因此对营销人员的热点把握能力、营销进行中的执行力以及对事态发展的预测能力都有很高要求,包括以下五点。

①要敏锐把握社会热点。借势营销的关键是善于利用事件，一个突如其来的事件可能成就一个经典品牌。这就需要企业决策者和营销者关注时事和社会实践，敏锐把握商机和社会热点，更好地利用事件为企业服务，达到四两拨千斤的效果。

②要与产品性质相关。借势营销涉及产品的相关性问题。现实中有很多企业认为，只要出了热点事件，就应该立即与之建立联系，以为那样就一定提高企业的知名度、美誉度，进而引发产品的热销。然而事实并非如此，企业必须找准热点事件与品牌的契合点，只有符合品牌内涵和品牌个性的事件，才是最好的"势"，才能为企业的宣传推波助澜。

③审时度势，随机应变。事件的进行是无法预料的，而营销人员能做的只能是审时度势，随机应变。对热点事件的过度关注会使很多企业在实际行动中盲目跟风，最终导致营销方式错乱，目标市场定位模糊，品牌定位不清。

④落脚于品牌。借势营销除了要吸引眼球以外，还要对大众的心理进行准确判断，以期最大限度地拉近大众与产品或服务的距离。当借势与品牌形象、品牌个性相一致时，其所发挥的能量和持续程度将贯穿一个品牌的成长过程。

⑤借势营销要避免追求短期效应。可以将企业的每一次借势营销活动比喻成一颗颗散落的珍珠，将一致性的行动方针比喻成将珍珠串起来的串链。很多企业在借势营销过程中的最大误区是，只知道忙着找珍珠，却不知道如何把珍珠串起来，没有从战略及长远的角度加以考虑。

8. 造势营销

造势，就是举办活动或制造事件，通过大众传播媒介的报道，引起社会大众或特定对象的注意，形成对企业有利的声势，进而提高企业品牌的知名度，在公众中建立良好的企业形象。造势一般都通过事先周密的策划，利用新闻传播、报道、演说以及诸如记者招待会、组织参观、有奖征答等特殊事件来实现。赞助文化、体育、教育、慈善等事业活动，也属于造势的手段。

借势虽然效果出众，但并不是每天都有大事发生，即使有大事发生，也不一定都可以借用。大多数热点事件会受到一些不确定因素的制约，而且不一定能够真正符合企业的品牌内涵和品牌个性。因此，当企业的知名度需要提高但又无势可借时，制造社会热点事件就是企业最好的选择。通过造势，企业在宣传及推销自己产品的过程中，不再是被动者，而是能够主导整个营销过程的实施者和策划者。

9. 舆情监控

自媒体平台很可能成为舆情引发的信息源，而自媒体本身也为报道提供全新的及时互动模式；自媒体平台提供了官方和民众沟通的又一渠道，是政府舆情监控的重要平台，在企业的口碑监测和危机公共关系方面也具备极大的利用价值。

2010年以来，全国各地公安机关相继开通了公安微博，成为政府开展网上宣传的一个重要途径。同样，企业也通过微博、微信公众号平台对负面口碑进行及时的正面引导，使搜索引擎中的负面消息尽快被淹没，从而将企业的损失降至最低。

10. 危机公共关系

微博、微信、微视平台的荒唐事不仅容易被转发，相关平台的评论功能更能激发用户的想象力和幽默感，因此这些平台是危机公共关系的理想选择。

很多时候，危机公共关系不需要以企业官方的形式来进行。以企业名字命名的微博可能在用户看来有相当的距离感，交流起来缺乏信任，相应的效果也比较一般。因而，以个人形式注册的企业成员的微博，尤其是企业领导者的微博，在危机公共关系中却常常可以取得意想不到的效果。

（二）微营销需要注意的问题

随着全面自媒体时代的到来，自媒体营销的兴起不再是新闻。作为一名企业负责人，如果对微博、微信、微视频只有粗浅的认识，并未对其营销的理念与操作手法有深入的了解，就匆匆忙忙随便分派人手，给企业注册一个微博账号或是开通公众号，声称开始"微营销"，这种盲目的参与是很难取得好的效果，操作不当甚至会给企业带来巨大的风险。企业在开展微营销前需要避免的三个错误观点。

1. 微营销适用所有企业及产品

微营销不是万能的，世界上没有哪个工具和渠道是适合所有企业、产品的。企业的正确做法是在开展微营销之前，研究自身所处的行业以及目标营销产品的特点，了解其产品定位及主要潜在客户的特点，考察这些产品的直接潜在客户或间接潜在客户是否在微用户中有一定数量，分析自身产品是否适合在微平台上进行营销。否则，盲目的微营销只是浪费人力、物力、财力。

2. 企业只有微营销就足够了

不少自媒体平台的推广者为了夸大微营销的作用，称微营销是营销渠道升级换代的革命，低成本、低投入的运作方式比其他营销渠道优势巨大，因此就断言其他营销渠道会随着自媒体时代的发展被完全替代。这是为了宣传而进行的误导。

实际上，微营销只是社会化营销的一种新型模式，本质上同传统的营销模式并没有不同。通常，开展营销活动只通过单一渠道是很难取得良好效果的。营销理论认为，企业应尽可能研究潜在客户可能到达的地方，即"信息接触点"，然后在这些信息接触点投放信息并尽量与用户进行互动，使得在用户可能光顾的各个地方都有企业的营销与沟通行为。

因此，在进行微营销时，应从企业的核心总体战略出发，使微营销与企业的整体营销运作相协调，让微博、微信等平台在企业整体营销方案中发挥应有的实际作用。

3. 微营销操作简单，效果立竿见影

很多人认为企业开通微博、微信公众号后就可以立即开展微营销活动了，这是对微营销的又一误解。真正使用过微博、微信公众号的人都明白，新的微博账号、微信公众号在开始使用时，由于缺乏关注对象和自身的关注度，发布的内容几乎很难得到回应和进一步传递，关注度的偶然增加也可能只是暂时的。这种情况下，微营销根本就无法迅速开展。

因此，企业必须留给微营销团队一定的时间去适应和融入环境。对微营销的重视并不意味着一定要把企业成败的赌注压在微营销上，毕竟自媒体不是万能的，企业应该考虑整合的营销渠道。

> **阅读材料**

垂直化运作：公共关系公司纵向转型方法论

公共关系公司的商业模式是什么？

这个问题似乎有些难以回答。随着数字化营销的发展，公共关系行业迎来了渠道、人才等多个领域的挑战，环境变化也导致了商业模式的变化。历史经验告诉我们，以往公共关系公司的优势在于两点：专业的人才以及资源的不对称。当下随着新技术与内容营销需求的增长，公共关系公司的渠道优势已经荡然无存；而人才方面，战略、创意和销售辅助已经超越了市场开拓能力，成为从业者的必修课。这就给当下公共关系从业者提出了一个问题：公共关系从业者应该在这个环境下做些什么？这是第二个问题。

首当其冲的是传统的公共关系公司开始转型。纵向转型的方式很简单：垂直化运作。深耕到几个甚至一个固有的领域中，挖掘自身在该领域的核心竞争力，制造壁垒。这些公司如何转型，转型之后又如何运作？这是第三个问题。

下面一一剖析这三个问题。

1. 公共关系公司垂直化运作是大势所趋

未来五年，公共关系行业的增长率预测为33%，这是一个可喜的数字，预示着公共关系行业将有望拥有更多的战略、创意、文案形式、营销渠道与业绩衡量方式。但另一个数据令人深省——同样是在未来五年，企业对于公共关系投入的预算增速只有13%。这个增速，大部分出现在内容营销、社交媒体、品牌知名度方面，付费媒体（即所谓的投放渠道）仅排在增长项目的第18位。

以上数字或许会让人云里雾里，简单解读就是，公共关系行业未来的发展是可喜的，但是渠道购买的预算增速会越来越少，以往公共关系公司靠渠道资源不对称的美好时光将一去不返，好的内容和互动肯定越来越值钱。换句话说，公共关系公司的服务费收入将会出现指数性的提升。

这是好事吗？不是，这是一个挑战，因为商业模式变了。

服务费的提升，预示着需要服务人员更加专业。所以，"垂直化"的需求催生了"垂直化"的公司，越来越多的专业领域甲方公司怀揣着巨额市场预算，希望能找到对等的乙方为其服务并提供丰厚报酬。数据显示，仅互联网金融行业，即使在最遇冷的2017年，垂直类的专业公共关系公司的利润率比普通公共关系公司要高出100%。

从2017年下半年的统计数据来看，公共关系预算增速最大的三个行业依次为教育、新能源和电子商务，而把时间往前拨10年，这个排名是汽车、金融和快消。由此可以看出商业环境转变的端倪。汽车、金融、快消行业更多的是看中渠道，那个时候公共关系公司只要垄断权重媒体（或者拥有这些媒体的议价权），就能捏住客户的预算。而现在则不同，一个变化是渠道垄断被打破，另一个就是无论是教育、新能源还是电子商务，抑或是互联网金融，都需要乙方公司的专业能力。举个例子，教育领域近些年投放增速最大的是学龄前儿童教育，如果公共关系负责人不是一个已婚人士，没有养育过子女，他根本无法洞悉目标消费群体的需求。当然，更别说壁垒远远甚于此的金融医疗和能源行业了。

专业类的行业需要更垂直的公共关系公司服务，这也就解释了支付宝去年"双十二"为什么高薪聘请广场舞大妈做顾问了，因为他们需要了解目标群体的一举一动。

2. 人才的趋势决定了垂直化的方向

公共关系公司不生产具象化产品，这也就决定了公司最珍贵的资产是人。而且，随着垂直化运作的到来，人才的专业性变得越来越重要。

从目前公共关系公司及企业公关部的共识来看，行业吸纳和留住人才的能力依然不足，这是行业高增长的重大障碍。行业资深人士坦言："目前找到市场中受过充足和良好教育的人才,是公司的头等大事"。

但是很多人所没有预见到的两个变化正在悄然发生。

第一个变化是人才的获取。以往,不管是大公司的公关部,还是专业的公共关系公司,都试图从竞争对手那里招揽合适的人才,甚至企业公关部将公共关系公司作为聘用新员工的主要来源。现在的情况却产生了逆转。垂直型的公共关系公司不再满足于泛泛地从竞争对手公司挖角,而是将手伸向了企业,懂市场和运营的甲方成了香饽饽。因为他们知道,未来要跟垂直行业的甲方对话,用专业性打动对手,只有依靠从甲方出来的专家才行。观察公共关系公司需要的技能列表,行业专业性需求占了89%,其次才是战略规划、表达和投放优化。第二个变化是越来越多的传统公共关系从业者开始给自己加技能。身边同行开始自学医师证(医疗类公共关系在从业者专业度方面高居第一),参加证券投资顾问考试的案例不胜枚举。有超过半数的公共关系公司管理者认识到,员工的能力和专业度取决于服务客户的需求,而大部分从业者也认同了"技多不压身"的理念,他们将自我培养与提升从早先的公共关系技巧,转向了具备专业度、战略性和创造力的垂直化公共关系技能上。

写到这里,这个结论最终尘埃落定:公共关系行业最重要的资源依然是人。随着公共关系公司垂直化运作的深入,公共关系从业者的专业性更多被认同。这可能会导致一个情况,就是公共关系从业者的回流。公共关系从业者从甲方流入到乙方,并催生另一种可能会发生的态势,就是公共关系从业者薪酬的提升。究其原因,一方面,回流的专业性人才肯定会要求更高的薪酬;另一方面,那些害怕因为回流导致降低身价的"土著"会更努力地提升自己。公共关系公司的业务垂直化最终将利好整个行业,因为成功会偏袒那些聪明并且努力的人。

3. 垂直类公共关系公司运作的变化和建议

公共关系公司垂直化之后,首先要面对的是三个变化。

①营销渠道变了。因为当下各种媒介的营销方式发生了彻底的改变,因此客户需要服务方通过更多的渠道来进行营销。未来5年中,公共关系公司将会尝试将投放重心从付费媒体转向其他媒体——31.3%投放在自媒体,22.8%投放在共享媒体,付费媒体仅占17.3%。只有8%的公共关系公司高管认为,未来购买媒体的谈判技能会成为员工的最重要技能。

②公共关系公司与客户之间的合作关系变了。只有半数的客户代表认为,在处理公共关系问题上,未来5年会依然像过去那样依靠公共关系机构。战略性视角和创造性思维是能让他们选择合作伙伴的关键点,而这个的前提就是对方得充分了解细分行业。客户未来对公共关系专家会有一种新的模式——共享专家。客户不会再在本公司内部储存擅长调查分析和数据研究的公共关系人员,而是希望共享到相关机构的专家来做这些事,与其耗费时间和金钱来衡量公共关系公司处理问题的能力,不如让这些机构更多地以战略性视角来解决问题。

③效果的评估方式变了。甲、乙双方在垂直公共关系领域的合作深度,会以新的评估方式来决定。这就涉及了一个词——精准。更多的甲方会用第三方机构来评估社会化营销的效果,或者"使用一种优化的工作方式、带来商业利润的综合性评估指数"来对效果进行衡量,投产比或许将不再是企业销售部的考核指标。

所以,未来公共关系公司在垂直化过程中,除了前文所谈到的"人越来越专业"以外,工作内容也将越来越复杂、具有挑战性,同时兼备战略性。

如果认同垂直化的公共关系公司将在未来占据整个行业举足轻重的地位,并且已经想方设法开始转型，以下五点建议或许可以用得上。

①拥抱挑战。面对未来的不确定性，勇于接受新科技、新媒体渠道和大数据的企业和人才，依然会成为弄潮儿。

②自我投资。公共关系从业者需要更多的创意和专业性的辅助，才能应对垂直化之后客户新的需求和考核。

③雇佣同行业的多元化人才。如果企业找到了要去精耕的垂直领域，这很好。但切忌重复雇佣能力相似的员工，企业需要的是多元化的专家，并鼓励他们分享与创新。

④优先考虑利润。公共关系行业从丰利时代到了微利时代仅用了20年，罪魁祸首就是同质化竞争。垂直化公共关系模式就是打破现状的好机会，公共关系公司必须优先考虑利润占比，尤其是服务费占比。

⑤鼓励批判性、创新性思维。细分公司为什么来找公共关系公司服务？无非就是遇到了困境。下一代的公共关系垂直行业领导公司必须具有否定客户既有套路和用创新方式解决问题的能力，越能提供附加价值，越能获得信任。

当然，即使不选择垂直化运作的公共关系公司，以上五点依然有效。

公共关系行业很奇怪，10年前，大家都在高举"整合营销""all in one"（一体化）的口号，却忽视了垂直化运作才是新的一片蓝海。甲方苛责公共关系公司不专业，能否解决这个痛点，才是公共关系公司纵向转型最快捷的路径。

第三节 绿色公共关系

人类社会正面临一系列日益严重的环境问题，如臭氧层损耗的加剧、大片水土流失、森林面积锐减、地球沙漠化扩大、物种迅速消逝及全球气候变暖等，这一切的变化都使人类开始意识到环境污染等问题已经成为威胁人类生存的大问题。由此，绿色公共关系开始受到人们重视。

一、绿色公共关系的内涵

绿色公共关系，又称环境公共关系或环境传播，是指组织为避免在环境问题上出现失误，损害自己在公众中的形象而针对公众开展的传播、沟通和协调工作。绿色公共关系是指企业以生态与经济可持续发展观念影响公共关系，选择具有"绿色"特征的媒体开展传播活动，以"绿色"为特色塑造企业形象，赢得公众的信任与支持，给企业带来更多便利和竞争优势的一系列公共关系活动。绿色公共关系直接造"势"、间接造"市"，在培育消费者和潜在消费者的绿色消费意识，促进绿色产品的销售方面起着传统营销公共关系活动不可替代的作用。绿色公共关系对绿色营销的作用可从企业内部绿色公共关系、企业外部绿色公共关系以及完善企业绿色沟通网络等方面体现出来。绿色公共关系是树立企业及产品绿色形象的重要传播途径，它能帮助企业更直接、更广泛地将绿色信息传到广告无法达到的细分市场，给企业带来竞争优势。

国外组织开展绿色公共关系工作的基本做法有：在其提供的信息、产品和服务中，重视和突出环保意识；加强与社会公众尤其是环保组织在环境问题上的沟通与合作；主动承担保护环境的社会责任，以积极的态度参加环保工作；支持和遵守国际上关于环境保护的公约和条例；在组织和产品的宣传上广泛运用环保知识；力求在产品的设计、生产、包装、行销整个过程中都符合环保的条件和要求，大力提倡绿色消费等。

在我国，很多产品已经也开始应用绿色概念开展营销活动。例如，地板行业、餐饮行业等都开始践行绿色公共关系，某些餐饮企业要求顾客避免使用一次性的泡沫餐盒而替代使用更为环保的产品。

二、绿色公共关系的目标

在绿色公共关系中，组织以生态与可持续发展的观念影响公众，选择具有"绿色"特性的媒体开展工作，以"绿色"为特色塑造组织形象，不仅为社会提供物质财富，而且必须履行所承担的各种社会责任。在对公众负责方面，绿色公共关系有利于在环境保护的前提下，谋求企业的经济利益，从而保证企业的社会性和经济性的统一，在公众心中树立绿色企业形象，这是绿色公共关系的根本性目标。

以人类可持续发展为目标，注重环境保护，注重社会公益的绿色企业形象的树立，是企业注重社会效益、社会责任、注重企业与社会环境长远发展的公共关系意识的体现。追求绿色形象的企业，其理念和行为符合现代社会发展的根本利益，符合可持续发展的战略。保护人类赖以生存的生态环境为子孙后代造福，已成为全世界的共识。企业的绿色形象可以使企业的非公众、潜在公众发展成为知晓公众、行动公众，吸引更多的目标公众，开拓更大的目标市场。

绿色公共关系是一项需长期坚持和不断投入的活动，有些从眼前看效果不甚明显，或者付出远远大于收获，但组织强烈的环保意识和行为，可以让公众看到组织奉献社会、服务社会的宽阔胸怀和责任意识，能激发公众对组织的好感和信赖，最终促进社会组织形象的提升。

总之，创意绿色公共关系，树立企业绿色形象，是可持续发展目标的重要方面，是21世纪公共关系的主流。

案例分析一

《中国好声音》走红的十大理由

2012年7月，《中国好声音》一鸣惊人，一夜爆红，人人都在谈论《中国好声音》，姚晨、冯小刚等名人都通过微博真诚推荐。

一、从社会大环境分析

2005年是中国真正意义上的选秀元年。国内的选秀节目从《超级女声》开始，到2012年，已走过了7年的时间。大量节目以恶俗、毒舌、冷酷、拜金、造假等吸引观众眼球。同时，在"限娱令"的调控之下，急需有新颖形式和朴实无华内容的节目。

二、节目内容本身分析

1. 节目定位准确

如同节目主持人所说"如果你不是想别人只看中你的外貌，而是听你的声音，那么中国好声音是你的最佳选择"。该节目狠狠抓住"好声音""公平权威""朴实无华的感动"这三点。

首先,采取"盲听"的独特形式,引入"盲选",不看长相、不论经历、不计较任何其他条件,只要有一个好声音能打动四位导师,让其转过椅子,选手就能入选;而大多数参赛选手正是冲着这一点参赛,这也保证了参赛选手的音乐演绎水平,形成良性循环。其次,该节目主打朴实无华的感动,与其他娱乐节目的方式完全不同。

2. 引进国外成功经验并本土化运营

该节目引自欧美,其前身是荷兰创办的《The Voice Of Holland》,2011 年引进美国,并大获成功,并有了个更加全球化的名字《The Voice》,在全球有了多个国家版本。

在本土化运营方面,《中国好声音》的幕后阵容非常舍得花钱。《中国好声音》的幕后团队都是一流的,包括北京奥运会开幕式的总音响师金少刚,给王菲录专辑的录音师李军等人;而在设备上,也全部采取最高标准,有传闻每把导师座椅造价达 80 万。

3. 四名重量级嘉宾

《中国好声音》的四位导师一位是在歌坛拥有绝对实力的老大,一位是出身草根的平民歌手,一位要能吸引来年轻观众群,当然一定还要有一位女性。最终,刘欢、杨坤、庾澄庆、那英组成了《中国好声音》的首个导师团。

节目组光是在评审团上,就已花费 2 000 万元,这是按商演来出价的。虽然四位导师都是流行音乐人,但是唱腔和风格不同,并且性格也比较互补,个性化比较突出,会炒热现场气氛,甚至已经完全代替了主持人的作用。

4. 参赛者话题

《中国好声音》用故事塑造不同个体,后续延伸宣传方面非常便利——每一个人都讲述自己在实现梦想过程中不平凡的经历,这很容易激起受众的共鸣。如赤足演绎的黄鹤、真情演绎《寂寞先生》的幕后工作者刘悦,他们的演绎视频片段也被网友疯传。

三、从传播角度分析

1. 赞助商及其硬广

《中国好声音》收视翻倍,广告激增,15 秒的广告费就高达 20 万。源源不断的广告商为节目的推广带来了充裕的资金。正处于风口浪尖的加多宝冠名《中国好声音》,有利于节目制造社会舆论,引发更广泛关注。

2. 播放渠道

浙江卫视+黄金时段+多次播放+多家视频网站力推。《中国好声音》每轮在浙江卫视有 4 次播放,周五晚上 21:30 首播,当晚 23:10 开始重播,周六傍晚 16:46 第 3 次播放,周六深夜 23:41 第 4 次播放。

大部分对此节目有兴趣的观众,都可以选择适合自己的时间观看,而爱奇艺、酷六网、土豆网等多家网站都在力推《中国好声音》,真正做到全媒体覆盖。

3. 公告造势

在百度搜索"中国好声音",充斥着大量的公共关系软文,从品牌营销、娱乐节目、音乐、情感、选手、舞台硬件设施等不同角度进行立体化、多层次的网络口碑打造。

在爆出"邹宏宇:家境富裕的穷苦歌手""徐海星:先言爷病危,今又父病逝?"等信息时,又将节目推到了风口浪尖。由于属于个别选手的背景问题,不涉及节目原则,因此此番争议不仅没有损坏节目原有的好名声,反而提高了节目的知名度。

4. 众星力荐

包括姚晨、黑人、李玟、冯小刚、李小萌、张靓颖、朱丹在内的名人,纷纷通过微博为节目发布评论,在众星力荐之下,《中国好声音》更加势不可挡。

5. 借助微博平台

相信不少观众第一次得知《中国好声音》是在微博上,而《中国好声音》确实也充分利用了微博平台,如官方微博(中国好声音、中国好声音微吧)、嘉宾微博、歌手个人微博、微博"软文"(32场演唱会、驻颜有术、选手视频)、微博活动(喜好歌手投票)、微访谈(拥有惊艳表现的徐海星在新浪开设微访谈)等,都为《中国好声音》增色不少。

问题: 请分析微博营销的应用领域及其未来发展的趋势。

案例分析二

京东与苏宁易购的微博"约战"

自从微博将中国媒体资源以及名人等舆论资源聚集到一个平台后,通过微博开展营销就成为一种最低成本的手段,即通过制造话题(比如"骂战"或"约架")引人注目,免费传播。电商之间的竞争也多是采用价格战的方式吸引流量,如京东与苏宁易购"8·15微博约战"所引发的电商大战。

1. 微博回顾(2012年8月15日之前)

(1)京东CEO刘强东的微博内容。

"今天,我再次做出一个决定:京东大家电三年内零毛利!如果三年内,任何采销人员在大家电加上哪怕一元的毛利,都将立即遭到辞退!从今天起,京东所有大家电保证比国美、苏宁连锁店便宜至少10%以上,公司很快公布实现方法!"

"刚刚和各位股东开完会,今日资本、雄牛资本、KPCB、红杉、老虎基金、DST等几个主要股东全部参加了!大家都知道对抗苏宁的事情。我说这场战争是要消耗很多现金的,你们什么态度?一个股东说:我们除了有钱什么都没有!你就放心打吧!"

"我为什么要打苏宁大家电?因为苏宁大家电毛利率高达25%,也就是你去苏宁店里购买一台5 000元左右的冰箱,苏宁要赚你1 250元!而京东只加150元就可以卖!只有大家电才有足够的价格战空间,其他品类即使便宜也就几元钱的事,没意思!要打就几百、几百元地降!"

"明天上午九点开始,京东商城所有大家电价格都比苏宁线上线下便宜!如果苏宁敢卖1元,那京东的价格一定是0元!买大家电的人,不关注京东必吃亏!"

(2)苏宁易购副总李斌的微博内容。

"苏宁易购包括家电在内的所有产品价格必然低于京东,任何网友发现苏宁易购价格高于京东,我们都会即时调价,并给予已经购买反馈者两倍差价赔付。明天9:00开始,苏宁易购将启动史上最强力度的促销。"

2. 市场反应

此次微博"约战"引起了广大用户和媒体的关注,并引发了大家的疯抢。可见,"8·15大战"京东商城和苏宁易购均是受益者,相关分析如下。

(1) 数据总量。

苏宁易购的微博在 2012 年 8 月 14 日至 8 月 19 日期间共有 406 998 条转发数据。

京东的微博在 2012 年 8 月 14 日至 8 月 19 日期间共有 423 701 条转发数据。

(2) 相关数据图。

①复转率。

京东 CEO 刘强东与苏宁易购副总李斌的微博复转率如图 10 - 1 所示。

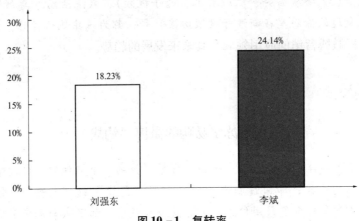

图 10 - 1　复转率

②直转率。

京东 CEO 刘强东与苏宁易购副总李斌的微博直转率如图 10 - 2 所示。

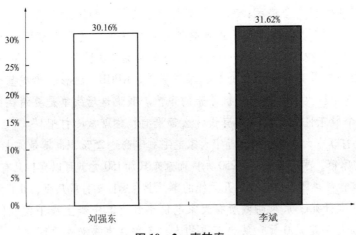

图 10 - 2　直转率

从图 10 - 1 和图 10 - 2 可以看出，无论是苏宁易购还是京东，此次微博对战都取得了很好的营销效果。

(3) 关注度分析。

有关资料显示，在"8·15 约战"中，双方的用户关注度都有大幅度提升，从 8 月 14 日关注度近乎为零到 8 月 15 日激增至近两百万人的数字增长背后，双方都成功获取了公众的眼球。

双方的微博约战短时间内吸引媒体和用户的眼球,并都在随后的约定日期中取得了骄人的业绩,因此有理由预测这种微博营销方式还将继续。可见,微博营销已经成为电商宣传的主要阵地,如何做好微博营销也成为所有企业需要思考的新课题。

问题：1. 你如何看待此次电商的"价格战"？
2. 如何通过网络来提升企业的长期关注度、提高销量？

案例分析三

京城暴雨,有杜蕾斯回家不湿鞋

2011年6月23日,北京暴雨,到下午下班时雨越下越大,新闻报道：数个地铁站因积水关闭、京城大堵车,这意味着很多人回不了家,也意味着将有很多人在微博上消磨时间。杜蕾斯运营团队负责内容的成员也在试图切入这一热点,并把杜蕾斯品牌植入其中。就在你一言我一语的插科打诨中,一个把杜蕾斯套在鞋上避免鞋子泡水的想法冒了出来。由于这一行为涉及杜蕾斯的品牌形象问题,如果直接将这个概念做成广告难免有损官方身份,杜蕾斯最终选择了使用小号发布,同时又在官网转载的操作方式。

下午5点58分微博账号为"地空捣蛋"的用户发布了上述图片,当时"地空捣蛋"大约有6 000名"粉丝",不到两分钟,帖子就被转发了100多次,而后速度增快；18：00,杜蕾斯官方微博以"粉丝油菜花啊！大家赶紧学起来！有杜蕾斯回家不湿鞋~"的评论进行转发；短短20分钟之后,杜蕾斯已经成为新浪微博一小时热门榜第一名,把此前的热点话题甩在身后。截至18：30,该条微博转发已经超过1万条,20：00超过3万条,24：00超过5.8万条。这还未结束,6月24日10：00,该条微博转发达7万条,24日17：00转发达8万条。据统计,杜蕾斯此次微博传播覆盖至少5 000万微博用户。

此后一周,国内的微博营销业界对此事大加赞赏,《China Daily》甚至将这一事件评为最有代表性的社交网络营销案例之一。

问题：评价此次的微博营销,你认为微博营销需要注意什么问题？

复习思考

1. 如何写好微博营销文案？如何推广自己的微博？
2. 作为企业微博如何和网友进行互动？
3. "网络水军"是受雇于网络公共关系公司,为他人发帖、回帖、造势的网络人员。请评价"网络水军"现象。

主要参考文献

[1] 张岩松. 公共关系案例精选精析 [M]. 北京：中国社会科学出版社，2006.
[2] 马成. 公关经理第一课 [M]. 北京：北京大学出版社，2006.
[3] 于永跃. 公共关系学通识教程 [M]. 武汉：武汉大学出版社，2007.
[4] 刘用卿，段开军. 公共关系学 [M]. 重庆：重庆大学出版社，2007.
[5] 杨加陆. 公共关系学教程 [M]. 上海：复旦大学出版社，2007.
[6] 刘星. 市场调研应用与实践 [M]. 重庆：重庆大学出版社，2007.
[7] 坛昆智. 公关原理与案例剖析 [M]. 北京：清华大学出版社，2008.
[8] 丹·拉铁摩尔. 公共关系：职业与实践 [M]. 朱启文，冯启华，译. 北京：北京大学出版社，2008.
[9] 赵曙明. 公共关系学 [M]. 南京：南京大学出版社，2008.
[10] 唐雁凌，姜国刚. 公共关系学 [M]. 北京：清华大学出版社，2008.
[11] 丁军强. 公共关系原理与实务 [M]. 北京：清华大学出版社，北京交通大学出版社，2008.
[12] 薛可，余明阳. 公共关系学——战略、管理与传播 [M]. 北京：科学出版社，2010.
[13] 中国就业培训技术指导中心. 公关员（初级、中级、高级）. [M]. 北京：中国劳动社会保障出版社，2013.
[14] 宋鲁禹. e 时代的危机公关 [M]. 北京：中国纺织出版社，2010.
[15] Ed Shane. 电子媒体的广告销售 [M]. 姚林青，译. 北京：人民邮电出版社，2010.
[16] 齐小华，殷娟娟. 公共关系案例研究 [M]. 武汉：武汉大学出版社，2011.
[17] 陈建中，吕波. 营销策划文案写作指要 [M]. 北京：中国经济出版社，2011.
[18] 闫岩. "微力"无穷 [M]. 北京：台海出版社，2012.
[19] 黄太平. 危机公关道与术 [M]. 北京：中信出版社：2014.
[20] 董国用. 企业公关实战手册 [M]. 广州：康东旅游出版社．2015.
[21] 邵鹏. 链传播．一场互联网营销革命 [M]. 北京：化学工业出版社：2016.
[22] 樊帅. 企业公共关系案例解析 [M]. 北京：清华大学出版社：2017.
[23] 杜鸣皓. 无公关，不品牌：公关36计思维训练与实战进阶 [M]. 北京：团结出版社：2017.